高等院校"十三五"工商管理规划教材

人力资源管理

主编

黄玉杰　马振华

副主编

潘康宇　方　琳
杨凤岐　石梅华

HUMAN RESOURCE
MANAGEMENT

经济管理出版社
ECONOMY & MANAGEMENT PUBLISHING HOUSE

图书在版编目（CIP）数据

人力资源管理／黄玉杰，马振华主编. —北京：经济管理出版社，2020.9
ISBN 978-7-5096-7584-7

Ⅰ.①人…　Ⅱ.①黄…　②马…　Ⅲ.①人力资源管理—教材　Ⅳ.①F243

中国版本图书馆 CIP 数据核字（2020）第 169719 号

组稿编辑：王光艳
责任编辑：李红贤
责任印制：黄章平
责任校对：董杉珊

出版发行：经济管理出版社
　　　　　（北京市海淀区北蜂窝 8 号中雅大厦 A 座 11 层　100038）
网　　　址：www. E-mp. com. cn
电　　　话：（010）51915602
印　　　刷：北京晨旭印刷厂
经　　　销：新华书店
开　　　本：787mm×1092mm /16
印　　　张：19.25
字　　　数：469 千字
版　　　次：2020 年 9 月第 1 版　　2020 年 9 月第 1 次印刷
书　　　号：ISBN 978-7-5096-7584-7
定　　　价：68.00 元

前　言

在多年的人力资源管理专业教学和科研工作中，我们深深体会到人力资源管理教材的重要。在教学当中先后使用过高等教育出版社、人民大学出版社和机械工业出版社出版的多个版本的系列教材，但是这些教材多数是以培养职业经理人为目标，力求通过该课程学习使学员系统掌握人力资源管理的理论知识体系，同时能够很好地运用理论知识进行人力资源管理决策和相关内容的实务操作。由于我们授课对象是人力资源管理专业的本科生和研究生，在其专业培养方案的设计当中，本课程只是一个概论和基础性内容，各个具体的人力资源管理模块知识和操作方法将会在后续专业课程中陆续涉及。

近年来，双语教学和使用国外原版教材逐渐成为一种时尚。虽然我们也曾使用中国人民大学出版社和机械工业出版社的影印及翻译教材，但是文化背景差异使教学存在诸多不便，教学效果也大打折扣，学生们更喜欢能够结合中国企业人力资源管理实际的实用性教材。为了构建适合本专业实际的人力资源管理教材框架体系，我们依托自己对人力资源管理教学和应用的体会，赋予该门课程明确的教学定位并形成自己的教学逻辑。为此，我们将该课程定位为人力资源管理类专业学生入门课程，并且按照这个思路组织完成本书的编写工作。

这本《人力资源管理》力图做到体系完整、内容全面、简明易懂，同时能够体现人力资源管理的最新发展趋势。本书包括人力资源管理导论、人力资源的规划与设计、人力资源的获取与开发、人力资源的激励与保护、人力资源管理发展趋势五篇共计12章内容。其中，第Ⅰ篇包括人力资源管理概述和人力资源管理的理论基础两章内容，作为全书的统领，本篇内容概述了人力资源管理的基本内涵、基本职能以及人力资源管理基本原理。第Ⅱ、第Ⅲ、第Ⅳ篇是本书的核心内容，详细介绍了人力资源管理的各个主要职能模块，包括职位分析与设计、人力资源规划、员工招募与甄选、培训和开发、绩效管理、薪酬福利、劳动关系管理等内容。第Ⅴ篇阐述了人力资源管理的最新发展趋势，重点分析人力资源管理外包以及跨文化人力资源管理等内容。

本书写作分工如下：马振华完成本书第1章、第3章、第12章的全部文稿撰写，并且完成第4章部分内容的写作；潘康宇完成第2章和第7章的全部文稿撰写；杨凤岐完成第4章和第5章的撰写；方琳完成第6章和第11章的全部文稿撰写；黄玉杰完成第8章和第9章的全部文稿撰写；石梅华完成第10章的全部文稿撰写。

在本书编写过程中，教材编写组吸收和听取了部分研究生的意见和建议，国际商学院的研究生余妍、韩瑞香、刘鑫然、王文静、管艳艳、加月月、张成、陈小建八位同学参与了本书的整理和校对工作，体现了专业、敬业和职业化的良好素质。另外，本书写作过程中得到了天津外国语大学国际商学院的大力支持，也得到出版社的指导和帮助，在此一并表示衷心感谢。

由于教学科研任务繁忙，本书的撰写难免存在疏漏和错误，期望各位同仁朋友和广大读者不吝赐教，以便我们在本书的修订过程中不断改进和完善。

目　录

第 I 篇　人力资源管理导论

第Ⅱ篇 人力资源的规划与设计

第Ⅲ篇　人力资源的获取与开发

第Ⅳ篇　人力资源的激励与保护

第Ⅴ篇　人力资源管理发展趋势

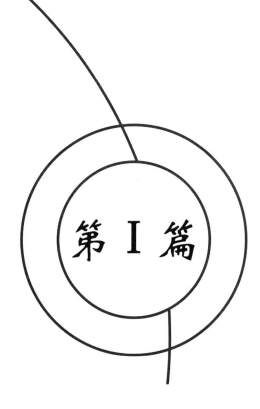

第 I 篇

人力资源管理导论

第一章　人力资源管理概述

系统学习人力资源管理的概念、特征、内容及其变革

1. 了解人力资源及人力资源管理的含义
2. 掌握人力资源的特点以及人力资源管理的特征
3. 掌握人力资源管理与人事管理的联系与区别
4. 了解人力资源管理的沿革
5. 理解人力资源管理的主要内容及面临的挑战

人力资源；人力资源管理；人事管理；7S 模型

神驼物资运输有限责任公司

蒋大奎和陆模 1984 年考入同一所大学管理工程系本科，相识不久后便十分投契。这对密友成绩都很优秀，尤其英语成绩更为突出。两人 1988 年又一起被同一家合资企业录用，分别在营销和人力资源部门工作。之后两人又都考入本地一家大学的业余工商管理硕士班，经过三年苦读，均获得了 MBA 学位。1996 年初，他们觉得自立门户的条件已成熟，决定不再为洋老板打工，自己出去闯天下，便一起递上了辞呈。

首先遇到的难题是资金不足。幸运的是，两人遇上一位对其才华很欣赏的大款李天霁，答应鼎力支持。蒋、陆二人分析了自己的长处与不足，并在做过初步市场调研后，决定涉足中、短途公路物资运输。经过筹备，他们办起了"神驼物资运输有限责任公司"，李先生是大老板，任"董事长"，蒋、陆分任"董事兼正、副总经理"。董事会决定，先小规模试探，于是买下三台旧卡车，择吉开张。

　　蒋、陆两人既兴奋又不安，毕竟是头回下水，心中没底。但他们是 MBA，对管理理论是熟悉的，知道应该先务虚，再务实，即先制定公司文化与战略这些"软件"，再搞运营、销售、公关等这些"硬件"。

　　他们观察本地公路运输服务业，觉得竞争者虽多，但彼此差异不大，不见特色，这正犯兵家之大忌。"神驼"必须创造自己独有的特色！经仔细推敲，决定"神驼"就是要在服务方面出类拔萃，这指的是货物运输的质量（完好率）、及时性和低成本。他们为公司拟定的企业精神是四个字——服务至上。但要做到这一点，需要适当的人来保证。蒋、陆二人觉得在创业阶段，公司结构与人员都必须贯彻"少而精"的原则，为此，组织结构只设两层，他俩都不要助理和秘书，直接一抓到底。分配上基本是平均的，工资也属行业中等，但奖金与企业效益直接挂钩，部分奖金不发现金，改取优惠价折算的本企业股票。基层的职工只分内、外勤，外勤即司机和押送员，内勤则是分管职能工作的职员，他们的岗位职责并不太明确，而是编成自治小组，高度自主，有活一起干，有福一同享，分工含混，可多学技能知识，锻炼成多面手。

　　这种设计会带来两个他们已预计到的问题：一是工作很累，忙起来简直不分昼夜，也没有周末休假，尤其是他们两个。但他们并不在乎，说："反正年轻，劲使不完，身体累不垮，创业维艰嘛。"二是职工们必须有极大的自觉性，高度认同公司的价值观与目标。为此，他们在选聘职工时十分仔细，精心考查，单兵教练，一定要文化程度高的，有理想主义色彩和创业精神的。好不容易选出了 10 个人，有刚毕业的大学生，有小学教师，有共青团干部，还有个别是复员军人。蒋、陆两人轮流向他们介绍公司的宗旨和目标，说明这是一种值得一搏的尝试，不接受这些的请另觅高枝。

　　开始大半年确实很辛苦，但似乎是得大于失的。这种团结一致、拼命向前的气势和决心，确实使"神驼"服务质量在用户中一枝独秀，口碑载道。本来是派人上门招引用户，半年下来，反而是用户来登门恳请提供服务；用户们还辗转相告，层层推荐。"神驼"的业务滚雪球似地增长，蒋、陆二人已有些应接不暇了。

　　在开业将近一周年的某个晚上，夜阑灯尽，蒋、陆二人刚歇下来喘口气时，意识到公司必须扩大了。这本是求之不得的好事，但规模大了，不仅业务量增多，性质上也复杂起来，原有的两级式扁平结构应付得了吗？若要招新人，去哪儿能找这么多有这种"书呆子傻劲"的铁哥儿们呢？若降低录取标准，新来的人还会吃这一套吗？再说，如果结构复杂化，分工细了，层次多了，原来那种广而不专的"多面手"们还能胜任吗？蒋"总经理"和陆"副总经理"陷入了沉思。

　　资料来源：吴冬梅. 现代企业人力资源管理实务：人力资源管理案例分析 [M]. 北京：机械工业出版社，2013.

第一节 人力资源管理的概念与特征

一、人力资源的概念与特征

(一) 什么是人力资源

人力资源这一概念最早在康芒斯的著作中被提到过，但真正接近我们现在所使用的人力资源概念的，是彼得·德鲁克于 1954 年在其著作《管理实践》中首先正式提出并加以明确界定的。德鲁克之所以提出这一概念，是想表达传统人事管理所不能表达的意思，他认为，与其他资源相比，人力资源是一种特殊的资源，它必须通过有效的激励机制才能开发利用。

人力资源是资源的一种，是以人为载体的资源，是存在于人体中以体能、知识、技能、能力、个性、行为特征、倾向等为具体表现的经济资源。目前对于人力资源概念的理解有两种倾向：一是倾向于能力或素质，认为人力资源是存在于人体的生产能力或身心素质；二是倾向于人口，认为无论对于国家、社会或企业，人力资源是推动其发展的具有体力和智力劳动能力的人口的总称。这两种理解有其共同的一面，即都强调了人力资源与人体的不可分割，以及人力资源的价值在于能力或素质。本书更倾向于第一种理解。

人力资源有量和质两个方面的内容。人力资源的数量可从微观和宏观两个角度来定义。微观的数量是指企业现在的员工（包括雇用的适龄员工和年老员工，但不包括即将离开的员工）以及潜在的员工（欲从企业外部招聘的员工）两部分。宏观的数量是指一个国家或地区现实的人力资源数量和潜在的人力资源数量，前者包括适龄就业人口、未成年就业人口、老年就业人口，后者包括失业人口、暂时不能参加社会劳动的人口和其他人口。人力资源的质量是指人力资源所具有的体力、智力、知识和技能水平以及劳动者的劳动态度。它受先天遗传、营养、环境教育和训练等因素的影响，通常可以用健康卫生指标、教育和训练状况、劳动者的技能等级指标以及劳动态度指标来衡量。人力资源的质量是由劳动者的素质决定的，劳动者的素质包括体能素质和智能素质。

(二) 人力资源的相关概念

与人力资源相关的概念有人才资源、人力资本等，这些词汇经常出现在人力资源管理实践与理论研究中，正确理解并区分这些概念有助于规范人力资源的管理。

1. 人才资源

"人才"这一概念并不是一个在理论上十分规范的范畴，目前有很多不同的解释。通俗地说，有一技之长的人都可以叫作人才，其核心含义是：比他人或前人具有更优秀的整体素质和更高的创造能力，能够更好地利用各种可能利用的资源进行创造性劳动，为企业、社会、人类创造更多的财富和更高的价值的人。人才具有七个方面的特征：①在企业中属于少数，一般可用"二八定律"划定；②具有高度创造能力和工作能力；③善于运用能力、高标准地完成组织分配的工作任务；④为组织和人力资源管理者所期望、寻求的人；⑤可以激励他人工作热情、创造力的人，可以为公司带来大量稳定、长期业务的人；

⑥有突出贡献（为企业创造更多的财富与价值）、组织和管理者不愿意失去的人；⑦对组织目标实现负有最重要责任的人。从人才资源的概念与特征看，人才资源是人力资源的一部分，是最重要、最核心的一部分，两者是包含与被包含的关系。

2. 人力资本

人力资本这一提法更多地出现在经济学的研究领域中，而人力资源则更多地出现在管理学之中。人力资本理论是 20 世纪 50 年代末 60 年代初美国经济学家舒尔茨和贝克尔创立的，并凭借这一理论获得了诺贝尔经济学奖。人力资本是指存在于人体之中、后天获得的具有经济价值的知识、技术、能力和健康等质量因素。可以从三个方面来理解这一概念：首先，人力资本是附着在人本身这种载体上的各种综合因素的集合，而不是载体本身，它是靠后天的投入获得的，并可以带来经济价值；其次，人力资本与物质资本具有共性，表现为人力资本的形成和维持需要花费成本，投入生产领域可以带来财富的增长，并且也具有稀缺性；最后，人力资本又具有自己的特点，如人力资本与其载体的不可分离性、人力资本在使用过程中的增值性、人力资本的异质性等。

董克用等认为，人力资本和人力资源有三个区别：一是与社会价值的关系不同，人力资本和社会价值是因果关系，而人力资源和社会价值是由果溯因的关系；二是两者研究问题的角度和关注的重点不同，人力资本关注的重点是收益问题，人力资源关注的问题是产出问题；三是两者的计量形式不同，人力资源是一个存量概念，人力资本是一个兼有存量和流量的概念。笔者认为，人力资本和人力资源在价值创造过程中所起的作用是相同的，更多的不同是出现在不同的领域中，人力资本常出现在经济学中，而人力资源则常出现在管理学中。

（三）人力资源的特征

人力资源作为经济资源的一种，具有与一般经济资源共同的特征，主要有：①物质性，一定的人力资源必然表现为一定数量的人口；②可用性，通过人力资源的使用可带来价值的增值；③有限性，人力资源在一定的条件下形成，其载体具有生物的有限性。但人力资源作为一种特殊的经济资源，有着不同于其他经济资源的特征。

1. 附着性

从人力资源的概念可知，人力资源是凝结于人体之中的质量因素的总和，必须依附于一定数量的人口之上，虽然人力资源不等同于人口本身，但却不可脱离人这一载体。这就决定了人力资源所有权的天然私有的特性，使人力资源管理成为一门独特的管理学科，人力资源的开发与使用必须通过对人的激励与控制才能实现。

2. 能动性

人力资源的能动性是指人在生产过程中居于主导地位，在生产关系中人是最活跃的因素，具有主观能动性，同时具有不断开发的潜力。人力资源的能动性包括以下五个方面：①人具有意识，知道活动的目的，因此人可以有效地对自身活动做出选择，调整自身与外界环境的关系；②人在生产活动中处于主体地位，是支配其他资源的主导因素；③人力资源具有自我开发性，在生产过程中，人一方面是对自身的损耗，另一方面更重要的是通过合理的行为得到补偿、更新和发展，非人力资源则不具有这种特性；④人力资源在活动过程中是可以被激励的，即通过提高人的工作能力和工作动机，从而提高工作效率；⑤选择职业，人作为人力资源的载体可以自主择业，选择职业是人力资源主动与物质资源结合的过程。

3. 双重性

人力资源既具有生产性，又具有消费性。人力资源的生产性是指，人力资源是物质财富的创造者，而且人力资源的利用需要一定条件。必须与自然资源相结合，有相应的活动条件和足够的空间、时间。人力资源的消费性是指，人力资源的保持与维持需要消耗一定的物质财富。生产性和消费性是相辅相成的。生产性能够创造物质财富，为人类或组织的生存和发展提供条件。消费性则能够保障人力资源的维持和发展。同时，消费性也是人力资源本身生产和再生产的条件。消费性能够维持人的生计，满足需要，提供教育与培训。相比而言，生产性必须大于消费性，这样组织和社会才能获益。

4. 时效性

人力资源的时效性来自内外两个方面的因素。内因是指人力资源的载体。人的生命所具有的周期性，只有当人处于成年时期并投入社会生产活动中，才能对其开发利用，发挥人力资源的作用，当人未成年或老年时，或由于其他原因退出劳动领域时，就不能称其为人力资源了。外因是指人力资源所表现出的知识、技能等要素相对于环境和时间来讲是有时效性的，如果不及时更新就难以满足外部条件变化的要求。另外，人力资源如果长期不用，就会荒废和退化。人的知识技能如果得不到使用和发挥，就可能会过时，或者导致人的积极性消退，造成心理压力。

5. 社会性

人力资源不同于其他经济资源的一个显著特征就是社会性，具体表现在未来收益目标的多样性和外部效应的社会性两个方面。其他资源具有纯粹的自然属性，并不需要精神激励的手段，而人是社会的人，人力资源效能的发挥受其载体的个人偏好影响，除了追求经济利益之外，还要追求社会地位、声誉、精神享受以及自我价值实现等多重目标，在追求这些目标的过程中，其效能的发挥不仅会带来生产力的提高和社会经济的发展，而且会产生许多社会性的外部效应，如人的素质的提高会增进社会文明程度、保护并改善自然环境等。

二、人力资源管理的概念的界定

人力资源管理的概念是伴随着企业人力资源管理的实践而发展的。一定的生产力水平会产生相应的社会实践，进而催生相应的理论和观点，这些理论又反过来指导实践，推动生产力的发展，理论和实践的关系是一种相互促进的互动关系。人力资源管理概念的发展也正是如此。管理实践的不同历史时期，人力资源管理的发展水平不同，其概念的内涵和外延也各不相同，所以要用发展的眼光审视人力资源管理的概念。

就目前来说，关于人力资源管理的概念有多种不同的阐述。劳埃德·拜厄斯认为，人力资源管理是指那些用来提供和协调组织中的人力资源的活动。人力资源管理主要有六大职能，即人力资源规划、招募和选择、人力资源开发、报酬和福利、安全和健康、员工和劳动关系。

廖泉文将人力资源管理定义为各种社会组织对员工的招募、录取、培训、使用、升迁、调动直至退休的一系列管理活动的总称，认为人力资源管理的主要目的在于科学、合理地使用人才，充分发挥人的作用，推动社会和组织的迅速发展。

郑晓明认为，所谓人力资源管理，是指运用科学方法，协调人与事的关系，处理人与人的矛盾，充分发挥人的潜能，使人尽其才、事得其人、人事相宜，从而实现组织目标的过程。简而言之，是指人力资源的获取、整合、激励及控制调整的过程，包括人力资源规划、人员招聘、绩效考核、员工培训、工资福利政策等。

余凯成认为，人力资源开发与管理指的是为实现组织的战略目标，组织利用现代科学技术和管理理论，通过不断地获得人力资源，对所获得的人力资源的整合、控制及开发，并给予报酬而有效地开发和利用。人力资源开发与管理是实现组织目标的一种手段。在管理领域中，人力资源开发与管理是以人的价值观为中心，为处理人与工作、人与人、人与组织的互动关系而采取的一系列的开发与管理活动。

在众人研究的基础上结合我们自己对人力资源实践操作的理解，本书界定的定义为：人力资源管理（Human Resource Management，HRM）就是对人力资源进行有效聚合、利用、开发和评价的过程，其内涵包括两个层面：在组织外部，主要是指人力资源的市场供求、竞争机制、劳动关系、监管、战略及生态环境等；在组织内部，主要包括员工招聘、工作分析、绩效考评、薪资、激励、培训、职业生涯等。

三、人力资源管理的特征

（一）现代人力资源管理与传统人事管理

人力资源管理是从传统的人事管理中演变进化而来的，因而两者有着一定的联系，主要表现在三个方面：①人力资源管理继承了传统人事管理中的部分内容，构成现代人力资源管理的战术性部分，如人员的甄选与调配、人事信息的记录、薪酬管理等；②在组织中，人力资源管理部门与传统人事管理部门都是负责与人事信息相关的管理工作的职能部门；③传统人事管理中基于生产企业的生产现场管理是现代人力资源管理理论产生的基础，在我国现阶段，不应完全照搬跨国企业的先进人力资源管理模式，而应结合国情注意运用传统人事管理中较为基础的成果。

我国的各种经济组织于20世纪末纷纷把人事部门改名叫作人力资源管理部门，但其管理职能的实质变化绝不是简单地翻牌所能实现的，传统的人事管理与现代人力资源管理有着本质的区别。董克用等认为，两者有九个方面的区别，具体内容如表1-1所示。

表1-1　人力资源管理与传统人事管理的区别

比较项目	人力资源管理	传统人事管理
管理视角	视员工为第一资源、第一资产	视员工为负担、成本
管理目的	组织和员工利益的共同实现	组织短期目标的实现
管理活动	重视培训开发	重使用、轻开发
管理内容	非常丰富	简单的事务管理
管理地位	战略层	执行层
部门性质	生产效益部门	单纯的成本中心
管理模式	以人为中心	以事为中心
管理方式	强调民主、参与	命令式、控制式
管理性质	战略性、整体性	战术性、分散性

总的来说，现代人力资源管理与传统人事管理有以下的区别：

第一，现代人力资源管理与传统人事管理产生的时代背景不同。传统人事管理是随着社会工业化的出现与发展应运而生的。20 世纪初，人事管理部门开始出现，并经历了由简单到复杂的发展过程。在社会工业化发展的初期，有关对人的管理实质上与对物质资源的管理并无差别。在相当长一个时期里，虽然社会经济不断发展、科学技术不断进步，但人事管理的基本功能和作用并没有太大的变化，只是在分工上比原来更为精细，组织、实施更为严密而已。人力资源管理是在社会工业化迅猛发展，科学技术高度发达，人文精神日益高涨，竞争与合作加强，特别是社会经济有了质的飞跃的历史条件下产生和发展起来的。一般认为，人力资源管理是在 20 世纪 70 年代以后开始出现的。由传统人事管理转变为现代人力资源管理，这一变化在对人与物质资源认识方面的表现是：人不再是物质资源的附属物，或者说，人被认为是不同于物质的一种特殊资源，在人力资本理论中有些学者主张人力资本所有者要凭借其产权获得企业的剩余利润的分享，也正是基于人力资源的特殊性而言的，这是因为人力资源具有主观能动性。总之，社会、经济、科学技术发展的不同状况决定了传统人事管理和现代人力资源管理的重要区别。

第二，现代人力资源管理与传统人事管理对人的认识是不同的。人事管理将人的劳动看作是一种在组织生产过程中的消耗或成本。也就是说，生产的成本包括物质成本，还包括人的成本。这种认识看似很合理，却是把人简单等同于物质资源，即在观念上人与物质资源没有区别。因此，传统人事管理主要关注如何降低人力成本，正确地选拔人，提高人员的使用效率和生产率，避免人力成本的增加。现代人力资源管理把人看作"人力资本"，这种资本通过有效的管理和开发可以创造更高的价值，能够为组织带来长期的利益，即人力资本是能够增值的资本。这种认识与传统人事管理对人的认识的根本区别在于：传统人事管理将人视为被动地适应生产的一种因素；现代人力资源管理则将人视为主动地改造物质世界，推动生产发展，创造物质财富、精神财富和价值的活性资本，其是可以增值的。

第三，现代人力资源管理与传统人事管理的基本职能有所不同。传统人事管理的职能基本上是具体的事务性工作，如招聘、选拔、考核、人员流动、薪酬、福利待遇、人事档案等方面的管理，人事规章制度的贯彻执行等。总的说来，传统人事管理职能是具体的、技术性的事务管理职能。现代人力资源管理的职能则有很大的不同，它是一项比较复杂的社会系统工程。现代人力资源管理既有战略性的管理职能，如规划、控制、预测、长期开发、绩效管理、培训策略等；又有技术性的管理职能，如选拔、考核评价、薪酬管理、人员流动管理等。总的来说，现代人力资源管理的职能具有较强的系统性、战略性和时间的远程性，其管理的视野比传统人事管理要广阔得多。

第四，现代人力资源管理与传统人事管理在组织中的地位有本质的区别。传统人事管理由于其内容的事务性和战术性所限，在组织中很难涉及全局性的、战略性的问题，因而经常会被当作是不需要特定的专业技术特长、纯粹的服务性的工作，前七喜公司的总裁就曾说过，人事经理常被人看作是笑容可掬的、脾气和善的人，其工作是为大家组织一些活动和谋一些福利。而现代人力资源管理更具有战略性、系统性和未来性，它从行政的、事务性的员工控制工作转变为以组织战略为导向，围绕人力资源展开的一系列包括规划、开发、激励和考评等流程化的管理过程，目的是提高组织的竞争力。现代人力资源管理从单纯的业务管理、技术性管理活动的框架中脱离出来，根据组织的战略目标相应地制定人力资源的规划与战略，成为组织战略与策略管理中具有决定意义的内容。这种转变的主要特征是：人力资源部门的主管出现在组织的高层领导中，并有人出任组织的最高领导。

（二）现代人力资源管理的特征

现代人力资源管理是在传统人事管理的基础上发展起来的，知识经济初见端倪的发展时期赋予现代人力资源管理以不同的特征。

1. 人本特征

人力资源管理采取人本取向，始终贯彻"员工是组织的宝贵财富"的宗旨，强调对人的关心、爱护，把人真正作为资源加以保护、利用和开发。

2. 专业性与实践性

人力资源管理是组织最重要的管理职能之一，具有较高的专业性，从小公司的多面手到大公司的人力资源专家及高层人力资源领导，都有着很细的专业分工和深入的专业知识。人力资源管理是组织管理的基本实践活动，是旨在实现组织目标的主要活动，表现了其高度的应用性。

3. 双赢性与互惠性

人力资源管理采取互惠取向，强调管理应该是获取组织的绩效和员工的满意感与成长的双重结果；强调组织和员工之间的"共同利益"，并重视发掘员工更大的主动性和责任感。

4. 战略性与全面性

人力资源管理聚焦组织管理中为组织创造财富、创造竞争优势的人员的管理，即以员工为基础，以知识员工为中心和导向，在组织最高层进行的一种决策性、战略性管理。人力资源管理是对全部人员的全面活动以及招聘、任用、培训、发展的全过程的管理。只要有人参与的活动和地方，就要进行人力资源管理。

5. 理论基础的学科交叉性

人力资源管理采取科学取向，重视跨学科的理论基础和指导，包括管理学、心理学、经济学、法学、社会学等多个学科，因此现代人力资源管理对其专业人员的专业素质提出了更高的要求。

6. 系统性和整体性

人力资源管理采取系统取向，强调整体地对待人和组织，兼顾组织的技术系统和社会心理系统；强调运作的整体性，一方面是人力资源管理各项职能之间具有一致性，另一方面是与组织中其他战略相配合，依靠和支持整个组织的战略和管理。

准确地理解人力资源管理的概念还必须对人力资源管理的误区加以说明，以避免在实际操作中对人力资源管理产生误解，从而减少操作上的失误，降低企业管理、经营风险和损失。一般说来，人力资源管理主要存有下列误区：首先，在人力资源的吸收和开发上，过于重视高学历，忽视人力资源与工作的适用性及企业学习氛围的培养；其次，在人力资源的使用上，注重人力资源投入的产出价值，忽视人力资源个体不同层次、不同类型需要的满足；再次，在人力资源的调整上，"官本位"思想严重，晋升通道单一，不利于专业技术能力的提升和发挥，没有遵循"人尽其才"的原则；最后，在现代人力资源管理中，员工考核的重要性越发突出，但在如何考核、如何通过考核来激发全体员工的工作积极性等方面存在许多误区，如考核定性化、考核标准及操作失控、忽视考核的经济性评价、考核结果处理有误等。

这些常见的人力资源管理误区将会在以后的章节中有专门的描述，在此提出只是为了使大家对人力资源管理有更为清晰的认识。

第二节　人力资源管理沿革

一、人力资源管理发展渊源

人力资源管理是管理学的一个新领域，是对传统的人事管理的理论创新，也可以说它就是现代人事管理。人力资源管理作为全新的管理理论和实践在西方始于20世纪60年代的美国，而在我国则是20世纪80年代才兴起，但其理论渊源则可追溯到近代乃至古代的文明发展史。

现代人力资源管理最先在美国产生有着特殊的时代背景：①当时美国国内和国际竞争日趋激烈，而竞争的压力主要来自日本；②日本管理模式和日本企业成功的根源被追溯到出色的人力资源及其管理上；③美国企业传统的人力资源管理由于不能证明对组织绩效的明显贡献而面临被挑剔和质疑。可以说，人力资源管理理论的提出，旨在拯救日益下降的美国公司在国内和国际市场的竞争力，寻求使美国重新获得在世界产品市场的显著地位的管理理论和方法。在这样的背景下，人力资源管理作为人事管理的替代者让人们耳目一新。

从理论上来看，作为独立的管理分支，西方人力资源管理理论是在人力资本理论的基础上发展起来的，被人力资源市场所激活。1960年，西奥多·舒尔茨（Schultz Theodore W.）教授发表了"论人力资本投资"一文，标志着人力资本理论的诞生。在该文中，他认为人力资本（Human Capital）从属于人，表现在人身上，又是资本，是未来满足或未来收入的源泉；他把人力资本作为促进经济增长的第一位因素，是国家、地区和企业的富裕之源。由于市场趋利机制的作用，每一种管理观念的变迁，都会有人把它变为操作技术。在当时的美国，市场经济的发育程度已达相当水准，这种从理论到技术进而转变成市场利润的过程是快捷的。20世纪60年代，在企业组织内，人们开始把雇员的技能总和称为组织的"人力资源"（Human Resource），这种思维方式的变化快速地推动着传统的人事管理向人力资源管理演变。到20世纪80年代初期，人力资源管理已具雏形。舒尔茨的"论人力资本投资"将资本概念导入人事管理当中，实质上开启了用现代经济和管理理论研究人事管理的大门，所以舒尔茨被视为现代人力资本理论之父，也被视为现代人力资源管理的主要奠基人和开创者。

中国古代文化中蕴含着丰富深邃的人力资源管理思想。中国古代文化非常强调人才对于政治统治和社会治理方面的重要作用，提出了"为政在人""为政之要、惟在得人""明政无大小、以得人为本""历代治乱不同，皆系用人之得失"等积极主张。春秋战国时期，百花齐放、百家争鸣，但在评价人才的重要性方面，各家各派的看法几乎是一致的，如孔子的"举贤才"，墨子的"尚贤"，孟子的"尊贤使能"，管子的"争天下者必先争人"，荀子的"尚贤使能"等。在这些思想中，与人力资源管理有关的最为突出的思想，我们可以概括为两点：①在人的要素和物的要素相比较中，人特别是贤人的作用是第一位的。例如，春秋战国时期，人们直观地认为构成一国实力的基本要素是土地、城池、民众和贤人，而贤人是首要的、决定性的因素，他能组织和领导民众开垦土地、获取城池，故而要图存谋强，首先必须得人。得其人，才能广其土，固其城，众其民。②重视教育，高度评价教育在培养人才中的重要作用。春秋时期的政治家管仲说过："一年之计莫如树谷，十年之计莫如树木，终身之计莫如树人。一树一获者，谷也；一树十获者，木也；一树百获者，人也。"这就是所谓的"十年树木，百年树人"的最为原始的阐述，同时也是世界上最早的、用朴素语言表达的"教育经济学"和"人力资本理论"。以上论述说明，在中国古代文化中，虽然人们还不能从形成社会财富资源的方面认识人的价值，所讲的人也还不全是作为生产力要素的劳动者，重教育的主张与现代人力资源开发理论也有很大的差距，但人们高度评价人才在治国安邦中的地位和作用、强调发挥人的积极性和聪明才智、重视教育的主张足以使它成为人力资源管理理论的渊源之一，而且在现代人力资源管理中融入中国传统文化，将进一步丰富人力资源管理理论的内涵。

二、人力资源管理的发展阶段

有关人力资源管理的发展阶段在国外已有多种说法，如以华盛顿大学的弗伦奇为代表，从管理的历史背景出发提出的六阶段论；以罗兰和费里斯为代表，从管理的发展历史出发提出的五阶段论；以科罗拉多大学的韦恩·F.卡肖为代表，从功能的角度提出的四阶段论；以福姆布龙等为代表，从人力资源管理所扮演的角色角度提出的三阶段论；等等。但正如董克用所指出的，对人力资源管理的发展阶段进行划分，其目的并不在于这些阶段本身，而是要借助这些阶段来把握人力资源管理的整个发展脉络，从而可以更加深入地理解它。对于在校大学生来讲还可以联系基础专业课的知识，从中总结人力资源管理的进步性与特点，因此，我们也对人力资源管理的发展阶段进行了五个阶段的划分。

（一）经验管理阶段

经验管理阶段是指19世纪中叶以前，这一时期生产的形式主要以手工作坊为主，并开始向机器化大工业转化。为了保证具有合格技能的工人能充足供给，对工人技能的培训是以有组织的方式进行的。师傅与徒弟的生活和工作关系，非常适合家庭工业生产的要求。由于管理主要是经验式的管理，各种管理理论只是处于初步摸索之中，还未形成体系。这一阶段的特点主要有：①组织的所有权与经营权合一，企业主既是所有者又是经营者；②并未建立健全统一的有理论依据的规章制度，且存在的所谓制度也极不稳定，经常出现一换领导就换制度的现象；③在组织内容的人际关系处理中是典型的"人治"，没有法治，所以对于规律性的事情常会出现随管理者主观变化而变化的处理结果，很难使被管理者形成稳定的预期；④在决策上缺乏科学的决策程序，一般依靠主观判断来进行决策，决策风险很大；⑤没有形成科学而合理的分工，执行的是面对面的管理，主观随意性很强；⑥从管理效果上看存在两个特点：一是管理的效率低下，二是组织的团队士气不高。

（二）科学管理阶段

科学管理阶段几乎是所有学者公认的一个发展阶段，指19世纪末到20世纪早期，这一时期生产的形式是机器化大工业。随着农业人口涌入城市，雇佣劳动大规模开展，雇佣劳动部门也随之产生，工业革命导致劳动专业化水平提高和生产效率提高，与之相应的技术进步也促使人事管理方式发生变化。最出名的代表人物是被称为"科学管理之父"的泰勒，另外还有提出行政管理理论的韦伯和提出管理要素与管理职能的法约尔，他们的理论也统一被称为"古典管理理论"。其中最有代表性的是泰勒于 1911 年出版的《科学管理原理》一书中提出的思想，可以概括为以下六个方面：

1. 最佳动作原理

具体方法是选择合适而熟练的工人，记录他们每一个动作、每一道工序的时间，并把这些时间加起来，再加上必要的休息时间和其他延误时间，就得出完成该项工作需要的总时间，据此来定出一个工人的"合理的日工作量"。用这一合理的日工作量，来要求不同岗位上的工人，制定他的工作定额。泰勒认为，人的生产力的巨大增长这一事实，标志着文明国家和不文明国家的区别，标志着我们在一两百年内的巨大进步，科学管理的根本就在于此，因为科学管理同节省劳动的机器一样，其目的正在于提高每一单位劳动力的产量。

2. 第一流工人制

根据不同的体质和禀赋来挑选和培训工人，如身强力壮的就应该被分配去干重活，而不应被分配去干精细的活。这样挑选和培训出来的工人就是第一流的。

3. 刺激性付酬制度

根据工人是否完成工作定额而采取"差别计件工资制"，超额完成生产任务的，单件的工资额越高，收入就越多。

4. 职能管理原理或职能工长制

将管理工作细致地予以分割，每个管理者只承担一两种管理职能，这样，管理的职责比较单一明确，培养管理者所花的时间和费用也比较少。但是，由此也带来一些问题，即一个工人要从几个职能不同的上级那里接受命令。

5. 例外原理

企业的高级管理人员，应把一般的日常事务授权给下级管理人员去处理，而自己只保留对例外事项（重要事项）的决策和监督权。

6. "精神革命论"

"精神革命论"即对工人进行思想压制的理论。在泰勒进行试验的工厂里，不许 4 个以上的工人在一起工作。他认为，当工人结帮成伙时，会把许多时间用在对雇主的批评、怀疑甚至公开斗争上面，从而降低效率。如果把工人隔开，工人就会专心致志地按规范操作，从而可提高工效和增长工资。泰勒认为，工人的工资一旦提高，"精神革命"也就会随着发生，即工人和雇主"双方都不把盈余的分配看成是头等大事，而把注意力转到增加盈余量上来，直到盈余达到满意的程度，才不必为如何分配而争吵"。

从这些学者的观点中可以总结出这一时期的特点：①组织所有权与经营权开始分离，组织出现了专门从事职能管理的人员，这是对管理作为重要生产要素的一种肯定；②采用"经济人"的人性假设，管理工作的重点在于提高生产率、完成生产任务，不去考虑人的感情；③组织中制定了严格的规章制度，依法治人，不留情面；④在对人的控制上选择外部控制的手段，依靠外部监督，实行重奖重罚的措施；⑤管理手段上讲究科学化，决策程序与机制的建立使得决策科学性大大提高，定量分析工作的方法大大提高了生产率；⑥从管理效率上看，生产效率大幅提高，这也是资本主义发展史上的黄金时期，但由于漠视人的主观感受，不讲感情，使得组织的士气大受影响，员工的对抗情绪较为强烈，有时甚至可以影响生产效率。

（三）人际关系阶段

人际关系阶段指的是 20 世纪 20 年代至第二次世界大战结束。由于泰勒等人际关系阶段创立的"科学管理"理论，仅把人看作一种"经济人"，工人追求高工资，企业家追求高利润，并且过分强调严格用科学方法和规章制度实施管理；不论是前期泰勒等提出的科学管理方法，还是后期韦伯等提出的行政组织理论，其共同点都是强调科学性、精密性和纪律性，而把人的情感因素放到次要地位，把工人看作机器的延长——机器的附属品，因此在很多企业激起工人的强烈不满和反抗。在这种情况下，一些管理学家也开始意识到，社会化大生产的发展需要有一种能与之相适应的新管理理论，于是人际关系学派便应运而生了。推动人际关系学派产生的一个重要事件就是在美国西方电器公司进行的"霍桑实验"，其中最著名的代表人物是乔治·埃尔顿·梅奥。

1926 年，梅奥进入哈佛大学从事工业研究，不久参加了著名的"霍桑实验"。当时，一些管理人员和管理学家认为，工作环境的物质条件同工人的健康、劳动生产率之间存在着明显的因果关系，在理想的工作条件下，职工能发挥出最大的工作效率。但是，经过对两组女工——控制组和对照组的比较试验发现，这一理论是不能成立的。参加试验的两组女工在工作环境、工作时间和报酬等因素发生各种变化时，产量始终保持上升趋势，其生产率并不和工作环境及工资报酬好坏、多少成正比。而梅奥则从另外的角度来考察前一阶段试验的结果，他认为，参加试验的工人产量增长的原因主要是工人的精神方面发生了巨大变化，由于参加试验的工人成为一个社会单位，受到人们越来越多的注意，并形成一种参与试验计划的感觉，因而情绪高昂，精神振奋。梅奥由于发现了工业生产过程中的社会环境问题，因此率先提出了"社会人"这一概念。梅奥指出，工人是从社会的角度被激励和控制的，效率的增进和士气的提高主要是由于工人的社会条件和人与人之间关系的改善，而不是由于物质条件或物质环境的改善。因此，企业管理者必须既要考虑到工人的物质技术方面，又要考虑到其他社会心理因素等方面。梅奥等根据"霍桑实验"中的材料和结果，提出以下假说：

第一，企业职工是"社会人"，而不仅仅是"经济人"。企业中的工人不是单纯追求金钱收入的，他们还有社会方面、心理方面的需求，这就是追求人与人之间的友情、安全感、归属感和受人尊重等。因此，不能单纯从技术和物质条件着眼，还必须首先从社会心理方面来鼓励工人提高生产率。

第二，企业中存在着"非正式组织"。企业中除了"正式组织"之外，还存在着"非正式组织"。这种"非正式组织"是指在厂部、车间、班组以及各职能部门之外的一种关系，从而形成各种非正式的集团、团体。这种非正式组织有自己的价值观、行为规范、信念和办事规则。它与正式组织互为补充，对鼓舞工人士气、提高劳动生产率和企业凝聚力都可起到很大的作用。

第三，作为一种新型的企业领导，其能力体现在提高职工的满足程度，以提高职工的士气，从而提高劳动生产率。金钱式经济刺激对促进工人劳动生产率的提高只起第二位的作用，起第一位作用的是职工的满足程度，而这个满足程度在很大程度上是由职工的社会地位决定的。职工的安全感和归属感依存于两个因素：一是工人的个人情况，即工人由于个人历史、家庭生活和社会生活所形成的个人态度和情绪；二是工作场所的情况，即工人相互之间或上下级之间的人际关系。

总结人际关系阶段，有如下特点：①组织所有权与经营权分离成为不可逆转的趋势；②采用"社会人"的人性假设，由理性管理变为感性化的管理；③在管理手段上，由制度管理变为思想管理，强调尊重人的个性；④在控制方法上，由外部控制变为自我控制，弱化制度的作用；⑤管理重点由直接管理人的行为变为管理人的思想，强调人际关系的协调与正向的激励；⑥从管理效果上来看，人际关系学派在实践上鼓舞了组织的士气，因而也取得了不错的生产效率，但由于在某种程度上忽略了制度在防范不良绩效上的作用，易导致生产效率的不稳定。

(四) 行为管理阶段

20 世纪 50 年代后期至 80 年代末，针对人际关系学派的不足，许多管理学者加以总结和补充，发展出了行为管理学派。行为科学是在人际关系学说的基础上形成的，它重视对个体心理和行为、群体心理和行为的研究和应用，侧重于对人的需要和动机的研究，探讨了对人的激励研究，分析了与企业有关的"人性"问题，其代表人物是马斯洛和麦格雷戈。这一阶段在理论上已经从过去只重视对具体工作和组织的研究，转向重视人的因素的研究，这是从重视"物"转向重视"人"的一种观念和理论上的飞跃。这一阶段的理论创新，都与人力资源管理有直接关系，从而也为人力资源管理奠定了理论基础，在 60 年代中叶，又发展为组织行为学。组织行为学奠定了人力资源管理的理论依据和学科基础。

1. 麦格雷戈的 X－Y 理论

美国管理学家麦格雷戈于 1957 年提出了 X－Y 理论。麦格雷戈把传统管理学说称为"X 理论"，他自己的管理学说称为"Y 理论"。X 理论认为：多数人天生懒惰，尽一切可能逃避工作；多数人没有抱负，宁愿被领导，怕负责任，视个人安全高于一切；对多数人必须采取强迫命令，软（金钱刺激）硬（惩罚和解雇）兼施的管理措施。Y 理论的看法则相反，它认为：一般人并不天生厌恶工作；多数人愿意对工作负责，并有相当程度的想象力和创造才能；控制和惩罚不是使人实现企业目标的唯一办法，还可以通过满足职工爱的需要、尊重的需要和自我实现的需要使个人和组织目标融合一致，达到提高生产率的目的。

麦格雷戈认为，人的行为表现并非其固有的天性决定的，而是企业中的管理实践造成的。剥夺人的生理需要，会使人生病。同样，剥夺人的较高级的需要，如感情上的需要、地位的需要、自我实现的需要，也会使人产生病态的行为。人们之所以会产生那种消极的、敌对的和拒绝承担责任的态度，正是由于他们被剥夺了社会需要和自我实现的需要而产生的"疾病"的症状，因而迫切需要一种建立在对人的特性和人的行为动机更为恰当的认识基础上的新理论。麦格雷戈强调指出，必须充分肯定作为企业生产主体的人，即企业职工的积极性是处于主导地位的，他们乐于工作、勇于承担责任，并且多数人具有解决问题的想象力、独创性和创造力，关键在于管理方面如何将职工的这种潜能和积极性充分发挥出来。

2. 马斯洛需要层次理论

美国最具盛名的心理学家亚伯拉罕·马斯洛创立了人本主义心理学，在以弗洛伊德为代表的精神分析学派和以华生为代表的行为主义之后，形成了心理学上的"第三思潮"。他在《人类动机的理论》等著作中提出了著名的"人类需要层次论"，把人的需求按其重要性和发生的先后分为五个层次，人们一般按照先后次序来追求各自的需求与满足。等级越低者越容易获得满足，等级越高者获得满足的比例越小。

（1）生理上的需要，如包括维持生活和繁衍后代所必需的各种物质上的需要：衣、食、住、医、行等。这些是人们最基本、最强烈、最明显的一种需要。在这一层需要没有得到满足之前，其他需求不会发挥作用。

（2）安全上的需要，如生活保障、生老病死有依靠等。一旦生理需要得到了充分满足，就会出现安全上的需要——想获得一种安全感。

（3）感情和归属上的需要，包括同家属、朋友、同事、上司等保持良好的关系，给予别人并从别人那里得到友爱和帮助，谋求使自己成为某一团体公认的成员以得到一种归属感等。

（4）地位和受人尊重的需要，人们对尊重的需要可分为自尊和来自他人的尊重两类。自尊包括对获得信心、能力、本领、成熟、独立和自由等的愿望；来自他人的尊重包括这样一些概念：威望、承认、接受、关心、地位、名誉和赏识。

（5）自我实现的需要，这是最高一级的需要，是指一个人需要做适合他的工作，发挥自己最大的潜在能力，表现个人的情感、思想、愿望、兴趣、能力，实现自己的理想，并能不断地创造和发展。

综上，行为管理阶段具有以下特点：①行为管理学者的主要思想是建立在人际关系学派的基础上的，因此有相当一部分观点是相同的；②行为管理学派在一定程度上超越了前人对于具体组织和工作的研究，更加注意对人的因素的研究；③行为管理学派已经不拘泥于某一固定的人性假设，开始具备了权变的思想；④需求层次论指出了从物质到精神、从生理到心理这样一个先后不同的层次，因而促使人们在企业管理理论上进一步深化，思考在企业的生产过程中，如何更好地从文化心理上去满足企业职工的高层次需要，从文化上对职工加以调控和引导，帮助他们实现各自的愿望，使他们能够生活在这样一个氛围中，即不仅感到自己是一个被管理者，同时也能够在感情归属、获得安全感和尊敬，以及最后的自我实现方面，都有很大的发展余地，这也孕育着企业文化理论的诞生。

（五）企业文化阶段

企业文化的真正兴起是在20世纪80年代，作为在管理理论基础上发展起来的企业文化理论，是对原有管理理论的总结、创新，它从一个全新的视角来思考和分析企业这个经济组织的运行，把企业管理和文化之间的联系作为企业发展的生命线。企业管理从技术层面、经济层面上升到文化层面，是管理思想发展史上的一场革命，给企业管理带来了勃勃生机和活力。企业文化的核心是组织成员的共同信念与价值观，也可称为企业精神，它可以归纳为很简练的一句口号或几个易懂好记的词组，但在西方，它常以使命说明书的形式逐条表述出它的要点，更具体的可以用若干条政策来体现。而人力资源管理理念恰恰是企业文化理念的核心部分，一个组织对其员工的看法才是最根本的企业文化价值观。

1. 麦肯锡的 7S 模型

企业文化理论诞生的一个重要诱因是美日企业管理经验的比较研究，其中最有代表性的人物是麦肯锡公司的专家汤·彼德斯和罗·沃特曼。他们先设置了可列为"管理最佳公司"的标准，再精选出数十家这类最佳公司，对它们进行较长的深入研究，发现它们管理有效性的共同之处，都在于全面关注和抓好七个管理因素，即结构（Structure）、战略（Strategy）、技能（Skill）、人员（Staff）、作风（Style）、制度（Systems）和共有价值观（Shared Values）。这些因素相互关联，构成一个完整的系统。它们中有的较"硬"、较理性、较直观、较易测控，如战略、结构等因素；有的则较"软"，不够理性，较难捉摸，要靠些直觉来感知，这类因素恰是人们往往忽略的，却又是最重要的。其中，共有价值观这一因素是整个系统的核心、基础和关键，它就是企业的精华或叫作"企业精神"。如图 1-1 所示，管理软硬兼备，虚实并蓄，是一个复杂完整的系统，而其核心则是最软而虚的"企业文化"或精神。

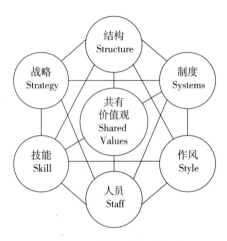

图 1-1　麦肯锡的 7S 模型

2. 学习型组织的出现

有人认为，人力资源管理发展到企业文化阶段的一个重要表现是学习型组织概念的提出及其在实践中的运用。学习型组织是指在发展中形成的具有持续的适应和变革能力的组织。在一个学习型组织中，人们都可以抛开原有的思考方式，能彼此开诚布公地去理解组织真正的运作方式，去构造一个大家能一致同意的愿景，然后齐心协力地实现这个目标。"以人为本"的管理理念得到了进一步发展，具体表现为：组织领导者既要掌握管理的理论和理念，又要注重管理的方法、操作和技能等实践；重视企业文化和团队精神的作用，培育和发掘人力资源的创造力和企业的凝聚力；注重多文化时代多元化的管理模式以及企业投资、经营和竞争的多元化，要求人力资源管理活动要不断创新。

总之，企业文化阶段的特点可以归结为：①"人事关系"成为总经理最重要的事宜之一；②重视员工作为有尊严个体的存在；③重视用工作目标引发员工的积极性；④重视工作表现和挑战性工作，注重在工作中培养员工的成就感；⑤注重团队精神的培养和沟通技巧的培训使用；⑥注意团体气氛的融洽，营造"学习型"组织。

第三节　人力资源管理的主要内容

关于人力资源管理的研究内容众说纷纭，尚未形成定论。我们结合企业实际运行状况，认为人力资源管理的内容主要分为三个层次，即人力资源管理理论基础、人力资源管理微观应用和人力资源管理的发展趋势。

第一层次为理论基础，主要包括人力资源管理概述、人力资源管理基本理论。借助于对这些问题的探讨，可以使读者更易理解和把握人力资源管理的实质，为在实践中灵活运用各种人力资源管理方法提供支撑。

第二层次是人力资源管理的组织内部微观应用部分，也即人们通常所认为的狭义的人力资源管理。这一部分具体包括：

（1）人力资源管理的战略选择——战略性人力资源管理。战略性人力资源管理要求人力资源管理顺应现代战略人力资源管理的潮流，对人力资源战略规划加以专门分析。

（2）人力资源管理的基础背景研究——工作分析。工作分析是研究职位工作的内容、性质、职能并确定完成工作所需技能、责任和知识的系统过程。它是薪资、考核、激励等人力资源管理技术有效应用的基础和前提。工作描述和工作说明书则是这一工作成果的集中体现。

（3）人力资源的配置——招聘管理。人力资源招聘主要解决人员的获取和有效配置的问题。主要包括制定招聘计划，以最为合适的招聘形式和测试形式对人员进行筛选，为企业获取最为经济的与企业发展相适应的人员。它是一个人力资源采购和市场选择的过程。

（4）人力资源开发的重要手段——培训。培训旨在使企业内人力资本增值，优化企业文化，是一种有效的沟通和激励手段。所有成功的企业都会有一套成功的培训机制来加以支撑。培训重在培训体系的构建和培训方法的介绍，同时还包含有培训组织管理的内容。

（5）应用中的评价问题——绩效管理。它是对企业现有人员的业绩表现加以衡量，以期更有效、更合理地配置企业现有人员。主要包括绩效管理系统设计、绩效考核体系设计、绩效考核方法设计，并对影响考核的因素及其对考核的制约加以分析。

（6）人力资源价值分配——薪酬管理。薪酬不仅是企业对其所有的员工进行的价值补偿，更是对企业员工自身价值的一种肯定。这方面内容主要涉及薪酬制度的制定、薪酬体系的设计、经营者的激励、薪酬日常管理与维护。

（7）人力资源行为机制——激励。激励旨在依据考核结果对现有人员进行奖惩，以此来激发出员工的工作热忱，提高工作效率和经营绩效。在激励方面，首先对激励动力机制及运作机理进行阐述，其次对如何制定切实可行的激励计划和操作方案加以说明，最后创新性地引入竞争系数和淘汰率等指标。

（8）人力资源保护——劳动关系管理。涉及这一部分的环节包括与员工签订劳动协议或雇用合同，处理员工与公司或员工之间可能出现的纠纷，制定员工的权利和义务，按照劳动法处理各类员工问题，制定员工投诉制度。人事主管还要针对与雇佣立法有关的事项提供意见，并应熟知与法律条款适用性有关的实际问题。

第三层次为人力资源管理的发展趋势。随着信息技术的发展和全球经济一体化的到来，人的因素在促进生产力发展中所起到的作用越来越大，不论是国内的企业还是跨国公司，对人才的争夺已经成为竞争的一个焦点。另外，社会生活质量的全面提高和人自身需求的变化也给人力资源管理提出了新的要求，人力资源管理呈现外包化和跨文化管理的趋势。

第四节　人力资源管理面临的挑战

人力资源管理从诞生以来历经了几十年的发展，这期间，全球社会、经济环境发生了巨大变化，特别是近年来，以计算机技术和现代通信技术为代表的信息科学技术正主导着经济与社会发展，这就是以知识为基础的经济。随着知识经济的到来，组织赖以生存的外部环境和组织内在管理方式也正进行着悄无声息但影响深远的变革，人力资源管理发展面临着诸多挑战。

一、全球经济一体化、文化多元化的冲击与挑战

全球经济正日益成为一个不可分割的整体，形成你中有我、我中有你、相互依存、相互促进、相互制约、荣辱与共的态势。人力资源管理的内容和方法在经济一体化进程中面临着不同的政治体制、法律规范和风俗习惯的冲击。如何组织国籍、文化背景、语言都不相同的员工共同完成组织使命，在管理制度与工作价值观迥然不同的组织中如何有效沟通等问题，都要求人力资源管理工作必须置身于全球经济一体化和文化多元化的大背景下来予以考虑。

二、人力资源管理模式创新的挑战

典型的人力资源管理模式大体上可以分为以美国为代表的西方模式和以日本为代表的东方模式，前者注重从外部人力资源市场进行招聘，人员流动性大，劳资双方为对抗性关系，薪资报酬较刚性；后者注重内部招聘和提拔及员工的培养教育，推行团队参与式管理和弹性工资等。两种模式已被证明在特定的历史时期都对经济起到了重大的推动作用，但随着知识经济的到来，这两种模式的某些缺陷也日益暴露。知识经济时代，人力资源管理模式将是人本模式、团队管理模式、文化管理模式、以知识管理为中心的企业管理模式等几种管理模式的交融与创新，它要求管理要以人为中心，人处于一种主动的地位，要尽可能地开发人的潜能，因此，知识管理和企业文化在人力资源管理中应该被提到新的高度。

三、组织结构变革的挑战

知识经济时代下，企业的组织结构呈现扁平化、网络化、柔性化的趋势，这种组织结构提高了员工的通用性和灵活性。组织根据每个员工的专长组成各种工作小组，以完成特定的任务，这使得主要承担上下之间信息沟通的中间管理层失去应有的作用而遭到大幅度精减，员工的晋升路线也不再局限于垂直晋升，更多的是水平晋升，组织结构的变革将是今后一段时间内企业面临的重要问题。

四、新技术、新管理理念和方法的冲击

在激烈竞争的市场环境下，组织必然要不断提高劳动生产率、提高产品质量、改善服务质量，于是新技术以及新管理概念、方法应运而生。知识经济时代下，计算机技术被广

泛应用于人力资源管理的各个领域，出现了质量小组、全面质量管理、经营过程重组等新概念与方法，这些新技术、新管理方法、新管理理念的出现，必然会给人力资源管理带来新的挑战，同时也会为其带来生机和活力。组织只有很好地利用这些新技术、先进的管理理念和管理方法，才能在当今激烈的社会竞争中立于不败之地。

 本章小结

1. 我们现在所使用的人力资源概念，是彼得·德鲁克于 1954 年在其著作《管理实践》中首先正式提出并加以明确界定的。

2. 人力资源是资源的一种，是以人为载体的资源，是存在于人体中以体能、知识、技能、能力、个性行为特征倾向等为具体表现的经济资源。

3. 人力资源管理就是对人力资源进行有效聚合、利用、开发和评价的过程，其内涵包括两个层面：在组织外部，主要是指人力资源的市场供求、竞争机制、劳动关系、监管、战略及生态环境等；在组织内部，主要包括员工招聘、工作分析、绩效考评、薪资、激励、培训、职业生涯等。

4. 人力资源管理的发展阶段：经验管理阶段、科学管理阶段、人际关系阶段、行为管理阶段、企业文化阶段。

5. 狭义的人力资源管理具体包括：战略性人力资源管理、工作分析、招聘管理、培训、绩效管理、薪酬管理、激励、劳动关系管理。

 本章习题

1. 谈谈你对人力资源、人力资源管理的理解。

2. 现代人力资源管理的主要特征有哪些？

3. 谈谈现代人力资源管理与传统人事管理的区别与联系。

4. 人力资源管理的发展阶段如何划分？

5. 人力资源管理的主要内容是什么？

6. 请结合实际谈谈人力资源管理面临的挑战主要有哪些。

第二章 人力资源管理的理论基础

学习目标

系统学习人力资源管理的基础理论，如人性假设、人力资本、激励等

学习要求

1. 了解人力资源管理的理论基础
2. 理解并掌握人性假设理论和人力资本理论
3. 理解并运用激励理论和人本理论

关键术语

人性假设；人力资本；激励理论；人本理论

林肯电气公司的员工激励政策

林肯电气成立于 1857 年，是一家拥有 123 年历史的焊接设备和消耗品制造商，总部位于美国俄亥俄州克利夫兰市。公司通过劳资合作的文化、基于计件工作的薪酬制度以及基于个人对公司业绩贡献支付奖金来激励美国员工。林肯电气公司年销售额为 44 亿美元，拥有 2400 名员工，形成了一套独特的激励员工的方法。该公司 90% 的销售额来自生产弧焊设备和辅助材料。林肯电气公司的生产工人按件计酬，他们没有最低小时工资，员工为公司工作两年后便可以分享年终奖金。在过去的 56 年中，平均奖金额是基本工资的 95.5%。近几年经济发展迅速，公司员工年均收入为 44000 美元左右，远远超出制造业员工年收入 17000 美元的平均水平。

林肯电气公司自 1958 年开始推行职业保障政策。从那时起，没有一名员工被辞退。作为对此政策的相应安排，员工也要做到：在经济萧条时必须接受减少工作时间的决定；要接受工作调换的决定；为了维持每周 30 小时的最低工作量，要调整到一个报酬

更低的岗位。林肯电气公司极具成本和生产率意识，如果工人生产出不合标准的部件，那么除非这个部件修改至符合标准，否则这件产品就不能计入该工人的计件工资中。严格的计件工资制度和高度竞争性的绩效评估系统形成了一种很有压力的氛围，有些工人因此产生了焦虑感，但压力明显有利于劳动生产率的提高。

1993 年林肯电气公司全球重组期间，公司高层鼓励美国员工追求最高水平的生产和销售。在企业文化的感召下，员工自愿推迟 614 周的假期以满足客户对产品的需求。据该公司的一位管理者估计，与竞争对手相比，林肯电气公司的总体生产率是对手的两倍。该公司还是美国工业界中工人流动率最低的公司之一。1998 年，林肯电气公司还向员工发放了连续第 65 次的奖金。

2007 年，林肯电气公司在世界各地建造或升级 10 座工厂，并试图将其独特的管理理念传递到这些国家。自 2010 年起，林肯高级管理层在肖托夸学院和杨百翰大学万豪管理学院等演讲场所向大众传达公司独特的传统和文化。现在，林肯电气公司的地区总裁正试图决定是否以及如何在印度尼西亚建立制造业，尤其是思考是否向亚洲转移林肯电气公司独特的激励驱动型管理体系。

资料来源：https：//www. hbs. edu/faculty/Pages/item. aspx？num＝14088，https：//www. lincolnelectric. com/en-us/Pages/default. aspx.

第一节　人性假设

人性是管理学研究的起点，对不同特点的人采用不同的应对方法，才能真正做到有效的管理和激励。对于人性，古今中外有很多深入的研究，我国古代孟子提出的人性本善论和荀子提出的人性本恶论，都是对复杂人性的研究。埃德加·H. 沙因（Edgar H. Schein）在《组织心理学》（1965）中把前人对人性假设的研究成果进行了归纳，提出四种人性假设，即经济人假设、社会人假设、自我实现人假设和复杂人假设。人性假设理论依据一定的价值取向对人性的现实性表现进行有选择的抽象，一般认为这是对人性进行的最为全面的概括和研究。

一、经济人假设

认为人是经济人的假设源于亚当·斯密（Adam Smith）对理性人的假设，他认为人的一切行为都是为了最大限度满足自己的私利，工作目的只是获得经济报酬。经济人假设代表人物是有"科学管理之父"之称的弗雷德里克·W. 泰勒（Frederick W. Taylor）；道格拉斯·M. 麦格雷戈（Douglas M. McGregor）在 1960 年把泰勒的假说称为"X 理论"。

经济人假设（X 理论）的 X 基本观点包括：①人是由经济动因来引发工作动机的，目的在于获得最大的经济利益；②经济诱因在组织的控制之下，因此人总是被动地在接受组织的操纵、激励和控制之下从事工作；③人总是以一种合乎理性的、精打细算的方式行事，力图用最小的投入取得满意的报酬；④人一般宁愿受人指挥，希望逃避责任，较少有野心，对安全的需要高于一切。

经济人假设把人看成是理性的，天生喜欢物质激励，天生懒惰不能自我管理和自我控制，所以提出的管理策略可以概括如下：首先，管理工作的重点在于提高生产率，完成生产任务，而对于人的感情和道义上应负的责任，则是无关紧要的。简单地说，就是重视完成任务，而不考虑人的情感、需要、动机、人际交往等社会心理因素。基于经济人假设的管理就是计划、组织、经营、指导和监督。其次，管理工作只是少数人的事，与广大工人群众无关，工人的主要任务是听从管理者的指挥拼命干活。最后，奖励制度方面使用金钱来刺激工人生产积极性，同时对消极怠工者采用严厉的惩罚措施。

经济人假设以享乐主义哲学为基础，把管理者与被管理者完全对立，否认人的自觉性、主动性、创造性和责任感。这种观点在 20 世纪初到 20 世纪 30 年代得以风行，客观上源于当时的工业化大生产模式。随着社会生产的发展，对人性的经济人假设逐渐被新的社会人假设所替代。

二、社会人假设

社会人假设是根据埃尔顿·梅奥（Elton Mayo）的"霍桑实验"（Hawthorne Studies）得出的经验总结。按照社会人假设的观点，管理的重点是营造和谐融洽的人际关系。沙因对社会人假设的归纳如下：①人们的工作动机主要在于社会需要，人们需要良好的工作氛围，希望与同事建立良好的人际关系；②"科学管理"的结果是工作变得单调且无意义。因此，必须从工作的社会关系中寻求工作的意义；③非正式组织更有利于满足人们的社会需要，因此正式组织的经济诱因对人们的吸引力小于非正式组织对人们社会需要的满足诱因；④人们期望领导者承认并满足员工的社会需要。

在社会人假设条件下，梅奥提出了人际关系理论，其主要内容包括：首先，生产效率更多取决于员工的情绪和士气，这与个人的家庭、社会生活及企业中的人际关系密切相关；其次，企业中的非正式组织是员工在生产生活过程中以情感为纽带形成的。

在这种理论下，管理的策略主要采用参与型管理的模式。这种模式下，管理人员不能只关注组织目标，同时也需要关注员工的需要，注意员工之间的关系和沟通，培养其归属感和整体感；对员工的奖励以集体奖励为主、个人奖励为辅；同时，鼓励员工积极参与管理。社会人假设在对人性的认识上比经济人假设更进一步认识了人的价值，把员工关系和员工情商管理视为管理中极为重要的一环，也为后来"人本管理"理念的提出起到了重要的引导作用。

三、自我实现人假设

在社会人假设和人际关系理论的前提下，一些学者在心理学、社会学、管理学和人类学等学科研究的基础上创立了行为科学理论，其中以马斯洛（Abraham H. Maslow）的"需求层次理论"和麦格雷戈的"Y 理论"为代表。

沙因将自我实现人假设的主要观点归结如下：①人的需求从低层次到高层次有多个层级，人的最终目的是满足最高层次的自我实现的需要，寻求工作上的意义；②人们力求在工作上有所成就，实现自治和独立，发展自己的能力和技术，以便适应环境；③人们能够自我激励和自我控制，外部激励和外部控制会对人产生不良的后果；④个人目标的实现和组织目标的实现并不是相冲突的，而是能够达成一致的，在适合的条件下，个人会自动地调整自己的目标使之与组织目标相配合。

在这种人性假设下，管理者倾向于采用民主型管理模式。首先，管理者管理的重点转移到重视环境上来。他主张创造有利于发挥人的潜能的适宜环境，更加重视人的价值和尊严。其次，在管理制度上主张管理者适当分权，促使员工参与决策，以满足员工自我实现的需要。最后，激励方式更加重视内在激励，以期形成自尊、自重、自主和创造等自我实现的需要来提高员工工作积极性。

自我实现人假设是人本理念形成过程中的一个重大进步。但是，其单纯认为人的需求必将在满足后向更高层次发展、人的行为具有天然的向上动力，这个假设的基础是不可靠的。实际上，人的行为复杂多变，先天素质、后天环境和教育共同促成了个人的性格特征。因此，20世纪六七十年代，埃德加·H.沙因等学者提出了复杂人假设理论。

四、复杂人假设

随着对人性研究的进一步深入，发现人的需要和动机并非是单一的，而是非常复杂的，将随着环境的变化而发生变化。沙因的"复杂人"假设也称为"现实人"假设，指由多种因素综合作用的、受多个目的制约和影响而从事经济活动的个体。

复杂人假设的主要内容包括：①人有不同的需要和能力，并且这种需要和能力也是随环境不同而时刻变化的；②人的很多需要和特性不是与生俱来的，而是在后天教育和一定环境下形成的，一个人在组织中可以形成新的需求和动机；③人们在不同的组织和部门中可能有不同的动机模式；④一个人在组织中是否感到满足，是否能立即进入组织工作，取决于组织的状况与个人的动机结构之间是否相匹配；⑤人们根据自己的动机、能力及其工作性质，会对一定的管理方式产生不同的反应。

在复杂人假设理论的基础上，莫尔斯（J. J. Morse）和洛希（J. W. Lorsh）提出了"权变理论"（Contingent Theory），即根据具体情景而采取相应的管理方式。认为没有所谓普遍适用的管理模式，必须根据组织内外环境、管理思想的变化和绩效评价目标之间的相互关系，灵活地采取相应管理措施。基于复杂人假设的权变管理理论要求管理人员针对具体的情况采取灵活机动的管理措施：其一，管理者应该根据工作性质的不同，采取不同的组织结构形态，以提高组织效率。其二，针对不同的工作性质和人员素质采取不同的管理方式，若企业任务明确，可以采取民主授权的管理方式；否则，宜采用较严格的集权管理方式。其三，管理者应善于和乐于花费时间观察员工的个性特点和动机需求，对不同的人员采取灵活的激励和管理方式，以充分调动每个员工的工作积极性。复杂人假设承认人的差异性，反对用统一机械的方法管理和激励员工。但这种理论有可能过于强调人的差异性，因而忽略人的一些共性的东西，也将不利于研究和科学的发展。

以上四种人性假设理论引发了不同的管理理论和管理模式，在同样以追求提高企业运行效率为目标的前提下，"经济人"假设带来了强制型的管理模式，"社会人"假设下管理者设计了参与型的管理模式，"自我实现人"假设下民主型管理模式受到推崇，而"复杂人"假设下权变管理理论和模式在理论研究和实践领域得到广泛关注。管理模式的变革表明，在企业经营管理过程中，劳动者个体价值逐渐得到更多尊重和关注。从人性假设理论的发展过程可以看出对人性的尊重和对"人"的价值的认可。随着对个人价值的认可，人力资源开发成为企业管理的新课题。

第二节　人力资本理论

科技的发展直接影响着企业的经营活动，科技领先的国家往往也是世界的经济中心。在科技引领生活的时代，劳动者个体的能力发挥程度是经济发展的基础和动力。劳动者不再是简单的具有体力和普通智力的个体，而是同时具有人力资本（Human Capital）的更复杂的主体。物质资本指物质产品上的资本，包括厂房、机器、设备、原材料、土地、货币和其他有价证券等；而人力资本则是体现在人身上的资本，即对生产者进行教育、职业培训等支出及其在接受教育时的机会成本等的总和，表现为蕴含于人身上的各种生产知识、劳动与管理技能以及健康素质的存量总和。

一、早期的人力资本理论

早期关于人力资本的论述见于经济学相关研究之中，其中颇具代表性的包括以下几种：

（一）马克思的人力资本思想

马克思的经济学说是建立在劳动价值学说基础之上的，其人力资本理论集中体现在其巨著《资本论》对资本主义积累规律、社会总资本扩大再生产等的分析与阐述中。马克思说："我们把劳动力或劳动能力理解为人的身体即活的人体中存在的、每当人生产某种使用价值时就运用的体力和智力的总和。"也就是说，在劳动过程中劳动者既要发挥自己的体力，又必须掌握一定的经济和科学知识，发挥自己的智力。

（二）亚当·斯密的人力资本思想

亚当·斯密（A. Smith）在其传世之作《国民财富的性质及原因》（又称《国富论》，1776 年）中对社会财富的来源以及财富如何积累进行了研究，认为劳动是一切财富的源泉，确立了人力资源在社会经济中的地位。他认为，一个国家全体居民的所有后天获得的有用能力是资本的重要组成部分，且获得此种能力需要花费一定的费用，所以它可以被看成是在每个人身上固定的、已经实现了的资本。

（三）马歇尔的人力资本思想

马歇尔（A. Marshall）在 1890 年出版的《经济学原理》也指出，所有资本中最有价值的是对人本身的投资。我们必须洞察人的体力、精神、道德的健康及其程度所依存的各种条件，唯有这些条件才是劳动生产率的基础。物质财富的生产是依存于劳动生产率的。反过来，物质财富的使用，一个重要的目的在于通过很好地利用此财富提高人力的体力、精神、道德的健康及其程度。

二、舒尔茨的人力资本理论

人力资本理论的创始人是美国经济学家、1979 年的诺贝尔经济学奖得主西奥多·W.

舒尔茨（Thodore W. Schults）。他在 20 世纪 60 年代发表的《人力资本投资》《教育的经济价值》等一系列论著使其人力资本理论系统化、理论化。舒尔茨在研究经济增长理论的基础上探讨人力资本问题，认为在经济增长中，人力资本的作用大于物质资本的作用，人力资本比物质、货币等资本具有更大的增值空间。舒尔茨的主要研究内容为：

（一）人的知识和技能被认定为资本的一种形态，称为人力资本

舒尔茨首次提出人力资本的概念，他认为广义资本有两种形式：一种是体现在产品上的物质资本，另一种是体现在劳动者身上的人力资本。由于各劳动者的素质、工作能力、技术水平、熟练程度不同，所以受教育和训练之后，各劳动者的能力、智力、技术水平等提高的程度也不相同。人力资本是由劳动者的质量或由于其技术知识、工作能力表现出来的资本。因此，所谓人力资本指的是劳动者形成和完善其知识、技术、创新观念和管理方法的一种资源总称。它的最主要的特点是这种人力资本天然属于个人，但也可以交易。

舒尔茨认为，人力资本包括用以形成和完善劳动力的各种投资。主要包括：学校教育，即各级各类学校教育；医疗与保健，它包括影响一个人的寿命、力量、耐力、精力等方面的所有开支；在职人员训练，它包括企业旧式的学徒制；企业以外的组织为成年人举办的学习项目，它包括农业中常见的技术推广项目；个人或家庭为适应就业机会的变化而进行的迁移活动。具体可概括为以下几个方面：

1. 教育投资

教育投资用于发展教育事业以提高人们的知识水平和劳动力的质量，即提高劳动者的工作能力、技术水平和熟练程度。通过教育，可以提高劳动者的质量，从而提高劳动生产率，增加个人收入和国民收入。舒尔茨认为，教育投资是人力资本投资的主要方面，是提高人口质量的主要途径。

2. 医疗保健投资

医疗保健投资用于发展医疗保健事业以减少人们的疾病和死亡，提高劳动者的素质，增加其工作能力，延长其服务期限。从广义上讲，医疗保健投资包括用于维持和提高一个人的寿命、耐久力、精力和生命力的所有费用。狭义上，它主要指为了提高健康水平，在医疗服务和健康保障方面所耗费的经济资源。用于卫生医疗保健的开支是人力资本形成的重要途径之一。

3. 劳动力迁徙投资

劳动力迁徙投资用于发展劳动力市场行情调研机构以提供有关信息，并协助劳动力流动，促进解决劳动力余缺调剂和专长发挥。比如在劳动就业市场应有专门的机构来协助劳动者就业和在不同城市中的流动；有相应的调研和咨询机构为劳动者提供就业信息与服务。为劳动力流动所发生的费用称为劳动力迁徙投资。

（二）教育投资应以市场供求关系为依据，以人力价格的浮动为衡量符号

我们面临一个动态的世界，因此国家企图对所需的各种人才制定出长期的培养计划并照计划执行，实际上是很难办得到的。只有根据人力市场的供求变化，才能满足国家对各种人才的需要。各个时期对教育投资的多寡，对各大学专业投资的多寡，都应当遵循自由市场的法则。

（三）人力资本存量对劳动生产率的提高和经济的增长起着越来越重要的作用

1960 年，舒尔茨在美国经济学会上发表的题为"人力资本投资"的报告对人力资本理论作了系统的阐述。舒尔茨认为，人力资源是一切资源中最主要的资源，人力资本理论是经济学中的核心问题；并非一切人力资源都是最重要的资源，只有通过一定方式的投资，掌握了一定知识和技能的人力资源才是经济发展的决定因素。人力资本存量指的是经过资本投资形成的，凝结于劳动者身上的知识、技术、能力等的价值体现，是人力资源的质的价值体现。

人力资本的价值与人力资本存量和人力资本利用率是正相关关系。舒尔茨还引述丹尼森的论断，美国"1909~1929 年物力资本对经济增长的贡献几乎是学校教育对经济增长的贡献的两倍，但在 1929~1957 年学校教育的贡献却超过物力资本"，认为这是教育投资迅速增长的结果。舒尔茨用战争期间物质资本受到极大破坏的国家（德国和日本）能够在战后迅速复兴经济的实例，来证明在经济增长中，增加对人力资源的投资要比增加对物质投资更重要。

（四）创建了人力资本投资收益的计算方法

舒尔茨创建了人力资本投资收益的计算方法，提出了人力资本的投资标准，即人力资本的未来收益（包括个人的预期收益和社会的预期收益）要大于它的成本，即大于对人力资本的投资。舒尔茨的人力资本理论使人们认识"人力"是经济发展中的主要因素，提高"人力"质量成为经济发展的关键。鉴于他的贡献，瑞典皇家科学院称舒尔茨是"研究人力资本理论的先驱"。

三、贝克尔的人力资本理论

贝克尔被认为是现代经济学领域中最有创见的学者之一，他曾与舒尔茨同在芝加哥大学执教，同时成为人力资本理论研究热潮的推动者。他的人力资本理论研究成果集中反映在他 1960 年后发表的一系列著作中，最有代表的是《生育率的经济分析》《家庭论》《人力资本投资：一种理论分析》。《人力资本投资：一种理论分析》被西方学术界认为是"经济思想中人力资本投资革命"的起点。

贝克尔的贡献表现在对人力资本投资的微观分析上。贝克尔的人力资本理论概括为如下两个方面：首先，提出了人力资本投资收入效应理论。贝克尔运用经济学方法，对家庭生育行为进行经济决策和成本—效用分析，提出了生育、培养孩子的直接成本和间接成本的概念，家庭时间价值和时间分配的概念。贝克尔通过人力资本收入函数分析扩展了人力资本收入效应的内涵。他指出，生产与消费在人力资本投资中得到有机统一。人力资本投资的全部成本等于直接成本与间接成本之和，投入要素可归为时间投入与产品投入两大类，投资方式以在校学习或接受在职培训为代表。人力资本投资的全部收入表现为货币收入与心理（消费）之和，那么，人力资本投资与产出的均衡条件是"人力资本投资的边际成本的当前价值等于未来收益的当前价值"。其次，人力资本投资即是教育投资。贝克尔认为，人力之所以称为资本，是因为它既是今后富足的源泉又是今后工资的源泉，"许多工人通过在工作中学习新技术并完善旧技术而提高了他们的生产率"，使新的更美好的物质资本发挥更大的作用。

除了舒尔茨、贝克尔以外，美国经济学家丹尼森在 20 世纪 60 年代初，依据美国的历史统计资料分析了美国经济增长因素，他对人力资源要素的作用进行计量分析的计算方法比舒尔茨更为严谨。丹尼森在人力资本经济分析方面的主要贡献是在用传统经济方法估算劳动和资本对国民收入增长所起的作用时，对劳动产品剩余中不能由劳动和资本投入来解释的部分做出了定量的分析和解释。

四、人力资本理论的发展与运用

人力资本理论的提出促进了许多国家把人力资源开发纳入国家经济发展规划或计划，使人们认识到物质资本和人力资本的高度互补性，从而使经济发展规划制定得更为科学，极大地促进了国家、社会和家庭对教育的投入，推动了教育的迅速发展和人口质量的提高，促进了人力资源开发与管理的研究。

对人力资本存量的研究促成了人力资源开发的研究，对人力资本价值实现的研究发展成为对人力资源整合的研究。也就是说，人力资源个体实现提升之后，通过整合发挥其群体效应。在这个管理过程中，人力资源整合以人力资源开发为前提，开发得越有效，整合就越容易。

人力资源的开发包括教育设计、教育投资、职业培训等。开发，指各主体通过有效的途径并采取各种措施开拓、发掘资源的潜能。人力资源开发，指对人的知识即智力资源的开发。通过对人的培养，提高人的素质，充实人的知识能量，使人力资源由潜能转变为财富。人力资源开发的核心是形成新的人力资本存量。这是一项有序的、具有现实意义和超前意义的，同时也是直接激发人的主动性的发掘性活动，它包括外在因素量的开发和内在因素质的开发。

人力资源整合是经济时代的新理念，是在人力资源开发理论的基础上提出的新命题。人力资源整合包括测试、评估、调整、配置等一系列手段，是对现存的、已开发的人力资源进行结构的优化、重组，以释放其最大的能量。人力资源的整合通常具有群体性，其核心是整体规划、优化配量、有序组织、合理使用，是一项极具科学性的系统工程，它通过制度和文化的整合、结构和体制的优化、知识和经验的共享来发挥整体的合力，达到既定的目标。

第三节　激励理论

人的行为是由某种动机引起的，或者说人的行为是出于对某种目的的追求，这些追求可能是出于生存需要、情感追求或自我价值的实现等目的。美国哈佛大学威廉·詹姆士的一项研究表明，员工在受到充分的激励时，可发挥其能力的80%~90%；而在仅保住饭碗不被开除的低水平激励状态，员工只发挥其能力的20%~30%。组织激励水平越高，员工积极性越高，生产效率也越高。激励是人力资源开发的基本途径之一。激励理论认为人的行为动机是人的需要，而且这些理论普遍认为需要的激励有强弱之分，其强弱程度主要取决于需要本身引起的紧张的强弱和它对满足这种需要的可能性估计。

一、激励的含义

从心理发展角度来讲，激励是根据人的需要科学地运用一定的外部刺激手段，激发人的动机,使人始终保持兴奋状态朝着期望的目标积极行动的心理过程。这一过程需要处理好三类变量,即刺激变量——外界目标,机体变量——需要、动机,反应变量——行为这三者之间的相互关系,并循环往复、不断提高。激励过程模式如图2-1所示。

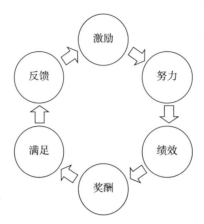

图 2-1　激励过程模式

在人力资源开发中,激励通常指调动员工的工作积极性,激发和鼓励员工达到组织目标的过程。其基本含义有以下几点:首先,激励是一个管理的概念,是管理手段,也是公司进行人力资源管理和开发的一种基本途径。其次,激励是一种动态概念,是员工积极性被调动、潜能被挖掘并释放的过程。最后,激励是一个工作概念,它总是用来说明员工对工作的积极性的表现水平,而不是工作之外其他方面的行为。激励的目的在于充分发挥员工的潜能,获得高的工作绩效。

二、激励的必要性

作为人力资源开发的基本途径之一,激励有其客观必然性。

首先,员工的工作积极性是企业活力的源泉,它直接决定着企业的劳动生产率和经济效益水平。员工工作态度越好,其积极性、创造性发挥得越充分,企业就越有发展前途。因此,公司要发展,就必须采取有效的激励手段。

其次,由于个体的需要和认识的差异,以及环境的影响,员工的积极性有很大差异,并处于不断变化的状态。要使员工的积极性处于理想状态下,必须满足以下条件:①员工认识到组织目标和集体行动有利于个人需要的满足;②员工把组织目标和集体利益纳入了个人需要系列;③员工对行为结果持有信心;④行动的结果证明积极行动有利于满足个人需要。然而,在现实生活中,各种因素的制约使得这些条件不能被很好地满足,人力资源的潜能不能充分释放。专业不对口、工作无兴趣、报酬不高,都严重阻碍了员工积极性的发挥。在此情况下,对员工进行激励尤其重要。

最后,研究发现,企业中多数工作并无太大的难度,员工的能力往往大于工作所需的才能,从而存在着人力资源的浪费。用激励来消除这种浪费,实属必要。

三、激励的基本要求

(一)激励所产生的积极性应与组织目标一致

激励的目的在于实现组织目标。因此,激励所产生的积极性必须有助于提高企业的经济效益，促进企业发展。

（二）充分调动企业内各类人员的积极性

企业生产经营目标的实现需要全体员工的协同努力，有效的激励不仅应该能够调动一线工人的积极性，而且能够调动技术人员、管理人员等各层次员工的积极性。一是充分调动上级、下级、同事和有关人员的积极性。某个部门目标的实现，不仅需要本部门员工的共同努力，还必须获得上级部门以及相关部门的支持。也就是说，激励不仅需要调动本部门下属员工的工作积极性，也需要调动上级和相关部门人员的积极性。二是充分调动员工各方面的积极性。实现组织目标需要员工有三个方面的积极性，即工作积极性，学习新知识、新技能的积极性，以及参与管理的积极性。工作积极性一般较受重视，因为它直接影响当前组织绩效；学习新知识、新技能的积极性在现代企业的发展中也显得日益重要。

（三）激励需使员工的积极性具有良好的发展趋势

成功的激励要求员工的积极性具有较稳定的高水平或者由低水平向高水平方向发展。员工的积极性水平大致可分为四个阶段：①参与阶段，员工的积极性保持在最基本的层次，愿意在组织内工作并保证出勤。②出力阶段，在此阶段去完成上级规定的任务，员工不仅"出工"，而且"出力"，能够充分利用时间，这显然比单纯的参与要付出更多的努力。③尽职阶段，在此阶段员工有较强的责任心，不仅努力做事，而且尽职尽责。④自发阶段，在此阶段，员工已不再依赖上级的指派、监督及制度的规定，而是自觉自愿地工作。只要组织需要，不管分内分外，都主动去做。

当员工的积极性处于尽职阶段，组织就可获得比较高效的运行。当他们处于自发阶段时，组织就会有良好的经济效益和发展前景。因此，有效的激励应使员工的积极性处于较高水平。

四、内容型激励理论

内容型激励理论主要探讨和研究人的需要和动机，因为需求是人的行为的内在原因，也是激励的起点和基础，所以，需求理论就重点研究人的需求的结构和需求是如何推动人的行为的。传统的激励理论建立在经济报酬是主要激励因素这一假设基础之上，即报酬越高，产出越多。这一模式在一定经济发展水平下具有有效的激励功能，即使在现代依然有实践意义。然而，当今社会有效激励的内容假设已经远远不满足于此。

（一）需求层次理论

美国社会心理学家、人格理论家和比较心理学家亚伯拉罕·马斯洛于 1943 年在《心理学评论》发表著名论文"人类动机论"，首次提出需求层次理论（Hierarchy Theory of Needs）。马斯洛需求层次理论把需求分成生理需求、安全需求、社交需求、尊重需求和自我实现需求。依次由较低层次到较高层次，通常在较低层次需求被满足后才产生更高层次的需求（见图 2-2）。

马斯洛关于各需求层次的含义如下：

生理需求是人类维持自身生存的最基本要求，包括饥、渴、衣、住和性等方面的要求。如果这些需要得不到满足，人类的生存就成了问题。在这个意义上说，生理需要是推动人们行动的最强大的动力。

安全需求是人类要求保障自身安全、摆脱失业和丧失财产威胁、避免职业病的侵袭、

图 2-2　马斯洛需求层次的金字塔

避免接触严酷的监督等方面的需要。马斯洛认为，整个有机体是一个追求安全的机制，人的感受器官、效应器官、智能和其他能量主要是寻求安全的工具，甚至可以把科学和人生观都看成是满足安全需要的一部分。

社交需求包括两个方面的内容。一是友爱的需要，即人人都需要伙伴之间、同事之间的关系融洽或保持友谊和忠诚；人人都希望得到爱情，希望爱别人，也渴望接受别人的爱。二是归属的需要，即人人都有一种归属于一个群体的感情，希望成为群体中的一员，并相互关心和照顾。感情上的需要比生理上的需要更加细致，它和一个人的生理特性、经历、教育和宗教信仰等都有关系。

尊重需求强调人人都希望自己有稳定的社会地位，要求个人的能力和成就得到社会的承认。尊重的需要又可分为内部尊重和外部尊重。内部尊重是指一个人希望在各种不同情境中有实力、能胜任、充满信心、能独立自主。总之，内部尊重就是人的自尊。外部尊重是指一个人希望有地位、有威信，受到别人的尊重、信赖和高度评价。这类需求通常很少得到满足，因为这类需求常常是无止境的。

自我实现需求是最高层次的需要，它是指实现个人理想、抱负，发挥个人的能力到最大程度，完成与自己的能力相称的一切事情的需要。马斯洛提出，为满足自我实现需求所采取的途径是因人而异的。自我实现的需求是在努力实现自己的潜力，使自己越来越成为自己所期望的人物。

马斯洛从人的需要出发探索人的激励和研究人的行为抓住了问题的关键。他指出了人的需要是由低级向高级不断发展的这一趋势基本上符合需要发展规律，所以马斯洛的需求层次理论在一定程度上反映了人类行为和心理活动的共同规律，该理论对企业管理者如何有效地调动人的积极性有启发作用。但是，马斯洛的需求层次理论是离开社会条件和人的历史发展以及人的社会实践来考察人的需要及其结构的，理论基础是存在主义的人本主义学说，即人的本质是超越社会历史的、抽象的"自然人"，由此得出的一些观点是否具有普遍适应性尚未得到证实。同时，该理论没有找到一种公认的方法来预测一种需求得到满足后，另一种更高级的需求发展起来之前的时间间隔。还有人批评该理论是凭主观经验和直观感受得出来的，没有充分的理论依据。

（二）ERG 理论

美国耶鲁大学的克雷顿·埃尔德弗（Clayton Alderfer）在对工人进行大量的调查和研

究的基础上，于 1969 年提出了人本主义需求理论。他认为，人的需求实际上主要分为三个层次：生存（Existence）、相互关系（Relatedness）和成长（Growth），该理论称为 ERG 理论。

ERG 理论是基于马斯洛的需求层次理论发展而来的。该理论认为人有以下三种核心需求：①生存（Existence）需求。这类需求关系到机体的存在或生存，包括衣、食、住以及工作组织为使其得到这些因素而提供的手段。这实际上相当于马斯洛理论中的生理需求和安全需要。②相互关系（Relatedness）需求。指发展人际关系的需要。这种需要通过工作中或工作以外与其他人的接触和交往得到满足。它相当于马斯洛理论中的感情上的需要和一部分尊重需要。③成长发展（Growth）需求。这是个人自我发展和自我完善的需要。这种需要通过发展个人的潜力和才能，使个人得到满足。这相当于马斯洛理论中的自我实现的需要和尊重的需要。

相较于马斯洛的需求层次理论，ERG 理论偏重于带有特殊性的个体差异，这表现在 ERG 理论对不同需求之间联系的限制较少。它认为某种需求在一定时间内对行为起作用，当这种需求得到满足后，可能去追求更高层次的需求，也可能没有这种上升趋势。当某种需求受到挫折时，可能退而求其次。另一个与马斯洛需求理论的不同点是，ERG 理论认为某种需求在得到基本满足后，其强烈程度不仅不会减弱，还可能会增强。

（三）双因素理论

双因素理论（Two Factor Theory）是美国行为科学家弗雷德里克·赫茨伯格（Fredrick Herzberg）提出来的。双因素理论研究了员工在工作中感到满意或不满意的事项以及相应的积极或消极情绪持续的时间。研究结果表明，使员工感到满意的都是属于工作本身或工作内容方面的事项，使员工感到不满的都是属于工作环境或工作关系方面的事项。赫茨伯格将前者称为"激励因素"，将后者称为"保健因素"。

"保健因素"的满足对员工产生的效果类似于卫生保健对身体健康所起的作用。保健是从人的环境中消除有害于健康的事物，它不能直接提高健康水平，但有预防疾病的效果；它不是治疗性的，而是预防性的。保健因素包括公司政策、管理措施、监督、人际关系、物质工作条件、工资和福利等。"激励因素"是指能够带来积极的工作态度、满意度和激励作用的因素，包括那些能满足个人自我实现需求的因素，如成就、赏识、挑战性的工作、增加的工作责任以及成长和发展的机会。如果这些因素具备了，就能对人们产生更大的激励。从这个意义出发，赫茨伯格认为传统的激励假设，如工资刺激、人际关系的改善、提供良好的工作条件等，都不会产生更大的激励；它们能消除不满意，防止产生问题，但这些传统的"激励因素"即使达到最佳程度，也不会产生积极的激励。研究发现，激励因素和保健因素有部分重叠现象，如赏识属于激励因素，基本上起积极作用，但没有受到赏识时，又可能起消极作用，此时又表现为保健因素；工资是保健因素，但有时也能产生使员工满意的结果。

五、过程型激励理论

（一）期望理论

心理学家维克多·弗鲁姆（Victor H. Vroom）1964 年在《工作与激励》一书中提出了激励—期望理论，简称为期望理论。期望理论认为人们之所以采取某种行为，是因为他觉得这种行为可以有把握地达到某种结果，并且这种结果对他有足够的价值。换言之，动机激励水平取决于人们认为在多大程度上可以期望达到预计的结果，以及人们判断自己的努力对于个人需要的满足是否有意义。

期望理论着眼于以下三种关系：

1. 努力—绩效关系

努力—绩效关系用努力—绩效期望（E-P 期望）表示。例如，销售人员根据自己的能力和客观条件，认为努力推销更多产品（努力）会增加销售量（绩效），那么他的 E-P 期望值就高；反之，如果他认为无论怎样努力都不会增加多少销售量，那么他的 E-P 期望值就会很低。

2. 绩效—奖励关系

期望绩效会带来一定的成果和奖励，称为绩效—成果期望（P-O 期望），这种期望值也有高有低。例如，销售人员认为增加推销量会增加奖励的可能性很大（P-O 期望高），也可能认为销售量增加不可能带来更多的奖励（P-O 期望低）。

期望理论认为，个人努力的总期望值应是 E-P 期望值与 P-O 期望值的乘积，用 0 和 1 之间的数值表示，越接近 0 表示期望值越低，越接近 1 表示期望值越高。两者关系如图 2-3 所示。

图 2-3　绩效—奖励关系

3. 奖励—个人目标关系

这一关系涉及个人对其目标的偏好和对特定奖励的价值评价，简称效价。这种奖励与个人目标越一致，效价越高，反之就越低。数值被定在 -1.0 到 +1.0 之间。例如，如果一个人的目标是职位提升，那么，他得到这一奖励的效价为正；相反，如果他对提升不感兴趣，他的效价将会很低甚至为负值。当员工认为努力会带来良好的绩效评价时，他就会受到激励而付出更大的努力。良好的绩效又会带来所期望的组织奖励，如奖金、加薪或晋升等；当这些奖励又与个人目标相一致时，便会产生激励动力。

佛鲁姆期望理论的前提为：不管人们是否意识到，个人的期望与偏好是客观存在的。期望理论有助于管理者分析职工的工作积极性状况，识别原因，如员工是否对努力成果有不好的预期，认为绩效—奖励关系不明确，工资分配中的资历、合作、逢迎上司的因素繁多，或者奖励不能很好地满足个人需要等，由此找出相应的对策。同时，要注意将员工的个人目标与组织目标紧密挂钩，为员工实现自己的目标创造有利条件。

（二）公平理论

公平理论是美国心理学家亚当斯提出的一种激励理论，基本思想是员工的行为取决于他在工作中对于公平待遇的感受。员工都是以自己的某些投入进行工作的，这种投入包括如教育、以往的工作经验以及对组织的贡献等；同时也产生一定的回报，如工资、福利、工作的乐趣和声望等。公平理论认为，如果员工感到他在工作中的投入与回报不平衡，那么他会采取一定的行动以使其平衡。例如，经常有这样的情况发生，员工感到他的报酬比其他同类员工偏低，此时他会减少工作的努力程度，以使他的投入与产出平衡，或者消沉和辞职；反之，如果员工认为报酬偏高，那么他会更努力地去工作以使之平衡。

由此可见，公平理论着重研究公平性对员工积极性的影响。公平取决于员工对所获得的报酬与他对组织贡献大小之间的比较，涉及员工选择的参照物。参照物是公平理论中的一个重要变量，可分为四类：一是自我——内部，即员工与自己在同一组织中不同时间或不同职位上的投入和产出相比较；二是自我——外部，即员工与自己在其他组织的职位上的投入和产出相比较；三是别人——内部，即员工与同一组织内的其他员工相比较；四是别人——外部，即员工与组织外的其他人相比较。公平理论简要地表示在表 2-1 中。其中，O_a/I_a 代表员工的产出投入之比，O_b/I_b 代表相比较的其他员工的产出投入之比。

表 2-1　公平感觉的比率比较

比率比较	感觉
$O_a/I_a < O_b/I_b$	由于报酬过低产生的不公平
$O_a/I_a = O_b/I_b$	公平
$O_a/I_a > O_b/I_b$	由于报酬过高产生的不公平

研究表明，员工的公平性比较还与四个中介变量——性别、任职期、在组织中的地位以及受教育或职业化程度有关。男女员工都倾向于进行同性别比较。同类工作，女性比男性的报酬期望低，会选择较低的比较标准。任职期长的员工更多地与同事进行比较，任职期短的员工更多地与自己以往的工作经历比较。高层次员工、受教育程度较高的专业技术人员倾向于与组织外员工进行比较。

公平理论指出：一个人在组织中更关心的不是他所得报酬的绝对值，而是进行比较之后的相对值。每个人都会把自己的劳动报酬与朋友、邻居、同事或其他组织成员相比较，或者与自己以往的历史工作经验相比较。如果他认为所得是公平的，便会心情舒畅、努力工作；否则，就会产生紧张感。这种紧张感将成为他们追求公平的激励基础。

亚当斯及后来的研究者进一步研究了不公平感对工作行为的影响，得出如下结论：①计时工资制下，感到报酬过高的员工，会提高产量或质量，增加投入以保持公平；感到报酬过低的员工会降低产量、质量，减小投入以取得心理平衡。②在计件工资制下，感到报酬过高的员工会降低产量，同时提高质量来寻求公平，即降低自己的所得又增加付出；感到报酬过低的员工则力图追求高产量，从而忽略质量。

公平理论给管理人员带来了启示，员工往往会在主观上产生公平或不公平的感觉，如果分配制度的确存在不合理状况使工人报酬偏低，将严重挫伤员工的积极性。管理者应该尽力消除导致不公平的客观诱因并且加深员工对现有分配制度的理解。研究表明，对公司政策有较好理解的员工，趋向于认同它的公平性。

六、行为改造型激励理论

行为改造型激励理论研究如何改造和转化人们的行为，变消极为积极以期达到预期的目的。美国学者斯金纳（B. F. Skinner）于 1938 年在《有机体的行为》一书中提出了强化理论。该理论的主要内容为：被强化的行为将会重复出现，而没被强化的行为不大会重复出现。例如，当员工表现出色时增加他的薪水，这个员工将会继续努力工作。强化理论强调个人行为的结果主要取决于他被强化和激励的程度，而个人动机则是相对次要的。

强化理论认为，激励的实现可以通过正强化、负强化、惩罚和衰退等方法：①正强化方法即在某种行为发生后，立即用物质或精神的奖励来肯定这种行为，利用这种刺激令员工感受到这种行为是有利的或符合要求的，从而增加这种行为在以后出现的频率。正强化的强化物包括组织中的各种奖酬，如认可、赞赏、增加工资和创造令人满意的工作环境。②负强化方法即预先告知人们某种不符合要求的行为可能引起的后果，从而使人们为了避免产生不良后果而避免这种行为。③惩罚方法规定当某种不符合要求的行为发生后，给予相应的惩罚或惩戒，以这种刺激减少或阻止该行为的再次发生。④衰减方法即撤销对原来可以接受行为的强化，由于一段时间内连续的不强化，使该行为逐渐降低重复发生的频率，最终消失。

强化理论对于建立和完善组织的激励机制的意义主要有以下四个方面：

第一，对于组织来讲，建立一个完善的激励和约束机制非常重要。仅仅有正强化还不够，还要有负强化；正强化与负强化就如同激励和约束机制一样，是一个有机的整体，缺一不可。一方面，由于经过强化的行为趋向于重复发生，意味着科学的、正式的、合理的激励机制可以引导组织成员努力完成组织的目标；另一方而，通过负强化的警示作用，可以约束组织成员偏离组织目标的要求和行为，减少和降低风险。

第二，不同的强化对象应采用不同的强化类型。根据马斯洛的需求层次理论，人的需求具有不同的层次。不仅如此，不同的专业、工种、年龄、管理层次，其需求也表现出不同的特点。对于管理者来讲，需要了解和把握员工所处的需求层次，然后满足这种需求以达到激励的目的。以研发人员和销售人员为例，研发人员主要从事的是脑力劳动，劳动的成果往往需要较长的时间才能见到成效，因此，对他们的激励主要是以长期激励为主，包括较大比例的基薪以及研发成果产业化后的提成等。而对于销售人员来讲，由于其成果很容易量化，且在短期内可以见效，因此主要以短期激励为主，包括较低比例的基薪和较大比例的提成等。再以管理人员和非管理人员为例。管理人员的工作是一种综合性的工作，涉及组织战略的制定、组织管理、资源配置等重大决策行为，责任重大，具有非程序化决策、工作难以量化等特点。而非管理人员的工作大多属于程序化决策，责任相对较轻。因此，对管理人员的激励就比非管理人员复杂，激励的内容也较多，一般有较高的福利待遇以及股权、期权等长期激励手段。如《华为公司基本法》明确规定：利用股权的安排，形成公司的中坚力量和保持对公司的有效控制，使公司可持续成长。对高级管理和资深专业人员与一般员工实行差别待遇，高级管理和资深专业人员除享受医疗保险外，还享受医疗保健等健康待遇。此外，年轻员工和老员工、主要在办公室工作的员工和主要在野外或建设工地工作的员工等，其激励的方式各有不同的特点。

第三，组织在做正强化时，不要一步到位，而要分阶段设立明确和具体的目标，每个阶段的目标完成后，再分别进行强化，这不仅有利于目标的实现，而且通过不断地激励可以增强其信心。如果正强化一步到位，而不考虑长远的激励效应，可能会适得其反。目前很多企业对高层管理人员采取期权、股权激励，很大程度上就是基于这种考虑。因此，组织在做好事（激励）的时候要"悠着点"。西班牙17世纪的著名政论家、文学家和教会人士巴尔塔沙·葛拉西安在谈到如何推恩（做好事）时讲，推恩应该一次一点但要经常。

不要施恩太多，使人无法回报。给予太多等于不给，而是出售。不要使别人的感激耗尽。感恩而无法报答，他们便不再跟你来往……切记施恩的微妙所在：只有迫切想得到而又不贵的礼物才是接受者喜欢的。无独有偶，15 世纪意大利著名的政治家马基雅维利在其《君主论》一书中，也对如何做好事做了同样的表述。他说："恩惠应该是一点儿一点儿地赐予，以便老百姓能够更好地品尝恩惠的个中滋味。"相反，在做"坏事"时，就要一步到位。比如裁员，事先应根据竞争环境和组织战略的要求，拟出周密的计划，然后"一刀两断"，如果也"悠着点"，今天裁两人，明天裁两人，就会军心涣散，因为所有的人都在考虑"哪一天会轮到我"，而不会把时间和精力放在搞好本职工作上。因此，组织在做这一类的"坏事"时应该快刀斩乱麻。

第四，对于负强化方法的最终效果究竟如何尚没有用科学方法确认。使用惩罚手段抑制一种行为时，负强化的作用多是恐惧和退缩，因此在更多的研究成果出来以前，负强化方法在组织中的实际使用要非常小心。

在激励实践中，我们不能将各种激励理论单独或割裂地理解或应用，而应把它们看作相互联系、互为补充的一系列激励理论综合应用于激励实践之中。激励理论来源于实践，在企业激励实践中总结、抽象、概括并上升为具有普遍性的理论，反过来又指导激励实践，提高激励的效果。因此可以说，企业员工激励模式的发展历程也是激励理论不断丰富、完善、应用的过程。

七、激励理论的发展

激励问题的复杂性促使三类激励理论互相借鉴、融合，进而有学者提出了综合型的激励理论。如波特-劳勒模型以弗鲁姆的期望模型为基础，认为激励会产生努力并带来工作绩效；通过工作绩效的提高可以获得所期望的外在性与内在性奖酬，这些次生结果是人力资源管理的真正目标。波特-劳勒模型在此基础上增加了部分影响因素和认识因素，如图2-4 所示。

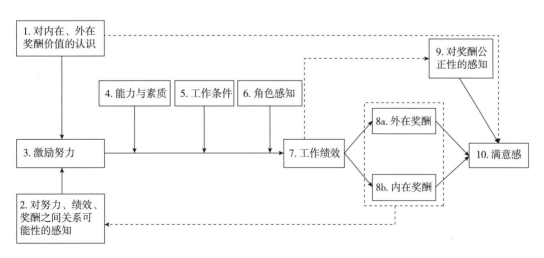

图 2-4　波特-劳勒综合激励模型

（一）增加的影响因素

在波特-劳勒模型中增加了"能力与素质""工作条件"和"角色感知"三项影响因素，并对激励的内在性和外在性予以区分，分为"内在奖酬"和"外在奖酬"两个方面。

（二）增加的认知因素

在波特-劳勒模型中增加了"对外在性奖酬价值的认识"，它反馈到起点，对激励产生影响；增加了"对努力、绩效、奖酬之间关系可能性的感知"，即把对期望值和奖酬工具作用的认知估计反馈到起点，认为其对激励产生影响；增加了"对奖酬公正性的感知"，奖酬的绝对数量不能决定满意感，与自己的绩效相比，而后作人际比较，才能决定其满意感，并反馈到起点产生激励作用。

第四节　人本管理理论

一、人本管理的概念

人本管理就是把员工作为组织最重要的资源，以员工的能力、特长、兴趣和生理状况等综合性情况来科学地安排最合适的工作，并在工作中充分考虑员工的成长和价值，使用科学的管理方法，通过全面的人力资源开发计划和组织文化建设，使员工能够在工作中充分地调动和发挥工作积极性、主动性和创造性，从而提高工作效率、增加工作业绩，为达成组织发展目标做出最大的贡献。

二、人本管理的发展

科学管理与人本管理是管理方法论中两个最基本的内容。前者是管理学对科学方法的引进，以最优化、标准化、数量化为特征，其效用是实在、确定的；后者则以人的全面发展为准则，围绕调动人的积极性与创造力展开管理活动，其效用是不实在、不确定的。两者分别体现了理性的和感性的思维方式，似乎是互不关联，甚至是相反对立的。但考察研究管理方法论的发展历史可知，科学管理虽先于人本管理产生，其中却已孕育了人本主义的管理思想。

追溯管理思想演变的历程，就必然不可忽视科学管理理论的创始人，被誉为"管理科学之父"的弗里德利克·泰勒（Frederich W. Taylor，1856-1915）做出的重大贡献。泰勒所创立的科学管理理论在各种管理论著和教材中都有详细的论述，概括起来，共包括以下要点：①通过"工作研究"，制定"合理的日工作量"，这就是所谓的工作定额原理；②挑选和培训出第一流的员工；③使员工的操作、工具、环境等标准化，即标准化原理；④实行计件工资制；⑤劳资合作两利；⑥把计划职能和执行职能分开，前者由管理部门来承担；⑦实行职能工长制；⑧高级管理人员只保留对例外事项的决策权和监督权，这就是所谓的例外原则。泰勒力求用准确的科学研究和知识来代替旧式的个人判断或个人意见，建立一套科学的管理方法。他的理论和实践构成的泰勒制，着重解决了用科学方法提高生产现场的生产效率问题。可以说，泰勒制冲破了一百多年沿袭下来的传统的、落后的经济管理办法，将科学引进到管理领域，并创立了一套具体的科学管理方法来代替单凭个人经验进行作业和管理的旧方法。著名管理学家德鲁克把泰勒运用知识研究劳动所引发的革命称为"生产力革命"，认为泰勒应代替马克思的地位而成为推动社会发展的关键人物。

泰勒所倡导的科学管理理论是管理方法论发展历史上的一个里程碑，该理论移植于科学方法论，具有标准化、规范化、数量化等知识特性，可以进行传授和复制。因此，当人们谈及人本管理（或以人为本）时，往往都以为泰勒把人当作类似机器的要素来看待，以为泰勒仅从满足人的物质和经济方面的需求出发，设计了一套激发员工劳动积极性的方法，即让员工通过提高劳动生产率获得更多的收入。我们认为，泰勒所倡导的科学管理其实也是人本管理的一个里程碑，其中已隐藏了人本主义的管理方法论。

泰勒强调说，构成科学管理哲理的不是任何一个因素，而是各种因素组成的整体，正如《科学管理原理》中所述，"科学，不是单凭经验的方法"，"合作，不是个人主义"，"提高产量，取代有限的产量"，"发挥每个人最高效率，实现最大的富裕"。显然，泰勒的管理哲学是一种效率哲学，他明确指出，科学管理的目的在于补救普遍的低效能现象。提倡科学，就是不单纯凭经验办事，而是要通过观察、测量、计算等手段，把员工的经验概括成规律、守则或公式。为此，就要使科学与员工相结合，推广先进的工作方法，培养第一流的员工，这就是科学的因素与人的因素相结合。与此同时，管理也要从经验提高到科学，管理人员要承担大量的严格的科学管理的职责。

创始于泰勒的科学管理，重点在于对事的管理，实际上也就是着重解决人与事的关系问题。而且，为了实行科学管理，必须改善人与人的关系。因此，一方面，要把计划职能与执行职能分开，即把管理与被管理分开来。这种分开，克服了过去劳动和管理不分的弊端。另一方面，又要促进管理者与被管理者的合作。只有合作，才能提高效率；只有提高效率，才能实现最大的富裕，所谓最大的富裕就是组织和员工双方都有利。总之，为了提高生产率，必须实行对工作的科学管理；为了科学管理，必须实行管理者和被管理者的分工和合作。关于后一点，泰勒十分强调。在他看来，科学管理的实质就在于员工和管理人员双方实行一次"完全的思想革命"。一方面是员工和管理人员对待各自职责的态度的改变，另一方面是组织和员工双方相互态度的改变，从对立、斗争到合作、和平，因为只有合作才能互利。这就是泰勒科学管理哲学的精神所在，也是人本主义管理思想的孕育之地。

人本管理不仅发生于科学管理，也发展于科学管理，两者虽在"一战"前后稍显对立，但却不是截然分开的。在科学方法引入管理学之后，生产效率大幅度提高，形成了一个生产力的革命。当效率提高至一定水平停滞不前时，一方面，人们必然会试图去寻求一种新的管理方法促使生产效率的继续提高；另一方面，既有的较高水平的劳动生产率也使进一步考虑人的因素成为可能。于是，人本管理便在科学管理的基础上蓬勃发展，尤其是在以"知识经济"为主导的当代，组织成为实现科技与经济结合的主体，而实现科技与经济的良性循环则更要求组织重视人的作用，实施人本管理。如果说资产阶级通过产业革命在不到一百年的阶级统治中所创造的生产力，比过去一切时代创造的生产力还要多、还要大，那么，现代科技革命在短短的几十年内所创造的生产力更是史无前例。生产力飞速发展的一个显著特点是科学—技术生产一体化，也可以认为是科技与经济的紧密结合并且实现良性循环。以人为本的组织管理理论和方法在科技与经济的结合中凸显出来，并在这种动态结合中不断深化和成熟。

三、人本管理的形成

从管理学的发展来看，对组织采取以人为中心的管理方法是在任务管理后被提出来的。20 世纪 30 年代以后，管理学家们发现，提高人的积极性、发挥人的主动性和创造性对提高组织的效率更为重要。组织活动成果的大小是由领导方式与工作人员的情绪决定的，由此管理学将研究的重点转向了管理中的人本身，这就是以行为科学为主要内容的人际关系理论。

在人际关系理论的推动下，对于组织的管理和研究便从原来的以"事"为中心发展到以"人"为中心，由原来的对"纪律"的研究发展到对"行为"的分析，由原来的"监督"管理发展到"自主"管理，由原来的"独裁式"管理发展到"民主参与式"管理。管理者在管理中采取以工作人员为中心的领导方式，即实行自主领导，让职工参加决策会议；领导者经常考虑下属的处境、想法、要求和希望，与下属采取合作态度；管理中的问题通过集体讨论，由集体来做出决定，采取职工互相监督的方式等。这样，职工在情感上容易和组织融为一体，对领导者不是恐惧疏远而是亲切信任，他们的工作情绪也可以保持较高的状态，从而使组织活动取得更大的成果。这种以人为中心的管理理论和方法也包含着一系列更为具体的管理方法，常用的主要有参与管理、民主管理、工作扩大化、提案制度和走动管理等。

科学管理以金钱为诱饵，人际关系理论则主张管理必须重视人的心理上的满足。古典组织理论强调合理的劳动分工和对组织的有效控制，人际关系理论则强调对人际行为的激励。因此，人际关系理论的出现，给组织管理带来了巨大的变化。从 20 世纪 40 年代开始，人际关系理论渐渐渗入组织管理实践中，管理学家在这种管理思想中找到了缓和劳资关系、提高工人的士气，并借此提高生产效率的方法。

人本管理法是作为对任务管理法的革新而提出的一种新的管理方法。这种管理法和任务管理法的重大区别在于：任务管理法要求工作人员的活动标准化，员工在工作中的自由度是很小的，但对完成组织规定的任务较有保证；而人本管理法则有较大的灵活性，员工在组织中有相当的自由度，较能发挥其自主性和创造性，但这样一来，组织内的变动也较大，组织规定的任务有时无法完成。

四、人本管理的内容

以每个人的不断解放和全面发展为管理追求的目标的观念是管理的人本观念的实质内容，也是高层次的人本观念。传统的人本观念只是把调动和利用人的积极性作为提高工作效率和经济效益的手段，这是一种低层次的人本观念。随着社会的不断进步，人的自由和全面发展已成为人本观念的核心理念，成为一切管理活动的出发点和落脚点。

人权至上是人本观念的基本内容。所谓人权至上，就是在观察任何事物、处理任何事情、解决任何问题时，都把人权看成首要因素、关键因素、决定性因素，不要重物不重人或见物不见人。例如，生产经营管理中"重生产轻生命""只重机器不重人""为了金钱，草菅人命"等现象，都是违背人本管理理念的。

身心需要是人普遍存在的自然本性，需要决定动机，动机产生行为。树立人本观念，必须研究人的需要和如何满足人的需要，激发人的动机，引导人的行为，既要达到管理目标，又要实现个人追求。为了有效地进行人本管理，还应该及时建立包括动力机制、压力机制、约束机制、保证机制、环境影响机制等内容在内的人本管理机制。

五、人本管理的基本原则

现代组织的人力资源管理是"以人为本"的管理。人本管理的核心是尊重人、激励人。在管理中如何体现"人的价值高于一切"的理念，这就需要我们在实践中注重贯彻人本管理的基本原则。

（一）个体差异原则

俗话说：人心不同，各如其面。人与人之间存在差异是一种不可否定的事实。在管理中，各级人力资源管理者要注意员工的智力、个性、能力等差异。"有的放矢，因材施教"，只有这样，才能使人与事、人与人的关系达到合理的境界。

（二）科学管理原则

现代的人力资源管理是建立在现代自然科学和社会科学的基础之上的，人本管理更是建立在科学管理的基础之上。没有科学管理的基础，人本管理就必然成为一句空话、一种形式。企业的管理者特别是高层管理人员必须具备与管理相关的基础科学知识，掌握管理的科学方法，才能有效地管理现代化组织。

（三）要素有用原则

在人力资源管理中，任何要素（人员）都是有用的，关键是为它创造发挥作用的条件。换句话说，"没有无用的人，只有用好之人"。泰勒曾提出"第一流工人"的思想。所谓第一流工人，包括两个方面的含义：一是具备从事某种工作所需的能力；二是愿意从事该种工作。他还说："每一种类型的工人都能找到某些工作，使他成为第一流的工人，除了那些完全能做这些工作而不愿做的人。""人具有不同的天赋和才能，只要工作对他合适，都能成为第一流的工人。"

（四）激励强化原则

所谓激励就是激发员工的工作动机、满足员工要求、实现组织目标的过程。激励是人本管理的核心。据研究表明，一个人在无激励状态下工作，只能发挥其个人潜能的 20%～30%，但通过适当的激励，员工的潜力就能发挥 80%～90%。员工潜能发挥的程度取决于激励的程度。在组织中，尤其对组织赞许的行为，往往通过正激励，即正强化的方式来加以巩固；而对组织反对的行为，往往通过负强化来加以消除。

（五）教育培训原则

员工是组织最宝贵的财富。要增强组织的竞争力，就必须要加强对员工的教育与培训，切实帮助他们提高知识与技能，以适应组织现代化生产与经营的需要。

（六）文化凝聚原则

人力资源管理的一个重要方面就是提高组织的凝聚力。组织的凝聚力强，就能吸引人才、留住人才，组织才有竞争力。在现代社会条件下，组织文化已经成为塑造组织凝聚力的一种重要方法和于段。每一个优秀的组织无不重视组织文化的建设，并拥有优秀的组织文化。

 **本章小结**

1. 埃德加·H. 沙因在《组织心理学》（1965）中把前人对人性假设的研究成果进行了归纳，提出四种人性假设，即经济人假设、社会人假设、自我实现人假设和复杂人假设。人性假设理论依据一定的价值取向对人性的现实性表现进行有选择的抽象，一般认为这是对人性进行的最为全面的概括和研究。

2. 人力资本是体现在人身上的资本，即对生产者进行教育、职业培训等支出及其在接受教育时的机会成本等的总和，表现为蕴含于人身上的各种生产知识、劳动与管理技能以及健康素质的存量总和。

3. 内容型激励理论：需求层次理论，ERG 理论，双因素理论；过程型激励理论：期望理论，公平理论；行为改造型激励理论。

4. 人本管理就是把员工作为组织最重要的资源，以员工的能力、特长、兴趣和生理状况等综合性情况来科学地安排最合适的工作，并在工作中充分考虑员工的成长和价值，使用科学的管理方法，通过全面的人力资源开发计划和组织文化建设，使员工能够在工作中充分地调动和发挥工作积极性、主动性和创造性，从而提高工作效率、增加工作业绩，为达成组织发展目标做出最大的贡献。

本章习题

1. 泰勒的科学管理在人力资源开发管理方面有哪些基本内容？
2. 人性假设理论主要有哪几种？
3. 人本管理的核心是什么？包括了哪几层管理？
4. 人的个性心理主要包括哪些方面？它对人力资源管理实践有什么影响？
5. 试评价马斯洛的需求层次理论。
6. 什么是期望理论？该理论在实践中有何作用？
7. 在何种情况下人们会产生不公平感？管理者应如何处理？

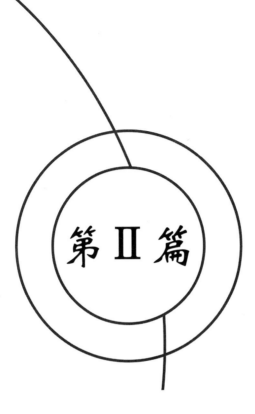

第Ⅱ篇

人力资源的规划与设计

第三章　人力资源战略性管理与规划

 **学习目标**

系统学习人力资源规划战略性管理与规划的基本概念、方法和操作过程

 **学习要求**

1. 了解人力资源战略的含义和人力资源战略的制定流程
2. 理解人力资源规划的含义及其在人力资源管理中的作用
3. 掌握人力资源规划的基本方法和操作过程
4. 运用所学习的知识和方法，进行人力资源的具体规划

 **关键术语**

战略；人力资源战略；规划；马尔科夫模型；人力资源信息系统

手忙脚乱的人力资源经理

D 集团在短短 5 年之内由一家手工作坊发展成为国内著名的食品制造商，企业最初从来不定什么计划，缺人了，就现去人才市场招聘。企业日益正规后，开始每年年初制订计划：收入多少、利润多少、产量多少、员工定编人数多少等，人数少的可以新招聘，人数超编的就要求减人，一般在年初招聘新员工。可是，因为一年中不时有人升职、有人平调、有人降职、有人辞职，年初又有编制限制不能多招，而且人力资源部也不知道应当多招多少人或者招什么样的人，结果人力资源经理一年到头地往人才市场跑。

近来由于 3 名高级技术工人退休、2 名工人跳槽，生产线立即瘫痪，集团总经理召开紧急会议，命令人力资源经理 3 天内招到合适的人员顶替空缺，恢复生产。人力资源经理两个晚上没睡觉，频繁奔走于全国各地人才市场和面试现场之间，最后勉强招到 2 名

已经退休的高级技术工人，使生产线重新开始了运转。人力资源经理刚刚喘口气，地区经理又打电话跟他说自己公司已经超编了，不能接收前几天分过去的 5 名大学生，人力资源部经理不由怒气冲冲地说："是你自己说缺人，我才招来的，现在你又不要了！"地区经理说："是啊，我两个月前缺人，你现在才给我，现在早就不缺了。"人力资源经理分辩道："招人也是需要时间的，我又不是孙悟空，你一说缺人，我就变出一个给你！"

资料来源：颜爱民. 中国本土企业人力资源管理典型案例解析 [M]. 上海：复旦大学出版社，2011：1-2.

第一节　人力资源战略性管理

一、人力资源战略概述

（一）人力资源战略的内涵

人力资源战略（Human Resource Strategy）从广义上讲，是指关于企业人力资源的方向性的规划；从狭义上讲，可以定义为根据变化的环境分析组织的人力资源需求，以及为满足这些需求所设计的必要行动。人力资源战略与其他战略理论具有相同的表述形式，即通过分析企业外部环境与自身发展现状，得出的企业长远人力资源战略目标和实现战略目标的行动计划。

（二）人力资源战略的分类

1. 积累型战略

积累型战略，即用长远观点看待人力资源管理，注重人力资源的培养，通过甄选来获取适合的人才；以终身雇佣为原则，公平对待员工，员工晋升速度较慢；薪酬是以职务以及年资为标准，高层管理者与普通员工工资差距不是很大。

2. 效用型战略

效用型战略，即用短期的观点来看待人力资源管理，较少提供培训；企业职位一有空缺随时填补，非终身雇佣制，员工晋升速度快；采用以绩效为基础的薪酬体系。

3. 协助型战略

协助型战略，介于积累型战略和效用型战略之间，个人不仅需要技术性的能力，同时还需要良好的人际技能。公司会根据企业的需要，协助员工选择合适的培训。

积累型战略倾向于将人力资源管理视为一种资产管理，管理的目的是使人力资产得到增值；效用型战略倾向于将人力资源管理视为企业的成本管理，目的在于以尽可能少的人工成本创造尽可能大的效益。

以上三种类型没有绝对的优劣之分，区别在于适应的企业类型不同。一般来说，积累型战略较适合规模较大的产业型企业，效用型则适合中小规模发展速度快的高科技和技术密集型企业。同时，战略类型选择也和企业所属国家和地区的文化历史背景有关，如日本企业普遍采用终身雇佣制，美国的企业则比较讲究人工成本的效用。

（三）企业人力资源战略发展历程

人力资源战略的前身是人力资源规划。从研究内容上可以看出，人力资源战略从规划起步大体经历了三个发展阶段：职能规划、系统规划、战略规划。

"二战"之后，由于产品与服务的需求旺盛，出现人才短缺，企业大都把注意力放在如何获得有能力的管理者和熟练工人上，人力资源战略解决的问题主要是合理安排工人以提高生产效率，这一阶段被称为职能规划阶段。

进入20世纪60年代，人力资源战略进入了系统规划阶段，其使命变为"让适当数量和种类的人，在适当的时间和地点，从事使组织与个人双方获得最大长期利益的工作"。这个概念的诞生，使人力资源战略的内容更加丰富，形成五大部分：确定组织目标与计划、预测人力资源需求、评价企业内部人员技能和供给特征、确定人力资源净需求、制定行动方案以保证人才到位，这些内容成为当今人力资源管理工作的主要内容的一部分。

20世纪70年代末，人力资源战略研究范围不仅局限于供求平衡或数量预测，而是上接企业战略，下到方案落实，达到了真正意义上的"战略规划"阶段。此时的人力资源战略由于内容广、作用大、具有战略意义而上升为战略层次上的规划，给这项工作增加了难度与挑战。也就是在这个时候，员工被重新认识，被企业视作一种资源而不是一种费用。

20世纪80年代以后，伴随企业的充分精简，企业家极力降低管理费用，他们更加关注职业规划、绩效考核、弹性工作时间与多样化的福利制度。人力资源战略的重点也集中在继任计划、企业变革、人员精简等方面。

（四）企业人力资源战略特征

1. 企业人力资源战略是企业发展战略的重要组成部分

企业战略可分为三个层次：企业总体发展战略、战略单元战略和职能战略。企业人力资源战略是企业一项重要的职能战略。企业总体发展战略是企业人力资源战略的前提和基础，企业人力资源战略为实现企业总体发展战略提供有力的人力资源支撑平台。

2. 企业人力资源战略是确保人力资源供需平衡的调节器

企业人力资源供给和需求总存在一定的差距，特别是在质的方面，高层次人才对于企业来说往往供不应求。而低层次人力资源又总是供过于求。人力资源供求平衡不会自发地形成，需要通过有针对性地制定人力资源战略规划来加以调节，否则就会出现一方面企业需要的关键人力资源短缺，另一方面又存在大量人力资源过剩的尴尬局面，不利于企业发展战略的实现。

3. 企业人力资源战略为企业人力资源管理开发提供指引

人力资源管理的主要目的是推动人力资源开发与管理工作的发展，因而要把企业人力资源战略与企业人力资源管理开发工作紧密结合起来，并作为企业人力资源管理与开发工作的重要一环牢牢地把握住。企业人力资源管理开发的具体工作（如招聘、调配、培训、绩效考核、薪酬制度等）都应该以企业人力资源战略为指导，为实现企业人力资源战略服务。

4. 企业人力资源战略强调具有可操作性

汤姆·彼特斯（Tom Peters）说过："执行就是一切。"战略不是用来看的，是用来做的，可见，战略可行性尤为重要。制定人力资源战略必然具有一定的超前性，但这种超前性是建立在对企业现实的科学分析和未来发展准确预测的基础上的，能够指导企业人力资源管理和开发工作，否则，便失去了存在的意义。

5. 企业人力资源战略具有相对稳定性

企业人力资源战略是对企业人力资源方向性、全局性、根本性和长远性的规划。要贯彻执行企业人力资源战略，必须确保人力资源战略的相对稳定性，不能朝令夕改、一届领导一个战略，否则人力资源战略便没有意义。人力资源战略是企业对人力资源未来的一种谋划，而未来总是变动的，总有一些预料不到的情况，这就要求企业人力资源战略具有一定的弹性空间，使之对未来发展环境更具适应性。

（五）人力资源战略的意义

企业人力资源战略确定了企业人力资源管理的指导思想和发展方向，为人力资源具体管理活动提供指导，并使之能够有效地互相配合，为制定企业的人力资源规划提供前提和基础。企业人力资源战略是根据企业发展战略来制定的，根据企业发展战略的需求来招聘适用人才，并以其为指导设计企业薪酬、考核和培训等人力资源管理体系，满足企业战略对人力资源的需求，为实现企业总体发展战略提供有力的人力资源支撑。

二、人力资源战略的制定

（一）人力资源战略制定的流程

人力资源战略制定是在对企业外部环境和内部条件分析的基础上根据企业发展战略选定战略方案、实施措施以及分析效益风险的过程，如图 3-1 所示。

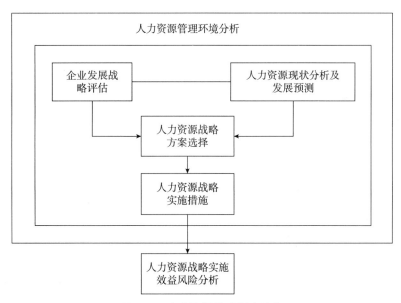

图 3-1　人力资源战略制定流程

（二）外部环境分析

调查、分析和预测企业人力资源的外部环境是企业人力资源战略制定的基础。通过环境分析，人力资源战略制定者可以明确企业所面临的主要机会和威胁，觉察现有和潜在竞争对手的图谋和未来动向，了解未来一段时期经济、人口、科技、政治与法律、社会文化等的发展趋势，以及企业人力资源管理由此而面临的机遇和挑战。

1. 经济环境

经济方面的各种变化改变了企业用工的数量和质量，主要体现在以下几个方面：

（1）经济形势。经济形势的变化对人力资源的影响是最为复杂的。当经济处于萧条时期，对人力资源的需求减少；当经济处于繁荣阶段，对人力资源需求量增加，劳动力成本相对较高。

（2）劳动力市场供求关系。如果某类人才供不应求，则从企业外部补充人力资源受到一定限制；相反，如果某类人才供过于求，则企业比较容易获得此类人才，获取此类人才的价格也会较低。我国普遍的情况是高级管理人才和高级技术人才不足，而没有技能或只有一点初级技能的劳动力供给相对充裕。

（3）消费者收入水平。企业对人力资源的需求是一种派生的需求，当消费者的收入水平提高时，消费水平和消费结构将发生变化。

2. 人口环境

人口环境尤其是企业所在地区的人口因素对企业获取人力资源有重要影响，主要包括以下几个方面：

（1）人口规模。中国在20世纪和21世纪之交实现了人口由"高出生、低死亡、高增长"向"低出生、低死亡、低增长"的历史性转变，人口增长的势头得到了初步的控制。在考虑人口规模对人力资源的影响时，要注意考虑进入劳动年龄时期的人口数量和即将进入劳动年龄时期的人口数量，这与人力资源的供给最为相关。

（2）年龄结构。生育率的快速下降是人口老化的主要原因，在未来的20~30年，中国的老龄化问题会更加突出，养老社会化问题日趋明显。国家在制定产业政策、分配政策、交换政策、消费政策和社会保障政策时，都会充分考虑到未来我国人口老龄化可能产生的影响。

（3）劳动力质量和结构。总的说来，我国人口素质不高，在未来的一定时期内，这个问题还会比较突出。中国加入世界贸易组织意味着我国将全面加入世界经济的竞争舞台。竞争靠的是实力，实力来自人口素质。所以，企业在选择地址时，应该重视企业所在地的劳动力质量和结构，如北京的高科技企业比较多，高级科研人员多。在中国绝大部分地区，低素质的劳动力很充裕、高素质的劳动力缺乏是制约经济发展的瓶颈，这要求企业要注意高级人才的吸收或某方面人才的培训，以提高企业自身的竞争实力。

3. 科技环境

科技是外部环境中的一个极活跃的因素，它对人力资源的影响是多重的。高度的机械化和自动化使劳动变得单调乏味，员工易产生疲惫和枯燥感，从而影响其工作效率。对此，企业应采用岗位轮换、绩效考评、激励等多种措施提高工作的丰富化程度。科技的进步使原有的生产作业人员的技能和知识结构老化，需要持续地加以提高和更新。科技进步加深了企业对作为科技载体的人力资源的依赖。

4. 政治与法律环境

法律环境和政府的干预是一项不能忽视的因素。例如，政府有关人员招聘、工时制、最低工资的强制性规定，现行的户籍制度、住房制度、人事制度和社会保障制度，极大地影响了企业的录用、选拔、晋升等人力资源管理活动。从我国的实情来看，政治与法律环境对高级人才的限制比较少，而对低层次的劳动力的限制比较多。

5. 社会文化环境

文化是影响人们行为、欲望的基本因素。社会文化反映着个人的基本信念、价值观和规范的变动。如果人们崇尚职业的新奇性和变换性，那么人力资源在各企业之间的流动频度就高，如美国人普遍喜欢市场的契约制度。如果人们追求工作的安全感和稳定性，那么人力资源在各企业之间的流动就相对较少，如日本人喜欢终身雇佣制。我国是一个大国，社会文化的复杂性决定人力资源战略要考虑企业所在地的文化因素，如在我国沿海地带的人们可能喜欢与雇主保持契约关系，而内地的人们则可能喜欢传统的稳定的雇佣制度。

（三）人力资源内部条件分析

外部环境在变化，企业内部环境同样也在变化。从企业内部环境看，影响企业人力资源战略设计的因素也是多方面的。下面我们从企业的一般特征、企业的发展战略、企业文化、企业的组织模式和企业自身的人力资源管理系统五个方面来分析。

1. 企业的一般特征

不同的企业对人力资源有不同的要求，企业的行业属性、产品的组合结构、生产的自动化程度、产品销售方式等决定了企业对人力资源数量和质量的要求。例如，对于传统产业部门的企业，生产技术和手段都较为规范化和程序化，应以掌握熟练技术的技术工人为主；而对于一些进行新产品开发的高科技企业，需要技术创新的开发人员，这时应增加开发人员的比重。同样，劳动密集型企业、资本密集型企业和知识密集型企业对员工都有不同的要求。劳动密集型企业强调员工的体能，资本密集型企业强调员工的技术，知识密集型企业强调员工的科研开发能力。因此，在进行企业人力资源战略设计时需要分析企业的一般属性。

2. 企业的发展战略

企业战略目标是在企业使命和企业功能定位的基础上制定的，为保证总目标的实现，将其层层分解，形成了企业的战略目标体系。人力资源战略目标作为职能性的战略目标存在于企业的战略目标体系中，是企业总体战略目标实现的保证。因此制定企业人力资源发展战略必须对企业发展战略进行研究，坚持以企业发展战略为指导。

3. 企业文化

除企业所在地文化影响之外，企业内部文化也对人力资源战略有重要的影响。企业文化是全体员工在长期的生产经营活动中形成并共同遵循的最高目标、价值标准、基本信念和行为规范等。企业文化是影响企业经营效益的重要因素。如果企业的凝聚力强、员工的进取心强、企业员工外流量小，那么企业面临的人力资源方面的不确定性会大大减少，企业人力资源的供给情况容易摸清，企业可立足于对现有员工进行培训和晋升来满足企业发展对人力资源质量上的需求。由此，企业人力资源战略的重心可放在培训、晋升、生涯设计方面。实践证明，国外著名的大公司都很注重企业文化的塑造，在作决策时也很重视它对所作决策的影响。

4. 企业的组织模式

随着现代社会的变化，企业的相对稳定性和可预见性正在被不确定性、复杂性以及快速变化所取代。企业正在摆脱长期存在且有碍灵活的管理政策和惯例，选择与外部环境和自身条件相应的组织模式。

5. 企业自身人力资源管理系统

企业自身的人力资源管理系统对设计人力资源战略有重要影响，它主要通过对人力资源的需求量和供给量的影响来实现。例如，工资水平高、晋升机会多、福利待遇丰厚、器重人才的企业，对人才市场的求职者有较大的吸引力，企业的人才供给比较充裕，从外部补充人员时选择余地较大，内部人才也由于不愿离开企业而保持相对稳定。再如，员工的流动率很高，如退休、辞职、合同期满后终止合同的人数很多，这时企业各岗位会由于员工的离开而增加对人力资源的需求。除了考虑人力资源流动率的影响之外，还要考虑企业拥有人力资源的数量、质量和结构，以及企业薪酬制度、培训制度、激励制度、员工职业生涯设计等方面对设计人力资源战略的影响。

（四）战略环境的分析工具——SWOT 分析法

SWOT 分析法是将企业外部环境的机会与威胁、内部条件的优势与劣势同列在一张十字形图表中加以对照，既一目了然，又可以从内外环境条件的相互联系中做出更深入的分析评估。SWOT 分析法是一种常用的企业内外环境条件战略因素综合分析方法，同样适用于人力资源战略环境分析。表 3-1 即为某公司以 SWOT 分析法所做的人力资源战略环境分析。

表 3-1　某软件开发公司的 SWOT 分析

优势： 产品市场占有率正在快速上升 员工的提升机会多	劣势： 员工由于工资较低想离开 公司欠缺优秀开发人员
机会： 社会对企业某类产品的需求量增大 企业所需人才的供给正在增加	威胁： 生产同类产品的企业在迅速增加 企业间抢夺人才的竞争将要加剧

通过 SWOT 分析，一幅描绘战略决策可能结果的画面会清楚地呈现在决策者面前，决策者可通过对影响战略制定的因素的综合分析和比较，制定人力资源战略。

（五）战略选择

通过对人力资源战略方案进行评估，选择人力资源战略方案，从而确定人力资源战略指导思想、人力资源战略目标和人力资源战略实施步骤及每步的目标。

（六）战略实施

根据战略目标，制定人力资源战略措施，主要包括组织结构优化设计、富余人员的退出机制设计、人力资源补充措施、人力资源的开发与培训措施和人力资源激励措施等。通过制定科学的人力资源措施，确保人力资源战略目标的实现。

（七）人力资源战略风险及规避

任何事情都有两面性，虽然人力资源战略对企业发展起着重大的作用，但在实际的人力资源管理中仍然可能面临招聘失败、新政策引起员工不满等问题。这也说明了人力资源战略存在局限性，它并不能提供一切人力资源管理的解决方案，还需要企业增强风险意识，并采取有效的措施来规避这些风险。

1. 存在的主要风险

（1）设计风险。人力资源战略制定是一个十分复杂的过程，对于我国企业人力资源管理而言是一个较新的领域，特别是对未来人力资源的需求与供给预测有较大的风险。

（2）政策风险。国家的政策有相对的稳定性，变动的趋势也有一定的可预见性，但由于我国是一个处于转型期的发展中国家，法制建设还未成熟，因而面临一定的政策风险。

（3）领导更替风险。大多数企业管理水平还比较低，更多的是以领导个人意识作为企业管理的指导思想，企业制度、企业规划缺乏权威，一旦领导变换，企业战略也随之改变。

（4）机构改革风险。组织结构的调整不仅是简单的部门职能的重新划分或移动，而是组织职能的重新定位和内部职能重心的重新调整，同时还伴随着资源的再分配和权力的再分配。它打破了原有的资源和权力的分配格局，在组织中必然引起较大的震动或抵制，需要有相应的配套措施来保证组织结构调整的顺利进行。

2. 风险规避

针对上述企业人力资源战略在制定和实施中存在的风险，可采取以下对策来规避：

（1）在制定人力资源战略时，一定要遵循人力资源战略制定的科学原则，按照科学的程序，在广泛调研的基础上，运用科学的方法分析企业面临的人力资源环境，科学地预测未来的人力资源需求和供给，尽可能降低人力资源战略的制定风险。

（2）加强对企业人力资源管理环境的监测，特别是对政策环境的监测，及时把握政策的变动趋势，增强对政策变动的预测性。随政策的变动，适时调整人力资源战略，以降低其政策风险。

（3）要通过一定的合法程序，如可通过职代会或母体公司董事会，将人力资源发展战略上升为企业的正式文件，成为各届领导必须遵守的规范，以规避领导更替风险。

（4）强化企业员工理念的培训，促进观念转变。宣传贯彻企业的发展战略，加强员工对企业人力资源战略的理解。

（5）组织结构的调整对员工的素质和履行岗位职责的技能提出了更高要求，转岗的员工需掌握新的知识和技能，因此应加强员工的知识、综合素质和技能的培训，同时可通过脱产培训培养后备人才。

第二节　人力资源规划概述

企业在设计好人力资源战略之后，应该制定人力资源规划以保证人力资源战略的顺利实施。

一、人力资源规划的概念

人力资源规划（Human Resource Planning，HRP）又称人力资源计划，是指企业根据战略发展目标与任务要求，科学地预测、分析自己在变化环境中的人力资源的供给和需求情况，制定必要的政策与措施，以确保组织在需要的时间和需要的岗位上获得各种需要的人才的过程。

人力资源规划是企业发展战略的重要组成部分，是一项非常具有前瞻性的活动，它为下一步人力资源管理活动制定了目标、原则和方法。有效的人力资源规划工作不但能使企业得到合理的人力资源，而且能使企业的人力资源得到有效的利用和发挥。

二、人力资源规划的层次和分类

（一）人力资源规划的层次

人力资源规划包括两个层次，即总体规划及各项业务计划。其中，人力资源的总体规划是有关计划期内人力资源开发利用的总目标、总政策、实施步骤及总的预算安排；人力资源的业务计划包括人员补充计划、人员使用计划、晋升计划、教育培训计划、退休计划、劳动关系计划等。这些业务计划是对总体规划的展开和具体化，每一项业务计划都由目标、任务、政策、步骤及预算等部分构成，其执行结果应能保证人力资源整体规划目标的实现。

（二）人力资源规划的分类

人力资源规划按时间可划分为：长期规划（3年以上）；中期规划（1~3年）；短期规划（6个月至1年）。

人力资源规划按性质可划分为：①战略规划，指与企业长期战略相适应的人力资源规划；②战术规划，指将战略规划中的目标和政策转变为确定的目标和政策，并且规定达到各种目标的时间的人力资源规划；③管理计划，战术规划虽然已经比较详细，但在时间、预算和工作程序方面还不能满足实际实施的需要，还需要制定一系列可执行的人力资源管理计划。

三、人力资源规划的目的

首先，满足变化的组织对各种人力资源的需求，包括数量、质量和结构等方面的需求。

其次，最大限度地开发和利用组织内现有人员的潜力，使组织及其成员的需要得到充分满足。

最后，保证企业经营过程中人力资源的有效供给，使企业人力资源符合企业战略发展的需要。

四、人力资源规划的功能

人力资源规划的功能表现在以下几个方面：

（一）确保组织在生存发展过程中对人力资源需求的满足

组织的生存和发展与人力资源的结构密切相关。而组织在运营过程中，其生产经营领域、所采用的技术、组织的规模都可能在变化，对人力资源结构的需求会随之变化，由此会产生新的人力资源需求，通过人力资源规划的制定，可及时发现这些需求，并使这些需求得以满足。

（二）人力资源规划是组织管理的重要依据

在大型和复杂结构的组织中，人力规划的作用是特别明显的。因为无论是确定人员的需求量、供给量，还是职务、人员以及任务的调整，不通过一定的计划显然都是难以实现的，否则就会出现头痛医头、脚痛医脚的混乱状况。人力资源规划是组织管理的重要依据，它会为组织的录用、晋升、培训、人员调整以及人工成本的控制等活动提供准确的信息和依据。

（三）控制人工成本

人力资源规划对预测中、长期的人工成本有重要的作用。人工成本中最大的支出是工资，而工资总额在很大程度上取决于组织中的人员分布状况。当一个组织年轻的时候，处于低职务的人多，人工成本相对便宜；随着时间的推移，人员的职务等级水平上升、工资的成本也就增加。在没有人力资源规划的情况下，未来的人工成本是未知的，难免会发生成本上升、效益下降的趋势，因此，在预测未来企业发展的条件下，有计划地逐步调整人员的分布状况，把人工成本控制在合理的支付范围内十分重要。

（四）人事决策方面的功能

人力资源规划的信息往往是人事决策的基础，如采取什么样的晋升政策、制定什么样的报酬分配政策等。人事政策对管理的影响是非常大的，而且持续的时间长，调整起来也困难。为了避免人事决策的失误，准确的信息是至关重要的。例如，一个企业在未来某一时间缺乏某类有经验的员工，而这种经验的培养又不可能在短时间内实现，那么如何处理这一问题呢？如果从外部招聘，有可能找不到合适的人员，或者成本高，且不可能在短时间内适应工作；如果自己培养，就需要提前进行培训，同时还要考虑培训过程中人员流失的可能性等问题。显然，在没有确切信息的情况下，决策是难以客观的，且可能根本考虑不到这些方面的问题。

（五）有助于调动员工的积极性

人力资源规划对调动员工的积极性也很重要。通过人力资源规划的制定，员工可以看到自己的发展前景，从而积极主动地工作。人力资源规划还有助于引导员工职业生涯设计和职业发展，这也有助于调动员工的积极性。

第三节 人力资源规划的编制流程

制定人力资源规划时，人力资源规划必须具备长期导向性。例如，在为人力资源进行规划时，一个组织必须考虑到它是把自己的员工长时间地分配到一个工作岗位上，而不仅仅是下一个月或下一年。这种工作安置必须洞察到将来能影响到组织的任何在经营方面的缩减与扩张以及在技术方面的变化。必须以这些分析为基础，制定出员工在组织内部的调动计划，用以安置、裁减或保留现任员工。需要加以考虑的因素有企业里现任员工的知识、技能水平以及由于退休、晋升、调任、病假和解雇而造成的空缺。一般来说，企业的人力资源计划的编制经过六个步骤（见图3-2）。

一、人力资源需求预测

人力资源需求预测是企业根据现有的人力资源状况、企业的战略目标等，通过对企业内外环境的分析，运用科学的预测方法，对企业发展中所需的人力资源的数量、质量和结构进行预测。

人力资源需求预测的典型步骤如下：

步骤1：根据职务分析的结果确定职务编制和人员配置。

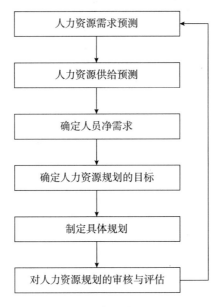

图 3-2   人力资源计划编制流程

步骤2：进行人力资源盘点，统计出人员的缺编、超编以及是否符合资格要求。

步骤3：将上述统计结论与部门管理者进行讨论，修正统计结论。

步骤4：将统计结论化为现实人力资源需求。

步骤5：对预测期内退休的人员进行统计。

步骤6：根据历史数据，对未来可能发生的离职情况进行预测。

步骤7：将步骤5和步骤6统计和预测的结果进行汇总，得出未来人力资源流失情况。

步骤8：根据企业发展规划，确定各部门的工作步骤。

步骤9：根据工作量的增长情况，确定各部门还需增加的职务及人数，并进行汇总统计。该统计结论为未来增加的人力资源需求。

步骤10：将显示人力资源需求、未来流失人力资源和未来人力资源需求汇总，即得到整体人力资源预测结果。

二、人力资源供给预测

人力资源供给预测是企业在现有的员工供给的基础上，根据企业经营环境、生产技术、市场规模等因素的变化，确定在规划的各时间点上企业的员工人数，以及预测规划各时间点上各类人员的可供给量，包括对企业内部人员的供给情况加以预测，也包括对企业外部相关人员供给情况加以预测。一般情况下，内部人员拥有量比较透明，预测的准确性较高；而外部人力资源的供给则有较高的不确定性。企业在进行人力资源预测时应把重点放在内部人员的拥有量的预测上，侧重于高级管理人员、技术人员等。人力资源供给预测的典型步骤如下：

步骤1：对企业现有的人力资源进行盘点，了解企业员工现状。

步骤2：分析企业的职务调整政策和历史员工调整数据，统计出员工调整的比例。

步骤3：向各部门的人事决策者了解可能出现的人事调整情况。

步骤4：将步骤2和步骤3的情况汇总，得出企业内部人力资源供给预测。

步骤5：分析影响外部人力资源供给的地域性因素，包括公司所在地的人力资源整体现状、公司所在地对人才的吸引程度、公司薪酬对所在地人才的吸引程度、公司能够提供的各种福利对当地人才的吸引程度、公司本身对人才的吸引程度。

步骤6：分析影响外部人力资源供给的全国性因素，包括全国相关专业的大学生毕业人数及分配情况、国家在就业方面的法规和政策、该行业全国范围的人才供需状况、全国范围从业人员的薪酬水平和差异。

步骤7：根据步骤5和步骤6的分析，得出企业外部人力资源供给预测。

步骤8：将企业内部人力资源供给预测和企业外部人力资源供给预测汇总，得出企业人力资源供给预测结果。

三、确定人员净需求

在人力资源需求预测和供给预测的基础上，对人力资源的需求情况和供给情况进行对比，确定人员的质量、数量、结构和均衡情况，从而得出企业发展过程中每个阶段每个职位类别的人员净需求量。

四、确定人力资源规划的目标

当组织的战略计划、年度计划已经确定，组织目前的人力资源需求与供给情况已经摸清，就可以据此制定组织的人力资源目标了。

五、制定具体规划

人力资源供需平衡是人力资源规划的目的，人力资源供求预测的不同结果决定了应采取的措施，以达到供需平衡。人力资源规划具体包括晋升计划、补充计划、培训开发规划、配备规划等。

如预测的结果是需求大于供给，措施有：①内部晋升；②进行平行性岗位调动，适当进行岗位培训；③延长员工工作时间或增加工作负荷，对超时间超负荷工作进行奖励；④重新设计工作以提高工作效率；⑤雇用全日制临时工或非全日制临时工；⑥改进技术或进行超前生产；⑦制定招聘政策，向组织外部和内部招聘；⑧返聘。

如预测的结果是供过于求，措施有：①永久性裁减或辞退员工；②暂时或永久性地关闭一些不赢利的分厂或车间，精简职能部门；③进行提前退休；④对员工进行重新培训，调往新岗位或适当储备一些人员；⑤减少工作时间（随之相应减少工资）；⑥由两个或两个以上的员工分担一个工作岗位，相应减少工资；⑦减少人员补充。

六、对人力资源规划的审核与评估

一个企业通过定期与非定期的人力资源规划的审核工作，能及时地引起企业高层领导的高度重视，使有关政策和措施得以及时改进并落实，有利于调动职工的积极性，提高人力资源工作的效率。

（一）审核与评估的组织

在西方国家的大企业中，一般都设有人力资源管理委员会。该委员会由一位副总裁、人事部经理以及若干名专家和员工代表组成。委员会的主要职责是定期检查各项人力资源政策的执行情况，并对政策的修订提出修改意见，交董事会审批。委员会的主席由委员们轮流担任，任期一年。除委员会外，人力资源部也应定期地检查人力资源政策的执行情况以及具体项目的执行效果。

我国企业可以借鉴西方的经验，但也要注意符合我国的国情。在国有企业中，党委、工会应该有代表参加到人力资源委员会中。

（二）评估内容

从以下几个方面评估人力资源规划的有效性：①实际招聘人数与预测需求人数的比较；②劳动生产率的实际提高水平与预测提高水平的比较；③实际的人力资源流动情况与预测的流动情况的比较；④实际的执行方案与规划的行动方案的比较；⑤行动方案实施结果与预定目标的比较；⑥人力资源和行动方案的实际成本与预算额的比较；⑦行动方案的收益与成本的比较。

（三）审核与评估的方法

第一，目标对照审核法。将起初预测的某个时期的人力资源需求水平与后来的实际水平相比较。第二，比照以下结果的实现程度可以评估人力资源规划成功与否：高级管理人员对人力资源为组织决策做出的巨大贡献的认识程度；对人力资源成本预测的准确度；对人力资源的需求预测的准确度；经理人员的职业发展规划的可行度。

第四节　人力资源供需预测技术

一、人力资源需求预测技术

（一）现状规划法

现状规划法是一种最简单的预测方法，适用于短期人力资源预测。它假设企业保持原有的生产规模和生产技术不变，人力资源处于相对稳定的状态，即企业目前各种人员的配备比例和人员总数将完全能适应预测规划期内人力资源的需要。在此种预测方法中，人力资源规划人员所要做的工作就是测算出规划期内有哪些人员将得到晋升、降职、退休或调出本组织，再准备调动人员去弥补就行了。这种方法对长期的预测效果较差。

（二）经验预测法

经验预测法是企业根据以往的经验对人力资源进行预测的方法。保持企业历史的档案，并采用多人集合的经验，可以减少该预测方法的误差。这种方法适用于技术较为稳定的企业的短中期预测。例如，某制衣厂在过去的制衣历史中，平均每个工人每天做 10 条西裤，每 20 个工人需要一个组长来管理，每 5 个组长需要一个车间主任，现在预测明年的销售量将增加 36 万条西裤，如何制定此制衣厂的人力资源规划？假设此制衣厂的生产技术保持相对稳定状态，可以采用人力资源经验预测法。根据以往的经验，每年增加 36 万条西裤，每天要增加生产 1000 条，故需要增加 100 个工人、5 个组长和 1 个车间主任。

（三）分合预测法

分合预测法一般步骤为：第一步是企业组织要求下属各个部门或单位根据各自的生产任务、技术设备等变化的情况先对本单位将来对各种人员的需求进行预测；第二步是将下属各部门的预测数进行综合平衡，从中预测出整个组织将来某一时间内对各种人员的需求总数。这种方法比较常用，但会受到各层管理人员的阅历、知识的限制，很难对长期需求做出准确预测，比较适用于短中期需求预测。

（四）德菲尔法

德菲尔法（Delphi Method）又称专家评估法，是用来听取专家们关于处理和预测某重大技术性问题的一种方法。德菲尔法有三个特点：①采取匿名形式进行咨询，使参与预测咨询的专家互不通气，避免受到其他专家的影响；②分几轮反复发函咨询，每一轮的统计结果都寄给专家作为反馈，供下一轮咨询参考；③对调查咨询结果采用一定的统计处理，使之有使用价值。

一般说来，经过四轮咨询，专家们的意见可以趋于一致。专家人数一般以 10~15 人为宜。在预测过程中，人力资源部门应该为专家提供充分的信息，包括已经收集到的资料和有关统计分析结果，目的是使专家们能够做出比较准确的预测。另外，所提出的问题应该尽可能简单，以保证所有专家能够从相同的角度理解员工分类和其他相关的概念。在必要时，可以不问人力资源需求的总体绝对数量，而应该问变动的百分比或某些专业人员的预计变动数量。对于专家的预测结果也不要求精确，但要专家们说明对所做预测的肯定程度。

（五）比率分析

比率分析（Ratio Analysis）是对企业过去五年或者更长时间中的员工雇佣变化情况进行分析，然后以此为依据来预测企业未来人员需求的技术。这种方法适用于企业整体预测和部门结构性预测。比率分析法的步骤如下：

1. 选择相关变量

选择一个相关的因素，这个因素直接影响到企业对人力资源的需求，如销售额、生产率等。

2. 分析相关变量与人力资源需求的关系

分析此因素与所需员工数量的比，形成一种劳动生产率指标，如生产量/每人时等。

3. 计算生产率指标

根据以往 5 年或 5 年以上的生产率指标值，求出均值。

4. 计算所需人数

用相关变量除以劳动生产率得出所需人数。

表 3-2 为某公司采用比率分析法进行的人力资源需求预测。

表 3-2　某空调制造公司的人力资源需求

年份	产量（万台）	劳动生产率（台/人）	员工需求量（人）
2007	20	50	4000
2008	30	55	5455

续表

年份	产量（万台）	劳动生产率（台/人）	员工需求量（人）
2009	40	55	7273
2010	60	50	12000
2011	70	60	11667
2012	80	54	14815
2013	100	54	18519

注：2012 年和 2013 年的数据是预测值，产量、劳动生产率和员工需求量的关系按照下面的公式计算：产量÷劳动生产率＝员工需求量。

根据历史数据，算出 2007~2011 年的平均劳动生产率为 54 台/人，根据公司的产量预测，可以推知 2012 年的员工需求量为：800000÷54＝14815（人）；2013 年的员工需求量为：1000000÷54＝18519（人）

（六）回归分析法

回归模型旨在选择一种或多种相关变量，建立生产经营活动水平与人员需求量之间的数学关系，并用这种关系求出目标值对应的人力资源需求量。根据人力资源需求量受影响的变量个数分为一元回归分析法和多元回归分析法。它的具体操作步骤如下：

步骤 1：绘制出一幅散点图来描绘某一因素同人力资源雇佣量之间的关系。

步骤 2：测算出一条刚好穿过散点图上的那些点的中部的回归线。

步骤 3：根据这个方程就可以画出回归线。

表 3-3 中列举了某个企业 2006~2010 年的销售额和人力资源雇佣量的数据。根据这些数据可以画出一幅散点图，然后依据上述方法画出一条回归线，根据这条回归线可以预测在任何一种销售量情况下的人力资源需求。

表 3-3　某企业的人力资源趋势分析

年份	2006	2007	2008	2009	2010
销售额（万元人民币）	3200	4300	3900	4700	5000
雇佣量（人）	110	180	150	190	200

（七）计算机模拟法

计算机模拟法是指企业建立一套人力资源需求的计算机化预测系统，利用计算机技术对人员需求进行预测的方法。它是企业人力资源需求预测技术中最复杂也是最精确的一种方法。在这种方法中，由管理者和专家将所需要的典型信息综合起来，建立一套计算机进行预测所需的数据库，由计算机预测系统以此为根据模拟各种显示情况进行预测。这些信息包括：生产单位产品所需要的直接劳动工时（对生产率的一种衡量），以及当前产品系列的三种销售计划——最低销售额、最高销售额、可能销售额。运用这一系统，企业就可以很快地将生产率水平和销售水平计划转化为对人员的需求。

二、人力资源供给预测技术

（一）技能清单

技能清单（Skill Inventory）是用来反映员工工作能力特征的一张列表，这些特征包括教育水平、培训背景、以前的经历、持有的证书、技术水平、已经通过的考试、主管的能力评价、职业兴趣等。技能清单的内容需根据员工情况的变化而不断更新，一旦出现职位空缺，人事部门便可根据它提供的信息及时挑选合适人选。

（二）管理能力清单

管理能力清单集中反映管理者管理才能及管理业绩，为管理人员的流动决策提供有关信息。其表格项目的主要内容包括：①管理幅度范围；②管理的总预算；③下属的职责；④管理对象的类型；⑤受到的管理培训；⑥当前的管理业绩。

（三）人员接替模型

人员接替模型是一种主要针对供给预测的简单有效的方法。它记录了各个管理人员的工作绩效、晋升的可能性和所需要的训练等内容，由此来确定每个关键职位的接替人选，评价接替人选目前的工作情况和是否达到提升的要求，确定企业发展需要，并将个人的职业目标与组织目标相互组合（见图3-3）。借助企业人员接替模型，可以看出每一职位从外部招聘的人数、提升上来的人数、提升上去的人数、退休和辞职的人数、具备提升实力的人数等信息。

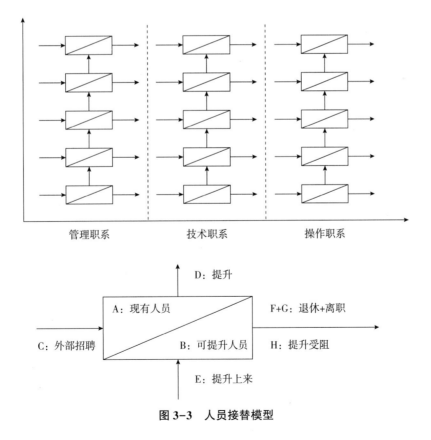

图3-3　人员接替模型

（四）马尔科夫模型

马尔科夫（Markov）模型是一种内部人力资源供给的统计预测技术。通过具体历史数据的收集，找出组织过去人事变动的规律，由此推测未来的人事变动趋势。其典型步骤如下：

首先，做一个人员变动矩阵表。表中每一个因素表示从一个时期到另一个时期人员变动的历史平均百分比。一般以5~10年为一个周期来估计百分比。周期越长，推测未来的变动情况就越准确。

其次，用这些历史数据来代表每一种工作中人员变动的概率，将计划初期每一种工作的人员数量与人员变动概率相乘，然后纵向相加，即得到组织内部未来劳动力的净供给量。

马尔科夫模型可以把组织内部人力资源进行模型化，这些矩阵概率的形式简单地反映了各种工作变化的平均比率。表3-4提供了一个非常简单的马尔科夫模型。例如，某行业的一位工人，在过去的12个月中，有20%的概率离开企业，0%的概率晋升为一名经理，15%的概率晋升为一名监管人员，65%的概率在下一年仍旧是该行业工人。得到人员的变动率后，就可以对接下来的12个月的人员数做出预测了。通过计算可知，接下来的12个月中有200名工人离开企业，150名工人晋升为监管人员，650名工人仍旧是该企业工人，没有人能晋升为经理。这种马尔科夫模型为计算机系统对组织内部员工流动的模拟提供了技术基础。

表3-4 过去12个月的马尔科夫矩阵

职位层次	初期人员数量（人）	离职	经理	监管人员	行业工人
经理	10	0.15	0.85	0.00	0.00
下级监管人员	100	0.10	0.15	0.70	0.05
行业工人	1000	0.20	0.00	0.15	0.65

注：人员调动的概率以小数表示。

第五节 人力资源管理信息系统

一、人力资源管理信息系统概述

（一）人力资源信息

人力资源信息是反映人力资源状态及其发展变化特征的各种消息、情报、语言、文字、符号等具有一定知识性内涵的信号的总称。人力资源信息分为原始信息和再生信息（二次信息）。原始信息是相对简单、接近信息源的信息；二次信息是经过某种模式从原始数据中提取的信息。

　　人力资源规划的制定与实施是以人力资源信息为前提的，企业获取的人力资源信息的质量如何直接影响到人力资源规划的效果。相对于外部的人力资源信息而言，企业内部的人力资源信息较容易获取。

(二) 人力资源管理信息系统

　　人力资源管理信息系统（Human Resource Management Information System，HRMIS）是管理信息系统（Management Information System，MIS）的一个子系统，指通过建立一种信息平台，将信息技术与人力资源管理技术切入组织的管理实践活动之中，旨在使之满足企业各部门的具体需要，能够处理包括规范和例外的、普遍存在和特殊的、相对简单和错综复杂情境下的结构工具。

(三) 人力资源管理信息系统的功能

　　人力资源管理信息系统的功能包括：①为人力资源规划和其他人力资源管理活动提供快捷、准确的信息；②为企业制定发展战略提供人力资源数据；③为人事决策提供信息支持；④为企业管理效果的评估提供反馈信息。⑤提高人力资源管理活动的工作效率。

(四) 人力资源的信息管理过程

　　人力资源的信息管理过程同所有的信息管理过程一样，包括人力资源信息的搜集、加工、传递和贮存。

　　人力资源信息的搜集工作包括以下步骤：确定搜集信息的目标、制定搜集计划、搜集信息和汇集整理信息。

　　人力资源信息加工的两个基本要求是保证信息的客观性和提高信息的可用性，一般来说人力资源信息的加工经过信息的分类、信息的统计分析、信息的比较和信息的综合处理等环节。

　　人力资源信息传递的方式有：计算机网络传递、出版物传递、广播电视传递、文件资料传递和会议传递等。

　　人力资源信息存储的程序：信息登记、信息编码和信息存储。所谓信息编码就是按照一定的规律对人力资源信息按顺序相应地编制上统一的数码或代码。对人力资源信息的编码有利于信息的规范化管理。具体的编码方法有顺序编码法、分组编码法、数字式编码法和表意式文字编码法等。涉及信息存放时，要考虑存储量、信息格式、存储方式、使用方式、存储时间、安全保密、使用授权等方面的要求，使组织信息不丢失、不失真、不外泄、使用方便。

二、人力资源信息管理系统结构模型

　　从微型计算机诞生之日起，人力资源开发与管理便开始将其应用于自己的领域内。有些微型计算机单独使用，有些则连在一起形成局域网，有些则连到企业的计算机中心，有些企业则拥有自己的中型乃至大型计算机。人力资源信息系统应用范围非常广，这种广泛性反映在该模型的六个输出子系统中（见图3-4）。

　　设计模型时，一般使用与其他职能信息系统的输入子系统、数据库和输出子系统的形式。输入子系统是数据处理、调查和情报的标准组合。在大多数企业中，数据库存放在计算机的存储器中。

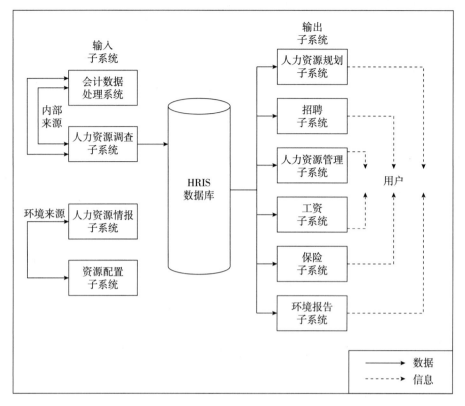

图 3-4　人力资源信息系统模型

（一）输入子系统

输入子系统包括会计数据处理系统、人力资源调查子系统、人力资源情报子系统和资源配置子系统。

（二）数据库与模型库

数据库的内容包括描述企业和员工个人情况的数据以及影响企业和人力资源管理的环境因素。数据库存放位置有四种方式：企业的中央计算机、人力资源部门的计算机、业务部门的计算机、外部服务单位的计算机。目前，大多数 HRIS 数据库存放在公司的中央计算机中，但随着企业的发展，将会有更多的数据库转向人力资源部门。

图 3-5 是一个企业设计的人力资源信息系统的数据库概貌。由于运用了各种类型的输入数据，该数据库可以提供对于人力资源计划和企业运作具有广泛价值的多种类型的输出数据。该数据库将所有人力资源信息纳入一个系统，不同来源的输入数据被综合，以提供必要的输出。

（三）输出子系统

输出子系统包括人力资源规划子系统、招聘子系统、人力资源管理子系统、工资子系统、保险子系统和环境报告子系统。输出子系统应用举例如表 3-5 所示。

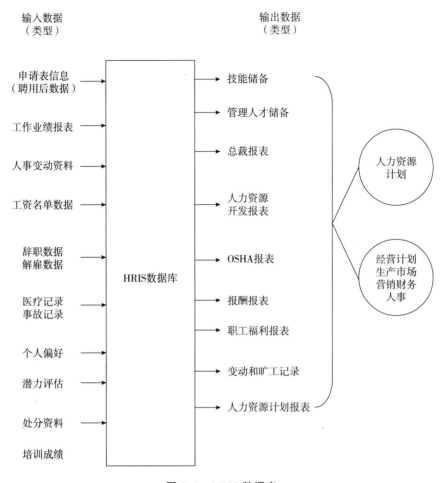

图 3-5 HRIS 数据库

表 3-5 HRIS 输出子系统应用举例

人力资源规划 子系统	招聘 子系统	人力资源 管理子系统	工资 子系统	保险 子系统	环境报告 子系统
组织计划	简历处理	绩效评估	奖励工资	确定贡献	平等就业机会记录
工资预测	申请人追踪	培训	工资	确定保险金	平等就业机会分析
职位分析/评估	内部搜寻	职位管理	年薪	保险结算单	工会
人力资源规划		调配管理	奖金	灵活保险计划	健康记录
劳动力建模		素质测评	出勤	股票认购	有害物质
		继任		申报处理	申诉

三、人力资源信息管理系统的建立

组织内人力资源信息管理系统的建立不能教条化，而应该根据不同组织的不同情况来具体设计。在这过程中要考虑以下几个因素：一是组织发展战略及现有规模；二是管理人员对人力资源有关数据要求掌握的详细程度；三是组织内信息复制及传递的潜在可能性；四是人力资源管理部门对本系统的运用程度及期望程度；五是社会上其他组织人力资源信息系统的建立及运用情况。

一般说来，建立一个高效运行的人力资源信息管理系统需要经过以下四个步骤：

第一，研究现有系统。在确定要求或评价现有信息系统时，需要回答三个问题：①对新系统的要求是什么以及目前信息是如何传递的？②信息使用情况如何？③这些信息对决策的价值如何？

第二，制定信息的优先顺序及概念设计。在全面理解现有信息系统后，就要确定所需信息的优先顺序。人力资源信息管理系统的设计必须确保排序在前的信息的提供，而生成排序在后的信息只有在其带来的收益大于获得这些信息的成本时才是合理的。

第三，开发新信息系统。整个组织的优先顺序名单支配着人力资源信息管理系统的设计。

第四，最终确定人力资源信息管理系统。在最终确定了正式模式之后，新系统运行的基本条件就具备了。

四、人力资源信息管理系统的类型

(一) 人力资源业务处理系统

人力资源业务处理系统是为组织日常业务处理提供信息服务的子系统，如公司内员工基本信息系统、招聘信息系统、晋升与绩效考核系统、职位分派系统等。影响人力资源信息业务系统的主要变量包括企业类型、组织结构、业务性质、职位配置和员工的个人特征等。

(二) 人力资源管理信息系统

人力资源管理信息系统是以服务于组织内的管理为目的的。人力资源管理信息系统包括组织内人力资源的数量、质量等存量管理，人力资源生产力及效率指标的管理，以及成本与效益管理。

(三) 人力资源决策支持系统

人力资源决策支持系统是专门为各级、各层、各部门决策提供人力资源信息的支持系统。决策支持系统大都依靠专用模型产生的专用数据库，结合某一类具体的决策做出决定，它的最新发展是智能支持系统（Intellectual Support System）和专家系统或知识工程（Knowledge Engineering），一般由数据库、模型库和用户接口组成。人力资源决策支持系统突出了用户接口的重要性。

组成人力资源信息管理系统的三大系统的特点比较如表 3-6 所示。

表 3-6　业务处理、管理信息和决策支持三大系统的特点比较

	业务处理系统	管理信息系统	决策支持系统
信息要求	内部的、程序化的信息	内部的、通用信息	个性化特殊信息
数据库	专用或通用相结合	专用或通用相结合	专用数据库
模型库	简单的统计模型	较复杂的统计模型	复杂的各类模型
用户接口	简单易懂，便于一般人员理解	便于各部门理解	专业人员对话式

续表

	业务处理系统	管理信息系统	决策支持系统
服务	日常决策	专业日常决策	战略决策
人员	一般管理人员	主管或部门专业管理人员	高层或专家
存储	信息量大，存储时间不长	信息量与存储时间要求较高	程序量大，信息存储量也比较大

 本章小结

1. 人力资源战略从广义上讲，是指关于企业人力资源的方向性的规划；从狭义上讲，可以定义为根据变化的环境分析组织的人力资源需求，以及为满足这些需求所设计的必要行动。人力资源战略与其他战略理论具有相同的表述形式，即通过分析企业外部环境与自身发展现状，得出的企业长远人力资源战略目标和实现战略目标的行动计划。

2. 人力资源规划（Human Resource Planning，HRP）又称人力资源计划，是指企业根据战略发展目标与任务要求，科学地预测、分析自己在变化环境中的人力资源的供给和需求情况，制定必要的政策与措施，以确保组织在需要的时间和需要的岗位上获得各种需要的人才的过程。

3. 人力资源需求预测技术：现状规划法、经验预测法、分合预测法、德菲尔法、比率分析、回归分析法、计算机模拟法。

4. 人力资源供给预测技术：技能清单、管理能力清单、人员接替模型、马尔科夫模型。

5. 人力资源管理信息系统（Human Resource Management Information System，HRMIS）是管理信息系统（Management InformAtion System，MIS）的一个子系统。指通过建立一种信息平台，将信息技术与人力资源管理技术切入组织的管理实践活动之中，旨在使之满足企业各部门的具体需要，能够处理包括规范和例外的、普遍存在和特殊的、相对简单和错综复杂情境下的结构工具。

本章习题

1. 谈谈你对战略、人力资源战略的理解。
2. 人力资源战略的制定流程主要有哪些，各个阶段的主要内容是什么？
3. 人力资源规划的编制流程是什么？
4. 人力资源供需平衡的主要策略有哪些？
5. 人力资源需求预测和供给预测的技术主要有哪些？
6. 人力资源信息系统的建立需要经过哪几个步骤？

第四章 工作分析与工作设计

系统学习工作分析的基本概念、常用方法与手段

1. 明确工作分析和工作设计的基本内涵
2. 熟悉工作说明书与岗位规范的编写及其格式
3. 熟悉工作分析常用的方法和手段
4. 了解工作分析与工作设计过程中所遇到的各类问题

工作分析；工作设计；工作说明书；岗位规范

谁最需要工作说明书

　　一家生物制药公司的会计主管十分懊恼地来到公司董事长的办公室诉苦，说董事长所布置的工作太过紧急、工作量也太大难以按时完成。原来几天前该公司董事长曾命令会计主管李某在两周之内修改好财务部全部十余项工作说明书。

　　会计主管李某接着解释说："这是在浪费时间，我还有许多更重要的工作要做呢。因为修改工作说明书至少要花费我一周多的时间，而我眼下还有两周的内部审计工作没有完成。你确实想让我停下这些工作去专心致志地修改工作说明书吗？"闻听此言，董事长稍微有些迟疑，但他还是坚持要李某按时完成工作说明书的修改工作。因为在他看来，这关系到会计部的整个工作流程及其效率，事关重大。

　　李某感到压力很大，申辩说："这几年来，我们都没有进行过工作说明书的修改工作，它们需要很大的改动。此外，当我将它们发到员工手中时，遭到了不少冷嘲热讽。"董事长质问道："如果修改得合理，怎么会遭到反对呢？"面对这种情形，会计主管李某也颇感为难。继续改的话，肯定会耽误其他在他看来是更重要的工作，加上自己并不熟悉人力资源管理，做不好到最后还得挨批评；如若不改，董事长有令在先，抗命不遵恐怕后果会十分不利。

想到这里，李某只好丑话说在前面，继续向董事长汇报说："其实整个过程很复杂。如果将工作说明书明晰化，那么以后有很多工作就没有人愿意做了。而且我预计，如果将会计部目前正在做的所有工作都写进工作说明书的话，就会抬高一些工作的重要性而忽视了另外一些工作。这样一来很有可能会造成任职者士气低落，甚至会引发工作混乱！"董事长反问道："你的具体建议是什么呢？"

资料来源：萧鸣政. 人力资源管理研究方法与案例分析［M］. 北京：北京大学出版社，2017.

在管理工作中，我们经常会遇到这样一些需要解决的实际问题。比如：某项工作的职责是什么？具备何种素质能力的人方能胜任这项工作？如何评定工作人员的工作绩效？其工作相对重要性与报酬标准是怎样的？等等。显然，解决这些实际问题不能凭借主观想象，也不能凭个人的经验，而必须掌握有关工作的全面信息。工作分析的主要功能便是为人力资源管理者提供这类完整的信息，可以说它是整个人力资源管理工作的基础。

第一节　工作分析的概念和作用

一、工作分析的概念

（一）什么是工作分析

工作分析又称职务分析（Job Analysis），是指对各种工作的性质、任务、责任以及所需人员的资格、条件等进行周密的调查、研究分析，加以科学的系统描绘，最后做出规范化记录的过程，即制订工作描述和工作规范的系统过程。

工作分析涉及两个方面的工作。一是工作本身，即工作岗位的研究。要研究每一个工作岗位的目的，该岗位所承担的工作职责与工作任务，以及它与其他岗位之间的关系等。二是人员特征，即任职资格的研究。研究能胜任该项工作并完成目标的任职者必须具备的条件与资格，如工作经验、学历、能力特征等。

工作分析是为管理活动提供各种有关工作方面的信息，这些信息概括起来就是每一工作的七个"W"：用谁（Who）、做什么（What）、何时（When）、在哪（Where）、如何（How）、为什么（Why）、为谁（For Whom），只有提供七个W完整而又准确的信息，才能对一项工作做出正确、详尽的描述。

（二）与工作分析相关的常见术语

在工作分析中，常常会用到一些术语，但这些术语的含义经常被人们混淆，因此，理解并掌握它们的含义对科学、有效地进行工作分析十分必要。

1. 工作要素

工作要素是指工作中不能继续再分解的最小动作单位。例如，酒店里负责接待客人的服务员在客人刚刚来到酒店时要帮助客人运送行李，运送行李的这项工作中就包含有将行李搬运到行李推车上、推动行李推车、打开客房的行李架、将行李搬运到行李架上 4 个工作要素。

2. 任务

任务是指工作中为了达到某种目的而进行的一系列活动。任务可以由一个或多个工作要素组成。例如，生产线上的工作人员给瓶子贴标签这一任务就只有一个工作要素；上面提到的运送行李的任务中就包含 4 个工作要素。

3. 职责

职责是指任职者为实现一定的组织职能或完成工作使命而进行的一个或一系列工作。例如，营销部的经理要实现新产品推广的职责就需要完成一系列工作，包括制定新产品推广策略、组织新产品推广活动和培训新产品推广人员等。

4. 职位

职位也叫岗位，担负一项或多项责任的一个任职者所对应的位置就是一个职位。一般来说，有多少个岗位就有多少个任职者，如总经理、秘书、出纳、招聘主管、营销总监等。应该注意的是，职位是以"事"为中心确定的，强调的是人所担任的岗位，而不是担任这个岗位的人。

5. 职务

职务是由组织上主要责任相似的一组职位组成，也称工作。在组织规模大小不同的组织中，根据不同的工作性质，一种职务可以有一个职位，也可以有多个职位。例如，营销人员的职务中可能有从事各种不同营销工作的人，但他们的主要工作责任是相似的，因此可以归于同样的职务中。

6. 职业

职业是一个更为广泛的概念，它是指在不同的组织中从事相似活动的一系列职务。职业的概念有着较大的时间跨度，处在不同时期，从事相似工作活动的人都可以被认为是具有同样的职业。例如，老师、工程师、工人、司机等都属于职业。

7. 职权

职权指依法赋予的完成特定任务所需要的权力，职责与职权紧密相关。特定的职责要赋予特定的职权，甚至于特定的职责等同于特定的职权。例如，质量检查员对产品质量的检验既是质量检查员的职责，又是他的职权。

二、工作分析的作用

工作分析对于人力资源研究和人力资源管理具有非常重要的作用。全面地和深入地进行工作分析，可以使组织充分了解工作的具体特点和对工作人员的行为要求，为做出人事决策奠定坚实的基础。在人力资源管理中，几乎每一个方面都涉及工作分析所取得的成果。图 4-1 列出了工作分析的结果在各方面的应用。

具体地说，工作分析有以下八个方面的作用：

（一）有利于选拔和任用合格的人员

通过工作分析，能够明确地规定工作职务的近期和长期目标，掌握工作任务的静态和

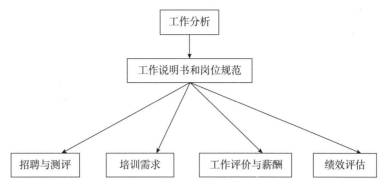

图 4-1　工作分析所获信息及其应用

动态特点，提出有关人员的心理、生理、技能、文化和思想等方面的要求，选择工作的具体程序和方法。在此基础上，确定选人用人的标准。有了明确而有效的标准，就可以通过心理测评和工作考核，选拔和任用符合工作需要和职务要求的合格人员。

（二）有利于制定有效的人力资源预测方案和人力资源计划

每一个单位对于本单位或本部门的工作职务安排和人员配备，都必须有一个合理的计划，并根据生产和工作发展的趋势做出人力资源预测。在职业和组织面临不断变化的市场和社会要求的情况下，有效地进行人力资源预测和计划，对于企业和组织的生存和发展尤其重要。工作分析的结果可以为有效的人力资源预测和计划提供可靠的依据。一个单位有多少种工作岗位？这些岗位目前的人员配备能否达到工作和职务的要求？今后几年内职务和工作将发生哪些变化？单位的人员结构应做哪些相应的调整？几年甚至几十年内，人员增减的趋势如何？后备人员的素质应达到什么水平？以上问题都可以依据工作分析的结果做出适当的处理和安排。

（三）有利于设计积极的人员培训和开发方案

通过工作分析，可以明确从事某项工作所应具备的技能、知识和各种心理条件。这些条件和要求并非人人都能够满足和达到，需要不断对员工进行培训，开发员工潜能。因此，可以按照工作分析的结果，设计和制定培训方案，根据实际工作要求和聘用人员的不同情况，有区别、有针对性地安排培训内容和方案，以培训促进工作技能的发展，提高工作效率。

（四）提供考核、升职和作业的标准

工作分析可以为工作考核和升职提供标准和依据。工作的考核、评定和职务的提升如果缺乏科学依据，将影响职工的积极性，使工作和生产受到损失。根据工作分析的结果，不仅可以制定各项工作的客观标准和考核依据，还可以确定合理的作业标准，提高生产的计划性和管理水平，也可以将其作为职务提升和工作调配的条件和要求。

（五）有利于提高工作和生产效率

通过工作分析，一方面，有明确工作任务要求，建立起规范化的工作程序和结构，使工作职责明确，目标清楚；另一方面，明确关键的工作环节和作业要领，能充分地利用和安排工作时间，使职工能更合理地运用技能，分配注意和记忆等心理资源，增强他们的工作满意感，从而提高工作效率。

（六）有利于建立先进、合理的工作定额和报酬制度

工作和职务的分析可以为各种类型的各种任务确定先进、合理的工作定额。所谓先进、合理，就是在现有工作条件下，经过一定的努力，大多数人能够达到、其中一部分人可以超过，少数人能够接近的定额水平。它是动员和组织职工、提高工作效率的手段，是工作和生产计划的基础，也是制定企业部门定员标准和工资奖励制度的重要依据。工资奖励制度是与工资定额和技术等级标准密切相关的，把工作定额和技术等级标准的评定建立在工作分析的基础上，就能够制定出比较合理公平的报酬制度。

（七）有利于改善工作设计和环境

通过工作分析，不但可以确定职务的任务特征和要求，建立工作规范，而且可以检查工作中不利于发挥人们积极性和能力的方面，并发现工作环境中有损于工作安全、加重工作负荷、造成工作疲劳与紧张以及影响社会心理气氛的各种不合理因素；有利于改善工作设计和整个工作环境，使人们在更适合于身心健康的、安全舒适的环境中工作，从而最大限度地调动其工作积极性和发挥其技能水平。

（八）有利于职业生涯规划与管理

通过工作分析中对组织中的工作要求和各项工作之间的联系的研究，组织可制定出行之有效的员工职业生涯规划。同时，工作分析也使员工有机会或能力了解工作性质与规范，制定出适合自身发展的职业道路。

第二节　工作分析的过程与方法

一、工作分析的过程

工作分析需要很多的工作信息，它是对组织内部各项工作系统分析的过程。这个过程可以分为四个阶段：准备阶段、调查阶段、分析阶段与完成阶段。通过工作分析流程（见图4-2），可以清楚地了解四个阶段的关联关系。

（一）准备阶段

在这一阶段主要的任务是对工作分析进行全面的设计，具体解决以下几个问题：

要进行工作分析，首先要明确目前所要进行的工作分析的目的，也就是进行工作分析主要想解决什么问题，获取工作分析信息的用途是什么。有了明确的目的，才能正确确定分析的范围、对象和内容，规定分析的方式、方法，并弄清应当收集什么资料，到哪儿去收集，用什么方法去收集。

第一，制定工作分析的总体实施方案。实施一次完整的工作分析活动，往往要调动大量的资源，需要花费相当长的时间，需要来自各个方面的人员的配合，因此，这样一个比较复杂的活动需要在实施之前制定一个方案，以便有计划、有条理地实施工作分析。

第二，成立工作分析小组，加强与组织中相关人员的沟通。首先，应成立由人力资源经理、工作分析专家或职务分析顾问、岗位在职人员组成的工作分析小组或委员会。小组成员确定之后，赋予他们进行分析活动的权限，以保证分析工作的协调和顺利进行。其次，必须加强与组织中的管理人员和员工的沟通。在和最高管理阶层沟通时，不仅应该让他们了解工作分析可以使他们更加清楚在做什么，而且让他们知道工作分析的人工费用的

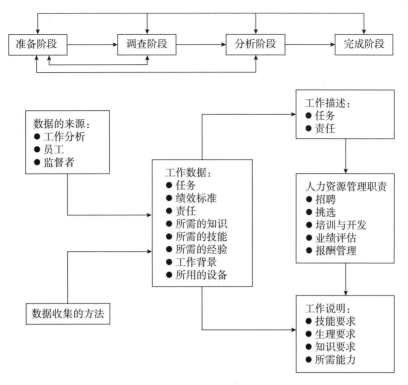

图 4-2 工作分析流程

确花得很恰当，从而获得最高管理阶层的支持，而不至于完全由人力资源部门"唱独角戏"。员工对工作分析的认同也是相当重要的，因此，在工作分析的准备阶段，需要就工作分析的目的、意义、操作方法、需要的配合等问题向员工们进行正式的说明，消除员工们对即将进行的工作分析活动的疑虑和对立态度，取得他们的信任。

第三，选择收集信息的方法。收集信息的方法多种多样，每种方法都有其独特之处，也有其适用的场合，有其优点，也有其不足之处，并不存在一种普遍适用的和最佳的方法。那么，在具体进行工作分析时，如何选择最有效的方法呢？首先，要考虑工作分析所要达到的目标。例如，当工作分析用于薪酬体系的建立时，就应该选择定量的方法，以便对不同工作的价值进行比较。其次，要考虑所分析的职位的特点。例如，有的职位活动比较外显，以操作机械设备为主，那么这样的职位就可以使用现场观察法。最后，还应该考虑实际条件的限制。有些方法虽然可以得到较多的信息，但可能由于花费的时间或财力较多而无法采用。选定了工作分析方法之后，还应根据需要设计一些调查问卷、调查提纲和观察的记录表格等。

（二）调查阶段

调查阶段或资料收集阶段的主要任务是对整个工作过程、工作环境、工作内容和工作人员的主要方面进行全面的调查。具体任务如下：

1. 选择信息来源

信息来源的选择应注意：首先，不同层次的信息提供者提供的信息存在不同程度的差别；其次，工作分析人员应站在公正的角度听取不同的信息，不要事先存有偏见；最后，使用各种职业信息文件时，要结合实际，不可照搬照抄。

2. 收集已有的相关背景资料

现有的一些背景资料对工作分析有着非常重要的参考价值，它主要包括以下内容：一是国家职业分类标准或国际职业分类标准；二是有关整个组织的信息（包括组织机构图、工作流程图、部门职能说明等）；三是现有的职位说明或有关职位描述的资料。

3. 收集工作分析对象的有关信息资料

首先，应广泛深入地收集有关工作的特征和需要的各种数据，一方面是提出原有工作说明书的主要条款不清楚的问题，另一方面对新工作职位的所有信息进行收集。其次，应收集工作任职人员必需的特征信息。另外，对收集来的有关工作的特征、工作人员的特征的信息的重要性以及发生的频率等做出等级评定。总之，信息要齐全、准确，不能残缺、模糊。

（三）分析阶段

工作分析不仅是对工作岗位信息的简单收集，还需要对所收集的信息进行总结、归纳、综合、整理、分析。具体做法如下：①认真审核、整理已收集的各种信息；②创造性地发现有关工作和任职人员的关键信息；③归纳、总结出工作分析的材料和要素。通常从以下几个方面进行具体分析：

- 岗位工作任务目标明确性；
- 岗位工作任务工作量的合理性；
- 岗位工作任务的饱和性；
- 岗位工作任务的难易程度及对任职者要求的合理性；
- 工作任务流程的合理性；
- 岗位对任职者的要求（知识结构、技能、能力、经验、品性、身体素质）；
- 岗位工作任务对任职者的资格要求的合理性；
- 岗位在组织中承担的职责、权力、利益的合理性；
- 工作岗位在组织中工作关系的合理性；
- 工作岗位业绩的衡量标准；
- 工作岗位对任职者的危害和危险及程度。

（四）完成阶段

完成阶段是工作分析的最后阶段。此阶段主要的任务有：

1. 审查和确认工作信息

通过各种方法收集来的关于工作的信息，必须同工作任职者和任职者的上级主管进行审查、核对和确认，才会避免偏差。经过这样的过程，一方面可以修正初步收集来的信息中的不准确之处，使工作信息更为准确和完善；另一方面由于工作任职者和任职者的上级主管是工作分析结果的主要使用者，请他们来审查和确认这些信息有助于他们对工作分析结果的理解和认可，为今后的使用奠定了基础。

2. 形成标准文件

所谓标准文件是指"工作描述"和"工作规范"以及在两者基础上整合的"工作说明书"。

3. 应用与反馈

标准文件形成之后，可以说工作分析的工作基本结束了。但是，对工作分析结果的应用也是非常关键的，因为只有应用了工作分析结果，才能体现出工作分析的价值。而且，在应用的过程中可能会发现一些重要的问题，通过反馈，可以为后续的工作分析提出要求。具体来说，应做好两方面的工作：其一，培训工作分析的应用人员。这些人员在很大程度上影响着分析程序运行的准确性、运行速度及费用，因此，培训应用人员可以增强管理活动的科学性和规范性。其二，应将"工作描述""工作规范"和"工作说明书"应用于实际工作中，并注意收集应用的反馈信息，对工作分析本身进行终结评估，不断完善"工作描述""工作规范"和"工作说明书"。

二、工作分析的方法

（一）问卷法

为在短时间内收集到大量的信息，有关人员要事先设计出一套岗位分析问卷，把要收集的信息以问题的形式提出，由工作人员或指定的人员填写，再将问卷加以归纳、分析，并作好详细的记录，从相同岗位的问卷中找出共同的具有代表性的回答，并据此写出岗位职责描述，再征求该岗位工作者的意见，进行补充和修改。为了全面系统地进行岗位描述，避免遗漏每一项工作任务，最好将各项任务一一列举，越全越好，然后再归类整理、分析评估。在岗位分析时也可由各部门的负责人，分别分析本部门的工作，再加以汇总评估，这样做有两个优点：其一，本部门的负责人对其部门内岗位有着最直接和全面的认识，描述的内容参考性最强；其二，可以调动这些部门负责人的积极性和责任感，这对做好岗位分析工作是十分必要的。

1. 问卷法的操作要点

问卷法的操作要点可以归结为：第一，针对不同的组织应设计不同的问卷，切忌照搬某个所谓成功问卷。第二，问卷语言的设计应以组织中最低阅读能力的人能够理解为限，以保证问卷可以被所有人理解。第三，问卷中的问题应语义明确，不能产生歧义，不能有诱导倾向或不同的人有不同的理解。第四，对于任职条件及沟通关系类的问题应尽量使用封闭式的提法，以便于对比统计；对于职责类的问题则可以使用开放式的提法，以避免有用信息的遗漏。第五，问卷的填写者应独立完成问卷。

目前流行的问卷有许多种，有从国外引进的，也有从国内企业实践中发展而来的，但在使用问卷法时应注意本着与企业实际情况相结合的原则，有针对性地进行特定问卷的设计，从而避免因直接引入别的企业使用过的问卷造成与企业实际脱节的局面。

2. 三种典型的国外问卷

（1）职位分析问卷（PAQ）。美国普度大学（Purdue University）的研究员曾经研究出一套数量化的工作说明书，即职位分析调查问卷（Position Analysis Questionnaire，PAQ）。PAQ本身要交由熟悉待分析工作的工作分析员填写，它有194个问题，分为六个部分：①资料投入（指职工工作时获取资料的来源及方法）；②用脑过程（即如何去推理，做出决策、计划及处理资料）；③工作产出（职工应该完成哪些身体活动，及其使用的工具器材如何）；④与他人的关系（与本工作有关人员的关系如何）；⑤工作范畴（包括实体工作与社交性工作）；⑥其他工作特征（除去上述的其他有关职务的活动、条件与特征）。然后从具有决策、沟通与社交能力，执行技术性工作的能耐，身体灵活度，操作设备与器具的技能，处理资料之能力五个方面来衡量。不过要注意，PAQ并非岗位说明书的替代品，而是说前者有助于后者的编拟。PAQ的优点有两个：一是由于大多数工作皆可用五个基本尺度加以描绘，因而可以用 PAQ 将工作分为五类（如秘书二处、秘书三处等）；二是因为由它可得每一个（类）工作的数值与等级，因此 PAQ 可用来建立每一个或每一类工作的薪资水准。

（2）管理岗位描述问卷（MPDQ）。该问卷专门针对管理类型的岗位，这类岗位有两个特点：一是管理者经常试图让职工去适应自己的管理风格，而不是让自己去适应工作的需要，因此易模糊真正的客观标准；二是管理类型的岗位工作具有非规范化和非程序性的特点，对于规律性的工作内容的总结较困难。针对这两个特点，托纳和平托在 1976 年设计了由管理人员自己填写的 MPDQ 问卷，包括 208 个问题分六个标准评分，这些问题总体上可以被划分为战略规划、部门间协调、内部业务控制、产品和服务责任、公共与客户关系、高层次的咨询指导、行动的自主性、财务审批权、雇员服务、监督、复杂性和压力、重要财务责任、广泛的人事责任、组织图、评论和反应 15 个方面。

（3）功能性工作分析问卷（FJA）。功能性工作分析问卷是在美国劳工部工作分析技术的基础上发展而来的。美国劳工部的做法是，假设每一种工作的功能都反映在它与资料、人和事三项要素的关系上，故可由此对各项工作进行评估。在各项要素中，各类基本功能都有其重要性的等级，数值越小，代表的等级越高；数值越大，代表的等级越低。采用这种方法进行工作分析时，各项工作都会得出数值，据此可以决定薪酬和待遇标准。FJA 对美国劳工部的做法进行了改进，主要区别在以下两个方面：①功能性工作分析法不仅是依据信息、人、物三个方面来对工作进行分类，它对工作的分类还考虑以下四个因素：在执行工作时需要得到多大程度的指导，执行工作时需要运用的推理和判断能力应达到什么程度，完成工作所要求具备的数学能力有多高，执行工作时所要求的口头及语言表达能力如何。②功能性工作分析还确定工作的绩效标准以及工作对任职者的培训要求。

表 4-1 给出了一个详细的岗位调查问卷。

表 4-1　岗位调查问卷

姓名		性别		照片
出生年月		民族		
籍贯		婚姻状况		
参加工作时间		工作地点		
岗位编号		工作职务		
技术职称		学术团体		

	类别	学位	毕业时间	主修专业
教育背景	高中			
	大专			
	本科			
	硕士			
	博士			

续表

工作目标	主要工作目标		其他工作目标
	1.		1.
	2.		2.
	3.		3.
	4.		4.
	5.		5.
	6.		6.
	7.		7.

工作基本情况	备注	

工作活动程序	活动名称	活动内容	活动依据
	1.		
	2.		
	3.		
	4.		
	5.		
	6.		
	7.		
	8.		

工作时间安排	
	1. 正常工作时间为每日　　时开始至　　时结束
	2. 每周加班时间大约为　　小时
	3. 每日午休时间大约为　　小时，　　%的情况下可以保证
	4. 每周外出时间大约为　　小时，占正常工作时间的　　%
	5. 每月出差大约为　　次，每次出差大约为　　天
	6. 你所从事的工作是否比较繁忙（是/否）
	7. 你在哪个工作时间段比较繁忙
	8. 对你出差时使用的交通工具按照使用频率排序为
	9. 你是否在业余时间看书（是/否）
	10. 你通常都看些什么书
	11. 你用在学习上的时间每周大约为　　小时
	12. 其他需要补充说明的问题
	备注

		名称	结果	占全部工作时间百分比（％）	权限		
					承办	需报审	全权负责
工作活动内容							
工作基本特征	工作责任心	1. 对自己的工作结果基本不负责任					
		2. 只对自己的工作结果负责					
		3. 对整个部门的工作结果负责					
		4. 对自己的部门和相关部门负责					
		5. 对整个公司负责					
	权限	1. 在工作中时常做些小的决定，一般不会影响其他人					
		2. 在工作中时常做一些决定，对部分人员有影响					
		3. 在工作中时常做一些决定，对整个部门有影响，但不影响其他部门					
		4. 在工作中时常做一些比较重大的决定，对自己的部门相关部门都产生影响					
		5. 在工作中时常做重大的决定，对整个公司都有重大影响					
	自由度	1. 有关工作的程序和方法均由上级部门详细规定，遇到问题时需要随时请示上级解决，工作结果需要上报上级审核					
		2. 分配工作时上级仅仅是指示要点，工作中上级并不随时指导，但遇到困难时可以直接或间接请示上级，工作结果要上报上级审核					
		3. 分配任务时上级只说明要达成的任务或目标，工作的具体方法和程序均由自己决定，工作结果原则上仅接受上级审核					
	工作难易度	1. 完成本职工作的方法和步骤完全不相同					
		2. 完成本职工作的方法和步骤基本相同					
		3. 完成本职工作的方法和步骤有一半相同					
		4. 完成本职工作的方法和步骤大部分相同					
		5. 完成本职工作的方法和步骤完全相同					
	工作信息	1. 在工作中所接触到的信息为原始的、未经加工处理的信息					
		2. 在工作中所接触到的信息为经过初步加工的信息					
		3. 在工作中所接触到的信息为经过高度综合的信息					
		备注	如出现多种情况，可以简单进行说明				

工作基本特征	工作资料	1. 在工作中经常用事实资料进行判断	
		2. 在工作中经常用事实资料和背景资料进行判断	
		3. 在工作中经常用事实资料、背景资料和模糊的相关资料进行判断	
		4. 在工作中经常用事实资料、背景资料、模糊的相关资料和难以确定的相关资料进行判断	
		备注	如出现多种情况，可以简单进行说明
	工作计划	1. 在工作中没有计划	
		2. 在工作中需要做一定的计划	
		3. 在工作中需要做部门计划	
		4. 在工作中需要做公司整体计划	
		备注	如出现多种情况，可以简单进行说明
	个人计划和规划	1. 日计划	
		2. 周计划	
		3. 月计划	
		4. 季度计划	
		5. 年度计划	
		6. 长期计划	
		7. 个人短期计划	
		8. 个人长期计划	
	资料机密程度	1. 在工作中所接触的资料属于公开性资料	
		2. 在工作中所接触的资料属于不可公开性资料	
		3. 在工作中所接触的资料属于机密资料，仅对中层以上领导公开	
		4. 在工作中所接触的资料属于公司高度机密，仅对少数高层领导公开	
		备注	如出现多种情况，可以简单进行说明
工作失误	经济损失	1.	
		2.	
		3.	
		4.	
	形象损失	1.	
		2.	
		3.	
		4.	
	管理损失	1.	
		2.	
		3.	
		4.	

续表

工作失误	其他损失	1.	
		2.	
		3.	
		4.	
		备注	对损失按照轻、较轻、一般、较重和重分别具体标明
	损失影响程度	1. 损失不影响其他人的正常工作	
		2. 损失只影响本部门内少数人	
		3. 损失影响整个部门	
		4. 损失影响到其他部门	
		5. 损失影响整个公司	
		备注	
工作压力	1. 工作中你是否要经常迅速做出决定? 没有 很少 一般 较多 非常多		
	2. 你手头的工作是否经常被打断? 从来没有 很少 偶尔 经常		
	3. 你的工作是否经常需要注意细节? 没有 很少 偶尔 经常		
	4. 你所处理的各项业务彼此是否相关? 完全不相关 很少 一般 较多 完全相关		
	5. 你的工作是否需要精力高度集中,如果是,约占你工作总时间的 %		
	6. 你的工作是否需要专业知识? 不需要 很少 有一些 很多 非常多		
	7. 你的工作中是否存在不舒服的感觉? 没有 很少 偶尔 经常		
	8. 你的工作是否具有创造性? 没有 很少 有一些 很多 非常多		
	9. 你的工作是否有压力? 没有 很少 有一些 压力很大		
	备注		

				等级	频率
任职资格	需要准备的文字资料	1.			
		2.			
		3.			
		4.			
		5.			
		6.			
		7.			
		8.			
		9.			
		10.			
	学历要求	1.			
		2.			
		3.			
		4.			
		5.			
		6.			
	相关培训	培训科目	培训内容	培训时间	
	工作经历	所在单位		时间	

任职资格	工作中遇到的困难		解决困难的方式	
	其他能力要求	名称	等级	需求程度
		1. 领导能力		
		2. 指挥能力		
		3. 协调能力		
		4. 沟通能力		
		5. 创新能力		
		6. 授权能力		
		7. 计划能力		
		8. 管理能力		
		9. 组织能力		
		10. 激励能力		
		11. 表达能力		
		12. 公关能力		
		13. 宣传能力		
		14. 写作能力		
		15. 判断能力		
		16. 谈判能力		
		17. 信息管理能力		
		18. 实施能力		
		19. 资源分配能力		
		20. 说服能力		
		21. 其他		
	备注			

续表

知识内容		等级	需求程度
任职资格要求			

	考核的角度	考核的标准
考核		

	认为你从事的工作哪些不合理，哪些需要改进，应如何改进	
建议		

	你还有哪些问题需要进一步说明
备注	直接上级确认符合事实后签字
	签章：
	如不符合事实，请说明

资料来源：刘伟，刘国宁. 人力资源［M］. 北京：中国言实出版社，2005：61-67.

3. 问卷法的优缺点

问卷法是进行岗位分析运用得最广泛的一种方法，主要是基于以下优点：一是收集信息量大且速度较快，可以实现在短时期获取大量岗位信息的目的；二是标准统一，便于统计分析，问卷设计者可以根据分析的需要进行问卷题目的编排与设计，针对性强，易于发现普遍规律性问题。

当然，问卷法也存在着一些不足之处：首先，问卷的设计难度较大，要想全面了解企业岗位状况而又要面对不同的岗位特点与人员特点，对设计者的要求非常高；其次，有些问卷的阅读能力要求较高，限制了问卷的使用范围，也影响了使用效果；最后，没有互动反馈，是一种单向交流，对于开放性问题的反映并不好，不够深入，且易遗漏信息。

(二) 访谈法

访谈法是指以个别谈话或小组访谈的方式开展面谈，获取信息资料的一种工作分析方法。访谈前要准备好详细的结构化提纲，先由工作者本人对所从事工作的内容、目的、方法加以描述，再由其上级加以纠正和补充，整个面谈过程要做好详细记录。这里需要指出的是，事先要向面谈对象说明面谈的目的，争取他们的理解与支持。

访谈法作为问卷法的必要补充，是进行岗位分析的重要手段，一般运用普遍问卷结合重点访谈的方法即可基本收集到所需要的信息。访谈法有很明显的优点：一是互动性强，它是一种面对面的交流，增加了反馈，使被了解的问题能够更深入；二是可以唤起工作者的职责意识，规范其行为，从而有利于以后岗位描述的推行。

访谈法也存在着一些缺点：一是由于方法本身操作上的需要，这种手段比较占用时间，因而效率不是很高，如果谈话对象很多就很难操作；二是在工作分析者不熟悉描述岗位的情况下，可能被访谈对象误导，从而使收集到的信息出现偏差；三是访谈法对操作者的要求较高，而且结果不易统计对比；第四，访谈法经常会影响被访者的正常工作。

访谈法与问卷法有着很强的互补性，因而两种手段的综合运用一般会得到比较理想的效果。运用访谈法时要注意以下几个方面：一是由于实践中采用全员访谈的可能性较小，所以要对重点访谈对象有计划、分层次地进行；二是访谈要取得访谈对象的配合，向对方说明访谈的目的和程序，保持访谈气氛的融洽；三是最好为结构化的访谈，因此要提前制定访谈提纲，以便于统计整理；四是访谈时间的选择要合理，尽量不要干扰访谈对象的正常工作，且每次访谈最好不要超过 2 个小时；五是访谈者的提问与表达要保持中立，不要介入和引导被访者的观点。访谈中常提到的问题如表 4-2 所示。

表 4-2　岗位分析访谈常见问题

(一) 基本信息类

1. 您所在的岗位名称是什么？
2. 本岗位属于哪个部门？ 部门主管是谁？
3. 您从事本岗位多长时间？ 您在本单位工作多长时间？
4. 在本部门内与本岗位平级的岗位还有哪些？
5. 您本人参加工作多长时间？ 是否一直从事本岗位？

（二）岗位职责类

1. 您所负责的日常工作有几大方面？

2. 这几块工作中最核心的工作是什么？

3. 这几块工作难度最大限度的是什么？

4. 您所在的岗位还管辖哪些岗位？

5. 除了对本岗位工作负责外，哪些工作出了问题也需您负责？

6. 您的工作是定时的还是不定时的？是否存在负荷不均？

（三）任职条件类

1. 您认为从事本岗位工作需要什么样的学历水平？

2. 您认为从事本岗位工作需要什么样的经验水平？

3. 您认为从事本岗位工作需要什么样的专业技术水平？

4. 您认为从事本岗位工作还需要什么样的能力特点？

5. 您本人在学历、经验、专业技术水平及能力方面的现状是什么？

（四）沟通关系类

1. 您对谁直接负责，对谁间接负责？

2. 您管理的人员和岗位有哪些？

3. 在本部门内部，与您合作密切的岗位是什么？

4. 在本单位内，与您合作密切的跨部门岗位是什么？

5. 您是否需要与本单位以外的单位发生直接联系，双方关系是什么？

（五）工作条件类

1. 您从事本岗位工作在室内外工作时间的比例如何？

2. 您在工作中能否采用比较舒适的工作姿态？

3. 您主要使用脑力还是体力劳动？

4. 本岗位工作使用什么样的设备？

5. 本岗位工作环境中存在什么样的不良因素？

6. 从事本岗位工作是否会患职业病？

（三）观察法

观察法是指有关人员直接到现场，亲自对一个或多个工作人员的工作行为进行观察、收集、记录，包括有关工作的内容，工作时间的相互关系，人与工作的作用，以及工作环境、条件等信息。为了获取所需的信息，这种观察应具有结构性，事先应做好充分的准备，并取得工作者的支持与配合。

1. 观察法的操作要点

执行观察法时要注意以下几个方面：第一，被观察的工作应相对静止、稳定，即在一定时间内，工作内容、工作程序、对工作人员的要求不会发生明显的变化。第二，适用于大量标准化的、周期较短的、以体力活动为主的工作，不适用于以脑力活动为主的工作。第三，要注意工作行为样本的代表性，有时，有些行为在观察过程中可能未表现出来。第四，观察人员尽可能不要引起被观察者的注意，不应干扰被观察者的工作。第五，观察前要有详细的观察提纲和行为标准，如表4-3所示。

表4-3　某企业生产车间的岗位分析观察提纲

被观察者姓名：_____　日期：_____
观察者姓名：_____　观察时间：_____
工作类型：_____　工作部门：_____
观察内容：
1. 什么时间开始正式工作？
2. 上午工作多少时间？
3. 上午休息多少时间？
4. 第一次休息时间从_____　到_____。
5. 第二次休息时间从_____　到_____。
6. 上午完成产品多少件？
7. 平均多长时间完成一件产品？
8. 与同事交谈几次？
9. 每次交谈约_____分钟。
10. 室内温度_____度。
11. 抽了几次烟？
12. 喝了几次水？
13. 什么时候开始午休？
14. 出了多少次品？
15. 搬了多少原材料？
16. 噪声分贝是多少？

资料来源：张佩云. 人力资源管理［M］. 北京：清华大学出版社，2004：93.

2. 观察法的优缺点

观察法的优点有：首先，操作较灵活、简单易行；其次，直观、真实，能给岗位分析人员直接的感受，因而所获得的信息资料也较准确；最后，可以了解广泛的信息，如工作活动内容、工作中的正式行为和非正式行为、工作人员的士气等。

观察法的运用受到很大的局限，主要缺点有：①时间成本很高，效率低下；②观察周期不易确定，对于生产操作岗位较适合，对于管理型和技术型岗位就不适合了；③由于专业所限，岗位分析人员不能准确地对所观察的信息做出正确的判断；④关于任职人员的任职资格条件不能由观察得出；⑤在观察中，被观察者的行为可能表现出与平时不一致的情况，从而影响观察结果的可信度。

（四）工作日志法

工作日志是由工作者本人记录的每日工作的内容、程序、方法、权限、时间等，同时还记录相关的责任、权利、人际关系、工作负荷及感受等。工作日志一般有两种类型：对于生产型的岗位叫生产日志；对于管理和技术型的岗位叫工作日记。采用工作日志法，可在一定时间内获取第一手资料。工作日志法的操作要点有：①工作日志的记录必须是在确定岗位分析目标前就已完成的，这样才能尽可能避免选择性信息的出现，保证其客观性。

②工作日志必须是有关岗位工作的一切信息，包括有利和不利的信息。③为保证所取信息的可信度，要求工作日志的记录必须持续一段时间，以保证所取信息的完整与客观。④工作日志表的填写应每日一份，以免雷同；同时，应根据各岗位的实际情况规定填写的时间段，如规定 10 分钟填写一次或 20 分钟填写一次。表 4-4 是一个工作日志范本。

表 4-4　工作日志

姓名	年龄	性别	所在部门	职务	上级负责人	编号	日期

起始时间	工作内容	所用工具	工作地点	合作人	完成情况 （完成总任务的比率）	未完成的原因
说明				签名		

工作日志法是进行岗位分析所依据资料的重要来源，它具有以下几个优点：①由于工作日志应是在工作不知觉状态下的真实记录，因而资料来源比较可靠；②工作记录本身非常翔实，提供的信息充分。同样，此方法也有局限性：①需要积累的周期较长，时间成本高；②资料口径可能与岗位分析的要求有出入，因而整理的工作量较大；③工作日志往往有夸大的倾向，不利于信息的收集。

第三节　工作说明书和岗位规范的编写

大多数情况下，在完成了工作分析之后要编写工作说明书和工作规范，其为工作分析的结果。工作分析所获得的信息，对于制定工作说明书和工作规范是至关重要的。工作说明书为一种陈述工作任务、职责的重要文件，必须是切题的、准确的。首先，应简要地说明期望员工们做些什么；其次，应该确切地指出员工们应该做什么、怎么做和在什么样的情况下履行他们的职责。工作说明书有时还会成为劳资纠纷的评判标准，因为对于工作职责的描述会在雇主被要求做出合理调整或辩护时变得十分必要。工作说明书虽然也会随使用目的的不同而有所不同，但一般会包含下述词句：应履行的主要职责、各职责所占时间的百分比、应达到的业绩标准、工作条件及可能遇到的危险、完成工作所需的人员数目以及向其汇报的人数、工作中所使用的机器和设备等。也有观点认为，工作说明书还应包含工作标识[①]、工作综述、工作联系和工作权限等内容。对于招聘和面试环节来说，工作说明书同样是重要的，因为优秀的人才往往知道自身价值，而招聘方却要依靠工作说明书来成功地激发他们对公司的兴趣，并吸引他们的注意力和关注。

---

① 在美国，一般认为工作标识应包括工作名称、工作地位、工作代码、编写日期、直接主管职位与名称和工资/等级等信息。

德斯勒（1994）给出了一些编写工作说明书时可采用的技巧：清楚、指明范围、专门化、简单化。在这里，清楚是指清楚地描述该职位的情况，不能与其他工作说明书混淆。指明范围是指清晰说明工作范围和性质，利用"为部门"或"按照经理要求"这样的句型来编写工作说明书。专门化则指不仅要选用最专业化的词汇来表示工作种类、复杂程度与技能要求等，还要尽可能多地运用表示动作的词汇，如分析、搜集、召集、计划、分解、引导、运输、转交、维持和监督等来说明责任的程度与类型。通常情况下，组织中低层级的职位任务最为具体，而随着职位升高、涉及面变广，其任务结构会抽象许多。简单化是指工作说明书不仅应涵盖所有基本要求，还应能使阅读它的人可以读懂、读明白。

当然，由于受个体行为、组织行为和工作分析具体流程等条件的影响，在工作说明书的编写过程中，还是会遇到很多实际问题和困难，拜厄斯和鲁（2004）将它们总结如下：①缺乏高层管理者支持；②只利用单一手段或来源收集信息；③主管与在职者都没有参与到工作分析流程中来；④在职者缺乏相应培训和激励；⑤开展工作分析的时间太短，过于仓促；⑥所搜集来的信息是歪曲的；⑦没能进行批判式思考。葛玉辉（2006）则认为，假如为了编写而编写，同时缺乏专业技术与培训，宣传又做不到位，且对工作定位不明晰，对工作说明书管理也不及时，那么工作说明书的编写工作注定会失败。另外，他也提到了在工作说明书编写过程中应如何应对在职者的恐惧心理。表4-5 至表4-7 分别为不同行业与不同层级的工作说明书。

表4-5　某企业工作说明书范例（一）

职位名称		所在部门	
职位编码		编制日期	
职位概要			
职位职责			
1.（职责一）			
1.1			
1.2			
关键绩效指标（KPI）			
任职资格			
项目	必备要求		期望要求
学历及专业要求			
所需资格证书			
工作经验			
知识要求			
技能要求			
能力要求			
个性需求			

续表

主要关系			
关系性质		关系对象	
直接上级			
直接下级			
内部沟通			
外部沟通			
职位环境和条件			
工作场所			
工作设备			
工作条件			
工作时间			
备注			

表 4-6 某企业工作说明书范例（二）

职位名称		部门	

工作内容

1.

2.

3.

任职资格

1. 学历要求

2. 工作经验要求

3. 必要的知识和能力

4. 综合素质要求

5. 其他要求

工作环境

1. 工作地点

2. 工作条件

表 4-7 某企业发货员工作说明书

职务：发货员
部门：货品收发部门
地点：仓库 D 大楼
职务概况：听从仓库经理指挥，根据销售部送来的发货委托清单，将货品发往客户。与其他发货员、打包工、装卸工一起，徒手或依靠电动设备从货架搬卸货品，打包装箱，以备卡车、火车或航空运输。正确填写和递送相应的单据及报表，保存有关记录文件
教育程度：高中毕业
工作经验：无要求
岗位责任：
70%的工作时间从事以下工作：将货品从货架上搬下来，打包装箱；根据运输单位在货运清单上标明的要求，磅秤纸箱并贴上标签；协助送货装车
15%的工作时间从事以下工作：填写有关运货的各种表格，例如装箱单、发货单、提货单等；凭借电脑或理货单，保存发货记录；打印各类表格和标签；把有关文件整理归档
剩余时间从事以下工作：开公司的卡车去邮局进货，偶尔也搞当地的直接投递；协助别人盘点存货；为其他的发货员或收货员核查货品；保持工作场所清洁，井井有条
管理状态：听从仓库经理指挥，除非遇到特殊问题，必须独立工作
工作关系：与打包工、装卸工和仓库保管员等密切配合，协同工作。装车时与卡车司机联系，同时也和销售部门的人员接触
工作设备：操纵提货升降机、电动传输带、打包机、电脑终端机、打字机
工作环境：干净、明亮、有保暖设备。行走自如，攀登安全，提货方便。发货时要自己动手开启大门

 本章小结

1. 工作分析又称职务分析，是指对各种工作的性质、任务、责任以及所需人员的资格、条件等进行周密的调查、研究分析，加以科学地系统描绘，最后做出规范化记录的过程，即制订工作描述和工作规范的系统过程。

2. 工作分析的过程：准备阶段、调查阶段、分析阶段、完成阶段。

3. 工作分析的方法：问卷法、访谈法、观察法、工作日志法。

4. 工作说明书一般都会包含下述词句：应履行的主要职责、各职责所占时间的百分比、应达到的业绩标准、工作条件及可能遇到的危险、完成工作所需的人员数目以及向其汇报的人数、工作中所使用的机器和设备等。

 本章习题

1. 请举例说明工作说明书与岗位规范有什么区别？
2. 进行工作分析的方法有哪些？它们各自具有什么特点？
3. 为什么说工作分析为人力资源管理的基本工具？
4. 开展工作分析的最佳时机有哪些？
5. 进行工作分析时可能遇到的问题有哪些？

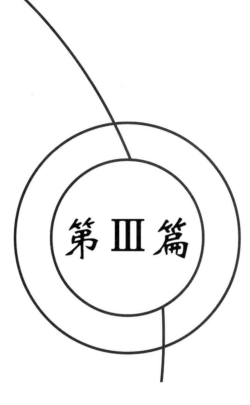

第Ⅲ篇

人力资源的获取与开发

第五章　人力资源招聘与测评

系统学习招聘的渠道、流程、测评及甄选方法

1. 了解招聘的不同组织形式及测评、甄选方法
2. 熟悉招聘流程、内外部招聘的优缺点及不同面试方法的优势与劣势
3. 灵活应用一对一面试、小组面试、群体面试来考察和甄选应聘者
4. 了解说谎者的心理及体态语言，能识别一般性的说谎特征

关键术语

测评；面试；职业锚；职业类型；评估中心

宝洁公司的校园招聘

　　宝洁公司在用人方面是外企中最为独特的。与其他公司强调有工作经验恰恰相反，宝洁公司只接收刚从大学毕业的学生。由于我国只有每年的 7 月才有毕业生，因此宝洁公司也接收少量的非应届毕业生。据中国宝洁公司北京地区人力资源经理傅先生介绍说，中国宝洁公司 90% 左右的管理级员工是从各大学应届毕业生中挑选出来的。自 1988 年进入中国，宝洁公司从第二年即开始在中国各高校招聘应届毕业生。十余年来，宝洁公司总共聘用了 1000 多名应届大学生（不包含中专毕业的技术工人）。截至 1997 年，报名参加宝洁公司招聘活动的大学生人数已经超过 2.4 万。

　　为什么宝洁公司只招收应届毕业生呢？针对这一问题，傅经理介绍说："首先，宝洁很重视年轻人的培养和发展，遵从由内部提升的原则。所有人都是刚从大学校门出来，都位于同一起跑线上，因此竞争与升迁的条件是均等的。反过来说，假如突然派给你一位有着多年工作经验的上司，那么实际上等于是剥夺了你的升迁机会。我想许多年轻人对此是不会开心愉快的。其次，许多有工作经验的人被招聘进来后，如果还是享受与应届大学生一样的待遇，那么他们也不会高兴。因此，我们会尽量少用有多年工作经验的人，不到万不得已，基本不会雇用这样的人员。如果招进来的是非应届毕业生，那么他们也会被安排和其他应届生干一样的工作，从基层职务做起。"

那些有能力的毕业生，只要能力突出，很快就会得到提升。傅经理自己便是一例。他于1996年7月从华南理工大学本科毕业，随即被分配到韶关宝洁公司负责一个项目；当年10月开始负责宝洁公司在全国范围内的校园招聘工作。至1998年8月，他已开始负责包括校园招聘在内的所有招聘活动。同年10月，他又被调到北京任北京地区人力资源部经理。

宝洁公司的校园招聘流程一般是这样的。每年10月前后，宝洁公司即开始在全国各大学招聘新人。根据往年招聘毕业生的情况，会有针对性地选择部分重点大学开展招聘工作，并以每所大学为单位，成立一个专门的招聘小组，这样的招聘小组在全国共有几十个。如在北京地区就成立有北大招聘组、清华招聘组、人大招聘组等几个工作组。这些小组成立后的第一件事就是在各大学举办"介绍会"，宣传宝洁公司的人才观，并发放报名表。在收回报名表后，公司相关人员会审阅这些表格，对其做第一轮筛选，对入选的同学则由用人部门组织第一次面试。假如应聘者能够通过这次面试，那么接下来就会对其进行唯一的一次笔试。只有通过了笔试的同学才有机会参加第二次面试。第二次面试仍然是由用人部门组织和评价的，待面试结束，基本就可确定是否能够录用该应聘者。只有少数或个别应聘者，仍需到广州总部接受进一步考察后，才能确定是否可以被录用。

那么宝洁公司在招聘过程中，会看重大学生哪些品质与能力呢？据傅经理介绍，宝洁公司会特别关注应聘者是否具有强烈的合作精神、良好的表达能力、出色的分析能力，以及创造性和领导能力。尤其值得一提的是，在招聘与面试的过程中，没有一道题是死记硬背式的。笔试也主要是考察同学们解决问题的能力，多为智力题。一般来说，这一环节的通过率会在90%以上。令人略感吃惊的是，宝洁公司对应聘者的外语能力并没有任何特殊要求；对其所学专业也几乎没有设置任何限制。事实上，在宝洁公司内部，"学非所用"的人才比比皆是。换句话说，宝洁公司并不盲目追求高学历，在每年的招聘活动中，被录用的本科生人数基本能占到总人数的70%~80%。

资料来源：吴冬梅. 人力资源管理案例分析（第二版）[M]. 北京：机械工业出版社，2011.

第一节　人力资源招聘概述

招聘是企业获取合格人才的渠道，是组织为了生存和发展的需要，根据组织人力资源规划和工作分析的数量与质量要求，通过发布和科学甄选，获得本企业所需合格人才，并安排他们到企业所需岗位工作的过程。

一、人力资源招聘的意义与流程

人力资源招聘有两个前提：一是要制定人力资源规划，二是要开展工作分析。成功的招聘活动还应该是"职得其才，才适其用"，即符合"人岗匹配"的黄金法则。唯有如此，才不会出现"低才高就"的现象，也不会落入"高才低就"的怪圈。上述两种情况都会导致组织解雇员工或者员工自愿离职现象频繁发生。

招聘活动呈现出匹配性、前瞻性、互补性、互动性、多样性、多功能性、无边界性等特点。与之相对应，企业或组织需要做好下述工作来确保招聘活动能如期达到事先确定好的目标，并与组织战略保持一致。一是遵守国家关于平等就业的相关法律、法规和政策；二是坚持能职匹配原则；三是提供内外平等的机会；四是协调互补；五是着眼于公司战略和未来发展；六是重视应聘者的综合素质和潜力；七是应该考核应聘者的职业操守和道德品质。

（一）招聘的意义

有效的人力资源招聘的意义在于：①确保录用人员的质量，增强企业的核心竞争力；②降低招聘成本，提高招聘的工作效率；③为企业注入新的活力，增强企业的创新力；④扩大企业知名度，树立企业良好形象；⑤减少离职，增强企业内部的凝聚力；⑥有利于人力资源的合理流动，提高人力资源潜能发挥的水平；⑦企业发展与员工职业生涯发展紧密结合，实现组织和员工的双赢；⑧推广企业文化和价值观，增强团队协作。

（二）招聘的流程

人力资源招聘一般需要经过招募、甄选、录用与评价三个基本阶段，三个阶段的操作步骤以及工作内容如图 5-1、图 5-2 和图 5-3 所示。

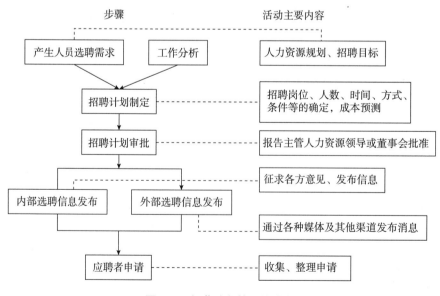

图 5-1　招募阶段的工作流程

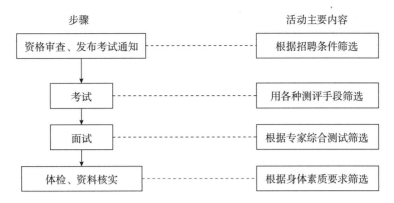

图 5-2 甄选阶段的工作流程

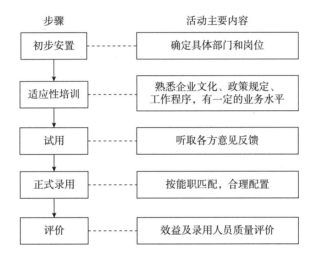

图 5-3 录用与评价阶段的工作流程

二、人力资源招聘模式的比较分析

（一）不同国家和地区的招聘模式

美国式招聘比较崇尚能力主义和自由竞争原则，雇主并不希望花费太多精力去处理复杂的人际关系。假如某位员工几年来连续业绩平平，那么很可能会遭到解雇或被迫辞职。另外，美国员工对企业的忠诚度相比韩国和日本的员工也显得较低，只要有更好的职位和待遇往往会选择另谋高就。因此，美国企业的雇员流动率较高，"跳槽"现象也十分普遍。

日本招聘模式有个突出的特点就是终身雇佣制，这已成为招聘双方的通行准则。此外，日本企业通常推行年功制，鼓励雇员效忠企业、服从领导。

韩国的招聘模式为公开招聘与员工推荐相结合，有时也会聘请政界、军界要人担任企业高级职务；如有需要还会聘请外国专家担任顾问。由于美国一直是韩国最主要的贸易国，因此很多韩国企业聘请了美国知名人士来担任企业顾问。从本质上讲，这有利于韩国企业扩大和加强与美国各界的联系，不仅应聘者能加快技术交流与合作，还有助于消弭在贸易往来过程中所发生的摩擦和纠纷。

德国招聘模式与美国招聘模式同样重视双向选择，但德国企业更重视技能培训；其招聘时间并不固定，通常也不与高等院校学生毕业时间相吻合。有一种观点认为做这样的安排可以避免集中招聘的弊端。其实，这同时也与德国拥有世界水平的社区学院、职业培训院校息息相关。

新加坡企业通常会采用优惠政策和高薪待遇来吸引全世界的人才，尤其是发达国家的一流人才。但在新加坡的企业与政府之间很难形成人才自由流动，其原因是新加坡既"高薪养廉"又"酷刑保廉"，换句话说，新加坡的公务员虽能享受很高的待遇，但他们进难、退亦难，想自由流动更是难上加难。

中国香港招聘模式的突出特点为招聘人员都是具有很高职业素养的专业人士，他们会持有专业认证机构所颁发的人力资源管理专业等级资质证书，还受过招聘知识、技术与技巧方面的职业训练。这种高度专业化的从业队伍在一定程度上可确保招聘工作的公正、科学与有效。中国香港招聘模式的另外一个特点就是其网络招聘比较发达，有接近九成的企业已在运用电子化招聘方法。企业几乎都拥有自己的网站，可直接发布招聘信息、接受电子简历，并能进行网上招聘和在线测试活动。

表5-1比较了不同国家和地区的招聘模式的不同特点。

表5-1　招聘模式比较分析

	美国	日本	韩国	德国	新加坡	中国香港
企业文化	弱	强	强	中	强	弱
法律影响	强	弱	弱	强	强	强
招聘专业化水平	强	中	中	强	强	强
选择标准倾向性	重才	重德	重德	才德并重	重才	重才
录用后的培训	一般	一般	一般	重视	重视	重视
学历要求	基础教育	一般	一般	一般	名牌大学	名牌大学
经验和技术	重视	重视	重视	重视	一般	一般

我国企业在招聘与面试过程中存在诸多问题，如企业选人和用人方法不正确所导致的"人才高消费"和"人才浪费"的现象严重；由于缺乏合理、有效的评估与激励机制所滋生的"说你行你就行，不行也行；说你不行你就不行，行也不行"现象；领导常常重用和提拔"身边人"所导致的"二流人才做一流事情"；等等。此外，我国企业和组织在人力资源招聘基础工作方面也有诸多薄弱环节，如缺乏中长期规划，缺少或根本没有编写工作说明书和岗位规范等基础性文件。其他影响因素还包括甄选手段不够科学合理、劳动力市场中介服务职能不健全、法规不完善等。

招聘（Recruitment）是及时地、足够多地吸引具备资格的个人并鼓励他们在一个组织中长期工作的过程。当企业或组织需要雇佣人员时，就需要决定以何种适宜的方式鼓励合格的候选人来申请工作，发掘适当的申请人资源并利用恰当的招聘渠道和方法是提高招聘效率和效果的关键因素。像人力资源的其他职能一样，招聘过程并不是在真空中进行的，组织的内、外部因素都会对其招聘工作产生显著影响。完善的人力资源招聘活动对于构建和维持一个组织的成功是至关重要的，因为人是所有组织中，无论是技术、财务、生产还是营销系统的核心，没有合适的人在适合的岗位工作，那么组织绩效一定会很低。伯艾耶茨（1999）的一项实证研究表明，综合素质高的员工的平均绩效水平要比一般员工高出大约1/3。因此，如何甄选最合适的人，将他们安置在最适合的岗位上，并有效地激励和留住这些人才，是当今组织人力资源管理最重要及最核心的环节。

人员招聘的终极目标是形成一个候选人的"蓄水池"，从中可以最低的成本来甄选最适合的员工。招聘还包括根据组织计划开展人力资源需求分析，只吸引并面试那些最有资格的候选人，确保招聘和甄选过程的合法性、公开性和透明度，最后使招聘来的人才能够尽快调整自己，使他们的个人目标与组织目标和战略相协调并保持一致。甄选的目的则与招聘的目的有所不同，简单地说就是通过采用适当的方法和程序，在最优的时间内，以及在成本约束下达成人岗的最优匹配。一般来说，甄选会包括三项重要活动：①定义需求，即编写工作说明书、岗位规范以及提出员工素质模型和甄选标准等；②招聘过程，包括对候选人进行调查和评估，确定主考官人选、招聘流程和内容，以及是否需要外聘专家等；③甄选过程，选择适宜的评估手段和方法对候选人进行甄选，从中挑选出最符合组织需要的人员。

（二）职业锚

对于应聘者而言，其自身的职业锚（Career Anchor）类型也会显著地影响到其对职业的选择，有时甚至会起到关键性的决定作用。

职业锚是美国心理学家沙因（E. G. Schein）在对44名管理类研究生开展了跟踪调查后所得出的研究概念。具体地说，职业锚是指某一个体在选择职业时所最难割舍的情感、态度和抉择，且该决定往往会超越一般意义上的工资、奖金、待遇和晋升机会等因素的影响力。职业锚的概念是建立在不同个体拥有不同的工作动机与能力的假设之上，它能引导该个体形成和完善在工作经历方面的自我概念。沙因的追踪研究发现，从这些研究生的职业生涯轨迹可归纳出五种类型职业锚：

一是技术型。技术型的个体会围绕自己的技术与技能来选择自己的职业，往往对管理工作不感兴趣；即便是从事了管理工作，大多也会在自己的技术领域下功夫。

二是自主型。自主型个体追求最大限度地摆脱组织约束，所选择的是能够施展自身职业技能和能力的工作环境。其典型的职业包括大学教授、科学家、作家或技术咨询人员等。

三是创造型。创造型人才要求在工作中拥有自主权、管理能力，以及能施展自身才华并创造属于自己的发明和专利等成果。

四是安全型。安全型人才会比较在意职业的长期稳定性及基本工作保障，也倾向于按照别人指示开展工作；通常追求体面的收入、有保障的退休生活，以及工作单位的名声和历史等。

五是管理型。管理型人才会将自己定位于管理者，视管理工作为自身的终极目标；他们一般具有超过常人的分析能力、人际关系技能以及情绪感知和自我控制能力。

三、人力资源招聘的类型

从宏观环境与企业内部展开分析和述评，人力资源招聘往往会涉及工作公告和工作投标制度、实习、虚拟招聘会，以及最近出现的基因测试等活动和现象。

（一）工作公告和工作投标制度

当组织开始实施招聘工作时，提前开展工作公告（Job Posting）和工作投标（Job Biding）能够最大限度地减少诸如某些公司员工直到空缺被填补之前还未听说有过这样一个职位空缺的情况发生。具体来说，工作公告是一种向员工通报现有工作空缺的方法，而工作投标是一种允许那些自认为具备资格的员工申请公告中工作的自荐技术。这两项制度所反映的是员工们普遍喜欢的公开性原则。尽管如此，工作公告与工作投标制度也有一些消极特征，那就是花费不菲。一种有效的制度总是需要花费大量时间和资金来维持，当投标者没有成功时，必须有人向他们解释为什么没有被选中，还要做好安抚工作。如此一来，自然是人力、物力、财力都耗费很大。一旦所提拔的人并非最合适的人选，那这项制度也会失去可信度。在这种情况下，即便是严格贯彻了内部提拔制度，也不能够完全排除员工们的抱怨与不信任。与上述"内部招聘"制度不同，企业有些时候也必须从外部寻求员工，尤其是当企业需要大量扩充其劳动力队伍时，如需要补充很多初级工作岗位、需要引进现有员工所不掌握的技术，以及需要能带来新思想与不同文化背景的员工等。

（二）实习

实习（Internship）为另外一种特殊的招聘形式，它会给企业或组织所选中的学生安排一份临时性的工作。这种方式也正被越来越多的组织所采用，如花旗银行、宝洁公司就曾大量吸纳学生去那里实习。利用这种安排，雇主不必承担永久雇用学生的义务；而学生毕业后也并不一定要接受公司的固定职位。比较典型的实习活动一般会安排学生在假期里做临时工或者是做兼职工。在特殊情况下，针对医学专业和旅游管理专业的学生，雇主还可以安排他们一个学期做全日制工作，而在下一个学期完成全日制的学习任务。

实习的优势在于，学生可以真实感受并参与到第一手的商业实践活动中去；增长见识和才干，并能积累一定的经验。通过实习活动，学生还能意识到该公司是否为自己日后所希望效力的组织。对于雇主而言，则能经由学生的实习活动来对其工作表现及工作能力进行全面的考察，进而对其任职资格做出较为准确的判断。有研究表明，有实习经历的学生比那些没有实习经历的学生更容易找到工作，且在组织里晋升得更快。

（三）虚拟招聘会

虚拟招聘会（Virtual Job Fair）是指通过网络和计算机所进行的面对面交流和面试活动，也即通常所说的网络招聘。较新的人才拍卖（Talent Auction）是指一个人或多个人将他们的任职资格及条件发到一个网站上，并请组织对他们的服务进行招标。在 2000 年的时候，美国 16 位具有开拓精神的工程师在电子港湾（Ebay）公司的拍卖网站推销自己的服务，由此催生了求职者在互联网上拍卖自己的潮流，也即人才拍卖浪潮。

（四）特定类型的招聘

还有些特定类型的招聘活动会运用到最新的基因研究成果。基因研究可以确定基因突变与疾病间的关系，且科学家们已经成功破译了构成人体的全部基因结构，这也被视为是与人类登月一样伟大的成就。基因测试（Genetic Testing）可确定一个人是否携带可能导致某项疾病发生的基因，这些疾病包括心脏病、癌症和亨廷顿症（Huntington's Disease）等。基因测试也可预测潜伏的病理，但目前尚无法告知被测试者何时会发病。每个人都会有罹患遗传病的趋向，但是携带某种易患疾病的遗传诱因与已患上某种疾病是不同的，两者并不能等同。

企业或组织采用基因测试通常出于两种考虑：一是在预测性测试中允许雇主拒绝雇用某些员工以保持一定的生产率；二是将医疗引入招聘与面试活动中，使遗传病易感者能接受适当治疗。从被测试者方面来看，公众对基因测试的关注主要集中在其可能侵犯个人隐私方面，因为一旦允许将基因测试结果写入医疗记录，那么无论是雇主还是保险公司都可轻易地对其加以利用，在很多情况下，这无疑会侵犯应聘者的隐私权，甚至会给应聘者带来尴尬和伤害。

四、人力资源招聘的实践

（一）国外人力资源招聘的实践

为了提高自身的竞争能力，不同公司逐渐形成了自己独特的人才观和"寻人"办法。一些国外著名企业甄选人才的标准如下：

1. 思科（Cisco）公司

思科公司的招聘对象为那些"被动"寻找工作的人士。这些人不管身处何地，都觉得自己是成功和快乐的。因为这样的人不容易被招聘进公司，所以思科就想方设法地去吸引他们，如主动地去关注他们业余时间做些什么，平时上什么样的网站，以及他们对工作有哪些期望等。随后，思科公司又主动介入艺术事务，在硅谷成功举办了家庭园艺展示会；对公司刊登的报纸招聘广告做了改版，即仅登公司网址，诚邀来公司访问；在社交场合非正式地收集他们的名片，与其探讨职业生涯发展。此外，为了使在线履历标准化，思科还启用了一个名为"Profiler"的招聘网站，允许应聘者通过下拉菜单录入相关信息。为了保护应聘者上班时浏览该网页不被发现，思科公司甚至设计了一个人性化按钮——"不要再看了，老板来了！"浏览者只要按下该键，电脑屏幕会立即变成"成功雇员的七个好习惯"的内容。思科公司的寻人办法和策略，颇有些"十面埋伏"的意味，同时也很人性化。

2. 微软公司

微软公司根据"成功六要素"提出了对候选人才能的要求，即个人专长、绩效、顾客反馈、团队协作、长远目标以及对产品和技术的热爱。微软公司人力资源部经理尹某曾介绍说，微软愿意招聘"微软人"。这里的微软人主要指下面三种人才：一是非常有激情的人，不仅对公司有激情，对技术和工作同样有激情；二是聪明的人，学习能力强、速度快，有创新精神；三是努力工作的人，且能持之以恒。

3. 英特尔公司

英特尔公司具有独特的人才观，强调应聘者要与公司六大价值观相匹配：以客户为导向；严明纪律；质量保证；鼓励冒险；结果导向；良好的工作环境。

4. 松下公司

松下公司认为具备下述特征的人才是其所苦苦寻觅的人：不念初衷而始终虚心好学的人；不墨守成规而有新观念的人；爱护公司并与公司共命运的人；不自私而能为团体着想的人；有自主经营能力的人；随时随地有热忱的人；能支持上司、举止得体的人；能忠于职守，有气概担当公司重任的人。

5. 通用电气公司

通用电气公司对应聘者主要有以下几个方面的要求：精力充沛，能从事紧张的工作，能承受一定压力，同时还能以活力感染周围人；有团队精神，善于和同事协作；有创新精神，不惧怕变革；善于学习，能脚踏实地工作，不断进取。

6. 西门子公司

西门子公司作为管理者必须具备以下四种素质：较强的实力；不屈不挠的精神；老练稳重的性格；与他人合作或协作的能力。

7. 宝洁公司

该公司选人、用人标准为：强烈的进取心；卓越的领导才能；较强的表达能力；较强的分析能力；创造性；优秀的合作精神；正直的人格。

（二）我国企业招聘中存在的问题

我国企业招聘中存在的问题：①企业的选人用人方法不正确。人才高消费造成资源浪费；缺乏有效的考评系统和激励机制；常任用和提拔身边熟悉的人，致使 B 级的人做 A 级的事。②企业人力资源招聘基础工作薄弱。③企业人力资源招聘中筛选手段不够科学。④劳动力市场中介服务功能不健全。⑤相关法律法规不健全。⑥关系网对招聘工作产生很大影响。

第二节 人力资源招聘策略

一、人力资源招聘中的能岗匹配原理

能岗匹配是指应尽可能使人的能力与岗位要求的能力达成匹配。能岗匹配原理包括两个方面：一方面是人得其职，即某个人的能力完全胜任该岗位的要求；另一方面是职得其人，即岗位所要求的能力这个人完全具备。能岗匹配原理的核心：最优的不一定是最匹配的，最匹配的才是最优选择，能岗匹配要实现职得其才、才得其职、才职匹配、效果最优。人力资源招聘过程中面临的核心就是要满足能岗匹配原理，能岗匹配原理的具体内容如下：

（一）人有能级的区别

狭义的能级是指一个人能力的大小；广义的能级包含了一个人的知识、能力经验、事业心、意志力、品德等多方面的要素。不同的人在能力上有区别，因此，不同能级的人应承担不同的责任。

（二）人有专长的区别

能级的区别需要考虑个人的专长，不同专长之间缺乏可比性。存在不同的职系和学位系列就是对个人专长区别的承认。

（三）同一系列不同层次的岗位对能力的结构和大小有不同的要求

例如，对于高级人才，为了使其能胜任高层岗位，往往需要他们具备战略制定能力、宏观控制能力、识人用人能力、宣传鼓动能力，以及良好的计划和沟通能力。特殊情况下，假如岗位需要，他们还需具备相当的市场预见能力、意志力和想象力。对于中级人才，则更强调其具备计划和组织能力、工作协调能力、公关能力与现场管理能力。而对于低级人才，会更多地强调其具备服从指挥和控制的能力、技术能力以及实施计划的能力（见表5-2）。

表5-2　不同层次管理岗位对能力的不同要求

高	战略能力	识人用人能力
	宏观控制能力	沟通能力
	计划能力	宣传鼓动能力
	市场观察力	
中	计划能力	工作调配能力
	组织能力	现场处理问题能力
	公关能力	协调能力
	管理能力	
低	工作能力	服从领导控制自己行为的能力
	技术能力	
	现场处理问题能力	与他人配合工作的能力
	实施计划能力	

（四）不同系列相同层次的岗位对能力有不同的要求

例如，对于财务部经理来说，任职者应具备会计学知识、管理会计知识、审计学知识以及熟知国家相关法律法规。同时，其能力和专长还应包括计划能力、管理能力、组织能力和协调能力。此外，财务部经理职位要求他必须讲原则性。对于人力资源部经理来说，其应具备人力资源开发、管理心理学、组织行为学知识且要熟悉国家有关人力资源管理的相关法律法规，对其能力要求是适当的沟通能力、控制自己情绪的能力、协调能力、亲和力以及识人和用人的能力等。对于市场部经理职位，会要求任职者掌握市场学知识、营销学知识和经济学知识，对其能力要求是较强的公关能力、协调能力，有市场敏锐性，能迅速做出决策，还要了解他人心理活动，有忍耐力和应变能力。

（五）能级和岗位的要求应相符

能级大于岗位的要求，优质人才留不住，人员流动快；能级小于岗位的要求，企业生产率下降，企业团队建设受到阻碍，人心涣散，会形成恶性循环；能力与岗位要求匹配或基本匹配，是组织成熟的标志，也是组织进入稳步发展的表现。

不同层次、不同岗位的人才所需的专业知识是不同的。有不少企业经常把工作轮换（Job Rotation）作为储备人才以应对特殊需求，然而工作轮换的初衷与上述例子中所谈到的能力结构和知识结构的匹配却是矛盾的。从实质看，这两者既有相同之处又有矛盾之处。相同之处在于管理者要尽可能全面地、全方位地培养人才并多培养综合型人才，也即"一专多能"型人才；矛盾之处则在于同时具备多种专业知识和技能的人才确实难以获取，更常见的是各方面能力平平的"万金油"式人才，然而这类人才并非企业所急需。

二、人力资源招聘中的能级与权级匹配原理

与能岗匹配原理相对应的、相类似的还有能级与权级的概念。简单地说，能级就是指一个人综合能力的大小，而权级是指任职者因占据某工作岗位和职务关系所具备的权力和影响力。假如能级大于岗位要求就会留不住优秀人才，造成人员流动率偏高。换言之，当一个人能力远大于其岗位要求时，就会觉得自身发展空间狭小，犹如一个巨人被装入一个小小的盒子里面，难以施展抱负和才华，常会感到压抑，积极性也会受挫。而当能级小于岗位要求时，他或她就无法胜任组织安排的工作。相对应地，还可能会引发组织生产率下降、团队凝聚力不足和人心涣散等弊端。如此恶性循环，造成的结果很可能是弱者越弱、人才流失以及组织业绩不断下滑。反之，如能实现能岗匹配以及任职者能级与权级的合理搭配，则可视为企业和组织成熟的标志。只有在能力与岗位相匹配的情况下，各级各类人才才可能既愉快地工作又能出色地完成任务。

能级与权级的一个不同之处在于权级具有可赋性，而能级不具有可赋性。权级往往因职务而产生，而能级是漫长的积累。抽象地说，能级是一种属于个人的人力资本，其获得需要长期的、艰苦的学习过程，该学习过程区分为"渐悟"和"顿悟"两种。顿悟指的是知识和经验积累到一定程度所产生的质变，表现为知识和能力的跃升和"升华"。能级的失去通常是因为身体健康原因或者是个体不思进取、不进则退的结果。能级与权级的另外一个不同之处就是能级的增长是相对连续的，而权级的增长则可以具有跳跃性和随意性。权级的增长或减退不遵循固定形态的曲线，而能级的增长或衰退则通常呈橄榄形。

第三节　人力资源招聘渠道

从应聘者的来源进行区分，招聘渠道主要有内部招聘、外部招聘、校园招聘。与此同时，组织的提升策略也会对招聘产生重要影响，组织可以着重于一种从内部提升的政策或另外一种从外部组织中填补职位的政策。

一、内部招聘

内部招聘的方式主要包括：企业内部的人力资源信息管理系统；主管或相关人士推荐；职业生涯开发与管理系统；竞聘上岗。

（一）企业内部的人力资源信息管理系统

优点是能够较快地找到合适的人，成本低且对内部员工有激励作用。缺点是某些更具主观性的信息（如道德品质、性格特征等）较难准确地被发现，在当前信息普遍比较滞后，尤其是信息很不完整的情况下，内部网络系统也可能会出现某些偏差。

（二）主管或相关人士推荐

优点在于给予责任人相关的选择权力，该权力不仅可以增强主管的责任心，而且有利于主管与新上岗的员工（由主管推荐的人）更融洽地配合工作。缺点在于如果主管的责任心不够强，权力的赋予恰好给予他建立帮派和拉拢人心的机会，如果处置不当，会对工作

产生消极的影响。

（三）职业生涯开发与管理系统

优点是有利于与职业管理相配套，同时与企业的人才储备战略紧密相连；有利于留住企业的高素质人才、高绩效人才和有潜力的人才，提高这些企业未来的有用之才的忠诚度和满意度。缺点是职业生涯开发与管理系统对人才的辨识和通道的设计存在一定的不可控性，一旦选择错误，就会失去一些有用人才，而留下的可能是二流人才。

（四）竞聘上岗

当组织内某一职务的岗位出现空缺时，该组织内每一位具备这一职务基本任职条件的人可以公开、公平地进行竞争。竞聘上岗成功的两个条件：一是组织内的员工是否充分相信竞聘的公平性；二是竞聘的操作过程能否真正做到公平、公正、规范、客观和科学。

竞聘上岗的操作流程：①发布竞聘公告，内容包括竞聘岗位、职务、职务说明书、竞聘条件、报名时间、地点、方式等；②对"申请池"进行初步筛选，剔除明显不符合要求的申请者，使"申请池"变小；③组织相关的文化考试或技能考试，组织必要的与竞聘岗位有关的其他测试；④情景模拟考试；⑤组织考官小组进行综合全面的诊断性面试，面试的指标体系和权重体系的设计至关重要，且一定要有针对性，不同的企业应采用不同的指标体系和权重体系；⑥辅以一定的组织考核，对应聘者以往的工作业绩、实际的工作能力、群众对其的认可度等进行考核，按 1：3 的比例推荐给企业领导；⑦按德、才、能、识、体进行全面衡量，做出决策；⑧公布决定，宣布任命。

目前国内对于前三种方法的使用仍存在较大的难度，国内更多地采用竞聘上岗的方式。内部招聘的优点：激发员工的内在积极性；员工能迅速地熟悉工作和进入角色；保持企业内部的稳定；尽量规避识人用人的失误；人员获取的费用最少。内部招聘的缺点：容易形成企业内部人员的小团体结构；可能导致企业高层领导不团结；缺少思想碰撞的火花，影响企业的活力和竞争力；当企业高速发展时，容易以次充优；营私舞弊的现象难以避免；会出现涟漪效应；"近亲繁殖"影响企业的后续发展。

二、外部招聘

（一）外部招聘的主要形式

常见的外部招聘包含以下方式：企业面向社会公开招聘；借助就业代理机构（公共就业代理机构、私人就业代理机构）和猎头公司；企业员工举荐；自我推荐；网络招聘。

1. 企业面向社会公开招聘

这种方式一般以广告为先导，通过广告宣传自己的企业，招募自己所需的人才，使企业和组织能在较短的时间内吸引更多合适的招聘对象，便于组织挑选与录用。

2. 员工推荐

这种方式往往被证明可以产生最高的人职匹配效果，且雇员流动率也低于平均水平。原因可能在于推荐者本人还要顾及日后自己的职业生涯发展，以及自己作为推荐者甚至是担保人的地位和信誉，因此通常会先从企业和组织的角度来审视被推荐者；加之自己非常熟悉企业的用人需求和选人、育人标准，所以可以尽最大可能地为企业推荐合适的人才。而外部推荐者即便是专业人士或者是人力资源专家，也很可能会因为对企业实际情况缺乏了解而举荐不合适。

3. 毛遂自荐

对于"毛遂自荐"者往往褒贬不一。在实践当中，不同的企业可能会采取完全不同的政策和应对方式。有的企业倾向将"毛遂自荐"者视为是有勇气、有创新精神并且有活力的应聘者，如爱立信公司等。但是，也有一些企业认为"毛遂自荐"者是冲动的人、不值得信任，而且技能低下。总之，目前还没有定论。换个角度来看，自荐者本人也应事先尽可能多地了解拟应聘企业的历史、现状和用人需求，不打无准备之仗；加强针对性以提高被聘用的可能性。

4. 网络招聘

一种是仅通过网络获得应聘方的信息并进行初步筛选，随后即进入初步获取的其他流程，网络仅仅起到发布信息、获取信息与初步筛选的作用。另一种是所有的招聘工作都在网络中完成，即通过网络筛选和网络面试来完成。网络面试需要注意的问题：需要有相应的网络及视频设备；必须在特定场所进行面试；必须在特定场所配备专业服务人员。网络招聘的适用范围有三种情况：一是网络面试可以作为甄选普通员工的主要方法；二是网络面试可作为甄选中层人员的前期和中期的工具；三是网络面试可以作为甄选高层管理人员的基础。

（二）外部招聘的流程

在正式招聘之前应该做好工作准备，包括人力资源规划，岗位分析，建立招聘领导小组和招聘工作小组，确定广告的形式、广告覆盖的地区和广度，制定招聘所需的各类表格。

在招聘过程中要遵循以下流程：初步筛选，初步面试，能力测试，诊断性面试，背景资料的收集，体检，决定，引导上岗、试用，收集意见、反馈，决定正式录用。

外部招聘的优点：带来新思想、新观念，补充新鲜血液，使企业充满活力；促进战略性人力资源目标的实现；可以规避联谊效应导致的各种不良反应；避免过度试用内部不成熟的人才；大大节省了部分培训费用。外部招聘的缺点：人才获取成本高；可能会选错人才；给现有员工带来不安全感；文化的融合需要时间；工作的熟悉以及与周边工作关系的密切配合也需要时间。

三、内外部招聘的比较分析

外部获取是企业补充人员的主渠道。首先，高层管理人才的获取应保持外部获取与内部获取两个渠道的畅通；高科技人才应主要考虑从外部获取，应委托专门的猎头公司或从专门的科研机构获取。其次，中层管理人员可考虑以内部获取为主，在企业高速发展时，应着眼于战略人力资源储备，此时应将内部获取与外部获取相结合。再次，无论从何种渠道获取人才，都应争取企业外部专家顾问的帮助；均应注意公平、公正、公开，这既是企业文化的锤炼，也是企业形象的锻造，还是增强企业凝聚力、创造力的关键之所在。最后，人力资源的获取既是人力资源管理部门的主要工作，也是企业领导的核心工作，企业领导必须亲自关心、关注与参与。

将内部招聘与外部招聘相结合的模式往往会产生最佳结果。具体结合的程度与比例则取决于组织战略、职位类型以及组织在劳动力市场上的相对位置等因素。需要强调的是，对于中高级管理人员，内部招聘与外部招聘都是行之有效的方式。例如，通用电气公司数十年来一直坚持从内部选拔首席执行官（CEO），而像 IBM、惠普等公司则更多的是从公司外部"空降"首席执行官。这两种方式并没有阻碍这些公司成为卓越公司。对于相对需要保持稳定的中层管理人员，就需要更多地从组织内部进行提升。

四、校园招聘

（一）校园招聘的形式

校园招聘具体有三种形式：一是企业直接派出招聘人员到校园区"摆摊设点"，公开招聘；二是由企业有针对性地邀请部分专业的大学生在毕业前到企业实习；三是由企业和学校联合培养人才。

（二）校园招聘的流程

校园招聘的流程具体如下：①准备工作：包括准备好介绍公司概况的小册子；选择进入招聘的学校和专业；组成招聘小组；确定招聘小组的成员。②面试考题的准备：第一组面试考题——开放式的简单问题；第二组面试考题——开放式的深层问题。③向学校相关部门的领导、老师了解应聘学生的在校表现。④初步筛选，与初步入选的人确定好联系方式。⑤初步决策。

（三）校园招聘的误区

企业招聘的误区：企业领导不重视；招聘人员观念错误；派出的招聘人员是原高校毕业生。

筛选应聘材料的误区：淘汰太多投简历者；过分看重专业、分数及学历；其他方面存在歧视现象。

笔试的误区：把笔试成绩单独作为甄选依据；对笔试题的难度把握不当。

面试的误区：招聘面谈者无法胜任；面谈内容不明确；滥用压力面试；不切实际地夸大企业和职位的美誉度；其他面试误区。

反馈的误区：忽视对未被聘用者的辞谢。

（四）校园招聘的优点

企业通过校园招聘这种方式来获取人才具有多种优势。企业通过校园招聘可能主要是基于如下考虑：①大学生针对性强、选择面广；②大学生是最具发展潜力的群体，可塑性强，容易融入和接受既有公司文化；③校园招聘灵活多样，深受校方和同学的欢迎，还能提高企业知名度和美誉度；④适宜进行战略性人才选择和部分优秀人才的储备，如果培养、任用得当，录用的人才可以作为企业各级领导的后备军；⑤校园招聘中录用的人才比较单纯，校园招聘的成功率高、失误率低。

（五）校园招聘的缺点

企业通过校园招聘的不足之处在于：学生社会阅历浅，年轻且责任心差；学生缺乏社会经验，企业投入的培训成本高；由于学生具有眼高手低、对工作期望值过高的缺点，因此，在最初的三年内跳槽的概率最大，可能造成企业的人才重置成本增加；如果培养、任用不善，学生可能不认同企业的文化和价值观。

综上可见，虽然大学生素质普遍较高、具有生机和活力，但他们缺乏实际工作经验，思想相对单纯，很难在短期内为企业做出重大贡献。因此，校园招聘对企业所派出的招聘代表或主考官也提出了一定的要求。例如，需要选派能力强的人员来学校，最好还能事前熟悉一下校园环境；需要及时答复应聘者的咨询或申请，维护公司形象、保持诚信；需要企业承诺能够平等对待新入职的大学生，并展现出公平、人性化的招聘方式。

第四节　人力资源测评与甄选方法

　　企业和组织对应聘者进行测评与甄选，很多时候也是颇下了一番功夫的。虽然不能用"危机四伏"来形容这一过程，但用"处心积虑"和"步步为营"来形容还是不为过的，原因是组织辞退员工时若处理不好会遭受巨大损失。企业方希望能通过合理有效的人力资源测评手段来甄选出自己满意的雇员，而且不想也不愿意负担找错人的成本和损失。

一、双方互动的招聘测试与甄选方法

　　双方互动的招聘测试与甄选是招聘主考官与应聘者之间通过高度互动，对彼此所了解，招聘主考官可以通过语言和行动观察决定是否录用应聘者。

　　【案例1】　某独资企业欲招聘几名管理人员且已通知所有应聘者在约定时间到位于A大厦的公司总部面试，可是等到面试那天公司却派人通知应聘者大厦的电梯因故障不能使用了，请大家跟随他爬几十层楼梯到公司会议室参加面试。有些人一听到这消息转身就走了，还有些人爬到一半实在太累也退出了，只有很少一部分应聘者到达了公司会议室，结果是只有这些坚持到最后的应聘者被录用了。事后大家得知那天的电梯根本就没有坏，主考官是想考察一下应聘者吃苦耐劳与坚忍不拔的意志，然而许多人与机会失之交臂。

　　【案例2】　某公司欲招聘一名公关部长，几轮筛选过后只剩下八名求职者等待最后一关，即专业技能的测试。面试限定每人在两分钟内必须对提问做出回答。当每一位候选人进入考场，主考官都会礼貌而坚定地说："请您把大衣放好，在我面前坐下！"可实际情况是房间里除了主考官使用的一桌一椅之外再没有什么。其中的两位候选人茫然不知所措，错过了最佳回答时间；还有两位候选人急得流下了眼泪；另有一名候选人在脱下大衣后将它放到了主考官的桌上，然后说："还有什么问题吗？"结果是上述五名候选人都被淘汰了。主考官认为他们惊慌失措、反应呆板，缺乏应变能力。

　　当第六位候选人听到提问后，他先是环顾四周微微一愣，旋即脱下了自己的大衣往右手上一搭，鞠躬施礼轻声地说："既然没有椅子就不用坐了，谢谢您的关心，我愿意听候下一个问题。"主考官认为此人守中有攻，处事老练，只是稍欠机智，可先在公司内部培养然后再外派。此后，当第八名候选人入场后，他对主考官的问题只是眨了一下眼睛，随即把自己等候时所坐的椅子搬了进来，放在离主考官一米远处并脱下了大衣，折好后放在椅背上，最后才落座在这把椅子上。当"时间到"的铃声一响，他就起身致谢、退出室外并将门关好。此人虽言语不多，但最终还是被录用为该公司的公关部长。

二、主考官主导的招聘测试与甄选方法

当招聘活动以主考官为主而应聘者处于被动与被观察的地位时，可以在面试过程中采用如下测评技术，包括投射技术、主题统觉测验、评估中心技术、职业性向测试和诚信测试等。

(一) 投射技术

投射技术（Projective Measure）是给应聘者一个不明确的刺激物（通常由肉眼可以看得出来），允许其自由回答问题，如就图中所发生的事讲述一个故事。通过应聘者所讲故事的内容、情节、偏好和价值观等信息，主考官（通常情况下为临床心理医生）往往可以推断出他的性格特征。

(二) 主题统觉测验

与投射技术的不同之处在于，主题统觉测验（Thematic Test）是让被试对象试着猜出主考官的意图，而投射技术是主考官试着猜出被试对象的意图。研究表明，早期的投射技术并不能精确地预测一位候选人能否在工作中取得成功，但一旦将被试对象的反应与其动机（如进取心、服从性和协作性等）相联系，则投射技术的预测结果会较为准确。主题统觉测验的典型例子包括要求被试对象就一幅图像讲述一个相对完整的故事，并从中分析被试的心理特征以及其事业心、责任感和激励水平等。

(三) 评估中心技术

评估中心（Assessment Center）技术起源于第二次世界大战期间，为选拔军官德国心理学家第一次使用了这一技术。他们认为仅仅依据纸笔测试难以全面地了解一个人的性格，因此他们选择了一种更为全面的评定方式，即在一个较为复杂的情境中观察每位候选人的行为反应并对其评分。美国官方战略机构也借鉴了德军以及20世纪40年代早期的英国战时军官选拔委员会的做法，用于对谍报人员的选拔。在具体的评价过程中，考官们会要求被试对象编造一个能隐藏自己真实身份的故事，然后对其编织谎言的能力进行评估。该测试的难度在于设计十分精巧的情境经常能使被试者陷入难以自圆其说的地步。

第二次世界大战结束后，许多心理学家与军官进入私有公司工作。在新的工作岗位上，这些有经验的专业人士开始组建一些小规模的评估中心，改为选拔来公司求职的应聘者。1956年，AT&T公司采用此方法用于管理雇员计划和职业生涯发展研究，在随后的二十多年里，延续了该测评方法且日臻成熟。AT&T公司所总结出的评估中心测评要点有以下七点。①行政管理技能：公文筐测试。②人际交往能力：无领导小组讨论（LGD）、生产问题。③智力水平：笔试能力测试。④绩效稳定性：公文筐测试、无领导小组讨论和生产问题。⑤工作导向动机：投射测试、面试与模拟实验。⑥职业生涯导向：投射测试、面试和人格调查。⑦依赖性：投射测试。

评估中心技术不仅是测试应聘者的一种技术，还是一个过程。在此过程中，可借助下面三个方面对应聘者的管理潜质做出预测：①多样化的评估技巧，如情境测试、智力测试和兴趣调查等；②评估方法标准化，主考官们接受过专业训练且能区分哪些是有效行为和无效行为；③汇总多位主考官的判断以给应聘者打分。

当今的评估中心技术日趋多样化，被广泛用于不同场合和不同测评目的。全世界有为

数众多的企业或组织正在利用这种方法对应聘者和候选人展开测评与评估，且每年仍有递增的趋势。除了用于评定和选拔经理人员，该方法也可被用于训练和提高其管理技能。评估中心技术能激发工程技术人员的创造力，帮助他们解决人际冲突与部门间的利益之争。此外，评估中心技术还能促进个人职业生涯发展。

评估中心技术具有一定的灵活性。举例来说，当测试目的是选拔经理人员时，评估中心的测评就可以其未来工作绩效为主要预测目标。评估中心技术的另外一个特性是对主考官的资质有要求。一般来说，主考官都是由高于候选人2~3个级别的在职经理人员担任。此前他们还会接受为期数天到数周的培训，培训时间长短依测验的复杂程度而定。培训内容则包括面试技巧、行为观察技术，以及如何构建会谈和沟通框架等。此外，在评估应聘者之前，主考官本人也需作为"应聘者"接受测验。此种经历再加上由多位主考官共同对被试对象做出评估，使得对被试者的评分能实现标准化，保证了测试的公平性。换句话说，评估中心技术使用了相同的评判标准。

主考官往往既包括专业心理学家，也有在职经理。将经理人员纳入考官群体有几个优势：①他们非常熟悉应聘者接受测试的内容；②他们的加入可增加测评双方的认可度；③对于这些经理而言，能担任主考官也是一次有益的发展经历，或许还能意识到哪些领域是自己的薄弱环节；④由于主考官并不熟悉应聘者，因此能保证评估结果的客观公正。此外，受过专业行为解释与训练的心理学家对应聘者的评估要比在职经理们的更为准确，并有依据可查。将多位主考官的意见汇总的优势还在于可避免应聘者受到某一位考官的"误判"，原因是多方意见往往显得更为准确可靠。总的来说，如此安排可提高评估与预测的准确性。

（四）职业性向测试

职业性向就是指人们对具有不同特点的各类职业的偏好和从事这一职业的愿望。职业性向测试（Aptitude Test）可以揭示应聘者对于工作特点的偏好，也即应聘者喜欢从事什么样的职业，这一态度往往会在很大程度上影响其在职位上的绩效水平以及是否会很快离职。

霍兰德（Holland）职业性向测试是目前应用较多的方法（见图5-4），该测试在研究职业兴趣的共同性与差异性的基础上总结出六个维度，这六个维度分别是现实型、研究型、艺术型、社会型、企业型、常规型。霍兰德认为处于对角线位置的两种类型相差较大，相邻位置的类型相差不大，容易同时具备。此外，多数人不是仅仅只符合一种特征类型，而是有两到三种比较突出的特征，分别符合上述类型中的某几种。例如，某位应聘者比较符合研究型和艺术型的特征，但他也表现出一些现实型的特征。表5-3揭示了霍兰德职业性向维度与职业类型的匹配关系。

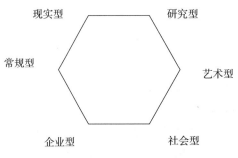

图5-4 霍兰德职业性向维度

表5-3　霍兰德职业性向维度与职业类型的匹配

类别	适宜或推荐从事的职业
现实型	综合农业、企业管理人员、木工、电器技师、工程师、农场主等
研究型	生物学家、化学家、工程师、地理学家、数学家、医学技术人员等
艺术型	广告管理人员、艺术教师、艺术家、广播员、英语教师、室内装修员等
社会型	汽车推销员、辅导咨询师、家庭理财顾问、心理学家、外交人员等
企业型	企业经理人、汽车推销商、工商管理人员、采购员、教师等
常规型	会计、银行职员、簿记员、信贷管理员等

【案例3】

职业性向测试在某公司的运用

某著名财富500强企业之一，曾决定在售后服务部门实施交叉销售战略。简单地说就是要求售后服务人员在完成本职工作的同时还要销售该公司产品。为此，公司还对售后服务人员进行过销售技巧培训，希望他们能够既做售后服务又做销售。但结果却事与愿违，许多售后服务人员难以适应公司的新要求，无法在做好售后服务的同时完成好销售工作。公司高层为了贯彻最初所制定的目标，加大了对售后服务人员的销售技巧培训，甚至是下达了硬性指标，并将其与售后服务人员的工资和奖金挂钩。然而半年过后，销售业绩还是没有明显改善。与此同时，相当一部分售后服务人员出现了严重抵触情绪，并且不满公司所制定的交叉销售战略。

该公司人力资源部主管也觉察出这样做有些不妥，于是建议让乐意销售的员工专心搞销售，愿意做售后服务的只做售后服务，可是该建议并没有被采纳。稍后，人力资源部主管聘请了外部咨询专家来到公司为中高层管理者讲授"职业性向理论"，还为50多位售后服务人员分别做了职业性向测试。测试结果表明，他们中的大多数适合从事的职业仍为售后服务，而不是销售工作。最后，在咨询专家的解释和建议下，该公司终于撤销了当初制定的交叉销售战略，还根据职业性向测试结果对员工的工作重新做了调整。一年后，该公司的销售业绩提高了30%以上。公司高层领导也终于认识到差异化管理就是要尊重每位员工的个性，实现人员与岗位的最优匹配，只有这样才能充分发挥每个人的能力，并调动其积极性。

（五）诚信测试

诚信测试是通过建立心理测试量表来辨别人们是否诚信的一种纸笔测试方式。诚信测试最早于20世纪六七十年代出现在美国，主要被用于评估被试者的偷盗倾向，其测试内容包括要求被试者公开承认偷窃行为和违规活动。例如，要求被试者对下列问题回答"是"与"否"：①我从我老板那里偷过东西；②我曾把办公室用品带回家私用；③我曾篡改过工作记录或报告；④我曾经无故缺勤；⑤我曾经消极怠工。上述问题直接探寻应聘者关于偷盗等不诚信行为的态度，也被称为外显性诚信测试。如今，这些社会化倾向比较明显的试题已被改编：你认为针对购物偷盗行为所制定的法律是否太苛刻了？如果你看到自己的同事正在偷盗公司物品，你会向上级汇报吗？你是否认为绝大多数年轻人没有从朋友或同学那里偷过东西？你所认识的人至少干过一次顺手牵羊的事吗？

到了20世纪八九十年代，诚信测试又有了新的发展。诚信概念本身也得到了扩展，即不仅指不诚信行为，还延伸到应聘者个性中的相关成分，如可信度和责任意识等方面，这使得诚信测试有可能成为测试被试者诚信度、自律性和职业道德的有效工具。这一时期的测试理论与方法都发生了很大变化，问题多为隐蔽式的；人格导向与掩饰目的、伪装过的试题都很流行。例如，"我所做过的每件事情对我来说都是有趣的""我从不说谎"。需要注意的是，在这个世界上，没有人敢于对上述问题说是，即便是国家领导人、商界领袖或者一般经理人员都没有资格声称自己从来没有说过谎。因此，对于一位应聘者来说，如果他或她坚持声称自己从未说过谎，显然是荒唐和不真实的。

20世纪初至90年代末，美国雇主主要通过测谎仪来选择诚信的员工。后来，谎言测试在甄选录用领域受到的近乎取缔的限制导致了诚信测试的繁荣，诚信测试在甄选录用领域开始被大量使用。随着美国安然公司轰然倒塌，以及著名会计师事务所造假事件的发生，对诚信测试新一轮的呼吁悄然发生。

三、诚信测试的理论基础

（一）泄露理论

艾克曼（Ekman）于1984年提出了泄露理论，该理论认为，当人们的情绪伴随着谎言同时出现时，那么大多数人的谎言会被识破，原因是能控制说话内容的人其非言语行为会泄露出他们说谎的秘密，而且因说谎产生的情绪波动越强烈，那么暴露谎言的非言语线索就会越明显。此外，这种情绪还很难隐藏和控制，这就是泄露理论。具体来说，如果说谎者地位较高或者善于说谎，那么仅依据其言语内容就很难断定其在说谎。但即便如此，他们也难以控制自己的非言语行为，如面部表情、情绪、眼神、耸肩和摸鼻子等动作。这些非言语行为和动作往往会泄露他们内心的秘密。

（二）信息操控理论

信息操控理论是将视角集中于沟通双方对信息的拥有状况，体现一种应对复杂沟通情境下对于提供信息的调整适应功能。该理论认为，个体会遇到自己需要的信息，还会遇到自己需要提供的某些信息，提供信息要承担风险，风险有些是显性的，有些是隐性的。

信息操控理论的核心观点：凡被认为是谎言的信息，实际上违背了语言沟通的基本准则，信息发送者故意隐藏了信息的正确部分，把有偏差的、错误的信息以隐蔽的方式发送给他人。其缺陷是谎言实质的定义过于狭窄，由定义的谎言识别的指标较为模糊，限制了在实践中的运用。

（三）真实监控理论

人们把记忆归为真实经验（外部来源）或想象经验（内部来源）的过程就叫作真实监控。真实监控理论主要针对关于感知到的和想象到的事件记忆，其核心是强调要基于真正体验到的记忆，而非虚构的记忆。毕竟想象的记忆与真实的记忆是不同的，且真实监控与说谎无关而与欺骗有关。大量研究表明，个体对真正经历过的事件的陈述要比想象出来的事件的陈述包含更多的知觉信息、空间信息、时间信息以及认知处理。

真实监控理论的基础就是关于记忆与记忆过程的描述，欺骗也有很多记忆与记忆过程，但这些记忆并不真实。该理论的局限性或称缺陷在于：一方面，亲身经历过的事件与想象出来的事件在记忆质量方面的差异会随着时间的推移而降低。换句话说，为了方便记忆，即便是亲身经历过的事件，人们也会加入一些推理和想象。另一方面，如果人们希望真的发生了什么，那么想象出来的事件便会越加生动和具体。研究人员还发现，假如要求被试者立即编造一个未曾发生过的故事，那么说谎者与讲实话的人之间会存有很多差异，但是一旦你给被试者足够的准备时间，那么上述差异就会缩小，甚至是不存在差异。

（四）人际欺骗理论

该理论将说谎者与欺骗对象的交互作用作为研究方向，强调说谎者与欺骗对象之间的人际互动以及说谎发生的心理过程，认为某些个人特质（社会技能、自我监控和激励程度）会影响欺骗性沟通的过程及结果。决定说谎者是否欺骗成功的四个因素：焦虑、自我表现的常态、谎言的复杂程度、怀疑程度。

说谎的三阶段理论是假设每位说谎者都会经历情绪化阶段、内容复杂化阶段和尝试控制阶段，这三个阶段有各自的特点与特征。

情绪化是指说谎能造成不同的情绪体验，如负罪感、恐惧和兴奋，这是三种最常见的情绪。举例来说，说谎者会因为有违道德观念而产生负罪感，也可能因为害怕谎言被识破而产生恐惧感，还有因为成功地愚弄了别人而感到兴奋。艾克曼认为负罪感、恐惧和兴奋都会增加个体的焦虑感，而这种焦虑感又会引发一些无意识的动作，如腿部抖动、改变坐姿和回避目光接触等。

内容复杂化是指假定说谎为一个复杂的认知过程。说谎者必须想出一个令人信服的答案，而且不能自相矛盾。因此，他们必须记住自己所说过的话和所描述过的情节，这会消耗说谎者很多脑力和体力。由于说谎者必须将精力从控制非言语行为转移到思考谎言内容上来，所以说谎者一般会表现出更少的说明性动作。换言之，认知的复杂性会引起说谎者手部和手指动作的减少，以及注视转移或回避视线接触的增加。

尝试控制是指说谎者会因害怕谎言暴露而努力压制上述线索以避免谎言被戳穿。当然，这并不容易实现。首先，他们要能很好地控制自己的紧张情绪，努力掩盖他们正努力思考（构思情节和故事细节）的企图；其次，还要知道如何表现才能显得自然、真实。在尝试控制的过程中，说谎者稍微拿捏不准，就会走向另外一个极端，即过度抑制自己的行为，常导致动作十分僵化或者是过于流畅。

谎言识别的三阶段理论指出，并不是说只要出现了与上述三个过程相联系的线索就一定会存在欺骗，而是强调只有当说谎者体验到紧张情绪和内容复杂化并开始尝试控制时，相应的谎言线索才可能出现。

为了能够较有把握地识别应聘者或被试对象是否在说谎，能够同时测量人们的血压、脉搏、皮肤电流、出汗水平等指标的测谎仪被研制成功；尽管其总体准确率高于95%，但其对测试结果的解读和分析却需要专业人士来进行。测谎仪较早被用于诊断性面试的谎言识别与诚信测试中，随后在美国商界流行开来。测谎仪可以测量人们的血压、脉搏、皮肤电流和脑电等生理指标，再由受过专业训练的心理学家来做出判断，准确度较高。虽然测谎仪有一定的可信度，但由于受人们意志力、环境压力、体力、心态和其他多种因素影响，其结论未必总是真实准确，也可能会有误判发生。

截至1985年，美国已经有一半以上的零售业企业及30%以上的财富500强企业在使用测谎仪对雇员进行测试。许多应聘者认为雇主滥用测谎仪会侵犯个人隐私，且测谎仪的结论并非百分之百准确，所以他们常会因此而将雇主告上法庭。此外，测谎仪的使用还会对应聘者产生心理打击，尤其是那些落选者。许多人都是因为没能通过测谎仪这一关，而被贴上了"不诚实"或"不地道"的标签，这几乎是所有应聘者都难以接受的。鉴于众多应聘者的反对和抗议，美国国会最终在 1988 年通过了具有标志性意义的《员工测谎仪保护法》。该法律对雇主如何使用测谎仪做出了严格限制。通常来说，只有当应聘者或员工在调查中受到怀疑时，雇主才可以使用测谎仪来进行测试。

相比之下，瑞德模型是利用非言语行为来识别谎言，并在实践中得到过广泛应用。该模型假设说谎会导致紧张和焦虑，于是大脑和身体便会互相协作以减轻这种压力。通常情况下，说谎者会采用抗争、逃避和冻结这几种方式来应对上述压力和紧张感。具体而言，抗争和逃避是通过面部表情、适应性的动作以及姿势改变来释放自身的紧张和焦虑；冻结则是说谎者的身体在大脑的控制下保持静止，以便能集中精力进行思考，并压抑了正常言语行为。

瑞德模型一共包括五类非言语行为，它们分别是姿势变化、手部和手指的动作、脚部动作、目光接触和声音特点。这五类非言语行为与谎言识别间的关系如表 5-4 所示。

表 5-4　瑞德模型中的非言语行为与谎言识别间关系

非言语行为	姿势变化	手部和手指的动作		腿部动作	目光接触	声音特点			
		说明性动作	适应性动作			答问持续期	潜伏期	语速	音调
与谎言的关系	增加	减少	增加	增加	减少	变短	延长	变慢	升高

其中，说明性动作是与讲实话相联系的，而适应性动作全都是与说谎相联系的。典型的适应性动作包括搔头、抓痒、扭动手指、搓压手臂、敲手指和揉鼻子等。诚实者在讲话过程中会与谈话对象保持正常的目光接触，其时间占谈话总时间的 30%～60%。而说谎者要么极力避免目光接触，要么努力控制自己长时间保持与谈话对象的目光接触。关于说谎者的声音特点，一般会表现出以下规律：与诚实者相比，说谎者在提问与回答之间保持沉默的时间会更长，而语速更慢，而且讲话时的音调经常忽高忽低；假如谈话内容涉及情感流露，讲实话者的音调会很自然地提高，而说谎者则不会表现出上述特征。

四、面试的基本类型

（一）根据面试的结构划分

根据面试的结构划分，可以将面试区分为非结构化面试与结构化面试。

1. 非结构化面试

在非结构化面试中，考官问题具有随意性，考题具有明显的个性特征，问题通常具有环扣性，即一个问题接一个问题。非结构化面试的优点是谈话更加自然；容易激发应聘者的智慧；更能真实地展现应聘者的内在品质；更符合应聘者的个人特征；问题更符合岗位的需求，有针对性；体现以人为本。非结构化面试的缺点是过分倚重考官的面谈技巧和水平；外界环境影响其可信度的公平性；关键性要素的遗漏会导致招聘失败。

2. 结构化面试

结构化面试是指主考官会提前准备好问题和各种答案，要求应聘者按照事先准备好的问题及其次序回答所有问题，而不是临时性的提问或主考官随意命题。其特点如下：结构化面试的程序对所有应聘者是一样的；结构化面试的题目是事先预备的，对所有应聘者是一样的；结构化面试的答案预先预备了若干种，对所有应聘者的要求是基本一致的；结构化面试的考官系统是公开的，同时是不可随机变动的。一般来说，结构化面试是比较规范的面试形式，其有效性和可靠性均高于非结构化面试，但却不适合用来测评高级管理人员，原因在于结构化面试有时显得呆板和唐突，还会限制谈话的深入。

结构化面试的优点：更加体现了公平性；应聘者和群众更加满意；应聘者接受面试的心态较好，较能主动配合考官的问题；更便于考官对应聘者的某些方面进行比较；有利于决策者获取各方面的公正性评价。结构化面试的缺点：提问缺乏个性和针对性；局限谈话的深入性；考官的智慧表达空间较小；应聘者受到的约束大；较难针对岗位选到合适的人才。

（二）根据面试的组织形式划分

根据面试的组织形式划分，可以将面试区分为一对一面试、系列式面试、小组面试、群体面试与决策者综合面试。

1. 一对一面试

一对一面试由考官一人和应聘者一人进行两个人单独面谈，由考官提问，应聘者回答，有时应聘者也可以提出一些希望了解的问题，由考官予以解释。一对一面试通常在较宽松的氛围下进行。

一对一面试的优点：氛围宽松，较有人情味；可以在某一侧面深入进行；在零距离状态下便于考察；在人与岗位匹配上能够把握得更准确。一对一面试的缺点：由于对于其他人是"黑箱"状态，因此容易产生"怀疑"的氛围；公平性、公开性、可靠性会受到质疑；有可能出现考官"徇私"现象。

2. 系列式面试

系列式面试由若干个考官个体对应聘者进行面试，这若干个考官的选择力求知识结构和层级不一样，使每个考官从不同视角进行面试、考察、评价，而后由这若干个考官举行联席会议进行讨论，获得面试结果。

3. 小组面试

小组面试（Panel Interview）：是由多位面试考官（一般5~7人）组成一个面试考官小组，由其中一位较权威、有经验的专家担任主考官，面试考官小组对同一岗位的不同应聘者逐一进行面试。其优点在于允许不同考官从不同侧面来观察和测评应聘者，比较全面；缺点在于可能会给应聘者带来很大的压力，而且多位主考官的意见很有可能不一致。

4. 群体面试

群体面试（Group Interview）：由考官小组同时对多个应聘者进行面试，由考官小组提出一个共同关注的问题，各位应聘者可以各自回答也可以相互争论，考官小组通常不再提出问题，观察各个应聘者的回答以及与其他应聘者的争论与交流。群体面试比较有利于观察和考核应聘者的人际技能、领导能力和演说能力等。

5. 决策者综合面试

在挑选重要岗位时，有一定地位和阅历的人对具体的岗位推荐了人选时采用这种方法。对其学历、经历、能力有一定了解，未来对其能岗匹配程度、与企业文化的融合程度、本人的性格和领导风格进一步考察。面试方法和手段可能是全方位的。

（三）根据面试的目的划分

根据面试的目的划分可将面试区分为压力面试、非压力面试和宽松型面试。

1. 压力面试

压力面试（Stress Interview）：是指主考官有意为难应聘者，使其处于尴尬和防卫的处境。主要目的是测试应聘者如何应对工作中可能会遇到的各种压力，及其应变能力如何。该方法的缺点在于有可能会给应聘者带来伤害和应激反应。因此，在选用压力面试时，除非工作岗位需要，一定要慎用、用好；并且要尽可能地减少对被试者造成的伤害。

主考官针对某一问题对应试者进行穷追不舍的提问，问题一环扣一环，一个比一个难，不仅将问题引进深入，而且将应试者逼入"死角"，使应试者在一系列越来越难的问题中承受压力。此外，主考官从应试者回答的答案中找"自相矛盾"的部分，使应试者无法"自圆其说"而承受压力。压力式面试测试应聘者的知识、能力、智慧、应变能力和个人修养等，是高级管理职位招聘常使用的方法。

2. 非压力面试

面试考官着意创造一种和谐宽松的气氛，谈话的方式采用平等的聊天的方式，谈话的内容尽量靠近应试者熟悉的和日常的生活小事，使应试者在谈话中始终保持平等的、微笑的对话方式，使应试者在最小压力情况下能释放自己的情感，尽可能展示自己真实的一面。

3. 宽松型面试

不需要正规考场，考官 2~3 人，在十分宽松的环境中进行宽松的交谈。在中层领导岗位招聘时常采用这种方法。其优点是交谈双方可以充分了解；其难点是对进入面试程序人员的筛选。

第五节　录用决策

一、录用决策的程序

录用决策是对甄选评价过程中产生的信息进行综合评价与分析，确定每一候选人的素质和能力特点，根据预先设计的人员录用标准进行挑选，选择出最合适的人员的过程。录用决策的程序如图 5-5 所示。

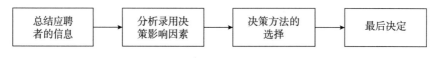

图 5-5　录用决策的程序

应聘者信息总结包括"能做什么"和"愿意做什么",前者指的是知识和技能以及获得新的知识和技能的能力(或潜力);后者是指工作动机、兴趣和其他个人特性。

录用决策的影响因素分析包括:是以应聘者自身最高潜能发挥为主,还是根据组织的现有需要?企业现有的薪酬水平与应聘者的要求是否有差距?是以目前对工作的适应度为准,还是以将来发展潜力的要求为准?合格与不合格是否存在特殊要求?超出合格标准的人员是否在考虑范围之列?

录用决策方法包括诊断法和统计法。其中,诊断法主要根据决策者对某项工作和承担者资格的理解,在分析应聘者所有资料的基础上,凭主观印象做出决策。诊断法的优点是方法简单、成本较低、广泛使用;缺点是主观性强,评价者的素质和经验在科学合理的判断中起重要作用。统计法首先要区分评价指标的重要性,赋予权重;其次根据评分结果用统计方法进行加权运算,分数高者即获得录用。

在选择好录用决策的方法后,必须决定在哪一个层面上决策,如董事会、总裁办公会、人力资源部与人才需求部门领导联席会、人才需求部门办公会等。在这些相关层面上进行研究和讨论,有利于比较各位应聘者的优点和缺点。

在录用的最后决定阶段,用人部门主管与应聘者进行面谈,根据面谈结果由用人主管(或专家小组)做出录用决定。用人单位将录用决定反馈给人力资源部,人力资源管理部门收到用人单位录用决定信息以后通知应聘人员有关的录用决定,录用人员在人力资源部办理各种录用手续。

二、录用决策的成本效益分析

(一)录用成本分析

一是录用付出的人力成本。录用过程中最难计算的还是付出的人力资本,包括录用前的谈话、录用中的引导、工作交接等。

二是录用付出的风险成本。如果录用人才不能胜任自己的工作,最大的风险在于辞退带来的成本。如果录用的人才与原单位出现了纠纷,必须诉诸法律方能解决,这种风险成本的费用之高是难以事先预计的。

(二)录用效益分析

录用的效益包括:招聘过程提高了企业的知名度;正确的选聘给企业带来新的活力、新的思想,可以使企业的竞争力上一个大台阶;正确的选聘会提升企业的生产力,使企业快速壮大。

 本章小结

1. 招聘是企业获取合格人才的渠道,是组织为了生存和发展的需要,根据组织人力资源规划和工作分析的数量与质量要求,通过信息的发布和科学甄选,获得本企业所需合格人才,并安排他们到企业所需岗位工作的过程。

2. 职业锚是指某一个体在选择职业时所最难割舍的情感、态度和抉择,且该决定往往会超越一般意义上的工资、奖金、待遇和晋升机会等因素的影响力。

3. 人力资源招聘策略：能岗匹配原理、能级与权级匹配原理。

4. 招聘渠道主要有内部招聘、外部招聘、校园招聘等。

5. 根据面试的结构划分，可以将面试区分为结构化面试与非结构化面试；根据面试的组织形式划分，可以将面试区分为一对一面试、系列式面试、小组面试、群体面试与决策者综合面试。根据面试的目的可将面试区分为压力面试、非压力面试和宽松型面试。

 本章习题

1. 企业和组织为什么会定期举办招聘活动？

2. 内部招聘与外部招聘各有什么优缺点？

3. 你认为当前校园招聘是否会受到学生们的欢迎？原因是什么？

4. 你相信网络招聘吗？如果你相信，那么必须满足什么条件？

5. 你认可将测谎仪作为一种测试工具吗？为什么？

6. 群体面试与小组面试有何不同？

7. 评估中心技术具有哪些特点？一般适用于什么类型的人才？

8. 霍兰德提出的六种职业类型分别是什么？

9. 如果你是主考官，你将如何分辨应聘者是否在说谎？

第六章 员工培训与开发

系统学习培训活动的设计与实施及培训效果评估的内容

1. 理解员工培训的概念及其与其他人力资源管理活动的关系
2. 掌握员工培训需求分析的目的、内容
3. 掌握员工培训活动的设计与实施过程
4. 掌握员工培训的方法
5. 掌握员工培训效果评估的内容与过程
6. 了解员工培训的新发展

培训与开发；培训活动设计；培训效果评估；培训方法

艾克公司的培训

艾克公司是一家医药代理公司，由于生产厂家的品牌知名度高，用药功效显著，因而在消费者中有一定的地位。公司的推广方式是在各大药店内以专柜的形式单独运作，这种运作方式虽然使代理商的投入成本较大，但在政令下达和推广力度方面具有独特的优势。该公司实行的是专柜经营，在省市内的专柜点有百个以上，每个专柜设 2~3 人，产品由专柜自行保管，购药则由药店统一收银，员工平常工作都在药店，因此，回公司开会就成了一项必要工作。虽然公司设有区域经理定期对专柜业务进行监管，但柜长及骨干员工每月至少都要回公司一次，一般情况下都是一天，如今在市场上没有一家产品会是一枝独秀，没有竞争对手。艾克公司的产品也一样，公司都会利用这段时间对开会员工进行学习和培训。

培训会：该公司有一次开了一整天的会，从早上到晚上 11 时，还专门从广州请来了厂家代表，系统讲解产品特性和功效。厂家代表对该产品在全国的竞争对手进行了有效分析，但对于所处市内的竞争对手没有过多涉及，员工们忙于大量的摘抄和做笔记，很少能提出问题，艾克公司事后也并没有对此次学习进行考核。

功效会：由于这款用药产品主要适应范围是针对已婚女性，而公司大多数专柜员工都是未婚一族，因此，公司召开了消费者的切身体验交流会，让消费者在会上讲述自己的服药体会和功效感受，但在交流中讲得最生动的那位妇女并没有用过本产品。

封闭拓展会：技能培养是艾克公司的一项工作内容，某年底公司就做过一次全封闭式学习。公司规定，参会者个人要交 800 元的培训费，如果参会者在两年后离开公司，就退还培训费；如果参会者在一年内向公司辞职，培训费就要由辞职者自己承担。经过一番周折后，业务精英们被拉到一个度假村，课程设置有户外拓展、团队协作、个人竞赛，形式和军训一样，三天的培训使员工个个筋疲力尽。

艾克公司还成立了一支精英队，把销售量最好的人组成一个精英队，精英队每个星期都会选择一个业绩比较差的专柜进行现场销售，起到实战促销的目的。这个时候，原专柜的员工就只能端茶送水，在一旁打杂学习。一个星期后，精英队就转场到下一个专柜。

开会成了艾克公司的一个特点。逢年过节，公司还会开一些 Party，要求所有员工在一起狂欢到深夜，公司希望借此增强员工的凝聚力。

出于员工驻点、专柜的成本压力，看得出为了销售业绩艾克公司还是想了不少办法，但是对于这种销售模式（专柜+员工），如何才能管理好呢？员工散布于各个终端，如何提高其工作积极性和主动性呢？

资料来源：刘大卫. 人力资源管理案例精选：以入门到精通［M］. 上海：上海交通大学出版社，2011：85.

第一节　员工培训与开发概述

一、员工培训与开发内涵

培训与开发（Training and Development，T&D）是指组织通过培训和开发项目改进员工能力水平和组织绩效的一种有计划、连续性的工作。它包括培训和开发两个方面，这两者之间是有一定区别的。

培训与开发两个术语有时可以混用，但实际上两者是有差异的（见表 6-1、表 6-2）。培训是指企业为员工提供目前工作所需要的知识和技能而设计的活动，它是以满足当前工作需要为目的的一个短期过程。开发是指企业为提高员工的知识和技能所设计的活动，但它所关注的是企业未来发展的需要，为的是能使员工和企业的发展保持同步，因此是一个长期的过程。

表 6-1　培训与开发的内涵比较

维度	培训	开发
关注的焦点	当前现状、短期性	未来发展，战略性
持续的时间	持续时间短，具有集中性和阶段性	持续时间长，具有分散性和长期性
目标	为当前工作做好准备	为未来变化做好准备
参与	强制性参与	自愿参与

表 6-2　培训与开发的对象比较

培训与开发对象	传统的	现代的
高层决策管理者	开发	培训与开发
中层管理者	开发	培训与开发
专业技术人员	培训	培训与开发
基层员工	培训	培训与开发

二、员工培训的分类

按照不同的标准，可以将员工培训划分为不同的类型。

第一，按照培训对象的不同，可以将员工培训划分为新员工培训和在职员工培训两大类。新员工培训指对刚刚进入组织的员工进行培训；在职员工培训指对已经在组织中工作的员工进行培训。由于培训对象不同，这两类培训之间存在着比较大的差别。

第二，按照员工所处的层次不同，在职员工培训又可以继续划分为基层员工培训、中层员工培训和高层员工培训三类。这三类员工在组织中所处的层次不同，承担的职责不同，发挥的作用也不同，因此培训的内容和方法上也有较大的差别。

第三，按照培训形式的不同，可以将员工培训划分为在职培训和脱产培训两大类。在职培训指员工不离开工作岗位，在实际工作过程中接受培训；脱产培训则是指员工离开工作岗位，专门接受培训。这两种形式各有利弊，组织在实施过程中需要根据实际情况来选择恰当的形式。

第四，按照培训性质的不同，可以将员工培训划分为传授性的培训和改变性的培训。传授性的培训是指那些使员工掌握自己本来所不具备的内容的培训，如员工本来不知道如何操作机床，通过培训使他掌握这项技能。改变性的培训则是指那些改变员工本来已具备的内容的培训，如员工知道如何操作机床，但是操作的方法有误，通过培训使他掌握正确的操作方法。

第五，按照培训内容的不同，可以将员工培训划分为知识性培训、技能性培训和态度性培训。知识性培训是指以业务知识为主要内容的培训；技能性培训是指以工作技术和工作能力为主要内容的培训；态度性培训则是指以工作态度为主要内容的培训。这三类培训对于员工个人和组织绩效的改善都具有非常重要的意义，因此在培训中都应当给予足够的重视。

三、员工培训与开发的作用

组织对员工的培训是以实现组织战略规划和经营目标为宗旨的，以保证员工与组织共同发展。培训能使员工增加工作中所需要的知识，提高工作效率，减少事故。培训能使员工得到发展，人才得到发掘，让员工感到组织的关心和重视，从而增强员工对组织的归属感。员工培训可以提高组织管理的效率，以维持组织的不断发展，使组织在激烈的市场竞争中有较强的竞争能力。培训和开发计划能传达和强化组织的价值观，促进有效组织文化的建立。员工培训是一项最合算、最经济的投资。培训需要大量的投资，这种投入不是费用的发生，而是人力资本投资的一种形式，其投资回报率要远远高于其他物质资源投资。

作为人力资源管理的一项基本职能活动，培训与开发是人力资源实现增值的一条重要途径，随着人力资源对价值创造贡献的逐渐增加，人力资源的这种增值对组织的意义也日益重要，因此越来越多的组织开始重视员工培训与开发工作。组织培训就是要通过各种有效的方法，使员工在知识、技术和工作态度等方面有所改进，以达到组织的工作要求。

四、员工培训的原则

培训原则是将培训经验经过理论提高而制定的对于培训的基本要求。正确的培训原则反映着培训过程的客观规律，具有科学性；同时，它产生于培训实践经验总结而又经过长期的实践检验，具有实践性，是人力资源主管和培训教师从事培训活动所应遵循的准则。

（一）理论联系实际、学用一致的原则

培训应当有明确的针对性，从实际工作需要出发，与职位特点紧密结合，与培训对象的年龄、知识结构、能力结构、思想状况相联系。

（二）统筹安排、合理规划的原则

培训是组织一项长期的、经常性的工作，所以切忌盲目性和随意性，应根据企业和人员的实际情况，制定短期、中期和长期的培训计划，有计划、有步骤地对各级各类员工都进行培训，使组织的培训规划与组织、部门、个人的工作计划妥善地接轨，和人力资源开发与管理的各个环节密切相连。

（三）严格考核和择优奖励的原则

严格考核是保证培训质量的必要措施，也是检验培训效果的重要手段；而择优奖励是调动员工积极性的有力杠杆。

（四）因材施教与讲求实效的原则

让员工技能匹配到工作需要、组织发展需要中，最终体现到一定时期内的企业业绩上，始终是培训的出发点和落脚点。所以，讲求实效，落实强化培训效果设计及评估反馈至关重要。为此，企业培训必须在战略方针的指导下，具体问题具体分析，准确分析培训需求，设计实施针对性培训，因材施教。

（五）投入产出原则

企业员工培训是企业的一种投资行为，和其他投资一样，也要从投入产出的角度来考虑问题。员工培训投资属于智力投资，它的投资收益应高于实物投资收益。这种投资的投入产出衡量具有特殊性，培训投资成本不仅包括可以明确计算出来的会计成本，还应将机会成本纳入进去；培训产出不能纯粹以传统的经济核算方式来评价，它还包括潜在的或发

展的因素。

总之，上述培训原则是整个培训过程中所必须遵循的原则。它不仅涉及人员培训的方法、内容、目的和效果等各方面，而且各项原则之间是相互联系和影响的，人员培训只有贯彻上述原则才能收到实效。

五、员工培训与其他人力资源管理环节的关系

作为人力资源管理系统的组成部分，培训与人力资源管理的其他各项职能活动之间都存在密切的关系。

（一）工作分析

工作分析是实施员工培训活动的重要基础之一，通过工作分析形成各个职位的工作描述，这是员工培训的重要依据。此外，通过工作分析还可以界定出各个职位的任职资格条件，这是进行培训需求分析时需要考虑的一个重要因素。

（二）人力资源规划

在世界经济快速发展的今天，员工的素质和水平更直接影响着组织的竞争力。员工培训作为一项人力资本投资，必须和组织的战略联系起来，从人力资源规划和开发的战略出发，充分考虑组织人力资源战略和员工的基础素质，充分考虑规划的超前性和培训效果的不确定性，根据人力资源规划确定培训目的、培训内容、培训方式，满足组织和员工两方面的要求。

（三）员工招聘

培训与招聘录用的关系也是相互的。一方面，招聘录用的质量会对员工培训产生影响。招聘录用的质量高，人员与职位的匹配程度就高，培训的任务相对就会轻松；反之，培训的任务就会比较重。另一方面，培训也会影响到招聘录用，尤其是员工招聘，如果组织比较重视培训工作，提供的培训机会比较多，那么对应聘者的吸引力就比较大，招聘的效果就比较好；反之，则会影响到招聘的效果。

（四）绩效管理

一方面，绩效管理是确定培训需求的基础，依据绩效管理结果确定培训对象和培训内容，会使培训工作更有针对性；另一方面，培训工作可以改善员工的工作业绩，有助于更好地实现绩效管理的目的。

（五）薪酬管理

员工培训往往会提高员工的工作技能，改善员工的工作态度，提高员工的归属感，这些变化会带来员工工作绩效的变化，并间接带来员工薪酬的变化；培训作为员工福利的一种形式，是薪酬的一部分，良好的薪酬管理也会推动员工培训的开展。

六、员工培训的程序

培训是企业人力资源管理工作的重要职能，所以要精心设计与策划，把它作为一项系统工程。一个精心设计的、系统的培训计划可以大大提高培训的效率和效果，为企业带来最大的利益。总的来说，培训通常按照以下程序进行，如图 6-1 所示。

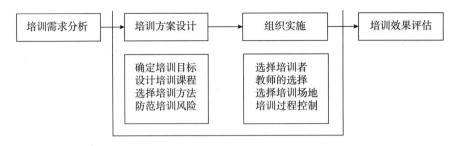

图 6-1　员工培训程序

第二节　培训需求分析

培训需求分析是培训活动的首要环节，它回答为什么要培训以及培训要达到什么效果的问题。因此，在计划培训活动时，正确进行培训需求分析是十分重要的，它是确立培训目标、设计培训方案、实施培训计划和评估培训效果的基础。

一、培训需求分析系统

培训需求分析是一个复杂的系统，涉及人员、工作、组织以及组织所处的环境。这三方面也构成了培训需求分析系统的主体部分，如图 6-2 所示。

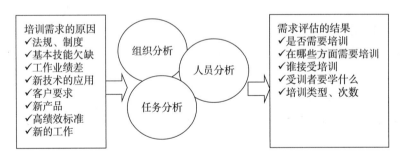

图 6-2　培训需求分析系统

二、组织分析

组织分析主要通过对组织目标、结构、内部文化、政策、绩效及未来发展等因素的分析，找出组织存在的问题与问题产生的根源，以确定培训是否是解决这类问题的有效方法。组织分析还需要对组织外部环境进行分析，这有利于帮助了解社会发展及相关法律政策对员工培训的要求。具体来说，组织分析主要包括以下几个方面的内容：

（一）组织目标

明确的组织目标既对组织发展起决定性作用，也对培训计划的制定与执行起决定性作用。组织目标分析主要围绕组织目标的达成、政策的贯彻是否需要培训，或者组织目标未达成、政策未得到贯彻是否与没有培训有关等展开。

（二）组织资源

如果没有明确可以利用的人力、物力和财力资源，就难以确立培训目标。组织资源分析包括对组织的资金、时间、人力等资源的分析。资金是指组织所能提供的经费，它将影响培训的宽度和深度。时间对一个组织而言就是金钱，培训需要相应的时间保证，如果时间太紧或安排不当，就会影响培训效果。人力是决定培训是否可行和有效的另一关键因素。组织的人力状况包括人员的数量、年龄、技能和知识水平，人员对工作与单位的态度，以及工作绩效等。

（三）组织特征

组织特征对培训能否取得成功也有重要的作用，因为当培训计划和组织的价值不一致时，培训的效果便很难保证。组织特征分析主要是对组织的系统结构、文化、信息传播情况的了解。

1. 系统结构特征

系统结构特征指组织的输入、运作、输出、次级系统互动以及与外界环境间的交流特征。系统结构特征分析即通过审视组织运行系统能否产生预期效果、组织结构是否需要改变以及是否有相应的培训需求等，使培训组织者能够系统地了解组织，避免出现以偏概全的现象。

2. 文化特征

文化特征指组织的软硬件设施、规章制度、组织经营运作的方式、组织成员的行为和价值观等。文化特征分析能使培训组织者深入了解组织，而非仅仅停留在表面。

3. 信息传播特征

信息传播特征指组织部门和成员收集、分析及传递信息的分工与运作形式或方式。信息传播特征分析能使培训组织者了解组织信息传递和沟通的风格与特性。

三、任务分析

培训任务分析是指通过查阅工作说明书或具体分析完成某一任务需要哪些技能，了解员工有效完成该项任务必须具备的条件，找出差距，进而确定培训需求。其目的在于了解与绩效问题有关的工作详细内容、标准，以及达成任务所应具备的知识和技能。培训需求的任务分析主要从以下几方面展开。

一是任务复杂程度。这主要是指工作对思维的要求，是抽象性还是形象性或者兼而有之，是创造性思维还是按照有关的标准要求严格执行等。

二是任务性质。这主要是指工作量的大小以及工作所消耗的时间长短等。例如，行政部的工作大多是琐碎而繁杂的，但是工作时间相对固定；而技术开发部的工作具体而复杂，工作时间弹性大。如果对这两个部门的员工进行培训，其培训内容自然就不同。

三是任务内容和形式的变化。随着组织经营战略和业务的不断发展，有些部门的工作内容和形式的变化较大，有些部门的变化则较小。例如，市场部的工作会随着业务的发展迅速变化，财务部门的工作变化则较小。因此，在进行培训需求分析时应注意这一点，对于未来所要发生的工作变化有一定的前瞻或预测，从而使组织在不断的发展过程中能够坦然应对，不至于在衔接或过渡中出现问题。

任务分析需要从组织整体发展的角度分析任务层面的培训需求。组织的发展壮大，对各个部门的要求不是一成不变的。组织发展对岗位工作的要求既是分析培训需求时需充分考虑的一个重要因素，也是培训追求的一个目标，因为培训是一个循序渐进的过程，随着组织的发展而发展。

四、人员分析

人员分析是指从培训对象的角度分析培训的需求，通过人员分析确定哪些人需要培训以及需要何种培训。人员分析一般需要对照工作绩效标准，分析员工目前的绩效水平，找出员工现状与标准的差距，以确定培训对象和培训内容以及培训后需达到的效果。人员分析主要包括以下几个方面：

一是个人绩效评论分析。它主要包括员工的工作能力、平时表现、意外事件、参加培训的记录等。

二是员工的自我评量。自我评量是以员工的工作清单为基础知识和相关技能真实地进行自我评量。

三是知识技能测验。它是以实际操作或笔试的方法测验工作人员真实的工作表现。

四是员工态度评量。运用定向测验或态度量表，可以帮助组织了解员工的工作态度。

组织、任务、人员三个层面的培训需求分析是一个有机的系统，在人力资源管理实践中，组织、任务、人员三个层面的需求往往并不完全一致，呈交叉甚至错位的现象。对一个组织而言，确立培训需求应选择组织整体、工作业务及个人三方的共同培训需求，并以此作为组织的培训目标。

五、培训需求分析方法

培训需求分析的方法很多，包括行为观察法、绩效评估法、访谈法、调查问卷法等。这些方法各有优缺点，在实践中，组织要根据实际情况来选择合适的方法。表6-3是以上几种方法优缺点的比较。

表6-3 培训需求分析方法比较

培训需求分析的具体技术	优点	缺点
调查问卷法：以标准化的问卷通过调查对象的选择进行培训需求分析	应用范围广 多样式的提问 成本低 有利于数据的分析	编制时间较长 不利于交互沟通
访谈法：通过访谈方式获取培训需求的方法	有利于发现培训需求的问题和根源	费时 需要熟练的访谈技巧
观察法：通过现场观察员工的工作表现获取培训需求的分析方法	可获取有关工作环境的资料 降低分析活动对工作的干扰	需要高水平的观察者 被观察者的行为可能因为被观察而改变

培训需求分析的具体技术	优点	缺点
资料查阅法：通过查阅有关资料确定培训需求	有关工作程序的理想信息来源 资料容易获得 目的性强	需要具备专业知识 资料的时效性差
关键事件法：通过研究对组织有重要影响的事件发现潜在的培训需求	以组织目标为导向 关注关键事件的原因和后果	对确定哪些是关键事件要求高 对记录的完整性要求高
绩效评估法：通过分析绩效不足的原因来确定培训需求	以绩效改进为目的 较强的针对性	需有明确的考核标准

第三节　培训方案设计

在确定培训需求之后，为了保证培训活动的顺利实施，需要设计明确的培训计划以指导培训工作的实施。通常来讲，完整的培训计划主要由八种基本要素（简称6W2H）构成，即培训目标（Why）、培训内容（What）、培训对象（Whom）、培训师（Who）、培训时间（When）、培训地点（Where）、培训方式（How）、费用预算（How Much）。

一、培训目标的设置

培训目标是培训活动的目的和预期成果，确定培训目标是员工培训必不可少的环节。培训的目的就是提高绩效，目标可针对培训的每一阶段而设置，也可以面向整个培训计划而设定。这些重要的目标包括以下四点：

一是培训有效性。在培训中，受培训者是否学到了技能或者获得了知识或能力？

二是转移有效性。在培训中学到的知识、技能或能力是否带来了工作绩效的改进？

三是组织内的有效性。在同一个组织内，受培训的新的小组的工作绩效与原来未培训的小组的工作绩效相比如何？

四是组织间的有效性。在一个组织内被证明是有效的培训计划在另一个企业是否能成功？

二、培训内容确定

在确定了培训目标之后，应认真设计培训内容，员工培训的内容主要有以下几个方面。

（一）企业文化的培训

企业文化的培训主要是针对新进入企业的员工而言，可以看作是对新员工的"岗前培训"或"上岗引导"活动。

（二）能力培训

在员工的培训中，能力培训非常重要。一般将员工的能力分为三种，即技术技能、人际关系能力和解决问题能力。

首先，技术技能的培训就是通过培训提高职工的技术能力，不论是管理人员，还是普通工人，都要进行技术技能的培训。来自一个领域的工程师在进入另一领域时，必须接受新领域的培训。

其次，人际关系能力培训就是通过培训提高人际合作交往能力。几乎所有职工都是某个工作群体的一员，每个人的工作绩效多多少少都依赖同事的通力合作，这就需要学会理解，学会人际沟通，减少彼此间的冲突。通过培训，培养员工的协作精神及以公司为家的集体主义精神。

最后，解决问题能力培训就是通过培训提高发现和解决工作中出现的实际问题的能力。这种培训计划可包括加强逻辑推理能力，找出问题、探讨因果关系的能力，以及挑选最佳解决问题的办法等技能的培训。这种能力的培训对于管理人员来说尤为重要，是其能力培养的核心。这种解决问题的能力具体又体现为七种素质：发现问题、分清主次、诊断病因、拟定对策、比较权衡、作出决策、贯彻执行。

（三）员工态度培训

通过员工态度培训，建立起公司与员工之间的相互信任关系，培养员工对公司的忠诚，培养员工应具备的精神准备和态度。

三、培训对象的确定

人员分析可以帮助管理者确定培训是否合适以及哪些员工需要接受培训。培训需求的一个重要来源就是业绩不良或业绩低于标准要求，即员工的现有绩效和企业的期望绩效之间存在一定的差距。绩效不良可以用顾客的抱怨次数、绩效评价等级较低或者发生事故以及不安全行为等事件来表示。

在某些特定情况下，如产生新技术或新服务时，所有的员工可能都需要接受培训。需要进行培训的另外一个潜在指标是当工作出现了变化，员工需要改善绩效水平，或者是员工必须接受培训才能够完成新的任务。但是，当管理者、客户或员工发现了某个问题时（通常是绩效不良所产生的某个后果），常常不能确定培训是否就是解决问题的办法，可以通过询问以下几个方面的问题来确定培训是否能解决绩效不良问题：①绩效问题非常重要，并且会因为生产率或者客户的丧失而给公司带来大量的潜在经济损失。②员工们不知道如何有效地完成工作。或许他们过去只受到过很少的培训或从来都没有得到过培训，或者是培训的效率很低（这是一个个人特征的问题）。③员工们不能运用正确的知识或采取正确的行为。他们或许接受过培训，但是他们却很少或者从来都没有在工作中运用过培训的内容（知识、技能等）（这是一个投入问题）。④企业的绩效期望很清楚（投入），并且不存在诸如有问题的工具或设备等阻碍绩效实现的因素。⑤好的绩效会得到积极的后果，而差的绩效则得不到报酬。比如，如果员工对他们的薪酬不满，那么他们会放慢工作的节奏（这涉及结果问题）。⑥员工们能够及时、贴切、精确、富有建设地、具体地获得与他们的绩效有关的反馈（反馈问题）。⑦工作再设计或将员工转移到其他工作岗位上去，这样一些解决问题的方法成本过高或者不现实。如果员工仅仅是缺乏完成工作所必需的知识和技能，其他方面的要素还是令人满意的，那么就需要对他们进行培训。如果员工已经具备了完成工作所需要的知识和技能，但是在投入、产出、结果或反馈方面存在不足，那么培训可能就不是解决问题的好办法。

四、培训师的确定

培训师是员工培训的重要实施者，培训师的业务水平在很大程度上影响着培训的效果。企业应选择那些有教学愿望、表达能力强、有广博的理论知识、丰富的实践经验、扎实的培训技能、热情且受人尊敬的人作为培训师。

培训师的来源一般有两种渠道，一种是外部渠道，另一种是内部渠道。在人力资源管理实践中，为充分发挥两类培训师的优势，很多组织往往两种方法结合使用，根据培训的对象和培训的内容选择合适的培训师。通用性的素质培训通常选择外部培训师，聘请相对固定的外部培训师有利于增加培训师的责任感，增加培训内容的针对性；而专业性培训通常选择内部培训师。

五、培训时间、地点的确定

确定培训时间要考虑培训目的、培训师和培训对象的时间安排等因素。既要保证培训及时进行，保证组织目标或培训目标的顺利实现，同时又要考虑培训师和培训对象的工作安排，不能因为培训而耽搁日常工作的开展。在时间点的选择上，通常当有新员工入职、员工晋升或岗位轮换、知识技能更替等情况时，就需要对员工进行培训。

培训地点的选择主要根据培训方式和培训内容确定。合适的培训地点有利于创造良好的培训氛围，增强培训效果。如果采用授课法则首选在教室进行；如果采用讨论法则首选在会议室进行；如果选择素质拓展等方法，则需要借助外部专业培训机构的场地和培训设施。在确定培训地点的同时还应当配备培训所需要的各类培训设施和设备，如投影仪、电脑、音响、笔、教材等。

六、培训方法的确定

在组织培训中，培训方法的选择是决定培训效果的一个重要环节。组织在进行培训时，应当根据培训的内容、培训的对象、培训的目的以及培训的经费等因素来选择合适的培训方式。现代信息网络技术发展丰富了培训方法选择的多样性，给传统培训方法增添了便利化因素。因此，本书主要介绍三大类传统方法，并同时讨论一些被现代技术改进提升了的方法。

（一）演示法

演示法是指学员被动接受知识和技能的培训方法。它的主要特点是学员在培训过程中的被动性。演示法常用的类型有讲座法和视听法。

1. 讲座法

讲座法是指培训师用语言把知识、技能等培训内容传授给学员的培训方式，它是最传统的培训方式。在这种培训方式中，培训师讲授培训内容，学员只是单纯地吸收知识。讲座法可以分为标准讲座、团体教学、客座发言、座谈小组和学生发言等不同形式。

讲座法的优点：按照一定的组织形式有效地传递大量信息，成本低，时间最节省；易于安排整个讲述程序；比单纯地阅读成效高；适合任何数量的听众；培训师能集中向学员介绍较新的研究成果，有较强的针对性。讲座法的局限：缺少学员的参与、反馈以及与实际工作环境的密切联系，阻碍了学习和培训成果的转化。

2. 视听法

视听法是利用幻灯、电影、录像、电脑等视听教材进行培训的一种方法，它是一种多感官参与的途径，多用于对新员工的培训。这种方法不仅可以用来培训学员的沟通技能、谈话技能和服务技能等，还用于详细说明某一生产步骤。目前，视听法培训多强调电脑科技和光碟设备的应用，以满足员工个人差异、自学步调与双向沟通的需求。

视听法的优点：可以提供个性化的教学。由于视听教材具有重播、慢放或快放等功能，培训师可以根据学员的水平来灵活调整培训的内容，还可以让学员接触到难以解释说明的设备、难题和事件。一些视听设备，如 DVD、CD，进一步向学员提供了互动能力，容易引起学员的学习兴趣。视听法的局限：视听设备和教材的成本较高，且容易过时；视听内容本身的缺陷会削弱培训效果；学员容易受视听设备或场所的限制。

视听法应注意的问题：培训师要按照培训主题选择合适的视听教材，并事先准备好适当的教学软件、电脑等培训设备；视听培训之前，培训师应先说明培训的目的，并配合培训的内容进行讨论，增加理解，以达到理想的培训效果；培训师应在讨论之后总结重点或谈谈将培训知识应用于实践的具体方法。

（二）传递法

传递法是指培训师以某种方式把知识、技能传递给学员，并要求学员互动参与的培训方法。传递法以学员为中心，培训师充当引导和激发学员的角色，急求启发学员积极参与学习，掌握相应的知识技能。这类方法主要包括在职培训、仿真模拟、案例分析法、管理游戏法、角色扮演法等。

1. 在职培训

在职培训是指员工在不离开工作岗位的前提下，管理者在日常的工作指导、开发下属技能、知识和态度的一种训练方法。其优点包括：在材料、培训师的工资或指导方案上投入的时间或资金相对较少；某一领域内的专家和同事都可以作为指导者；学员可以边工作边学习；企业一般已具备在职培训所需要的设备和设施；学员在实践中学习，培训师可以及时对学员的学习过程进行反馈。

2. 仿真模拟

仿真模拟是把培训对象置于模拟的工作环境中，让他们依据模拟的情境做出反应，分析、解决实际工作中可能出现的各种问题，为实际岗位的工作奠定基础的一种培训方法（石金涛，2002）。模拟可以让受训者在一个人造的、无风险的环境下看清他们所做决策的影响，常被用来传授生产和加工技能及管理和人际关系技能。现在，随着计算机仿真技术的发展，可以为培训者提供三维的模拟学习环境，进行虚拟现实的培训。

3. 案例分析法

案例分析法又称为案例研究法或案例研讨法，是一种体验式培训方法。案例分析法是指把工作中出现的问题作为案例，交给学员研究、分析、评价所采取的行动，指出正确的行为，并提出其他可能的处理方式，以此培养学员们的分析能力、判断能力、解决问题及执行业务能力的培训方法。

案例分析法的优点：首先，案例分析的过程需要学员高度的参与，进行讨论，最终得出结论，也就是说，与讲座法只听不参与相比，其参与性要强得多。其次，通过对个案的研究和学习，能够明显地增加员工对公司各项业务的了解，获得有关管理方面的知识和原则，提高员工解决问题的能力。最后，它是一种信息双向交流的培训方式，有助于培养员工良好的人际关系，增强企业内部的凝聚力。

案例分析法的局限：一是案例所提供的情境并不能完全真实，学员不能亲临其境，不可避免地存在失真性，二是对案例的实用性要求很高，在案例的编写和收集时，不仅要注意其与培训内容的关联性，还要看其是否能激发学员的研究兴趣。

4. 管理游戏法

管理游戏法又称为商业游戏法，是指由两个或多个参与者仿照商业竞争的原则，互相竞争并达到预期目标的方法。管理游戏法的优点在于参与者会积极参与游戏，而且游戏仿照了商业的竞争常态，情境逼真，可以刺激学习，培养学员对学科的兴趣；在培训时，往往以小组的形式进行，需要整组学员齐心协力才能取得游戏的最终胜利，因此在不知不觉中培养了学员的领导才能和团队精神，增强了公司员工的凝聚力。

5. 角色扮演法

角色扮演是指在一个模拟的环境中，规定参加者扮演的某种角色，借助角色的演练来理解角色的内容，模拟性地处理工作中的事务，从而提高问题处理能力的一种培训方式。角色扮演的优点：一是学员的参与性强，学员与培训师之间的互动交流比较充分，有助于提高学员的积极性，变被动为主动，积极参与到培训中去；二是特定的模拟环境和主题有助于训练基本技能，有利于增强培训效果；三是通过亲身体验和观察其他学员的扮演情况与行为，有助于学员发现问题，提高学员的观察能力和解决问题的能力，学习各种交流技能。

（三）团队建设法

团队建设法是指用来提高团队或群体成员的技能和团队有效性的培训方法。主要包括冒险学习法、团队培训法和行动学习法。

1. 冒险学习法

冒险学习法也称野外训练、户外培训，它是利用结构性的户外培训活动来开发团队协作和领导技能的一种培训方法。该方法适用于开发与团队有关的技能，如自我意识能力、问题解决能力、冲突管理能力和风险承担能力等。这种方法的优点是有助于学员对人际交往方式有更深刻的理解，增强个人的领导技能和团队的协作能力，进而增进企业内部的凝聚力。这种方法的难点是如何将培训内容与培训目的有机结合，提高培训成果的转化率。

2. 团队培训法

团队培训法是通过协调在一起工作的个人绩效，从而实现共同目标的培训方法。其内容包括知识、态度和行为三个方面。这种方法可以利用讲座或录像来向学员传授沟通技能，也可以通过角色扮演或仿真模拟给学员提供讲座中强调的沟通性技能的实践机会。它的方式有交叉培训、协作培训与团队领导技能培训。团队培训目前仍是企业管理中的基本培训方式之一，它在协调团队成员关系、促进成员之间的合作方面发挥着很重要的作用，极大地推动组织目标的实现。

3. 行动学习法

行动学习法就是在实践中学习，即在以学习为目标的背景环境中，以组织面临的重要问题为载体，学员（或团队）通过对实际工作中的问题、任务、项目等进行处理，从而开发人力资源和发展组织的培训方式。其最初主要是针对管理者技能的培训，现在逐渐推广到较低层级的员工培训。行动学习法还可以成为组织发展的重要工具。

行动学习法一般包括四个要点：其一，创造一种让学习者参与进来的经历，以此增多参与其中的领导者，给公司带来真正的价值。其二，简要汇报经历——从"结果"和"过程"两个方面回顾所发生的事情；其三，从结果中进行归纳：不仅要明白发生了什么，还要明白结果对学习者和公司所产生的影响；其四，学以致用，也就是用学到的东西帮助参与者成为更好的领导者，帮助公司更好地迎接相关的挑战。

行动学习法优点是，提供了一个创造性地行动和学习相结合的高效学习环境，减少了由学习到应用的时间，进而降低了培训的成本，并将所有投入最终转化为实实在在的成果；将学习者的注意力集中于结果和过程中，有助于解决各种疑难杂症、急迫难题，还可以对团队成员的表现进行及时反馈；有助于培养领导和高效团队，增强组织凝聚力，同时促进学习型组织的形成。行动学习法的局限性是要求培训师组织一系列的有效活动，因此该方法使用的项目设计以及内容尤为重要。

七、确定费用预算

通常来讲，培训设计时需要编制培训的费用预算。费用预算分为整体计划的费用预算和单独培训项目的费用预算两类。费用预算时只计算直接发生的费用，不包括间接费用或隐形成本。主要的费用支出项目有讲师授课费、教材费、培训设施费用、场地租赁费以及其他必要的费用。费用预算既是培训顺利进行的必要条件，也是培训评估的一个重要维度。

八、培训风险防范

员工培训是一项投资，有高回报也有高风险，应尽可能将风险发生的可能性与损失幅度降至最低。

（一）企业员工培训的风险

员工培训的风险主要包括以下几个方面：

一是效益回报风险。由于培训的效益体现总是具有一定的时滞性，企业如果由于短期看不到效益就对培训产生怀疑，进行大规模的调整和变动，很有可能使培训完全没有回报。

二是培训工作导向错误的风险。如果培训工作的具体目标和指导思想发生偏差，就会导致培训工作误入歧途。

三是受训者流失的风险。现代社会，人才的流动性越来越强。如果受训者流失甚至到了竞争者的企业，不仅企业投入没有回报，还会影响企业的竞争优势。

四是技术泄露的风险。每个企业都有自己独特的管理经验和专有技术，企业通过培训让更多的员工掌握它们以增强企业的竞争优势，但掌握的员工越多，泄密的可能性就越大。

(二) 风险管理的措施

风险管理的措施主要有以下几点：

一是增强对培训投资收益的认识。培训投资和其他的风险投资一样，有巨大的风险，也有丰厚的收益诱惑。如果全社会形成培训的风气，在不同企业接受过培训的员工都会得到优质的提高。这样某企业员工的流失，对其他企业来说，就是资源的共享。

二是加强培训需求分析与评估。认真进行培训需求分析。确定培训的对象、内容，选择好培训师，做好培训前的准备，不仅能增强培训效果，而且能节约资源。

三是依法签订劳动培训合同，明确企业与员工的权利义务。

四是加强企业文化的宣传和教育，增强企业的凝聚力，增强员工对企业的忠诚度。

五是建立有效的激励机制，运用制度留住人才。

第四节　培训项目的实施

培训项目的实施是员工培训的主要环节，应当根据培训目标和培训计划有序开展，并对培训过程中的各类问题及时进行调整和控制，从而保证培训工作顺利进行。培圳项目实施主要包括培训环境和培训工具的准备、课程描述、课程实施、培训实施控制等方面。

一、培训环境的准备

培训环境的准备是指培训组织者通过准备和改善培训的硬件环境与软件环境创造良好的学习氛围的过程。该工作旨在保证培训的顺利进行，使培训对象感到培训的必要性和重要性，引导员工积极地投入到培训项目中，并将所学知识和技能运用到日常工作中，加快培训成果转换的速度和效率。

首先，培训场地应具备交通便利、舒适、安静、独立而不受干扰，为受训者提供足够的自由活动空间等条件。

其次，培训场地的布置应注意一些细节，检查空调系统以及邻近房间、走廊和建筑物之外的噪声；场地的采光、灯光与培训的气氛协调；培训教室结构选择方形，便于受训者看、听和参与讨论；教室的灯光照明适当；墙壁及地面的颜色要协调，天花板的高度要适当；桌椅高度适当，椅子最好有轮子，可旋转便于移动等；教室电源插座设置的数量及距离也要适当，便于受训者使用；路面、天花板、地面及桌椅反射或影音能保持合适的音响清晰度和音量。

最后，注意座位的安排，即应根据学员之间及培训教师与学员之间的预期交流的特点来布置座位。一般地，扇形座位安排对培训十分有效，不仅便于受训者从任何角度进行观看，也便于受训者从倾听讲座转向分组实践，还便于教室里受训者相互交流。当然，也可根据培训目的与方法来布置教室，如果培训主要是获取知识，讲座和视听演示为主要培训方法，那么传统教室的座位安排就比较合适。总之，选择和准备培训场所应以培训效果为目的。

二、培训工具的准备

培训工具也是影响培训效果的重要因素，受培训预算、培训对象数量等方面的影响。通常来讲，需要准备的培训工具主要包括以下项目：①计算机；②投影仪和幻灯机；③教材与资料；④光盘及其他多媒体；⑤白色写字板和白板笔；⑥录音机和摄像机；⑦活动挂图。

三、课程描述

课程描述是有关培训项目的总体信息，包括培训课程名称、目标学员、课程目标、地点、时间、培训的方法、预先准备的培训设备、培训教师名单以及教材等。它是从培训需求分析中得到的。

四、课程计划

详细的课程计划非常重要，包括培训期间的各种活动及其先后次序和管理环节。它有助于保持培训活动的连贯性而不论培训教师是否发生变化；有助于确保培训教师和受训者了解课程和项目目标。课程计划包括课程名称、学习目的、报告的专题、目标听众、培训时间、培训教师的活动、学员活动和其他必要的活动。

五、课程实施

课程实施是对培训效果具有实质性影响的环节，培训需求分析得再好、培训项目设计得再好，如果没有高效有序的课程实施，任何培训项目都是纸上谈兵。

在课程实施中，对培训师而言，要通过各种方式吸引培训对象的注意力，调动他们参与培训的积极性和热情，以培训对象喜闻乐见的方式和语言讲授相关的知识，尽量避免专业、晦涩的词语和表达方法。课程的实施通常包括主题和自我介绍、"破冰"和培训对象介绍、培训规则介绍、课程讲授、课程回顾几个部分。对培训对象而言，应当紧跟培训师的思路，积极参与课程互动，将所学的知识和工作实际结合起来。对培训后勤服务人员而言，应做好记录工作，协调安排培训的后勤工作。

培训练习之后，培训师通常会用5~10分钟的时间对培训内容进行总结和回顾，其目的在于帮助培训对象梳理思路，这关系到他们如何把培训的内容运用到日常工作中，因此在回顾阶段，培训师通常采用引导和鼓励培训对象参与的方式完成课程回顾，并给出建议和意见。有效的课后回顾也是成功培训的主要组成部分。

六、培训实施控制

培训实施控制主要是根据培训计划对培训实施的进展不断进行控制和调整的过程。培训实施控制主要包括培训预算控制、培训内容控制、课程实施控制等方面。在培训实施控制中还可能出现一种情况，即在培训实施过程中发现培训计划有疏漏或者有不妥的地方，如课程安排不合理、工作协调困难等，可以根据培训的实际需要对培训计划进行修订。

七、员工培训中存在的主要误区

（一）新进员工不需要培训就能胜任工作

一些管理者错误地认为，新进员工只要随着时间推移，会逐渐适应环境而胜任工作，因此，一些企业忽视对新进员工进行培训，认为新员工的成功与否，基本上取决于员工本身的适应能力及其所处的小环境。企业不进行新进员工培训，或只进行敷衍了事的培训，往往会使新进员工在较长时间内很难提高工作绩效，同时也会使员工缺勤率、离职率居高不下。

（二）高层管理人员不需要培训

一些企业的最高领导人错误地认为，培训只是针对基层的管理人员和员工的，而高层管理人员不需要培训。其理由是他们都很忙；他们经验丰富；他们本来就是人才。这种认识危害极大。

（三）培训是一项花钱的工作

传统观点认为培训是企业的一种成本支出，作为成本，当然应该尽量降低，因此，一些企业在人员培训上的投入是能省则省。现代人力资源开发与管理的理论与实践反复向人们指出，培训是一项回报率极高的投资。在同样条件下，通过培训改善人力资源而使企业效益成倍增长是可望可及的事情。

（四）培训时重知识、轻技能、忽视态度

一些管理者在培训时往往片面地强调立竿见影，而知识的获得相对较容易，因此出现了"重知识"的误区。知识获取得快，遗忘得相对也快。与知识相比，技能的获取虽然较慢，但一旦掌握了技能就不易失去。再就是建立正确态度的重要性，一旦态度正确，员工会自觉地去学习知识、掌握技能，并在工作中运用。所以，正确的观点应该是在培训中以建立正确的态度为主，重点放在提高技能方面。

第五节　员工培训效果评估

一、员工培训效果评估的含义

大多数组织在员工培训和开发上花费了大量的时间和金钱，因为这些投入能与竞争优势产生一种重要的联系。与管理中的控制功能相似，在企业培训的某一项目或某一课程结束后，一般要对培训的效果进行一次总结性的评估和检查，以便找出受训者通过培训有哪些收获和提高。所谓培训评估，就是企业组织在人员培训过程中，根据培训的目的和要求运用一定的评估指标和评估方法，检查和评定培训效果的环节。

企业的培训可看成是一个 PDCA 循环。P（Plan）也就是人力资源专业人员和直线管理者共同收集信息、分析需求、拟订计划、沟通并根据企业策略变化确定调整计划；D（Do）指培训的组织与实施，就是根据已确定的教育培训计划和企业的突发性培训要求，着手课程的设计、培训讲师的确定、培训场所的准备、相关辅助材料的准备及开课等组织

工作；C（check）即培训评估，就是对培训取得的效果、资料、文件的评估以及评估之后的反馈；A（Action）即培训工作的改进，也就是根据反馈的信息修正下一次的教育培训行动，或是对整个培训体系的改进方案的实施。

在培训体系的 PDCA 循环中，培训评估环节是提高培训体系有效性的基础工作，主要有两方面的原因：一方面，培训评估的结果是人力资源管理部门向上级汇报的重要资料之一，让公司管理者和业务管理者认识到培训能帮助业务部门产生绩效，是重视、认可、支持和推进培训工作的关键任务。另一方面，通过培训评估产生的信息，从课程角度可以让讲师优化课程和提高讲课的效果；从培训组织角度可以提高培训服务水平，提高学员的满意度；从改进和优化教育培训体系角度可以提高培训工作的整体绩效。

二、培训效果评估目的的确定

在培训效果评估实施之前，必须先明确评估的目的：评估是为了明确培训项目的优势与不足，判断培训项目是否符合培训目标、培训对象是否通过培训受益，推动组织目标的实现，并对培训的成本与收益、投入与产出做出比较和鉴定，以确定下一轮培训改进的方向。此外，还要充分考虑评估的可行性、评估的价值和评估结果是否能够得到充分利用等因素，以确定是否值得进行评估。

三、培训效果评估内容的确定

学者已经提出多种培训评估内容的构成，应用最广的是柯克·帕特里克的四层次评估模型。

（一）学员的反应

在培训结束时，向学员发放满意度调查表，收集学员对培训的反应和感受。调查表中包括的主要问题有：对讲师培训技巧的反应；对课程内容设计的反应；对教材挑选及内容质量的反应；对课程组织的反应。这一阶段的评估是必不可少的，培训参加者的兴趣、受到的激励、对培训的关注对任何培训项目都是很重要的。

（二）学习的效果

确定学员在培训结束时是否在知识、技能、态度等方面得到了提高，实际上要回答一个问题——"参加者学到东西了吗？"这一阶段的评估通过对学员参加培训前和培训结束后知识、技能测试的结果进行比较，以了解他们是否学习到新的知识，同时也是对培训开始时设定的培训目标进行核对。这一评估结果也可体现出讲师的工作是否有效及有效的程度。

（三）行为的改变

这一阶段的评估要确定培训参加者是否通过培训行为发生改变，可以通过对参加者进行正式的测评或以非正式的方式如通过观察的方式来获取信息。它主要体现在"人们在工作中有使用自己所学到的东西吗？"这一问题上。尽管这一阶段的评估数据较难获得，但意义重大，只有培训参与者真正将自己所学到的知识应用到工作中去，才能达到培训的目的。需要注意的是，因这一阶段的评估只有在学员回到工作中时才能实施，所以一般要求与参加者一同工作的人员如主管人员等参加评估。

（四）产生的效果

这一阶段的评估要考察的不再是受训者的情况，而是从部门和组织的大范围内了解培训给组织带来的改变。一般要回答"培训为企业带来了什么影响?"这一问题。培训给企业带来的影响可能是经济上的，也可能是精神上的。比如，企业的产品质量得到了改善、生产效率得到了提高、客户的投诉减少了等。这一阶段评估耗费的费用、时间最多，难度最大，但对企业的意义却是重要的。

杰克·菲利普斯在柯氏模型的基础上增加了第五个层次，即投资回报率，将培训结果的货币价值以及培训项目的成本用百分比的形式表示。评估的重点是将培训项目所带来的货币利润与其成本进行比较。只有将第五级评估结束之后整个评估过程才算完成。投资回报率的计算公式为：投资回报率=培训课程净收益/培训课程成本×100%。其中，培训课程净效益为培训项目效益减去培训项目成本。菲利普斯的方法尽管迎合了培训效果量化的要求，但却忽视了人力资本培训投入的特殊性，实际操作中也比较困难。

四、培训效果评估指标的确定

通常来讲，培训效果评估指标体系主要从定量和定性两方面进行设计。定量的评估指标是指能够通过数据的统计和分析得出的指标，如生产率、人员流失率、次品率、客户投诉次数等；定性的评估指标主要是指员工的态度、工作满意度、工作的主动性等（见表6-4）。

表 6-4　培训效果评估指标体系和分类

分类	评估重点	评估指标
定量指标	知识技能	纸笔考试成绩、情景模拟成绩等
	工作产出	工作产出、工作效率、任务的完成数量、销售额、订单处理数量等
	工作质量	次品率、废品率、差错率、返修率、生产故障、存货调整等
	成本控制	预算执行情况、项目成本节约、管理成本、平均成本节约等
	时间节约	标准工时、设备停工时间、修理时间、停工时间、平均损失时间等
定性指标	学员反应	对培训内容的满意度、对培训师的满意度、对培训组织的满意度等
	行为改变	消极怠工的次数、沟通的次数、违反安全规定的次数等
	组织氛围	员工投诉、员工抱怨等
	满意度	工作满意度、态度的变化、员工忠诚度、客户或顾客的满意度
	积极性	新建议的提出、主动接受挑战性的工作等

需要指出的是，定量指标比较客观，容易测量和比较，更容易转化成货币价值，是衡量培训效果的常用指标；而定性指标往往具有较强的主观性，具有行为导向的作用，但衡量的可信性比较低，不易于衡量。在实践中，往往根据不同的培训内容，采用以定量指标为主、定性指标为辅的方法确定培训效果评估指标。

五、培训效果评估方法的确定

培训效果评估的方法有问卷调查法、访谈法、考试法、直接观察法、演讲法、情景模拟法和档案分析法等，每种方法各有优劣。因此，通常根据培训的内容和培训的方式选择适当的培训效果评估方法。

通常来讲，对于反应层面的评估主要采用问卷调查法、访谈法和直接观察法；对于知识层面的评估主要采用考试法、问卷调查法、演讲法、情景模拟法；对于行为层面的评估主要采用观察法、档案分析法和访谈法；而对于结果层面的评估主要采用分析投资回报率、绩效考核、历史数据比较等方法。

六、撰写培训效果评估报告

培训效果评估报告的内容包括：①培训背景说明；②培训概况说明；③培训评估的实施说明；④陈述或以图表形式表示培训效果评估信息；⑤培训效果评估信息的分析；⑥培训效果评估结果与培训目标的分析；⑦提出培训项目计划调整或是否继续实施的建议。

七、培训效果评估结果的应用

一方面，人力资源部门可以利用评估结果的相关信息衡量培训项目各个环节工作开展的情况，以做出改进和优化；同时也可以为绩效评估提供一定的参考意见。另一方面，培训效果评估结果可以使参训人员清楚地了解个人的培训效果，掌握现有业绩水平，从而能够帮助参训人员更好地弥补不足，促进潜能的不断挖掘。

第六节　员工培训与开发的新发展

经济全球化的不断深入和日益激烈的市场竞争给组织的生存和发展带来了极大的挑战和机遇，外部环境和客户不断给组织的适应性和快速响应能力提出更高要求，这促使员工要不断地提高自身的素质和能力。员工培训作为员工能力提升的重要途径，也随之出现了一些新的变化和发展。

一、注重对员工团队精神的培训

企业组织日益扁平化、网络化，企业中的多个部门组合成相互合作的网络，各网络结点通过密集的多边联系、互利和交互式的合作来完成共同追求的目标。这促使组织中更多团队、更多临时人员的使用，员工不仅要学会作为团队领导工作，而且更需要团队协作，成为优秀的团队成员。因此，当前的企业培训目的比以往更加广泛，除了新员工上岗引导、素质培训、技能培训、晋升培训、轮岗培训之外，培训的目的更注重组织文化、团队精神、协作能力、沟通技巧等。

二、信息技术加快向培训领域渗透

以云计算为代表的移动互联网技术的发展也正在改变着企业的培训活动，虚拟现实、在线教育（E-learning）等新培训形式层出不穷。虚拟培训组织能达到传统培训组织所无法达到的目标，它引用现代化的培训工具和培训方式，借助社会化的服务方式达到培训的目的。现代化的培训工具及方式包括多媒体培训、远程培训、网络培训、电视教学等。在虚拟培训过程中，虚拟培训组织更加注意以顾客为导向，凡是顾客需要的课程、知识、项目、内容，他们都能及时供给并更新原有的课程设计。虚拟组织还会根据差异化的需求做出创造性的设计。培训过程中强调培训者与被培训者的互动，使被培训者在角色扮演过程中提高学习的积极性。

美国培训与发展协会（ASTD）对 2005 年美国企业培训情况的调查结果显示，美国企业对员工的培训投入增长了 16.4%，E-learning 培训比例则从 24% 增长到 28%，通过网络进行学习的人数正以每年 300% 的速度增长，60% 的企业已使用网络形式培训员工。在亚太地区，越来越多的企业已经开始使用 E-learning。一些移动互联网企业甚至已经将在线教育、移动教育作为自己企业下一个发展重点。

三、企业大学更加理性

1956 年克劳顿学院的建立标志着一种全新的企业培训模式的诞生。1993 年，摩托罗拉将企业大学的理念带到中国，随后麦当劳汉堡包大学、惠普商学院、西门子管理学院逐渐步入我们的视野。企业大学因其在培养人才、满足企业对提升新技术的需要、积淀企业核心文化、推进企业战略发展从而提高企业竞争力等诸多方面的优势而越来越为企业所接受。企业大学在我国如雨后春笋般相继建立，其中不乏成功案例，但是也有不少企业，在投入大批人力、物力之后，掉入各种各样的企业大学"陷阱"。

企业大学的建立，是现代企业迈向"数字化"学习型组织的关键。正如彼得·圣吉所说，学习型组织是一个不断扩充知识的数据库，会随时向外寻找配合企业需要的知识，并且确认新观念会在公司内部广为流传；能提供热衷实验并勇于承认失败的环境。它强调团队合作、建立愿景并积极创新；它能倾听消费者的心声；它会让员工参与公司，并为员工制造福祉，以换取忠诚。企业要提升竞争力，实现自身的长足发展，就必须建立学习型组织文化。随着不断吸取企业大学创办和管理的经验教训，相信中国企业在建立企业大学、加强员工培训活动中会更加理性。

 本章小结

1. 培训与开发是指组织通过培训和开发项目改进员工能力水平和组织绩效的一种有计划的、连续性的工作。

2. 按照培训对象的不同，可以将员工培训划分为新员工培训和在职员工培训两大类；按照员工所处的层次不同，在职员工培训又可以继续划分为基层员工培训、中层员工培训和高层员工培训三类；按照培训形式的不同，可以将员工培训划分为在职培训和脱产培训两大类；按照培训性质的不同，可以将员工培训划分为传授性的培训和改变性的培训；按照培训内容的不同，可以将员工培训划分为知识性培训、技能性培训和态度性培训。

3. 培训方法：演示法、传递法、团队建设法。

4. 培训效果评估的方法有问卷调查法、访谈法、考试法、直接观察法、演讲法、情景模拟法和档案分析法等，各种方法各有优劣。

5. 员工培训与开发的新发展：注重对员工团队精神的培训，信息技术加快向培训领域渗透，企业大学更加理性。

 本章习题

1. 什么是员工培训与开发？培训与开发的区别？
2. 员工培训与开发的原则是什么？
3. 员工培训与开发活动与其人力资源管理活动的关系怎样？
4. 员工培训需求分析的内容有哪些？
5. 员工培训的设计过程怎么样？
6. 员工培训的方法有哪些？
7. 员工培训效果评估的含义是什么？
8. 柯氏评估模型的内容及完善？

第七章　职业生涯管理

 **学习目标**

系统学习职业生涯管理的内涵、理论及特征

 **学习要求**

1. 理解职业生涯管理的内涵及特点
2. 了解职业选择与职业生涯发展之间的关系
3. 熟悉个人职业生涯管理的相关理论及组织职业生涯管理的内涵

关键术语

职业；职业生涯；职业生涯设计；职业生涯管理

导入案例

跳槽的"蝴蝶效应"

王某是一家汽车公司的经理，MBA，在公司里很受器重，前途一片光明。就在他事业蒸蒸日上的时候，他准备跳槽，因为他觉得凭自己的能力，该有更好的发展。很快，王某就得到了一家热门行业公司的青睐，对方开出的条件也比较诱人，王某没有犹豫，很快便加盟了新公司。

到了新公司，"蜜月期"还没过完，王某就陷入了困境：热门专业与自己的专长相距较远，原来以为没什么关系，现在才知道并没有那么简单；老板对他这个高薪请来的人才期望很高，数次交给他"不可能完成的任务"，王某难以完成；由于业绩不佳，下属也因为他没有像他们预期的那样出色而少了尊重。一段原本美好的"姻缘"很快便走向了末路。在一次较大的决策失误后，迫于压力，王某黯然离职。

职业规划师认为，王某这一次不合适的跳槽，导致后续一系列的问题。当初他不了解新公司的环境、不清楚自己所擅长的是什么，还盲目跳槽，结果导致了入职后难以适应新环境和新工作；他误判了工作难度，结果应付不了老板的要求，但他又碍于面子没有向老板说明，结果老板又把更重的任务压在他的头上，直接导致他在重大项目上出现大的失误，最后使他被迫离职。这次的被动离职势必对王某今后的职业发展有很大的影响，也严重影响了王某的职业信心。

发生职场"蝴蝶效应"往往有两种情况：一是面对热门行业的高薪诱惑，忽略了个人的专长和能力。你有没有这个能力拿这个高薪？你能不能适应这种工作的生活状态？这些问题看似微小，很多人不去考虑，只想着能争取到这个职位。然而小问题却能造成致命伤，这就是职场"蝴蝶效应"的一种起源。二是只看职位高低，忽视新公司的环境和文化。有些人只看跳槽后的职位高低，却不去考察新公司的环境和文化。由于事先不了解新公司的环境和文化，心里没底，贸然跳槽，最后很可能新公司的"生态环境"完全不利于他这种个性的人发展。

资料来源：http://edu.china.com.cn/txt/2008-06/03/content_15603635.html.

第一节　职业生涯管理概述

随着管理对个人的关注不断增加，人力资源管理的任务不仅要为企业找到合适的工作人选，即实现员工兴趣、能力和技术等方面与岗位要求的匹配，而且要为员工在企业中不断成长和发展考虑，使他们能够发挥出自己的全部潜能，这就使得人力资源管理要更加关注职业生涯管理这一问题。也就是说，人力资源管理者需从每个员工个人职业发展出发，将之与企业组织的战略目标和人力资源规划相衔接，为员工个人提供不断成长和发展的机会，最大限度地实现员工的职业生涯目标，以获得员工的长期信任、忠诚和支持，从而最终实现企业组织的长远目标。

一、职业生涯管理的概念

（一）职业

职业一般是指人们在社会生活中所从事的以获取报酬为目的的工作。职业是社会分工的必然产物，但具体如何分工，划分什么工种、岗位，则是人们根据客观经济运行和社会经济发展的需要而设置、划分和归类。人类社会的发展和文明的进步为人们提供了越来越多的职业，而人们通过职业活动又推动了包括企业组织在内的社会发展。职业具有以下特性：一是社会化，职业是社会所需要的，是劳动者进行的社会生产劳动；二是连续性，是指劳动者连续地从事某种社会工作，或者从事该项工作相对稳定，才称之为职业；三是经济性，指劳动者从事某项职业，必定要从中取得经济收入。

（二）职业类型

因为各国经济发展水平不同、社会发展历史各异，所以不同国家对职业的具体分类不尽相同。1958年，国际劳工组织制定了《国际标准职业分类》，将职业分为8大类，包括专家、技术人员及有关工作者；政府官员和企业经理；事务性工作者和有关工作者；销售工作者；服务工作者；农业、牧业和林业工作者，渔民和猎人；生产和有关工作者，运输设备操作者和劳动者；不能按职业分类的劳动者。我国 1999 年 5 月颁布的《中华人民共和国职业分类大典》将我国职业分为 8 个大类，66 个中类，413 个小类，1838 个细类（职业）。8 个大类分别为：国家机关、党群组织、企业、事业单位负责人；专业技术人员；办事人员和有关人员；商业、服务业人员；农、林、牧、渔、水利业生产人员；生产、运输设备操作人员及有关人员；军人；不便分类的其他从业人员。

任何一种职业，都有其社会功能，也有一定的社会地位，即职业地位。职业地位取决于该职业所具有的权力、升迁机会、薪资、发展前途和工作条件等。按照职业的社会地位和社会对职业的价值取向所作的职业等级排位，叫职业分层。目前，美国广泛流行的职业分层方法有阿尔伯·爱德华在 1940~1950 年人口统计工作中所用的分层。他将职业由高到低分为 6 个层次：专业人员；产业主、经理和官员；职员及类似职业；熟练工人及工段长；半熟练工人；非熟练工人。

此外，理查德·塞特的职业地位分层方法也受到广泛认可。他将职位按职业社会地位由低到高依次分为 7 个层级：非熟练体力劳动者；半熟练体力劳动者；熟练体力劳动者；白领工人；小企业所有者和经营者；专业人员；工商业者。需要指出的是，职业分层与职业分类不同，它不是由政府作出的，而是由社会根据当前的价值取向进行的排序，职业间存在高低等级差异，并被社会公众广泛地认可和遵从。一时一地的职业分层，能在很大程度上影响从业者的职业选择和对未来的职业发展期望。

（三）职业生涯

一个人在一生中从事的各种工作的总称，即客观职业的总和称为他的职业生涯。职业生涯管理是组织通过帮助成员设计职业发展计划，并从组织上给予这种计划实现的保证，从而达到满足其成员的职业发展愿望，满足组织对成员不断提升的质量要求，进而实现组织发展目标与个人发展目标的协调和相互适应，实现组织与员工的共同成长、共向受益。职业生涯管理的前提是，假定人的命运是能够被掌握的，人能够通过谋求职业上的成功获得满足。

职业生涯管理主要包括两种：一是组织职业生涯管理（Organizational Career Management），是指由组织实施的，旨在开发员工的潜力、留住员工、使员工能自我实现的一系列管理方法；二是个人职业生涯管理（Individual Career Management），是指社会劳动者在职业生命周期（从进入劳动力市场到退出劳动力市场）的全过程中，由职业发展计划、职业策略、职业进入、职业变动和职业位置等一系列变量构成。

二、职业生涯管理的特点

从职业生涯管理的内涵中可以看出职业生涯管理具有以下特点：

首先，在职业生涯管理过程中，企业与员工必须共同承担责任。企业和员工都必须承担一定的责任，无论是个人或企业都不能过分依赖对方，因为许多工作是对方不能替代的。从员工角度看，个人职业生涯规划必须由个人决定，要结合自己的性格、兴趣和特长进行设计。而企业在进行职业生涯管理时，所考虑的因素主要是企业的整体目标，以及所有企业成员的整体职业生涯发展，其目的在于充分发挥企业成员的集体潜力和潜能，最终实现企业发展目标。

其次，职业生涯信息具有重要意义。在职业生涯管理中，员工个人需要了解和掌握有关企业各方面的信息，如总体发展战略、人力资源的供求情况、职位的空缺与晋升情况等；企业也需要全面掌握员工的个人性格、兴趣、特长、智能、潜能、情绪以及价值观等。此外，职业生涯信息处于动态变化之中，随着企业的经营重点、人力需求、员工能力、员工需求、员工的职业生涯目标不断变化，企业必须对管理信息不断地进行维护和更新，才能保证信息的有效性。

最后，职业生涯管理具有动态性特征。每个企业员工职业生涯的不同阶段，其发展特征、发展任务以及应注意的问题都是不相同的，因此对每一个阶段的管理也应有所不同。出于决定职业生涯的主客观条件的变化，企业成员的职业规划和发展也会发生相应变化，职业生涯管理的侧重点也应有所不同以适应情况的变化（见图7-1）。

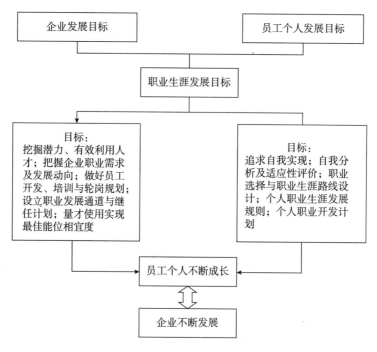

图7-1 职业生涯管理流程

三、职业生涯管理中的责任划分

职业生涯管理涉及公司组织、人力资源部、部门主管及员工等多方面，它们承担着不同的责任。组织职业生涯管理的实施主体是组织人力资源部和员工的直接管理者，由他们具体地和员工商谈，确定各员工的职业生涯发展规划，并由组织人力资源和各级管理者解决员工的职业生涯发展中所遇到的问题，满足其所需要的条件。此外，员工的直接上司还要经常和员工交谈，让员工知道自己职业生涯状况及应对策略，让员工主动、合理、科学地发展。

进行职业生涯管理活动时，人员选拔环节需要明确工作需求及个人的特点，以期两者实现有效匹配；绩效考评环节需要指导和教导员工达到可能最好的绩效，提高工作满意度；职业生涯发展和评估环节需要每年评估每个员工的潜力和准备为其安排的工作，使其与公司的发展需求相配合，并且能确保组织的效能和持续成长。各责任主体的任务有所不同，明确各个参与主体的责任是完成职业生涯管理的操作基础。

职业生涯管理活动的参与方包括员工、部门主管、人力资源部门和公司组织，其各自的责任如下：

（一）员工的责任

从传统的角度看，企业在职业生涯管理中承担主要的责任。企业告诉员工职业发展的空间，对员工的方方面面进行评价，安排员工培训、工作轮换等，员工则相对被动地接受这一切。新型的职业生涯概念是富有变化的，企业和员工之间的心理契约被削弱了。因此，员工在个人的职业生涯规划中负有更多责任，企业也希望员工能够管理好自己的职业生涯。员工要主动地从各个方面获取关于自己优点和不足的信息，增强自我认识，明确自己的职业发展处于什么阶段，确定自己的发展目标，了解企业内部有哪些发展机会，积极地参与企业的职业生涯管理计划。具体来说，员工在评价自己的能力、兴趣和价值观的过程中，必须真诚地提供自我相关资料，争取晋升；主动分析职业生涯选择的合理性；确立发展目标和需要；考虑上级的发展愿望，和上级一起协调行动计划；努力落实制定的行动计划。

（二）部门主管的责任

人力资源管理方面的责任应该成为部门主管工作职责中的一个重要部分。企业人力资源管理的许多职能，如绩效考核、人员的招聘选拔等，都需要各个部门主管的密切合作才能完成。在职业生涯管理中，部门主管仍然扮演一个主要的角色。有时员工会到主管那里寻求职业生涯发展方面的信息，如企业内可能的职业空缺、个人对某项工作胜任的可能、进修和培训发展机会等。主管需要明确工作要求，评价工作绩效，根据对员工的个人情况以及企业发展目标的了解，为员工提供职业发展方面的建议。作为催化剂，部门主管除了界定工作所需的技能、知识和其他特殊条件外，还要使员工对职业发展过程本身产生认识；不断评价员工的目标和组织发展需要相契合的现实性，对员工提供持续的反馈和教导；对员工进行辅导，使员工发展和组织发展互相辅助，指导开放和真诚的讨论，提供真实的信息和反馈资料；跟踪员工的计划，根据形势进行辅导和更新。

（三）人力资源部门的责任

在职业生涯管理中，人力资源部门发挥着重要的作用，包括设计企业的职业生涯管理系统；对员工的技能、职业条件、工作动机、职业价值观等进行评估；为各个部门执行企业的职业生涯管理计划提供辅助；直接为员工提供职业发展方面的咨询建议。人力资源部门必须有心理学方面的专长，对员工的个人特性有深刻的理解，特别是对企业中的核心员工的个人特点要全面准确地掌握。此外，监督实施企业的职业生涯管理计划也是人力资源部门的重要职责。例如，向员工提供职业生涯规划所需的样板、资源、辅导和信息；为员工、管理者以及参加具体实施职业生涯管理的管理者提供必要的培训；向员工提供技能培训，以及在职锻炼和发展机会；确定甄选、晋升的标准，监督职业生涯管理过程，保证一致和公平。为了使职业生涯管理系统有效地运行，各级管理人员须接受专门培训，熟练开展人力资源管理各项职能工作，如绩效考核、职业规划、技能咨询等。

（四）公司组织的责任

公司组织的责任是制定职业生涯管理系统，为职业生涯管理提供相应的资源，如职业生涯顾问、职业发展阶梯、职业发展的相关信息、为员工进修提供工作时间安排上的方便、报销学费等。此外，公司应对已经制定的职业生涯管理系统的执行情况进行监督，就像对企业的任何一项工作都要进行监督一样。并且，应有支持员工发展的领导，以及支持员工职业生涯发展的开放和真诚的文化氛围。最后，公司应负责对职业生涯管理系统运作的效果进行评价分析。

总之，企业要建立一个完整的职业生涯管理体系，公司的最高领导对这项工作要充满热情，同时有各种管理政策给以支持。员工最初进入企业，就要被纳入这个职业生涯管理系统当中去。

第二节　职业生涯管理理论

一、约翰·霍兰德的人业互择理论

美国学者约翰·霍兰德（John Hollander）于1959年提出了具有广泛社会影响的人业互择理论。这一理论首先根据劳动者的心理素质和择业倾向，将劳动者划分为六种基本类型，相应的职业也划分为如表7-1所示的六种——实际型、学者型（研究型）、艺术型、传统型（常规型）、事业型（企业型）、社会型。

表7-1　霍兰德的六种职业类型划分

类型	劳动者	职业
实际型	①愿意使用工具从事操作性强的工作 ②动手能力强，做事手脚灵活，动作协调	通常需要一定体力，需要运用工具或操作机器，如工程技术工作、农业工作
学者型	①抽象思维能力强，求知欲强，肯动脑思考，不愿动手 ②喜欢独立和富于创造性的工作 ③知识渊博，有学识才能，不善于领导他人	主要指科学研究和科学试验工作
艺术型	①喜欢用艺术创作来表现自己的才能，实现自身价值 ②具有特殊艺术才能和个性 ③乐于创造新颖的、与众不同的艺术成果，渴望表现自己的个性	主要指各类艺术创作工作
传统型	①喜欢按计划办事，愿意接受他人的指挥和领导，自己不谋求领导职位 ②不喜欢冒险和竞争 ③工作踏实、忠诚可靠、遵守纪律	主要指各类与文件档案、图书、统计报表之类相关的各类科室工作
事业型	①精力充沛、自信、善交际、具有领导才能 ②喜欢竞争、敢于冒险 ③喜爱权力、地位和物质财富	主要指那些组织与影响他人共同完成组织目标的工作

续表

类型	劳动者	职业
社会型	①喜欢从事为他人服务和教育他人的工作 ②喜欢参与解决人们共同关心的社会问题，渴望发挥自己的社会作用 ③比较看重社会义务和社会道德	主要指各种直接为他人服务的工作，如医疗服务、教育服务、生活服务等

约翰·霍兰德的职业性向理论的意义在于提供了一个劳动者与职业的相互选择和适应的方法，劳动者如果能与职业互相结合，便能达到理想的工作和适应状态，从而可以充分发挥自己的才能和主观能动性，提高工作的满意度。

现实中的人多数具有多种性向。约翰·霍兰德指出，这些性向越相似，那么一个人在选择职业时所面临的内在冲突和犹豫就会越少。为了进一步说明这种情况，他建议将这六种性向分别放在一个正六角形的每一个角上，每一个角代表一个职业性向。两种性向越接近，它们的相容性就越高。如果某人的两种性向是紧挨着的话，那么这个人将会很容易选定一种职业；如果此人的性向是相互对立的话，那么这个人在选择职业时容易陷入两难境地。

二、职业生涯发展理论

对职业生涯发展理论做出贡献的有金斯·伯格（Jeans Borg）、格林·豪斯（Green House）、萨伯（Suble）和施恩（Sean）。其中，施恩提出将人的一生分为九个阶段：

成长阶段（0~20岁）：这一阶段人不仅完成身体方面的成长，而且完成了对知识的获取、职业兴趣和才能的培养。

进入工作实践阶段（16~25岁）：在这段时间内，劳动者初次进入劳动力市场寻找工作，与雇主达成协议，成为组织的一员。

基础培训阶段（16~25岁）：在这期间，劳动者获得组织成员资格，开始融入组织适应工作，完成安排的工作任务。

早期职业的正式成员资格阶段（17~30岁）：在这期间，劳动者开始履行与职业相关的义务，承担责任，进一步发展完善自己，为以后的职业发展奠定基础。

职业分析阶段（25岁以后）：这一阶段，劳动者一般担当重要职务或承担重要责任，劳动者经过一段时间的工作实践，开始冷静地分析自己从事的职业，重新确定或再次作出职业选择，包括为了获得更大的职业发展而重新回到学校继续学习，进行自我开发，制订长期的职业发展计划。

职业中期危险阶段（35~45岁）：这期间，劳动者较为现实地评估自己的能力、职业目标及职业前景，对前途作出更具体的决定。

职业后期阶段（40岁至退休）：在这期间，劳动者由于各方面都成熟，承担更为重大的责任，达到事业的顶峰。之后，能力、精力开始下降，开始追求职业的稳定。

衰退与离职阶段：这一阶段中，劳动者接受能力、精力下降，准备退出职业生涯，接受角色的转换。

退休阶段：劳动者从社会回到家庭，适应社会角色的转换，建立新的价值观。

尽管个人的职业生涯发展呈现出一定的阶段性，但也应该注意到职业生涯发展阶段是持续性的过程，因此，在各个阶段之间并没有明显的区分。各个阶段经历的时间长短，常因个人的个别差异及外在环境的影响有所不同。每个人需透过上述职业生涯发展阶段来完成自我的职业观念，并配合自己的兴趣、能力以试探最适合自己的职业发展目标，进一步建立起稳固的专业地位，获得成就。

三、佛隆的"职业动机理论"

佛隆（Forelong）认为，"人的行为受其动机驱使，人在选择职业时也不例外，不过此处主要受职业动机的影响"，相关的公式如下：

竞争系数＝职业缺口数/求职者数目

职业实现概率＝职业需求×竞争力×竞争系数×随机概率

职业效价＝职业价值观×职业中各要素评估值

职业动机强度＝职业效价×职业实现概率

职业中各要素是指求职者对某项工作的兴趣、从事该职业能得到的薪水、拥有的名望和工作环境等。

四、迈尔斯-布瑞格斯类型诊断量表

迈尔斯-布瑞格斯类型诊断量表是用于人员开发的最为流行的心理测试。美国每年有200万人参加该测验。它包括100多个问题，涉及人们在不同的环境中的感觉及行为意愿，如你平时是相当活跃，还是较为安静或保守？该测验的创始人卡尔·金认为，个人行为的差异由决策能力、人际交往和信息收集偏好所决定。

迈尔斯-布瑞格斯类型诊断量表可以辨别个人在性格（内向与外向）、信息收集（感知与直觉）、决策（思考与感觉）、生活方式（判断与认知）方面的不同偏好。在迈尔斯-布瑞格斯类型诊断量表中，假定人各有各的个性。个性评估分类系统的依据是一个人个性的四个基本特征，我们称之为"层面"，因为它们可以看作是两种极端之间的连续体。例如，我们与世界怎样互动，能量释放到何处：外向型/内向型；我们留意的信息种类：感知型/直觉型；我们的决策方式：思考型/感觉型；我们喜欢一种更有条理还是更随意性的生活方式：判断型/认知型。

（一）个性的第一层面

个性的第一层面与人们对周围世界的互动有关。一些人喜欢交际，另一些人则注重独处。外向型的人通过人际关系获取能量，并把精力放在身外的世界上，主动与人交往，与人为伴时就精神抖擞，通常认识很多人，喜欢互动。内向型的人通过个人思考和感觉获取能量，他们专注于自我的内心世界，喜欢独处并陶醉其中；他们总是先想后做，这意味着心理活动居多；他们不喜欢受人关注，一般比外向型的人更矜持。

（二）个性的第二层面

个性的第二层面与人们平时注意的信息有关。有一些人注重事实，而有一些人更注重愿望。感知型的人倾向于收集详细的事实资料，他们注重自己看到、听到、触到、嗅到和尝到的具体感受；他们只相信可以测量、能够记录下来的东西，只注重真实可靠的事；他们也相信自己的个人经验。直觉型的人较少关注事实资料，而侧重于思考各种可能性之间的彼此联系，他们更相信"第六感觉"（直觉），善于理解表面信息以外的含义，对一切事情都要寻求一个内在意义；他们总能预测事件的发生，通常不愿意维持事物的现状，总想来点新花样。

（三）个性的第三层面

个性的第三层面涉及人们作决定和结论的方式。思考型的人在决策时较为客观，他们喜欢符合逻辑的决策，善于客观地分析一切，并常引以为豪。感觉型的人常根据自己的喜好和感觉决策，他们很能体贴人，常富有同情心，并因此自以为荣。

（四）个性的第四层面

个性的第四层面所关注的，是一个人更愿意讲条理还是随意地生活。判断型的人条理性很强，只要生活安排得有条不紊，他们就快乐无比。他们凡事总要断个分明，喜欢决策。认知型的人生活散漫随意，生活机动性强时最高兴，乐意尝试一切可能的事情；他们往往理解生活，而不是努力控制生活。

五、埃德加·施恩的职业锚理论

埃德加·施恩（Edgar Sean）认为，职业规划实际上是一个持续不断的探索过程。在这一过程中，每个人都在根据自己的天资、能力、动机、需要、态度和价值观等慢慢地形成较为明晰的与职业有关的自我概念。施恩还说，一个人随着对自己越来越了解，会越来越明显地形成一个占主要地位的职业锚（Career Anchor）。所谓职业锚，就是指当一个人不得不做出选择时，他无论如何都不会放弃的职业中的那种至关重要的东西或价值观。正如"职业锚"这一名词中"锚"的含义一样，职业锚实际上就是人们选择和发展自己的职业时所围绕的中心。一个人对自己的天资和能力、动机和需要以及态度和价值观有了清楚的了解之后，就会意识到自己的职业锚到底是什么。

一个人的职业锚由三个部分组成：一是自己认识到的才干和能力（以各种作业环境中的实际成功为基础）；二是自己认识到的自我动机和需要（以实际情境中的自我测试和自我诊断以及他人的反馈为基础）；三是自己认识到的自我的态度和价值观（以自我与组织和工作环境的价值观之间的实际状况为基础）。施恩根据自己在麻省理工学院的研究指出，要想对职业锚提前进行预测是很困难的，这是因为一个人的职业锚是不断发生着变化的，它实际上是一个不断探索过程所产生的动态结果。有些人也许一直都不知道自己的职业锚是什么，直到他们不得不做出某种重大选择的时候，如到底是接受公司将自己晋升到总部的决定，还是辞去现职，转而开办和经营自己的公司。正是在这一关口，一个人过去所有的工作经历、兴趣、资质、性向等才会集合成一个富有意义的模式（或职业锚），这个模式或职业锚会告诉此人对他个人来说到底什么东西是最重要的。

职业锚的有两个特点：一是通过个人的职业经验逐步稳定、内化下来；二是当个人面临多种职业选择时，职业锚是最不能放弃的自我职业倾向。个人不能在最初就业就很明确自身所向往的工作的特点，而是需要通过一段职业经历才能确定个人的职业价值观或所关注的工作焦点。施恩根据自己对麻省理工学院毕业生的研究提出了五种职业锚理论，后由其他研究机构在1992年扩展为八种职业锚。

（一） 技术或功能型职业锚

具有较强的技术或功能型职业锚的人往往不愿意选择那些带有一般管理性质的职业，因为这将意味着他们放弃在技术/职能领域的成就。相反，他们总是倾向于选择那些能够保证自己在既定的技术或功能领域中不断发展的职业。他们喜欢面对来自专业领域的挑战。

（二） 管理型职业锚

有些人则表现出成为管理人员的强烈动机，"他们的职业经历使他们相信自己具备被提升到一般管理性职位上去所需要的各种能力以及相关的价值倾向"。必须承担较高责任的管理职位是这些人的最终目标。当追问他们为什么相信自己具备获得这些职位所必需的技能时，许多人回答说，他们之所以认为自己有资格获得管理职位，是因为自己具备以下三个方面的能力：一是信息分析能力，指在信息不完全以及不确定的情况下发现问题、分析问题和解决问题的能力；二是人际沟通能力，指在各种层次上影响、监督、领导、操纵以及控制他人的能力；三是情感能力，指在情感和人际危机面前只会受到激励而不会受其困扰和削弱的能力，以及在较高的责任压力下不会变得无所作为的能力。具体的技术/功能工作仅仅被看作是通向更高、更全面管理层的必经之路。

（三） 创造型职业锚

具有创造型职业锚的人都有这样一种需要："建立或创设某种完全属于自己的东西，如一件署着他们名字的产品或工艺、一家他们自己的公司或一批反映他们的成就的个人财富等"。创造型的人希望使用自己的能力去创建属于自己的公司或创建完全属于自己的产品（或服务），而且愿意去冒风险并克服面临的障碍。他们想向世界证明公司是他们靠自己的努力创建的。他们可能正在别人的公司工作，但同时他们在学习并评估将来的机会，一旦感觉时机到了，他们便会自己走出去创建自己的事业。

（四） 自主与独立型职业锚

这一类人在选择职业时似乎被一种自己决定自己命运的需要所驱使着，他们希望摆脱那种因在大企业中工作而依赖别人的情况，因为当一个人在某家大企业中工作时，他的提升、工作调动、薪金等诸多方面难免要受别人的摆布。有些毕业生虽然有着强烈的技术或功能导向，他们却不想像持有技术或功能型职业锚的人那样到某一个企业中去追求这种职业导向，而是决定成为一位咨询专家，要么是自己独立工作，要么是作为一个相对较小的企业的合伙人。具有这种职业锚的一些人则成了工商管理方面的教授、自由撰稿人或小型零售公司的所有者等。自主与独立型的人希望随心所欲安排自己的工作方式、工作习惯和生活方式，追求能施展个人能力的工作环境，最大限度地摆脱组织的限制和制约。他们宁愿愿意放弃提升或工作扩展机会，也不愿意放弃自由与独立。

（五） 安全型职业锚

安全/稳定型的人追求工作中的安全与稳定感。他们因可以预测将来的成功而感到放松。他们关心财务安全，如退休金和退休计划。稳定感包括诚信、忠诚，以及完成老板交代的工作。尽管有时他们可以达到一个高的职位，但他们并不关心具体的职位和具体的工作内容。对于那些对地理安全性更感兴趣的人来说，如果追求更为优越的职业，意味着要在他们生活中注入一种不稳定或保障较差的地域因素的话——迫使他们举家搬迁到其他城市，那么他们会觉得在一个熟悉的环境中维持一种稳定的、有保障的职业是更为重要的。

对于另外一些追求安全型职业锚的人来说，安全则是意味着所依托的组织的安全性。他们可能优先选择到政府机关工作，因为政府公务员是一种终身性的职业。这些人显然更愿意他们的雇主来决定他们从事何种职业。

（六）服务型职业锚

服务型的人指那些一直追求他们认可的核心价值的一群人，如帮助他人、改善人们的安全、通过新的产品消除疾病等。他们一直追寻这种机会，即使这意味着变换公司。另外，他们也不会接受不允许他们实现这种价值的工作变换或工作提升。

（七）挑战型职业锚

挑战型的人喜欢解决看上去无法解决的问题，战胜强硬的对手，克服无法克服的困难、障碍等。对他们而言，参加工作或职业的原因是工作允许他们战胜种种不可能。新奇、变化和困难是他们的终极目标。如果工作非常容易，他们会感到厌烦。

（八）生活型职业锚

生活型的人喜欢允许他们平衡并结合个人的需要、家庭的需要和职业的需要的工作环境，他们希望将生活的各个主要方面整合为一个整体。正因为如此，他们需要一个能够提供足够的弹性让他们实现这一目标的职业环境，甚至于牺牲他们职业的一些方面，如提升带来的职业转换。他们将成功定义的比职业成功更广泛。他们认为自己在生活、处理家庭事务及组织中的发展道路等方面是与众不同的。

第三节　职业生涯设计

一、职业生涯设计的含义

职业生涯设计是职业生涯管理过程中的重要步骤。它是指管理者和组织成员在对组织进行需要评估、绩效和潜能评估、组织持续发展计划评估等认知评价的基础上，把组织目标转化为个人发展的程序及发展计划的过程。它包括了职业咨询、管理培训等方面的内容。正确理解职业生涯设计的含义，需要从以下四个方面入手：

（一）职业生涯设计是就个人而非组织而言的

职业生涯管理的主体不是某个企业或组织，而是企业或组织中的员工个体。企业或组织可能对员工个人的职业生涯设计产生重要影响，但这是通过影响员工对自身、环境、目标的认知间接产生的，并非必然。而且，许多个人职业生涯设计的实现是在唯一组织内工作时无法实现的，在这种情况下，个别组织对职业生涯设计的约束、影响力更小了。

（二）职业生涯设计包含确定和实施的整个过程

职业生涯设计是个体在职业生涯中有意识地确立目标并追求目标实现的过程。确立目标要基于对内外条件的认识分析，目标确立后要通过职业活动去实现。随着内外条件的不断变化和职业活动的成果的出现，职业目标可能会更加明晰，或是需要在反馈后加以修正。职业目标的确定、实现、明晰和修正都离不开组织，甚至需要组织的主动参与和帮助。

（三）职业生涯设计中的职业目标同工作目标既有差异又有联系

工作目标是个人在目前的岗位上想要完成的任务目标，可以是自设的，也可以是给定的。工作目标一般较具体，是同本职工作紧密相关，随时间而变化的短期目标。职业目标相对来说较为抽象，涉及长期规划，而且不一定完全同时下工作有关。但是，职业目标的达成，尤其是在单一专业或组织内部提升的目标，同工作目标的选择及完成情况的关系密切。可以说，选择适当的工作目标并很好地实现这些目标是最终达成职业目标的最佳途径。

（四）员工职业生涯设计应该有助于组织目标的达成

组织是员工个体职业生涯的重要场所。在对自身和环境进行分析、确定职业目标的过程中，许多员工需要来自外界的指导和帮助。借助聘用、培训、评估、晋升等有效手段，可对员工的职业生涯设计产生巨大影响。组织既有责任帮助员工发展和实现自己的职业生涯设计，又有必要加以引导，使员工职业生涯设计的发展同组织整体发展目标相和谐。

二、职业生涯设计的目的、作用和影响因素

（一）职业生涯设计的目的

职业生涯设计最初的目的可能是为员工提供一种学习体系，被称为"自我组织学习体系"。但在这种学习体系中，对学习有更加广泛的解释，它包括自我发展的所有方面或者一些与员工现在的工作甚至将来的职业关系较小的学习活动。然而，一般人认为，学习应该围绕与工作相关的技术或知识进行，以利于使用者获得职业发展所需求的经验。例如，在某大型公司，制定职业生涯设计的目标是"让员工获得技术以使其更适应当前的工作，或适应工作本身的改变"。

职业生涯设计应该把目标的重心放在什么地方？一些研究显示，许多企业所制定的职业生涯设计的重点通常集中于工作上或职业发展上，或者将二者综合起来，而很少集中在整个人的发展上。这种仅仅关注于发展当前工作所需技术的个人计划是不会受到员工们的欢迎的，而那些对个人和其未来有深远影响的计划，可能会带给员工不断的鼓励，对员工产生更深层次的影响。因此，职业生涯设计的焦点应放眼于员工的未来，促进其终生学习和发展。

具体而言，职业生涯设计任务主要包括以下六项：

一是确定企业发展目标和企业职业需求规划。根据企业现状、发展趋势与发展规划，明确企业的发展目标，并据此确定不同时期企业的职业发展规划与职位需求。

二是帮助员工开展职业生涯规划与开发管理。企业为员工提供工作分析资料，工作描述、宣传经营理念、人力资源开发的策略等，员工据此设定自我发展目标与开发计划，使个人的目标与企业目标相配合。

三是开展与职业生涯管理相结合的绩效评估工作。绩效评估工作包括工作业绩与表现的评估、工作士气的调查，并提供相关回馈资料给企业或员工。配合企业发展目标与方向，晋升优秀员工，提供生涯发展路径，及早确认有潜力者，确定甄选升迁标准，使员工公平竞争。

四是职业生涯发展评估。企业应协助员工确定职业生涯发展目标，并进行科学的评估，找出员工的优缺点及企业的优劣势，分析员工职业生涯发展的可能性。

五是工作与职业生涯的调适。根据绩效、生涯发展的评估结果，对员工的工作或职业生涯目标作适当的调整，使员工的工作、生活与目标密切融合。

六是职业生涯发展。职业生涯发展工作包括各种教育与训练、工作的扩大与丰富化、责任的加重、激励措施等。

随着员工受教育程度和收入水平的不断提高，他们的工作动机也趋于高层化和多样化。人们参与工作更多的是为了获得成就感、增加社会交往、实现个人发展的理想，那么他们的这些需要如何满足呢？这就对组织的管理活动提出了许多新的要求。

（二）职业生涯设计的作用

职业生涯设计的内容包括职业目标的设定和有效实现职业目标的途径。职业生涯设计决定个人一生事业成就的大小，也关系到公司目标的成败。从企业角度来考虑，职业生涯设计主要是企业对员工职业生涯的管理。通过这一手段，企业不但能保证未来人才的需要，而且能使人力资源得到有效的开发。

职业生涯设计的最大作用在于：既能最大限度地满足个人需要，也能最大限度地满足组织的需要。职业生涯应该由社会和企业组织来进行管理，这样才能保证有效地利用人力资源和资金，实现企业的目标。具体来说，职业生涯管理具有以下一些重要作用：

第一，有利于实现生产资料与劳动力的最佳结合，有利于员工个人和社会的职业稳定。人们在就业后进行职业再选择，有利于进一步优化劳动力与生产资料的配置。

第二，有利于员工社会化的顺利进行与实现。在人一生的社会化过程中，以成人阶段的社会化为最主要，持续时间也最长。成人社会化又可以分为职业社会化和婚姻社会化两个方面，显然，职业社会化更为重要。职业生涯管理有助于员工真正成为独立的人，进入到社会中，塑造自我，适应社会，并改造社会，服务社会。

第三，可以达到多方面的社会效益。在实行充分选择的条件下，人们可以各得其所、各司其职、各尽其责。职业生涯管理为各级组织的领导识别、选择、使用和开发人才提供了科学的依据，进而提高了选拔、利用人才的有效性。

第四，可以促进人的全面发展。职业生涯管理有利于培养员工积极的生活态度和敬业精神，培养员工的自强、自立、自主精神；有利于员工个人根据社会和职业岗位的需要提高自己的文化水平、职业能力；有利于鼓励人的进取精神，全面提高人的素质。

职业生涯设计的哲学理念既指推进职业生涯来满足组织和个人的需要，也指在变化的条件下，从生产力和员工满意度的观点出发来使组织中员工的潜力得到最大限度的发挥。职业生涯设计程序总是基于组织的需要而制定，但必须认识到，如果个人的需要被忽略，那么组织的需要将不会得到满足。

对于个人来说，有时发展并不必然意味着晋升，组织可用多种形式来满足员工个人的需要帮助他们实现个人目标。对于有发展雄心的人和加速晋升者的特别关照可能使大多数员工感到被忽略，因为每个人都需要被激发、被鼓励和获得发展技能和就业能力的机会。职业生涯设计时必须考虑以下各项内容：①组织应认识到，每个员工都有个人需要和愿望，而且其能力是不同的；②组织应对员工个人的追求和需要做出反应，使员工受到更大的激励和驱动；③如果个人得到了适当的机会、鼓励和指导，他们会成长、变化和寻求新的发展方向。

（三）职业生涯的影响因素

一个人的职业道路选择、职业发展和事业成功，受到个人、家庭和社会多方面的影响。总的来看，影响职业生涯的因素包括以下几个方面：

1. 教育状况

教育是赋予个人才能、塑造个人人格、促进个人发展的社会活动，它对人的职业生涯有着巨大的影响。教育对于人的职业生涯有巨大影响的原因是它奠定了一个人的基本素质。首先，不同教育程度的人在个人职业选择与被选择时具有不同的能量，这种能量关系着职业生涯的开端与适应期是否良好，还关系着其以后在发展、晋升方面是否顺利；其次，人们所接受教育的专业、职业种类，对于职业生涯有着决定性的影响，往往成为其职业生涯的前半部分甚至一生的职业类别。即使人们转换职业，也往往与所学的专业有一定联系；或者以所学的专业知识、技能为基础，流动到更高层次的职业岗位上。此外，人们所接受的不同等级的教育、所学的不同学科门类、所在的不同院校及其不同的教育思想，会带来受教育者的不同思维模式和意识形态，从而使人们以不同的态度对待自己、对待社会、对待职业的选择与生涯的发展。

2. 家庭环境

一个人的家庭也是造就人的素质和影响人的职业生涯的主要因素。人在幼年时期就开始受到家庭的深刻影响，长期潜移默化的结果会使人形成一定的价值观和行为模式；人还会受到家人的教诲和各种影响，自觉或不自觉地掌握一定的职业知识和技能。这种价值观、行为模式、职业知识和职业技能，必然从根本上影响一个人的职业理想与人生目标，影响着其职业选择的方向、选择中的冒险与妥协程度、对职业岗位的态度和工作中的行为等。

3. 个人追求与心理动机

人们在就业时，出于对不同职业的评价和价值取向，要从社会众多的职业中选择其一；就业后，也要从若干个人发展机会中进一步做出职业生涯的调整。这种选择和调整是为了使自身获得更大的满足，取得他人与社会的承认，取得自己的成功。一般来说，人在年轻时精力充沛，成功的目标和择业的标准会比较高。人到成年，特别是人过中年，越来越现实，成功的目标和择业、转职的标准会很实际，更加贴合社会与所在组织的情况。

4. 机会

机会是一种随机出现的、具有偶然性的事物。这种机会，既包括社会各种职业对于个人而言的随机性岗位，也包括所在的组织给个人提供的培训机会、发展条件和向上流动的职业情境。机会虽然是具有偶然性的事物，但由此就认为机会对于个人是"可遇而不可求"的，只能等待、只能"碰"，这种想法显然过于消极。素质与机会有着一定的联系。天地之间，人是主人，大千世界中机会是客观存在的，发挥个人的高素质和能动性，可以使自己"寻找"到新的、较好的发展机会。

5. 社会环境

社会环境通常是指社会的政治经济形势、涉及人们职业权利的管理体制、社会文化与习俗、职业的社会评价及时尚等大环境。这些环境因素决定着社会职业岗位的数量与结构及其出现的随机性，从而决定了人们对不同职业的认定和步入职业生涯、调整职业生涯的决策。进而言之，社会环境决定了社会职业结构的变迁，从而也决定了人的职业生涯不可抗拒、不可逆转的变动规律。

除了上述宏观方面的内容外，社会环境还指个人所在的学校、工作单位、社区、家族关系、交际圈子等较小的环境。这些微观的社会环境因素形成人的社会网络，决定着一个人具体的社会活动范围、内容及其所受到的限制，从而也决定了个人职业生涯的具体机遇。

三、职业生涯设计的内容和方法

(一) 职业生涯设计的内容

一份职业生涯设计包括员工自己打算学习和发展的方面，他们在自行负责制定和实施计划的同时要得到组织和管理者的支持。职业生涯设计要能不断地促进学习，为员工提供能使其职业能力增加的知识和可转换运用的技术。职业生涯设计中需要学习的方面和需要发展的方面是有差别的。一般来说，学习是与知识的增加有关，或者与达到现有技术的一个更高程度有关；而发展则是在本质上或功能上对现有状态的改变。

个体职业生涯设计的内容主要有个人因素分析、环境因素分析、职业的选择、生涯路线的选择、职业生涯目标以及完成短期、中期、长期目标的计划与措施等几项内容。

个人因素分析的目的主要是加深个体的自我了解，其结果可以指明个体职业发展方向的有利因素和条件，并以此进行合理定位。

环境因素分析的目的主要是帮助个体充分了解环境对自我职业生涯发展的有利因素和不利因素，其结果可以为个体提供多种职业发展机遇信息，并确定和调整自己适应组织和社会环境的需要。

初次职业选择是个人因素和环境因素的分析结果确定的；重新选择职业是对前一次职业的评价、核查后的重新抉择；职业流动是根据自我职业发展的意愿所进行的调整。

生涯线路选择是在生涯目标确定后采取的向某一职业领域发展的路线。其目的是科学地安排好今后的学习与工作，避免盲目性，促使个人沿着职业生涯路线向预定的目标方向发展并获得成功。短期职业生涯目标较为具体，但由于个体认识的局限性，因此具有很多的试探性因素。中期职业生涯目标现实可行、具体明确，因而常有许多激励性导向和价值导向因素，它也是实现长期目标的保证。长期职业生涯目标较为宏大，具有方向性，但不要求具体详细。这三种目标的结合更有利于职业生涯目标的实现。

职业生涯的实施措施主要是个体职业生涯发展计划的执行系统和操作系统，一般都要根据自己的具体情况，针对不同的职业、岗位，提出各种针对性强的、具体的要求。

(二) 职业生涯设计的步骤和方法

从职业生涯设计执行的程序和过程来看，职业生涯设计的过程包括自我定位、目标设定、目标实现和反馈与修正四个方面。这是职业生涯选择中更长期、更完整的计划。对于成为社会劳动者多年、有充分的职业经验的人，进一步制订职业生涯计划，部署自己的长期发展计划，可以采用"职业行动计划模型"方法。职业生涯设计包括七个步骤，且可以划分为四个阶段来实现。

1. 自我定位阶段

准确地认识自己并不是简单的事情。在很多情况下，我们不知道自己希望从工作中获得什么，不知道自己真正适合做什么。在自我定位阶段，需要完成"职业行动计划模型"

的第一步，即明确自己的终身计划与职业意识。有些人在做职业决策时，常常是为了取悦他人（父母、老板等）；有些人则追逐社会上的热门职业，而不是根据自己的能力、兴趣来选择自己的工作和职业。如果你对工作不感兴趣，如果你不具备这项工作所要求的才能，那么你所达成的职业目标对自身的意义就大打折扣。此外，还有很多人处在一种无意识的职业状态，不愿承担职业生涯管理的个人职责，常把职业生涯管理当作危机管理，即使有信号提示他们该做出改变了，他们仍然期望维持原状。

职业生涯设计可以从两方面入手：首先，认清自己的价值观、兴趣、才能以及自己所偏好的生活方式；其次，必须意识到个人所从事的职业与个人的个性特征相协调的重要性。这都要求我们从认识自己开始，进行有意识的职业生涯管理。认识自己称为自我评价（Self-assessment），全面准确的自我评价对个人的特殊能力和目标与工作或职业相匹配方面有很大帮助。在进行自我评价时，人们需要考虑那些就个人而言十分重要的因素。最重要的因素是个人的学习资质和成就、职业态度和技能、社会能力、沟通能力、领导能力，以及兴趣和价值观等。常用的自我评价工具有优缺点平衡表和好恶调查表。

（1）优缺点平衡表。优缺点平衡表是由本杰明·富兰克林开创的帮助人们认识自身优缺点的自我评价程序。通过认识自己的优点，员工能最大限度地利用它；通过认识自己的缺点，个人可改善其不良的品质或不擅长的技能。编制优缺点平衡表时首先在一张纸的中间画一条竖线，左边标明"优点"，右边标明"缺点"。在编制这个平衡表时，关键的问题是诚实和不断自我反省。

（2）好恶调查表。好恶调查表可以帮助人们认识加在自己身上的约束。例如，某些人不愿住在这个国家的某些地方，这种感觉应视为一种约束。认识到这种自我强加的限制条件，可能减少将来的职业问题。另一种限制是一个人将考虑为之工作的公司类型。公司的规模可能也是重要的，有些人喜欢知名度大的组织，有些人喜欢较小的组织，认为提升的机会可能更多或者环境更适合他们的口味。所有可能影响一个人工作业绩的因素都应列在好恶调查表内。

好恶调查表的优点：首先，它能认识自己的基本动机，并且有针对性地满足自己的需要；其次，它能为职业与发展提供前进的力向；最后，它能够帮助自己发现职业锚。好恶调查表的缺点：它不能罗列出自己的所有好恶，并且它需要很长时间对自己进行考察，以求更确切地表明自己的好恶。

2. 目标设定阶段

目标设定是在正确的自我定位的基础上，设立更加具体、明确的职业目标。就整个个人职业生涯来说，目标设定可以是多层次、分阶段的。越来越多的人为了追求挑战，愿意在职业生涯中从事不止一种行业。当然，有时环境迫使人们放弃原有的职业，而多层次的目标设定可以使人们更快地摆脱窘境，保持开放、灵活的心境。一个远大宏伟的目标很少能够一气呵成，必须分解成若干易于达到的阶段性目标。由于职业生涯跨越一个人的青年、中年和老年，人在各时期的体能精力、技能经验、为人处世的特点有明显差别，所以有针对性地制定阶段性目标将更为可行。

目标设定阶段需要完成"职业行动计划模型"的第二步及第三步，即进行职业生涯选择的分析与决策及对成功风险进行自我评价和分析。首先，职业生涯选择的分析与决策。职业选择正确与否，直接关系到人生事业的成功与失败。在选择职业时一般应考虑以下几点：①职业锚与职业的匹配；②性格与职业的匹配；③特长与职业的匹配；④兴趣与职业的匹配。其次，对成功风险进行自我评价和分析。设定职业生涯目标即预先设定职业的发展目标，是设计职业计划的核心步骤。职业生涯目标的设定，是继职业选择后对人生目标做出的又一次抉择。职业目标的确定和对职业生涯成功与否的评价有直接联系。职业目标可分为长期职业目标和短期职业目标，前者通常是5~10年，甚至是更长时间的目标；而后者则是1~3年的职业发展目标，是前者的具体化。

在以上分析的基础上制订职业生涯发展通路的计划。职业生涯通路实际上包括一个个职业阶梯，个人由低至高拾阶而上，如财务分析员—主管会计—财务部主管—公司财务副总裁。可以按照职业生涯通路来安排个人的工作变动，从而训练与发展担任各级职务和从事不同职业的广泛能力。职业生涯通路计划应该包括以下内容：①描述各种流动的可能性；②反映工作内容、组织需要的变化；③详细说明职业生涯通路的每一职位的学历、工作经历、技能和知识。

3. 目标实现阶段

在目标实现阶段，一要完成现有本职工作；二要请求担当责任更大、更繁重的工作，并切实完成好工作任务；三是要预计未来目标的成功将需要何种知识、技能，并设计以何种方式来获得这些知识和技能。目标实现阶段需要完成"职业行动计划模型"的第四、第五和第六步，即"为新的抉择作准备，了解成功的途径""为实现新职业而努力，提高能力素质"和"职业发展的行动战略"。

在这一阶段要通过各种积极的具体行动去争取目标达成。如撰写求职简历、面试应聘、商议工资待遇、制定和完成工作目标、参加公司培训和发展计划、构建人际关系网、谋求晋升、参加业余时间的课程学习以及跳槽换工作等，都可以看成是实现目标的具体行动。目标实现的主要内容是谋得预定职业并探究和掌握在该职业生存的秘诀，遵从该职业的规范，争取获得成功。但仅有工作表现是不完整的，目标实现还包括超出当下工作之外的一些前瞻性的准备，如参加业余的付费进修班学习，掌握一些额外的技能或专业知识（如进修外语、攻读学位等）。此外，该阶段还包括为平衡职业目标和其他目标（如生活目标、家庭目标）而做出的种种努力，即职业发展的行动战略，如果忽略了后两者的努力，要想长久保持工作中出色的表现几乎是不可能的，职业目标的实现也会遇到许多的障碍。

4. 反馈与修正阶段

由于影响职业生涯的因素诸多，有的变化因素是可以预测的，而有的变化因素难以预测。在此状况下，要使职业生涯规划行之有效，就必须根据环境等情况的变化不断地对职业生涯规划进行评估与修订。反馈与修正是指在达成职业目标的过程中自觉地总结经验和教训，修正对自我的认知和最终的职业目标，也就是"职业行动计划模型"的第七步，"跟踪和再评价"。想很快达到客观、清晰、全面的自我认知是很困难的。就算有较透彻的自我认知和定位，大多数人也不能一下子就看清自己喜爱并适合于从事的职业。因此，对于职业目标的描述界定，在刚开始时大多数是模糊的、抽象的，有的甚至是错误的。在一段时间的努力之后，有意识地回顾自身的言行得失，可以检查验证自我定位的结论是否贴切，更可以证明自己对职业目标的设想方向对不对，是太高还是太低。调查表明，不少人是在一段时间的尝试和寻找之后，才了解自己到底适合于哪个领域哪个层面的工作，这段时间在缺乏反馈和修正的情况下可能长达几年。在自我定位和目标设定正确时，反馈和修正同样可以纠正分阶段目标中出现的误差，同时极大增强实现目标的信心。

重新审视和思索职业计划，抑或重新制定终身计划时，实际上就回到了"职业行动计划模型"的第一步。这七个步骤形成一个闭合的链条，人的职业计划就在这一循环中不断发展、不断提高。

四、职业生涯设计的特点和评价

（一）职业生涯设计的特点

职业生涯设计通过职业生涯计划反映出来，因此，职业生涯设计和职业生涯计划其实是同一个事物的不同方面。职业生涯设计有以下几个特点：

第一，职业生涯设计是个体通过对自身能力、兴趣和可供选择的职业机会的评估，而确定的个人职业生涯的发展目标及职业活动。

第二，个人制定的职业生涯计划的目标必须和组织的目标协调一致，在多数情况下，个人职业生涯目标是在为实现组织奋斗目标的过程中实现的，离开组织目标，个人的职业生涯发展是难以获得成功的。

第三，职业生涯设计作为个体主动的职业行为和活动，必须依靠组织提供的工作岗位和就业机会。

第四，个人职业生涯计划极具灵活性、选择性、自主性和可变性。

第五，个人必须对自己制定的职业生涯计划、职业发展和职业选择负全部责任。因此，职业生涯设计对自我知识、能力、人格的发展及事业上的成功等都有潜在的帮助。

（二）职业生涯设计的评价

个人制定职业生涯计划，其目的是要获得职业生涯的成功。那么什么样的标准才是职业生涯成功的标志呢？由于社会职业和人的素质、价值取向的差异性，对不同的个体来说成功的标准是不一样的。有的人以获得较高的社会地位和声望为成功标志，有的人以获得丰厚的薪酬为成功标志，有的人以财富金钱的拥有量作为成功标志，也有的人把取得工作成绩、事业有成视为成功标志，还有的人把稳定、轻松、无风险、收入相当等作为成功标志。

虽然对不同个体来说成功的标准各异，但是对个体职业生涯成功与否的评价还是有一些普遍认同的标准的，这些标准包括：①个体的价值取向、能力、知识、个性及人格与其所选择的职业是否相适应；②个体的职业目标不受职业的转移、调整、流动、挫折等干扰而最终获得成功；③工作兢兢业业、任劳任怨、尽职尽责或尽心尽力，有突出成绩或得到组织嘉奖，在领导、同事们的心目中有一定威信；④个体在职业工作中及事业上体会到一种自我成就感和自我满足感；⑤勇于创新，积极进取，并常常选择、追求富有挑战性的工作，在没有人行走的地方另辟蹊径，并不断体验到追求新的人生、新的生活的乐趣；⑥本人的职业工作对家庭、对子女的发展能积极促进并有所帮助。

有关专家总结了几百位职业生涯受到普遍认可的社会知名人士的个人特征，描述如下：①有积极的心态；②有明确的目的；③多走些路；④正确地思考问题；⑤能有效地进行自我控制；⑥有坚定的意志、信念和自信心；⑦具有集体心理与合作精神；⑧具有热情和令人愉快的个性；⑨具有个人良好的首创精神；⑩有良好的注意力；⑪善于总结经验和教训；⑫有敏锐的观察能力和预见、判断能力；⑬有广博的知识和深厚的专业功底；⑭保持身心健康。

第四节　组织职业生涯管理

一、组织职业生涯管理的内涵

职业生涯是个人职业变动的整个过程，从表面看似乎与组织并不相关，完全是个人的事情，其实不然。个人职业生涯与组织有着内在的必然联系。在以往的经济发展中，企业效益的取得和利润的扩大主要依赖于物质资本和劳动人数的增加。在激烈的市场竞争中，企业的成长取决于科学技术知识以及现代化的经营管理，归根到底，取决于劳动者的职业智能水平。随着企业不断地革新和发展，每项职业工作需要的知识技能也不断变化，水平也越来越高，而企业的岗位设置也在发生变化，这就必须有相应的职业水平和能力的劳动者来承担新的职业工作和胜任更高要求的岗位。从这个意义上讲，个人职业的开发与发展，是组织不断发展的生命线和根本保证。

组织职业生涯管理是一种专门化的管理，即从组织角度对员工从事的职业和职业发展过程所进行的一系列计划、组织、领导和控制活动，以实现组织目标和个人发展的有效结合。其与人力资源管理、组织行为学、发展心理学学科之间都有非常密切的关系，但出于其研究的侧重点不同，因此其区别于它们并独立发展。特别是职业生涯管理与人力资源管理两者之间联系更为紧密，前者是研究组织与员工的职业发展的科学，而后者则是研究如何最佳地满足组织的人力需求并使其发挥最优效益的科学；在方法与内容上两者有交叉但也有明显的区别。可以说，职业生涯管理是人力资源管理的新发展和细分化。员工在制定和实施其个人职业生涯发展计划的过程中，都需要组织的参与和帮助，员工个人的职业发展是不可能脱离组织而存在的，因此组织在员工个人的职业发展中起着重要的作用。

二、组织职业生涯管理的目的和作用

(一) 职业生涯管理的目的

人力资本价值的实现是组织目标得以实现的重要条件之一。由于职业生涯管理的内容包括职业目标的选择和有效实现职业目标的途径，所以它不仅决定个人一生事业成就的大小，也关系到组织目标的成败。从组织角度来考虑，职业生涯管理主要是组织对员工职业生涯的管理，通过对员工职业生涯的管理，不但能保证企业未来人才的需要，而且能使企业人力资源得到有效的开发。

(二) 职业生涯管理的作用

职业生涯管理对组织的作用主要体现在以下几方面：

1. 职业生涯管理能保证组织未来人才的需要

从组织的角度来说，不能有效地对员工进行职业生涯管理，将会导致出现职位空缺时找不到合适的雇员来填补、雇员对组织忠诚度降低以及在使用培训与开发项目资金上缺乏针对性。组织可以根据发展的需要，预测组织未来的人力资源需求，通过对员工的职业生涯管理，为员工提供发展空间、人员开发的鼓励政策以及与职业发展机会等相关的信息，引导员工发展与组织发展结合起来，有效地保证组织未来发展的人才需求，避免出现职位空缺找不到人的现象。

2. 职业生涯管理能使组织留住优秀人才

人是组织最重要的资源，优秀人才的流失不但减少了组织的人才量，而且会增强竞争对手的人力资源实力，使组织陷入被动。人才流失往往有多种原因，如待遇太低、专长得不到发挥、缺少发展机会等，但其中最重要的一条就是组织缺少对员工职业发展的应有考虑，缺少对员工职业生涯的管理。因为优秀的人才往往最关心的是自己的事业的发展，如果自己的才能得不到应有的发挥，发展得不到应有的重视，就会出现转换组织单位的行为。只有对员工职业生涯进行管理，才能使员工不断实现自己的理想目标，同时也促进了组织的不断发展。

3. 职业生涯管理使组织人力资源得到有效的开发和利用

组织对员工职业生涯的管理，使员工的个人兴趣和特长受到组织的重视，员工的积极性提高，员工潜能得到合理的挖掘，从而有效地开发了组织的人力资源。同样，组织在了解自己的员工的职业兴趣以及他们对自己成长与发展的方向和要求的基础上，结合组织发展的需要，合理地指导员工职业兴趣的开发和他们自我成长与发展的方向，这样会增强组织的有效人力资源效能，使组织更适合社会发展和变革的需要。

三、组织职业生涯管理的过程

系统的组织职业生涯管理是一个循环反复的过程。首先根据组织的发展以及绩效考评的结果，由上司或员工自己设立职业发展目标。其次综合绩效考评、心理测试等结果，判断职业发展目标的合理性。如果不合理，要再确定职业生涯目标；如果合理，则进一步了解员工发展现状与职业生涯目标的差距，并制定相应的职业生涯发展措施，实施一段时间后，再检验职业生涯目标的落实状况，并分析判断职业生涯目标的合理性或职业生涯规划的合理性。若合理则进一步按原计划努力，否则应调整职业生涯目标，重新规划和实施。在员工职业生涯不同阶段，组织的关注点会有所调整。

（一）招聘时期的职业管理

招聘员工的过程实际上是应聘者和组织相互了解的过程。企业组织在招聘时，应向应聘者提供较为现实的企业与未来工作的展望，向其传达企业组织的基本理论和文化观念，以使他们尽可能真实地了解企业组织。同时，企业组织还要尽可能全面地了解候选人，了解他们的能力倾向、个性特征、价值观念、理想信念等，以便为空缺职位配备合格的人选，也为新员工的职业发展开辟好的起点。

（二）员工进入企业组织的初、中期的职业管理

员工刚进入企业组织，最需要组织考虑其职业发展。在这一阶段，员工最需要的是对自己的才能、需要以及价值观能否与最初的职业目标相吻合进行审视和判断。所以，对企业组织来讲，其职业计划管理的主要任务包括：其一，协调企业目标与员工目标。这包括树立人力资源开发思想、了解员工需要、使员工与企业结为利益共同体等。其二，帮助员工制定职业计划。企业可以采取对员工进行岗前培训、引导新员工、为员工提供职业指导、分配给员工一项工作测试、协助员工制定自己的职业计划等措施。其三，帮助员工实现职业计划。根据已定的职业发展计划，去实际指导和支持员工的职业发展。这包括以下

工作：对员工工作进行多样化、多层次的培训；提供阶段性的工作轮换，以职业发展为导向的考核，进行晋升和调动管理等。

（三）员工在职业生涯中、后期的职业管理

职业生涯中期是一个既可能事业成功，又可能引发职业危机的敏感期。在此阶段，员工一般具有丰富的工作经验，也逐步走向了职业发展的顶峰，抛却了年轻时不切实际的幻想，但却逐步产生了职业危机感。总之，这是一个充满矛盾的复杂阶段，尤其需要组织加强职业发展的管理。在这一时期的职业管理中，组织要保证员工合理的职位轮换和晋升，为员工设置合理畅通的职业发展道路。

在员工职业后期阶段，员工的退休问题必须提到议事日程。即将离开一生工作的岗位，往往使人难以接受，在此时期，组织有责任帮助员工认识、接受这一客观事实，并帮助每一位即将退休的员工制定具体的退休计划，尽量将其退休生活设计得丰富多彩一些。同时，多数退休员工的贡献能力不会随着正式退休而完结，组织可采取兼职、顾问或其他方式延长其职业生涯，这也满足了员工对其眷恋的事业发挥"余热"的需求。

四、职业、职位变动

在员工的职业生涯发展中，必然会出现职业、职位变动的情况。这类问题对于员工和组织的职业生涯管理都是十分重要的。

（一）职业发展圆锥模型

美国管理学家艾德加·沙因提出了关于职业发展的职业圆锥模型，描绘了个人在组织中的发展路线（见图7-2）。

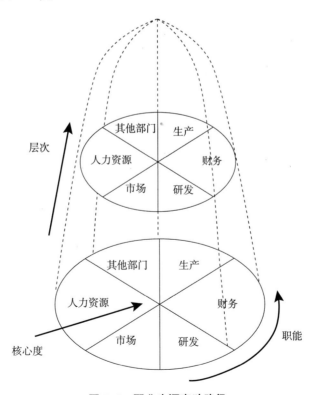

图7-2　职业生涯变动路径

沙因的职业圆锥模型表现了在机构内部的三种发展途径：垂直的、向内的和水平的。

第一种，层次式职业生涯变动路径。层次式发展途径是垂直运动，垂直运动就是我们平常所说的提升，从下一层的职位提升到上一层的职位。对大多数人来说，能否在公司的职务阶梯上逐步上升是评判一个人成功的普遍标准，所以职位的晋升对员工来说具有极大的激励作用。员工职位晋升预示其将承担组织中更多的职权、责任。

第二种，核心度式职业生涯变动路径。核心度式发展途径是向核心集团靠拢。向核心集团靠拢是指向组织"核心"、组织的"秘密"逐步接近，能够了解组织更多"秘密"。这种发展途径，并不一定要伴以职位或头衔的可见的变化，但员工由只知道让干什么变为知道了为什么这么干；由只知道决策的结果变为了解决策的过程，或参与决策的过程。这使员工知道了更多的所谓的"秘密"，也可以对员工起到很好的激励作用。一般来说，地位越高，得到机构内部"秘密"消息的渠道就越多，处于高级领导层的人需要有大量的消息来帮助决策。所以，向核心集团的迈进往往也会伴以升职或头衔的改变。

第三种，职能式职业生涯变动路径。职能式发展途径是在组织内不同功能部门之间的轮换。此种发展途径是指职员不是晋升上一级职位，而是在同一级别的不同职位水平移动。这种发展途径不仅可以使员工掌握不同部门的信息，了解组织更全面的情况，还可以使员工工作有新鲜感，创造了不少新的学习机会。所以，水平移动这种发展途径是寻求升职或新的工作机会的一种很好的铺垫。

（二）职业生涯管理中的问题及处理

在一些情况下，员工职业生涯发展并非按照沙因所描述的职业生涯发展路线来进行，或者出现了职业生涯设计之外的情况，对于这些非计划内的职业发展也需要进行管理，以使员工和组织的发展不为其所困。

1. 职业停滞现象

渴望在一个组织中升迁的人可能会遇到这样一个普遍现象：职业停滞。职业发展停滞现象在进一步晋升的可能性很小时或许会出现。当一名员工的工作职能和工作内容因为组织里缺少晋升机会而保持不变时，"停滞现象"就发生了。例如，组织减员、等级制度变弱、生育高峰的一代人恰好已是壮年，妇女和少数民族员工也开始参与竞争过去不接纳他们的职位，这些因素都可能导致职业停滞现象的发生。

对于职业发展的停滞现象，一般有这样几种解决方法：①组织内的横向调动。该方法虽然使员工地位和工资保持不变，但员工却得到了发展新技能的机会。鼓励横向调动的公司一般使用基于技能的工资制度，按员工的技能类型和级别支付工资。②充实工作内容。该方法通过增加工作的挑战性，赋予工作更多的意义，以更强的成就感来激励员工（但员工没有得到晋升）。③探索性职业发展也是一种处理停滞的方法。它不承诺实际的调动，但提供机会让员工在另一领域尝试其想法。如果能除去这一方法带来的与失败相关的羞耻感，则更多的员工可能会接受甚至选择这种调动。从实际的经验中得出的结论是，这样做既可以打通堵塞的晋升之路，也可以使高级员工摆脱其不想承受的压力，而不被人看作是失败。

2. 降职现象

降职对一个员工来说意味着减少工资，降低地位，失去特有的发展机会等。降职的情况并不经常发生，这是因为它会使员工对组织产生冷漠，使他们情绪低落，工作效率下降，最终导致所在小组的士气不振。由于这种种原因，有许多企业或组织宁愿解雇一个员工而不愿降职留用他。但是，无论是解雇还是降职留用，组织都要慎重考虑，要有计划性，同时还要有详细的员工工作绩效考评情况的全部资料。

降职作为组织内职位变换的一种职业流动形式，除了因受到组织纪律处分而导致降职外，还有以下几种情况的降职：①调到同等级别，但责任和职权都有所降低的另一职位上；②组织作重大调整时必须作跨职能性的向下流动；③工作绩效不佳或难以胜任本职工作，向下流动以寻求职业适应性；④作为培养、开发手段临时性地向下流动代职，以增加不同层次领域的实际工作经验；⑤员工本人年龄、健康状态不佳或工作兴趣改变，也可能向下流动到适宜的职位上。

3. 技术老化现象

技术老化现象一般出现在处于职业生涯中期的员工和年老的员工中。发生这种现象的原因很多，例如，工作的变化和个人的变化是具有相互作用的，而个人变化的节奏赶不上工作变化的步伐，就会出现技术老化现象；还有就是培训的机会无法跟上不断提高的工作需求，员工使用新技术的能力落后于工作的需要等。年老的员工之所以更容易面临技术老化的威胁，是因为他们都有较长的工作经历，日积月累的工作习惯已经根深蒂固，而所具备的技术和知识有可能过时。

防止技术老化的方法主要有技术维持和技术再培训两种。如果管理者和员工双方都意识到投资于再培训可以获得更高的回报的话，就可以采取类似于解决职业生涯停滞问题的方法，在职业生涯的早期阶段就开始对职业生涯周期进行干预。其他策略包括为年老的员工创造新的职业角色，并对提前退休进行经济刺激等。

4. 职务调动和工作轮换安置

随着生活质量和生活水平的提高，员工的职业生涯将会延长。组织在用人策略方面，趋于向管理深度发展，并希望能够拓展员工职业工作经验的广度，以适应快速变化的市场需要。为此，组织必须在几种不太相同的工作领域中为员工作出一系列的工作任务安排，或提供各种不同工作岗位之间的流动机会。如果从能力培养方面来认识，职务调动和工作轮换都显示出了它们的合理性。

5. 跨区域调动

跨区域调动是员工职位变换的一种常见方式。这种调动方式，对员工可能造成一些压力，这种压力不仅仅是因为工作角色的转变所带来的工作适应问题，更重要的是来自家庭迁移的阻力。虽然跨地区调动可能是公司对自己的信任，但对于他的家庭成员来说，生活将会发生相当大的变化。他们不得不面临加入一个新的生活环境，必须学习和面对新的社会人际关系和改变以往的生活习惯。这些无论是对员工还是对家庭成员都是一种压力与考验。

跨区域调动使员工面临的主要问题有以下几个方面：其一，家庭的正常生活秩序被打乱，离开了自己的亲朋好友和已经建立起来的社会人际关系；其二，孩子们中途转学以及自己失去所熟悉的职业工作环境等；其三，初到异地的家庭还会因为得不到周围人们的信任而烦恼；其四，在社会交往方面，一切都要从头开始；其五，配偶工作的安排也是一个非常突出的问题；其六，增加了搬迁给家庭带来的费用和很多不必要的开销；其七，必须学习一套新的工作规范和工作程序，与新的同事建立新的人际关系。

6. 解雇

解雇意味着员工退出一个组织。在过去的十几年里，我国员工辞职（或者是自动离职）的人数持续增加，特别是机关公务员和技术人员当中，采用辞职作为退出组织的方式较多。他们辞职的原因一般都为重新选择更为理想的职业，或是因人事制度的限制而不能正常调动，而只好采用辞职的方式。

解雇一般都采用强制性方式，因此，组织在作出解雇决定之前，应慎重考虑它将给离去者、留下者、本地社区和公司本身带来的影响。对于那些因为解雇而暂时失业的人，公司应该为他们提供帮助，让他们能迅速、成功和有条不紊地渡过职业转换这一关。对于那些幸免于解雇仍被留用的员工来说，公司就得想办法让他们仍旧保持对公司的忠诚和信任，保持职业团队内的团结一致，保持原有的工作干劲和生产效率。在一个社区里，一家公司的解雇政策除了影响到本地区的经济繁荣和社会服务机构的经营状况以外，还会影响到该公司的声誉和形象。本来公司是想通过解雇工人来减少费用，但实际上一些其他费用的增加不但不会减少总费用，反而会使其增加。

怎样解决这些问题，用什么方法来避免解雇所带来的问题，许多企业采用对拟解雇员工进行相关课程的培训的方式，主要训练如何改进工作绩效以及学习新的技能，以应付可能出现的挑战。提前退休是可以用来代替解雇的办法之一，提前退休有多种形式，但比较典型的是员工在提前退休的若干年里仍可能领取部分工资和享受公司的福利待遇。这种方法的出发点是想通过向员工提供有吸引力的物质待遇来鼓励他们提前退休。很多企业在鼓励员工提前退休时采用了提供多种物质刺激的办法，获得了不同程度的成功。对于退休者来说，学习是非常有意义的一件事情，很多组织愿意为退休员工的学习支付学费、书本费和其他费用。很多退休人员通过学习还可以找到新的职业。当然，对于绝大多数退休者而言，其学习是为了去追求新的业余爱好以及用来充实他们的晚年生活。

职业生涯管理并非适合所有组织，特别是组织规模比较小、岗位数量比较少时，而且对新的知识经验需求量小的单位，开展职业生涯管理成本比较高。不同的行业，同一行业的不同企业，由于实际情况不同，所采取的职业生涯管理的措施也不完全一样。有的组织希望通过职业生涯管理开发核心员工如管理人员、技术人员、销售人员的职业发展潜力，并试图留住员工的心；有的组织根据自己的实际情况，只能在企业中针对管理人员开展职业生涯管理；成熟的外资企业，由于管理规范程度很高，有能力也有实力开展职业生涯管理。另外，由于企业对职业生涯管理的认识不同，实施职业生涯管理的内容以及处理相关问题的方式也有所不同。

职业生涯管理是企业人力资源管理的重要内容之一。职业生涯管理是指组织和员工对企业及员工个人的职业生涯进行设计、规划、执行、评估、反馈和修正的一个综合性的过程，是企业提供的用于帮助企业内正从事某类职业的员工的行为过程。

职业锚实际上就是人们选择和发展自己的职业时所围绕的中心，它是企业和个人进行职业决策时的核心要素。职业生涯规划是指个人根据对自身的主观因素和客观环境的分析，确立自己的职业发展目标，选择实现目标的职业，以及制定相应的工作、培训和教育计划，并按照一定的时间安排，采取必要的行动实施职业生涯目标的过程。职业生涯规划无论对个人还是对组织都有重要意义，现代人已经不再把职业仅仅作为谋生的手段，而是试图借一定的职业来实现自己的人生理想，而职业生涯规划为人生事业成功提供了科学的技术和基本的操作方法，并能使组织与员工实现双赢，从而对个人的职业生涯及组织发展都具有更加重要的意义和作用。

 本章小结

1. 一个人在一生中从事的各种工作的总称，即客观职业的总和称为他的职业生涯。

2. 职业生涯管理的特点：首先，职业生涯管理过程中，企业与员工必须共同承担责任；其次，职业生涯信息具有重要意义；最后，职业生涯管理具有动态性特征。

3. 职业生涯的影响因素：教育状况、家庭环境、个人追求与心理动机、机会、社会环境。

4. 职业生涯设计的步骤和方法：自我定位阶段、目标设定阶段、目标实现阶段、反馈与修正阶段。

本章习题

1. 职业生涯管理的内涵与特点是什么？

2. 个人的职业发展经历了哪几个阶段？

3. 约翰·霍兰德的职业性向理论的含义是什么？

4. 职业锚的 8 种类型各有何特点？

5. 职业生涯设计对个人和组织有哪些意义与作用？

6. 个人职业生涯周期分为哪些阶段？各自有何特点？

7. 组织的职业生涯管理过程是怎样的？

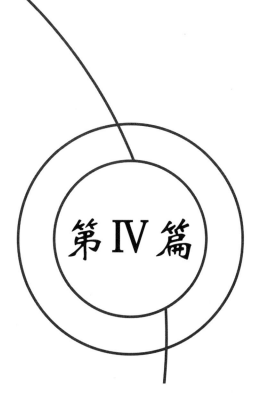

第 IV 篇

人力资源的激励与保护

第八章 绩效管理

系统学习绩效管理的概念、过程与方法

1. 理解绩效和绩效管理的概念
2. 区分绩效评价与绩效管理的关系
3. 熟悉绩效管理的过程与方法
4. 掌握评价的原则、方法以及程序
5. 熟悉绩效面谈的方法与技巧

绩效；绩效管理；绩效计划；绩效评价；绩效反馈

IT 部门的绩效评价

刚进五月，北京的气温远未到"蒸笼天"的热度，张某的心里却已经开始往外冒火了。张某所在的公司半年一考核，眼见着离考核的日子越来越近，张某的神经绷得紧紧的。偏偏在这个时候，他听到了公司其他部门对信息中心的批评意见。作为公司信息中心的主管，张某心里很不是滋味。

开会的时候，张某终于找到了一吐为快的机会。"这两天的会议我听了很多部门的发言，不少都是针对我们信息中心的，好像我们信息中心的人特牛似的，该出手时不出手我也不知道为什么会给大家留下这样的印象，但是我敢说，论敬业，我们信息中心不比任何部门差，虽然我们没有整天陪着客户吃喝，没有整天在外面跑，可我们也没闲着！"说话一向温和的张某嗓门比平时高了八度。"其实在我们公司，信息中心就是个服务部门，哪有单子了，我们就得围着哪里转，谁的需求来了我们都不敢怠慢，可是我们就这么几条'枪'，而且一有需求个个都说是特急的事儿，你们都是领导，你们说我该听谁的吧。"张某喝了口水，缓和了一下情绪。"大家都知道总行的入围是我们公司今年最重要的任务之一，我们信息中心几乎把所有的资源全投到这上面去了，所以对其他的单子的支持只能是尽力而为了。华东人保的单子销售和技术支持也确实没少给我打电话，在初期我也专门抽出了一个人为这事忙活了好几天，其实后期的问题完全是出在客户一方，要解决问题就要派人去客户那做现场调试，可我们根本就抽不出人来呀。对你的区域来说，这个单子可能关系到你今年的年终奖，可是总行的入围却是关系到公司未来几年的产出，如果因为人保的单子影响了总行的入围，这个责任又该谁来负呢？""今年下半年的单子肯定会更多、更急，肯定还会有更多的人抱怨我们，这我无所谓。可我觉得这么下去不是个办法，现在公司的信息中心简直就是'救火队'，哪里单子急就朝哪里去，根本没有什么时间做技术储备和超前研发，就算让我们挺过了今年，那明年、后年怎么办？"说到最后，张某又恢复了他一向平和的语音，可是大家都听得出话语中的无奈。

散会之后，张某感觉稍稍轻松了一些。毕竟，在领导面前倒倒苦水有时候会管点儿用。"没有功劳也有苦劳嘛"，有的领导肯定会这么想。但这不是张某想要的最理想的效果。在会上，他很想通过各项具体的考核指标和数字，把信息中心的功劳明白无误地说出来。可惜，公司对于信息中心的绩效考核始终是一笔糊涂账。在张某的印象里，公司对信息中心的考核始终没有一个明确的说法。总结大会上，领导总是以几句类似于"信息中心为我们实现今年的目标做出了突出贡献"之类的概括性极强的话一笔带过。至于信息中心人员的考核，人事部参照的是业务部门的考核体系，只不过稍微更改了几项考核指标。去年，人事部在信息部门的绩效考核中又增加了一项：其他部门给信息中心打分。对此，人事部给出的解释很简单：既然信息中心的自我定位是服务部门，那么就应该考核服务满意度。结果，信息中心的考核成绩比公司平均水平差了一大截。张某很不服气，他总觉得人事部的做法不妥。但究竟怎么考核才算科学、公平？他也说不出个道理来。"都说信息中心的功过得失看不清楚、投入产出比难以量化，这话不假啊！"张某时常感慨。

前不久，他从朋友那里听说"平衡计分卡"可以解决这个问题，但到底效果如何，实施过程中有哪些问题？他一头雾水。跟人事部的人提起来，他们的反应居然是："有这个必要吗？多半会简单问题复杂化。"为了让张某放心，他们信誓旦旦地说："我们一定会找到更合理的考核方法。不用平衡计分卡，也能把信息中心的绩效问题整得像小葱拌豆腐一样，一青二白。"话说得掷地有声，但张某的心里却一直犯嘀咕："为什么不用平衡计分卡？人事部所谓的'更合理的考核方法'在哪儿呢？"半年考核很快就要到了，张某很想在这之前给自己部门的人一个说法。

资料来源：http://www.doc88.com/p-2068113276079.html.

第一节 绩效管理概述

一、绩效的含义

（一）什么是绩效

从一般意义来看，绩效（Performance）是反映人们从事某一种活动所产生的成绩和成果。不同领域研究者对于绩效的界定存在一定的差异。在财会领域，绩效往往被定义为一定经营期间内的企业经营效益和经营者业绩。其中，企业经营效益表现为盈利能力、资产运营水平、偿债能力以及后续发展能力等；经营者业绩主要是指对企业经营、成长、发展所取得的成果和所做出的贡献。在公共管理领域，绩效往往被定义为实绩，即组织成员履行岗位职责的情况，包括德、勤、能、绩、廉等方面的内容。在人力资源管理领域，绩效可以概括为绩效的产出说、绩效的行为说和绩效的综合说三种不同的观点。其中，绩效的产出说强调绩效是员工行为过程的产出，员工行为的最终结果是绩效管理体系中的关键组成部分。绩效的行为说强调绩效是员工在完成工作过程中表现的一系列行为特征，认为绩效管理应该关注那些与组织目标有关的、可以根据个人能力进行评价的行动或行为，诸如工作能力、责任心、工作态度、协作意识等。绩效的综合说强调绩效是产出与行为的综合。综合说认为行为能够并且应当是任何绩效定义中的一部分，而行为的结果（产出绩效）是评价行为有效性的重要方法，但由于行为不仅受外界环境的影响，还受员工个体内因的直接控制，所以只看结果必然有失偏颇。

本书将绩效定义为产出和行为的统一，即绩效是组织期望的为实现其目标而展现在组织、部门或员工等不同层面上的、能够被组织评价的工作行为及其结果。进一步把绩效分为组织绩效、群体绩效和个人绩效三个层次。其中，组织绩效是指组织的整体绩效，反映组织任务在数量、质量及效率等方面完成的情况；群体绩效是指组织中以团队或部门为单位的绩效，是群体任务在数量、质量及效率等方面完成的情况；个人绩效是指个体表现出来的能够被评价的与组织及群体目标相关的工作行为及其结果。

（二）绩效的属性

1. 绩效的多因性

绩效的多因性是指绩效不是取决于单一的因素，而是受制于主、客观等多种因素。例如，打字员的绩效取决于其技能水平、工作态度和工作条件等多种因素。在影响员工绩效的多方面因素中，员工技能、激励、环境和机会通常是主要因素，如图8-1所示。因此，绩效可以看成是技能、激励、环境与机会的函数，即

图8-1 影响绩效的因素

$$P = F (S, M, E, O)$$

式中：P 表示绩效（Performance）；S 表示技能（Skill）；M 表示激励（Motivation）；E

表示环境（Environment）；O 表示机会（Opportunity）。

2. 绩效的多维性

绩效的多维性是指组织要沿着多种维度或多个方面去考核与评价员工的绩效，通常包括工作能力、工作态度、工作业绩等。绩效分析的关键问题在于如何选择评价维度、评价指标和权重。

3. 绩效的动态性

绩效的动态性是指绩效随着时间的推移而发生变化，绩效差的可以变好，绩效好的可以退步变差。为了适应绩效的动态性特征需要评价者及时、充分地掌握绩效情况，所以绩效管理面临着一个重要的决策问题，即如何确定恰当的绩效评价周期。

二、绩效管理与绩效评价

（一）绩效管理

1. 绩效管理的含义

绩效管理（Performance Management，PM）是指组织中的各级管理者用来确保下属员工的工作行为和工作产出与组织的目标保持一致，通过不断改善其工作绩效，最终实现组织战略的手段及过程。绩效管理不应简单地被理解为仅仅是一个测量和评估的过程，而应是管理者和员工之间创造互相理解的途径。

绩效管理是对组织和员工的行为与结果进行管理的一个系统，是一系列充分发挥每个员工的潜力、提高其绩效，并通过将员工的个人目标与企业战略相结合以提高组织绩效的过程。

绩效管理是一种手段、一个过程，包括计划、监控、评价、反馈。绩效管理是通过绩效标准设定、在职辅导、绩效评价、绩效面谈等改善员工的工作表现，它不仅有助于达成企业经营目标，还有助于提高员工的满意程度和指引员工未来的发展。

绩效管理具有以下主要特点：其一，绩效管理的思想精髓是"以人为本"。绩效管理重视员工的发展，让员工充分参与组织的管理过程，在完成组织目标的同时实现员工的个人价值和职业生涯计划。其二，绩效管理是一个强调全体员工参与的自下而上的过程。绩效管理的对象是组织的全体成员，就是说组织的成员无论从事何种类型的工作，不管其级别如何，不管是管理者还是被管理者，都是绩效管理的对象。每一个员工都应该设计自己的绩效目标并与领导达成一致，而高层管理者的支持和参与是决定绩效管理体系成败的关键。其三，绩效管理是一个强调沟通的过程。绩效管理不是简单的任务管理，更强调组织沟通、辅导及员工能力的提高。绩效沟通涉及以下内容：沟通组织的价值、使命和战略目标；沟通组织对每一个员工的期望结果和评价标准及如何达到该结果；沟通组织的信息和资源；员工之间相互支持，相互鼓励。其四，绩效管理是一个强调发展的过程。绩效管理不仅强调结果，更重视达成目标的过程。绩效管理是通过绩效评价将组织的目标和个人的目标联系或整合在一起，以获得组织效率的一种过程；是对组织和个人所要达到的目标达成共识的过程；也是对人的管理和开发的过程；它通过为每一个员工提供支持、指导和培训，提高员工的胜任能力。

2. 绩效管理的目的

绩效管理的最终目的是改善员工的工作表现以达到企业的经营目标，并提高员工的满意度和增强其未来的成就感。具体而言，绩效管理的目标如下：为员工的晋升、降职、调职和离职提供依据；为组织对员工的绩效反馈提供依据；对员工和团队对组织的贡献进行评价；为员工的薪酬决策提供依据；对招聘选择和工作分配的决策进行评价；了解员工和团队的培训和教育的需要；对培训和员工职业生涯规划效果进行评价；对工作计划、预算评估和人力资源规划提供信息。

3. 绩效管理的基本环节

绩效管理是管理组织和员工绩效的一种体系，它由绩效计划、绩效监控、绩效评价和绩效反馈四个环节组成。其中，在绩效周期开始时，员工和管理者就绩效周期做什么、为什么做、做到什么程度、何时完成以及怎么做等进行讨论，最终达成协议。绩效计划涉及员工在绩效期间的工作内容、职责、效果、阶段目标、权力与决策权限、工作的目的与意义、沟通计划、培训与开发；绩效监控是绩效管理周期中历时最长的环节，包括绩效辅导、测定和记录，其流程是通过各种手段了解员工工作状况，与员工进行持续的沟通，预防或解决绩效管理期间可能发生的各种问题，双向沟通是实现监控目的的重要手段；绩效评价是绩效管理的核心，也是技术性最强的环节，评价是对组织和员工的绩效结果进行测量、分析与评定；绩效反馈是在绩效管理周期结束时，组织或部门主管与员工双方就绩效评价结果进行面谈，并且由管理者指导员工在下一个周期如何改进绩效。

4. 绩效管理的关键决策

绩效管理涉及绩效评价内容、评价主体、评价方法、评价周期和评价结果运用五项关键决策。

（1）评价内容包括绩效评价的指标、权重和目标值，其核心是如何设计科学的绩效评价指标体系。具体的评价方法包括目标管理法、平衡计分卡法、关键绩效指标法等。

（2）评价主体是指对评价对象作出评价的人（包括内部和外部评价者）。评价主体的选择通常要与评价的内容匹配，即根据评价内容和指标来确定评价主体。例如，上级是主要的业绩评价主体，态度和能力指标的评价主体通常包括上级、同级和下级。

（3）评价方法需要根据评价指标的特点来选择，还要考虑设计和实施成本问题。例如，行为指标的评价主要采用量表法，而结果指标的评价则主要采用目标管理法。

（4）评价周期既不能太短也不能太长，评价周期太长则容易出现近期误差，而评价周期太短则评价实施者工作量大且工作绩效尚未体现出来。一般而言，绩效评价周期的长短需要考虑评价目的、评价对象、企业特性等多种因素。例如，业务员选择月度、季度为周期进行评价，而管理层则选择半年、一年为周期进行评价。

（5）评价结果通常运用于两个方面：一是找出问题和原因，制订绩效改进计划；二是将绩效评价结果作为招聘、晋升、培训、开发、薪酬福利等人力资源管理决策的依据。

（二）绩效评价

绩效评价（Performance Appraisal）又称为绩效考核，是指用系统的原理、方法，测量、评定员工在职务上的工作行为和工作表现，其结果主要用于工作反馈、报酬管理、职务调整和工作改进。绩效评价是企业通过对部门、员工的投入产出状况进行考察、衡量或比较，从而确定其行为价值，提高企业竞争力的一个重要过程。

绩效管理的五项关键决策都是基于绩效评价来进行的，所以绩效评价是绩效管理的关键环节，绩效评价应该与绩效管理紧密联系。然而，绩效管理不等同于绩效评价。

首先，绩效管理是人力资源管理的核心内容之一，在人力资源管理中占据了核心地位。绩效管理的重心不在于"考"，也不在于人与人的比较，而在于对绩效的不断改进和提升，绩效管理的过程就是管理者提升组织绩效的过程。绩效评价只是绩效管理的一个环节，在绩效评价中的员工是被动的，评价常常被当作"秋后算账"，不易被员工接纳。

其次，绩效管理则是以人为本的，它让员工充分参与组织的管理过程，最终达到组织与员工"双赢"的局面。因此，绩效管理更强调目标是什么？如何达到目标？这些都要与员工达成共识。绩效管理过程中强调加强与员工的沟通，辅导和提高员工的工作能力；强调结果导向，重视实现目标的过程。因此，与过去单纯的绩效评价相比，绩效管理更注重员工的参与和组织未来的长远发展。

绩效管理与绩效评价的区别如表8-1所示。

表 8-1　绩效管理与绩效评价

绩效评价	绩效管理
对某一时间段或点的评价	对整个过程的监控与管理
仅仅是事后的考核评估	事前、事中、事后管理相结合
主要评估过去的表现	关注未来的发展
主要手段就是考核，被考核者被动接受	计划、监控、评价、反馈，被考核者主动参与
主要目的是薪酬调整和奖励	主要目的是企业战略的落实和员工的共同成长

第二节　绩效管理过程

绩效管理是企业的一项核心工作，它关注的是如何通过绩效管理系统提高员工的满意度并达到企业的目标。绩效管理的目标包括战略的目标、管理的目标和发展的目标，为了达到以上的三个目标需要制定有效的绩效管理系统。一个好的绩效管理系统的制定应包含以下过程：绩效计划、绩效监控、绩效评价和绩效总结与反馈。

为了确保绩效管理的有效性，作为绩效管理主体的管理者在进行绩效管理时需要严格按照绩效计划、绩效监控、绩效评价和绩效总结与反馈这四个环节来开展管理活动，如图8-2所示。

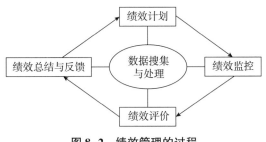

图 8-2　绩效管理的过程

一、绩效计划阶段

绩效计划是关于工作目标和标准的契约。在绩效计划过程中，管理者与员工根据组织和部门的目标共同制定并修正个人绩效目标以及实现目标所需的步骤。管理者与员工通过互动式的沟通就评价周期内的绩效目标及如何实现预期绩效的问题达成共识。①管理者解释：组织整体目标；部门目标；对员工的期望；工作标准；完成工作的期限。②员工说明：对工作及其目标的认识；疑惑之处；对工作的打算；可能遇到的问题和需要的帮助。绩效计划阶段涉及绩效目标、绩效内容、绩效指标和评价标准。

（一）明确公司战略和实现战略目标的计划

绩效目标主要是指所期望达到的结果以及为达到这一结果所采取的方式、方法。通常绩效目标是评价者与被评价者共同制定，然后通过自上而下分解法逐级确定企业、部门以及员工个人的绩效目标。

绩效目标的确定需要遵循 SMART 原则。首先要规定一个具体的目标。S（Specific）表示目标应该明确描述员工与主管在每一职责下所需完成的行动方案；M（Measurable）指目标尽可能量化，可以用数量、质量、成本和时间等标准来衡量。A（Accepted）即设定的目标应该被管理人员和员工双方接受。这意味着目标水平不能过高，应该让员工能够接受；同时，目标水平也不能过低，应该让管理人员也能够接受。换言之，对于员工而言，这一目标应该具有挑战性，同时又是经过努力能够达到的。R（Relevant）即设定的目标应该与战略目标、个人职责以及员工前程的发展相关。T（Time-bound）表示目标有时间限制，目标中包含一个合理的时间约束，预计届时可以出现相应的结果。

在分解制定了绩效目标之后，还要确定用什么样的措施才能保证目标的实现并且制定出行动计划。例如，为了实现销售额 100 万元的目标，需要通过几次的促销、几次的客户拜访、用什么方法来销售。

（二）确定评价的内容

绩效评价是绩效管理的关键环节，绩效评价的一个关键问题是评价内容的选择，而绩效评价内容可以借助于效标来表达。从评价的效果来分，绩效评价的效标包括特质性效标、行为性效标和结果性效标。其中，特质性效标侧重员工的个人素质，如沟通能力、可靠度、领导技巧等，即考量员工是一个怎样的人；行为性效标侧重考量员工的工作方式和工作行为，此类效标对人际接触和交往频繁的工作岗位尤其重要；结果性效标重点评价员工工作的结果，包括工作数量、工作质量、成本和费用等，这是一种以员工工作结果为基础的评价方法。

在评价内容选择时需要遵循以下基本原则：①其成果或产出是可以进行有效测量的工作，适宜采用结果导向的评价方法；②当评价者有机会、有时间观察下属需要评价的行为时，适宜采用行为导向的评价方法；③上述两种情况都存在时，适宜采用其中某类评价方法；④上述两类情况都不存在时，可以考虑采用品质特征导向的评价方法（如图解式量表评价法），或者采用综合性的合成方法以及评价中心等方法。

（三）确定绩效评价的指标体系

由于员工绩效的多因性，为了保证绩效评价的工作质量，在就评价者、被评价者以及评价方法做出明确的定位之后，需要根据评价方法及其对象的特点进行绩效评价指标和标准体系的设计。

1. 绩效评价指标体系设计的原则

评价指标就是评价因子或评价项目。在评价过程中，人们要对评价对象的各个方面或各个要素进行评价，而指向这些方面或要素的概念就是评价指标。表 8-2 给出了指标卡模板。

表 8-2　指标卡模板

指标描述				
指标名称		责任部门/人		
所在层面		衡量目标		
指标解释				
计算公式				
指标衡量				
评价周期		评价主体		数据来源
绩效基数		目标值		计算单位

评价指标设计的基本要求是应当具有代表性和典型性，易于评价者和被评价者理解和掌握，并且指标数量尽可能要少而精。评价指标设计应该遵循以下原则：

首先是战略的一致性原则，是指这个评价系统所引发的工作绩效与组织的战略、目标、文化要相一致。这个系统要为员工提供一种引导，为组织的成功做出贡献。假如公司强调对客户的服务，那么它的绩效指标就要有对员工向公司客户提供服务好坏的程度的评价。例如，施乐公司客户的投诉一度很高，后来公司实施了新的绩效标准，从以销售量的高低作为评价的指标改为以长期顾客满意度为标准，每月调查世界各地客户对其产品和服务的满意度，结果几年之后客户满意度就从原来的 86% 上升为 100%。另外，战略的一致性还表现为当公司战略中心发生变化时，组织对员工行为的要求也应随之发生变化。但现实中大多数公司的评价系统往往相当长时间保持不变，使用过时的评价体系来评价可能会出现对员工行为影响不大或有些内容无法评价的情形。

其次是效度原则。内容效度也就是指标的设计能否对绩效作出有效的评价。有时设计的指标不能全面反映工作绩效的所有方面，有时指标会受到污染。例如，如果销售中只重视销售量而没有反映其销售费用控制的指标，就难以衡量工作绩效的全部。为了提高评价的内容效度，指标设计需要从个人特征、行为和结果等绩效产生及影响因素出发。例如，当单纯以结果来衡量业绩，如果这个结果不是这个人的个人能力所能控制的，那么这个指标的设计对员工就是不公平的。所以很多评价指标设计中都是将特征、行为、结果三方面指标全部考虑进去，以结果占较大的权重来综合考虑。

再次是信度原则，指评价指标体系的一致性程度，包括评价者信度和再测信度。其中，评价者信度就是不同的人用这个体系来评价同一个人的结果要一致；再测信度即重复可测，不同时间对同一对象评价结果一致。例如，对商场不同部门来评价，如果仅按 7 月份的业绩衡量，空调部的业绩就是最好的，所以应考虑月销售额在各月份之间的一致性问题。

最后是可接受性原则。运用这套系统的人是否能接受它，从使用者角度讲要简便易操作，从员工角度讲要公正、公平、公开。

2. 绩效评价指标的分解

企业通常运用关键绩效指标法确定绩效评价指标，首先从公司战略目标出发确定关键成功领域，其次就每个领域确定关键成功要素，再次将关键成功要素进行分解细化为关键绩效指标，最后将各级关键绩效指标进行汇总形成关键绩效指标体系。其中，公司目标是为了实现组织使命而必须达到的要求，由业务重点分解出来的绩效重点称为关键成功领域，对关键领域的分解形成关键绩效指标。

绩效管理中的关键绩效指标包括公司级关键绩效指标、部门级关键绩效指标和员工个人关键绩效指标，从公司目标到关键绩效指标的分解能够引导员工的行为，保证公司总目标的实现。例如，如果公司今年的目标是开发新市场，那么销售部门的关键绩效指标就是新客户的开发数量，当落实到销售人员身上，关键绩效指标就是新的高利润客户的开发数量。

二、绩效监控阶段

绩效监控是绩效管理的实施阶段，它是在完成企业绩效管理系统设计的基础上，组织全体员工贯彻绩效管理制度的过程。绩效监控阶段涉及绩效目标实施中的辅导与改进，在这个过程中应当注意两个方面：一方面收集好各种有关的信息资料；另一方面做好绩效沟通和绩效辅导。其中，收集的与被评价者工作绩效有关的信息资料尽可能以文字的形式体现出来，所采集的资料，既可以是一手资料，也可以是间接的二手资料。

企业绩效管理的目的非常明确，就是要不断地增强企业的核心竞争力。绩效管理的实施是要不断提高员工工作绩效，保持和增强企业的竞争优势。首先，做好绩效沟通。在绩效评价初期，上级主管必须和被评价者进行必要的沟通，明确工作绩效的目标和要求，使员工正确地理解和接受。主管应根据组织现有的资源和条件，听取员工的意见，分析轻重缓急，选择确定实现绩效目标的具体步骤、措施和方法。其次，加强绩效监控。良好的绩效管理系统为各级主管提供了一个系统全面的监督下级的程序和方法，主管知道"员工应当在什么时间和地点，怎样去完成工作任务"，主管可以通过多种鉴别手段了解和掌握下级的行为、工作态度以及工作进度和工作质量，并激励下属达到评价标准乃至超过标准。对达不到评价标准的员工，通过监测和确认，帮助他们改进工作。最后，必要的绩效辅导要跟上。员工为了"达标"，在执行计划的过程中必然会遇到很多困难和问题。当下属有困难的时候，上级主管应对其做出必要的绩效辅导，要经常与下属交换意见，还可以召集有关人员共同研讨，集思广益，合作攻关。主管主动为下级排忧解难，可以增强他们的信心，鼓励他们的斗志。

三、绩效评价阶段

绩效评价是通过系统的评价方法来评定和测量组织和员工的工作行为与工作结果，并且对工作行为与结果进行考察、分析、评价与传递的过程。绩效评价针对初期制定的个人绩效目标进行评估，它是企业管理者与员工之间的一项管理沟通活动，绩效评价的结果可用以指导企业薪酬调整、奖金发放及职务升降等重大人事决策。

在绩效评价中应遵循公开、公正、全面和制度化原则，而国内外企业管理的实践经验表明，为了保证绩效评价的有效性和避免评价误区，评价主体的选择和培训就显得至关重要。一般来说，绩效评价的主体包括上级评价、同级评价、下级评价、自我评价和外部人评价。在绩效管理的过程中，上述五类人员参加绩效评价各有其优势，有时可能是部分人员分别对被评价者进行绩效评价；有时需要五类人员共同对被评价者进行全面的评价，又叫全方位综合评价法或360度评价法，是目前流行的现代人员评价方法。

在绩效评价阶段，除了需要事先明确评价主体并且对各个主体进行培训之外，还应该选择恰当的评价内容和评价方法。绩效评价内容包括员工的工作能力、工作态度和工作业绩，管理中应该根据评价目的、评价对象特点等因素合理确定评价维度和指标。常见的绩效评价方法包括相对评价法和绝对评价法，其中相对评价法包括排序法、比较法、强制分布法等，绝对评价法包括量表法、目标管理法和描述法等。

四、绩效总结与反馈阶段

绩效评价总结是指为了提高人力资源和企业的整体管理效率，人力资源部门应当对本次绩效评价进行一次全面的总结。

绩效评价结果并不是仅仅给员工一个结果，而是为了帮助员工取得进步，让员工了解自己工作的优缺点，着眼于未来的改进。为了有效地进行评价结果的反馈，一般通过绩效面谈的方式指出被评价者在过去的工作中取得了何种进步，指出被评价者在哪些方面还存在不足而有待于在今后的工作中加以改进提高。

绩效面谈是整个绩效管理中非常重要的环节，应当给予足够充分的重视。绩效反馈面谈的主要目的是改进和提高绩效。绩效面谈为主管与下属讨论工作业绩、挖掘下属潜能、拓展新的发展空间提供了良好的机会；同时，上下级之间进行面谈能够使上级更全面地了解员工的态度和感受，从而加强了双方的沟通和了解。

第三节 绩效管理的工具与方法

一、传统的表现性绩效评价法

表现性绩效评价是一种传统的人事评价技术，是指由主管根据绩效周期内的工作表现对下属作出评价的绩效管理模式。由于传统表现性的绩效评价没有很好地与整个组织的战略承接，而仅仅是一种针对员工个人的人事评价工具，所以传统表现性的绩效评价还存在许多局限性，具体表现为三个方面：一是评价内容缺乏战略指导和系统思维，主要局限于部门和具体职位的评价；二是评价主体局限于员工的直线领导，缺乏上下级双向沟通和对员工的多维信息反馈；三是评价客体主要针对员工个人而不是其工作绩效，更不是能促进组织战略目标实现的工作绩效。

二、目标管理法

目标管理（Management by Objectives，MBO）是 1954 年由美国著名的管理学家彼得·德鲁克在《管理的实践》（*The Practice of Management*）一书中提出的。所谓目标管理是一种程序或过程，组织中的上、下级一起协商，根据组织的使命确定一定时期内组织的总目标，由此决定上、下级的责任和分目标，并把这些目标作为组织经营、评价和奖励的标准。

目标管理的基本思想：企业任务必须转化为目标，管理人员必须通过这些目标对下级进行管理从而保证企业总目标的实现；目标管理是一种程序，即上下各级管理人员共同制定目标并进行目标分解；每个人的分目标都完成了，企业总目标才能完成；管理人员和工人自我指挥和自我控制；企业管理人员依据分目标对下级进行考核和奖惩。目标管理的实施步骤包括确定目标、实施目标、评价结果、结果反馈（见图 8-3）。

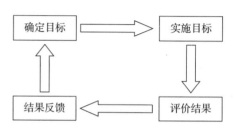

图 8-3　目标管理的实施步骤

第一步，确定目标。目标主要指所期望达到的结果以及为达到这一结果应采取的方式、方法。通常绩效目标由评价者与被评价者共同制定，并且自上而下采用目标分解法逐级确定目标企业级目标、部门级目标和个人目标。

第二步，实施目标。制定达到目标的时间框架，掌握计划进度以及时发现问题，采取适当的矫正措施确保目标实现。

第三步，评价结果。将实际达到的绩效水平与预先设定的绩效目标相比较，找出目标未能达到或者超出的原因，以便作出合理的决策。

第四步，结果反馈。管理者与员工回顾整个周期，对其目标的达成和进度进展进行讨论，为制定新绩效目标及可能采取新的战略做准备。成功实现其绩效目标的被评价者都可以参与下一评价周期新的绩效目标的设置过程；没有达到既定绩效目标的被评价者，上下级需要进一步沟通，提出困难、查找原因、共同制定解决办法和行动方案，之后参与新一轮考核周期绩效目标的设置。表 8-3 给出了技术主管的目标设定和结果反馈。

表 8-3　技术主管的目标设定和结果反馈

目标	结果
提前 15 天为销售小组提供建议书	3 分：5 份建议书中 3 份被接受，2 份修改后接受
协助销售小组进行谈判	4 分：及时提供竞争对手的技术信息并且加以分析
利用时间做技术简报	2 分：充分利用了时间，但是表达欠准确，被客户要求回答同样问题两次

目标管理的优势：首先，目标管理具有很强的激励和凝聚作用。目标管理强调"目标管理和自我控制"，通过让下属参与、由上级和下属经过协商共同确定绩效目标，来激发员工的工作兴趣和价值，在工作中实行自我控制，满足其自我实现的需要。其次，目标管

理指明管理方向。通过专门的过程，组织各级主管及成员都明确了组织的目标、组织的结构体系、组织的分工与合作及各自的任务。最后，改进组织结构和职责分工，改进管理方式和改善组织氛围。

当然目标管理在某种程度上也受到质疑。首先，目标商定需要上下沟通、统一思想，需要耗费大量的时间和成本。其次，目标及绩效标准难以确定。再次，目标管理会使员工在制定目标时倾向于选择短期目标，从而导致企业内部人员为了达到短期目标而牺牲长期目标。最后，忽视了组织中的本位主义及员工的惰性，对人性的假设过于乐观，使目标管理的效果在实施过程中大打折扣。

三、关键绩效指标法

（一）关键绩效指标的含义

关键绩效指标（Key Performance Indicators，KPI）是衡量企业战略实施效果的关键指标，是指企业宏观战略目标决策经过层层分解产生的可操作性的战术目标，并且将企业战略转化为内部过程和活动，从而不断增强企业的核心竞争力并持续取得高效益。KPI 是用来反映战略决策执行效果的监测指针，它使管理体系不仅成为激励约束手段，更成为战略实施工具。

（二）关键绩效指标设计的基本思路

可以采用四种不同的思路来确定关键绩效指标：标杆基准法、关键成功因素法、综合平衡计分卡法和职责分析法。

1. 标杆基准法

标杆基准法（Benchmarking）是一种外部导向法，即参照标杆企业的关键绩效指标体系来确定本企业的关键绩效指标。标杆基准法的基本思想：企业将自身的关键业绩行为与最强的竞争企业或那些在行业中领先的、最有名望的企业的关键业绩行为作为基准，进行评价与比较，分析这些基准企业的绩效形成原因，在此基础上建立企业可持续发展的关键业绩标准及绩效改进的最优策略程序与方法。标杆基准法就是在组织中不断学习、变革与应用这种最佳标杆的过程。

2. 关键成功因素法

关键成功因素法（Key Success Factors）是一种内部导向法，即参照本企业成功的关键因素来确定关键绩效指标体系，其基本思想是依据企业战略及战略成功关键确定关键绩效指标集，并依据一定时期的竞争策略及管理要点进行年度关键绩效指标的选取，以此确立以关键绩效指标为核心的绩效管理机制与体系。

3. 综合平衡计分卡法

平衡计分卡（Balanced Score Card）的核心思想是通过财务、客户、内部业务流程、学习与创新四个方面的指标之间相互驱动的因果关系实现绩效评价—绩效改进—战略实施—战略修正的目标。一方面通过财务指标保持对组织短期业绩的关注，另一方面通过员工学习、信息技术的运用与产品、服务的创新提高客户的满意度，共同驱动组织未来的财务绩效，展示组织的战略轨迹。表 8-4 给出了基于平衡计分卡的关键绩效指标体系设计的方法。

表 8-4 KPI 与平衡计分卡

平衡计分卡	策略目标	KPI	行动计划
财务			
客户/市场			
业务流程			
学习与创新			

4. 职责分析法

职责分析法主要强调将组织目标落实到部门，依据部门本身原有的职责体系来进行分解。各职能部门往往以部门自身职责为出发点进行关键绩效指标的设计，而当落实到个人时又会以职位责任和岗位说明书来进行指标的设计和分解。表 8-5 显示的是基于采购部工作职责建立的关键绩效指标体系。

表 8-5 采购部职责分析表

职责	权重（%）	产出	顾客需求	衡量指标
1. 建立公司购买工作制度，培育采购专业人才队伍	5			
2. 索取采购相关资料，制定材料发注计划	10			
3. 材料采购单的发行、变更管理及注残确认	20			
4. 合理安排材料交期，彻底跟进材料输送	20			
5. 准确把握部品进度，及时传递途中信息	15			
6. 主导材料品确认工作	5			
7. 协助处理来料数量、品质等寻常问题	5			
8. 收集供应商资料，组织供应商评审及日常管理	5			
9. 合理控制月末在库，及时处理不动部材	10			
10. 开展成本分析，努力降低材料采购价格	5			

（三）关键绩效指标的确定过程

在企业绩效管理的实践中，关键绩效指标体系通常采用基于战略的成功关键因素分析法建立。成功关键因素分析法的基本思想是分析企业获得成功或取得市场领先的关键成功领域（Key Result Areas，KRA），再把关键成功领域层层分解为关键绩效要素（Key Performance Factors，KPF）。为了便于对这些要素进行量化考核和分析，须将要素细分为各项指标即关键绩效指标，图 8-4 显示了关键绩效指标确定的基本流程。

关键绩效指标设计包含三个基本的层面，分别是企业级关键绩效指标、部门级关键绩效指标和员工个人关键绩效指标，下面分别介绍各层级关键绩效指标的设计步骤。

1. 企业级关键绩效指标的确定

为了说明企业级关键绩效指标设计的思路与方法，本章以某旅游公司为背景进行分析。

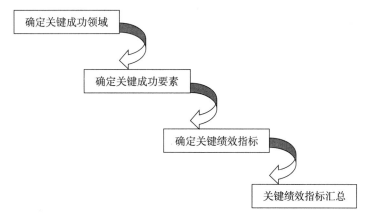

图 8-4　关键绩效指标确定的基本流程

第一步，确定关键成功领域并且运用鱼骨图来表达各个领域。分析企业战略，并寻找到使企业实现组织目标或保持竞争力的关键成功领域（见图 8-5）。

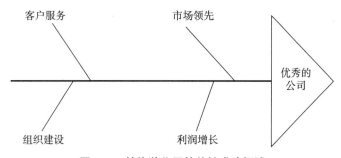

图 8-5　某旅游公司的关键成功领域

第二步，将各个关键成功领域进一步分解为关键成功要素，如图 8-6 所示。

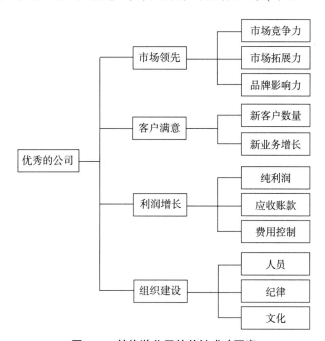

图 8-6　某旅游公司的关键成功要素

第三步，将各个关键成功要素进一步细分以确定关键绩效指标（KPI），如图8-7所示。

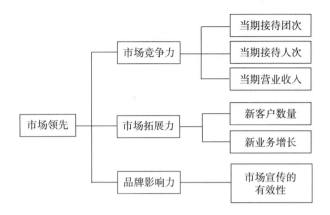

图8-7 某旅游公司的关键绩效指标

第四步，将各个关键绩效指标加以汇总形成企业级的关键绩效指标体系，如表8-6所示。

表8-6 某旅游公司的关键绩效指标体系

关键成功领域	关键成功要素	关键绩效指标
市场领先	市场竞争能力	当期接待团次
		当期接待人数
		当期营业收入
	市场拓展能力	新客户数量
		新业务营业增长率
	品牌影响能力	市场宣传的有效性
利润增长	应收账款	回款速度、期限
		呆账、坏账数量
	费用控制	办公费用
		业务招待费用
	纯利润	纯利润目标达成率
客户服务	客户满意度	客户对品牌认知度
		每团次客户投诉数量
	客户资源管理	客户档案管理
组织建设	人员	骨干人才离职率
		干部输出数量
	纪律性	总公司政策执行情况
	文化	员工综合满意指数

2. 部门级关键绩效指标的确定

部门级关键绩效指标的确定需要确认这些指标能否直接被企业内的相关部门承担，对关键绩效指标进行分解通常有两条主线：一是按照组织结构分解；二是按主要流程分解。由于部门级关键绩效指标设计思路与企业级关键绩效指标设计相似，此处不再赘述。表 8-7 是依据组织结构分解的各个部门关键绩效指标。

表 8-7 依据组织结构分解的各部门关键绩效指标

关键成功领域	关键成功要素	关键绩效指标
市场部	市场份额指标	销售增长率、市场占有率、销售目标完成率、新客户开发率
	客户服务指标	投诉处理及时率、客户回访率
	经营安全指标	贷款回收率、成品周转率、销售费用投入率
生产部	成本指标	生产效率、原料损耗率、设备利用率
	质量	成品一次合格率
	经营安全	原料周转率、备品周转率、在制品周转率
技术部	数量	研发项目完成的数量
	成本	设计损失率
	质量	设计错误再发生率、项目及时完成率、第一次设计完成到投产前修改次数率
	竞争	在竞争对手前推出新产品的数量、在竞争对手前推出新产品的销量
采购部	成本	采购价格指数、原材料库存周转率
	质量	采购达成率、供应商交货一次合格率

3. 员工个人关键绩效指标的确定

在企业级关键绩效指标和部门级关键绩效指标确定后，将部门级关键绩效指标进行分解或承接，形成个人关键绩效指标，并且签订个人绩效合约。表 8-8 给出了包含个人绩效指标的秘书的个人绩效合约。

表 8-8 秘书的个人绩效合约

工作职责	目标	权重	潜在障碍	行动计划
文字处理	3月15日前将打字速度提高到平均每分钟85个字	30%	设备陈旧、接收电话的数量	2月1日前由李改进设备，由张协调与其他助理分担来电的接听；为了避免开小差，由张重新排工作空间
编辑与较对	提高拼写、标点和语法的正确率	30%	缺乏正确的语法知识	从第二季度开始，由洪检查正确率并开展激励性竞赛；参加2月5日的语法课；坚持不懈地检查拼写

续表

工作职责	目标	权重	潜在障碍	行动计划
起草报告	3月15日前将报告的变更时间减至两天一次	20%	没有给出标准的报告格式	1月25日前由成制定和传达报告起草的规范
电话与传真的使用	1小时内回复所有电话；10分钟内发送所有传真	20%	接收电话过多，干扰其他工作	1月31日前由李准备对语音邮件系统的需求分析

资料来源：方振邦. 战略性绩效管理（第4版）［M］. 北京：中国人民大学出版社，2016：140.

四、平衡计分卡法

（一）平衡计分卡的产生

平衡计分卡（Balanced Score Card，BSC）是哈佛商学院罗伯特·S. 卡普兰教授（Robert S. Kaplan）和复兴全球战略集团创始人兼总裁大卫·P. 诺顿（David P . Norton）发明的，最早发表于1992年12月的《哈佛商业评论》中。在对当时绩效测评方面处于领先地位的12家公司进行的项目研究的基础上，他们在《哈佛商业评论》上发表了论文《平衡计分卡：良好的绩效测评体系》，第一次提出了平衡计分卡的概念。1993年，他们又在《哈佛商业评论》上发表了论文《把平衡计分卡作为战略管理体系的基石》，使平衡计分卡的理论框架更加完善。1996年，他们明确提出将平衡计分卡作为公司战略管理的基石，包括四步实施程序：阐释远景、沟通联系、业务规划、反馈与学习，再结合绩效管理系统的一般操作程序进行一些修订和调整，可提出实施基于平衡计分卡的绩效管理系统。

平衡计分卡以企业的战略为基础并将各种衡量方法整合为一个有机的整体，它既包含了财务指标，又包含了顾客满意、内部流程、学习和成长等方面的业务指标。平衡计分卡突破了以财务评价和财务控制数据为主的传统绩效管理体系的局限性，它能够紧紧围绕企业的战略目标，并将企业的长期战略与短期行动联系起来。因此，平衡计分卡法这一战略性绩效管理工具自问世以来受到了企业管理者的高度关注，在《财富》杂志公布的世界前一百位公司中有70%的公司采用了平衡计分卡。

（二）平衡计分卡的基本框架

平衡计分卡将企业的愿景、使命和发展战略与企业的业绩评价系统联系起来，把企业的使命和战略转变为具体的目标和评测指标，以实现战略和绩效的有机结合。图8-8描述了财务维度、客户维度、内部过程维度以及学习和创新维度四个方面及其相互间的关系。

财务维度的目标是解决"我们怎样满足股东"这类问题。财务维度常用的指标包括财务效益状况指标、衡量偿还债务的指标以及常用的其他财务指标（如投资回报率、全员劳动生产率等）。

客户维度的目标是解决"如何为顾客创造价值"这类问题。平衡计分卡要求管理者把为顾客服务的口号转化为具体的测评指标，这些指标应该能够真正反映与顾客相关的因素。顾客所关心的事情包括时间、质量、性能和服务成本，企业应该把这些目标转化为客户指标，包括成本、质量、交货及时性、客户满意度、顾客忠诚度、产品退货率、合同取消数等。

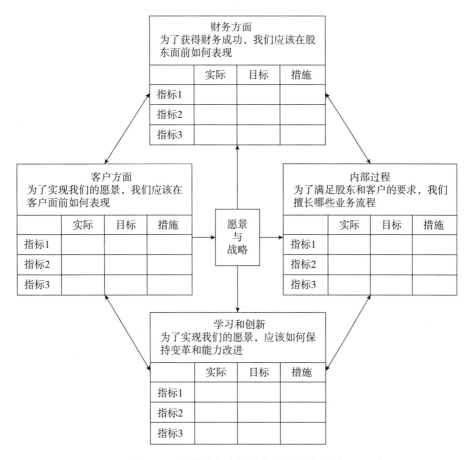

图 8-8　平衡计分卡四个维度之间的关系

　　内部过程维度的目标是解决"我们擅长什么"这类问题。卓越的顾客绩效来自组织中所发生的流程、决策和行为，管理者要关注这些满足顾客需要的关键性的内部经营活动。内部经营维度包括创新流程、运营流程、售后服务流程，常见的内部过程指标包括质量、生产率、生产周期、成本、合格品率、新产品开发速度、出勤率等。

　　学习和创新维度的目标是解决"我们能否继续提高并创造价值"这类问题。环境和竞争要求公司不断改进现有产品和流程，只有通过持续不断地开发新产品、为顾客提供更多价值并提高经营效率，才能够逐步发展壮大从而增加股东价值。学习和创新方面将注意力引向企业未来成功的基础，涉及指标包括员工素质、员工生产力、员工忠诚度、员工满意度、组织结构能力。

　　（三）平衡计分卡的特点

　　平衡计分卡实现了财务和非财务方法之间的平衡，长期目标和短期目标之间的平衡，外部和内部的平衡，结果和过程的平衡，管理业绩和经营业绩的平衡。因此，平衡计分卡为内部业务流程和外部客户提供了及时的反馈，以持续改进战略绩效和成果，使业绩评价趋于平衡和完善，有利于组织的长期发展。总体来看，平衡计分卡具有以下几个方面的特点：

　　第一，平衡计分卡不仅是一个绩效评价系统，更是一种战略管理系统。一方面，平衡计分卡是一种绩效评价系统，通过目标设定来引导员工行为进而实现绩效提升，克服了传统绩效评价的片面性和滞后性；另一方面，平衡计分卡是一种战略管理系统，它使组织能够清晰地规划远景和战略并对战略达成共识，将战略目标转化为四个层面的目标、指标并落实为具体的行动计划，使员工在一套评价指标的引导下努力工作从而实现战略目标。

第二，平衡计分卡是一种沟通的工具。员工与管理者共同开发平衡计分卡，因此每个员工都了解企业的战略和远景，明确自己的奋斗目标并努力达成目标。

第三，平衡计分卡强调平衡的重要性。首先，平衡计分卡强调短期与长期的平衡（财务与非财务的平衡）。传统的业绩评价系统偏重于对过去活动结果的财务衡量，并针对这些结果做出某些战术性反馈，控制短期经营活动，以维持短期的财务成果。这导致公司急功近利，在短期业绩方面投资过多，在长期的价值创造方面，特别是有助于企业成长的无形资产方面投资过少，甚至削减了这方面的投资，从而抑制了企业创造未来价值的能力。而平衡计分卡的四个计量方面则克服了这一弱点，通过设计出一套监督企业在未来目标实施过程中的位置和方向的指标，使企业了解自己在未来发展的全方位的情况。平衡计分卡既关注短期绩效指标（如利润），也关注长期战略目标（如新产品开发投资、员工培训），要求实现短期绩效和长期股东价值增长。其次，平衡计分卡强调前置与滞后指标的平衡。平衡计分卡既关注诸如利润、市场占有率等能反映过去绩效的滞后性指标的绩效结果，也关注诸如客户满意度、时效性等能反映、预测未来绩效的前置指标。再次，平衡计分卡强调定量衡量和定性衡量的平衡。传统业绩评价系统主要应用定量指标（如利润、员工流动率、顾客抱怨次数），因为定量指标比较精确、客观而且便于在企业间比较。但定量数据多为基于过去的事件而产生，与它直接相联系的是过去，因此，定量数据的分析需要以"趋势可预测"为前提条件。但目前企业所面临的未来越来越具有不确定性，导致基于过去对未来所做的预测其实际意义趋于递减。定性指标虽然具有较大的主观性及不确定性，有时还不容易获得，但因其具有较高的相关性、可靠性，且可对数据进行趋势预测，因而平衡计分卡将其引入来弥补定量指标的缺陷，使业绩评价系统更具现实价值。最后，平衡计分卡强调内部与外部的平衡。传统业绩评价方法通常只注重企业内部，而平衡计分卡将评价视野扩展到企业的外部利益相关者，关注如何吸引股东、如何令股东满意和如何赢得顾客等问题。同时，平衡计分卡还将内部流程与雇员的学习和成长这些企业的无形资产作为评价企业成功的因素，作为将知识转化为发展动力的一个必要渠道，从而实现了内外部衡量的平衡。关注公司内外的相关利益方，有效实现外部（如客户和股东）与内部（如流程和员工）之间的平衡。

第四，平衡计分卡强调指标间因果关系的重要性。平衡计分卡四个层面的目标协调一致，四个层面的绩效目标连接为因果关系链：财务维度集中于解决为谁创造价值和如何创造价值，使无形资产与战略协调一致，改善流程业绩进而驱动客户和股东成功；学习与创新是提高企业内部战略管理素质与能力的基础；企业通过内部运营管理能力的提高为客户提供更大的价值；客户满意导致企业良好的财务效益。

总之，平衡计分卡强调的是评价一个企业的绩效不能仅考察某一方面，应平衡财务指标、内部业务、学习和创新以及顾客满意四个方面，并围绕企业的使命与战略的实现来展开全面考核与评价。

(四) 平衡计分卡的应用

1. 成功实施平衡计分卡的基础

首先，平衡计分卡管理实施过程中最重要的是高层管理人员的支持和推动。平衡计分卡系统是一个战略管理系统，不只是一个人力资源项目。平衡计分卡的实施需要公司所有中高层管理人的参与，全体经理人同心一致共同制定公司的经营战略，从四个领域全面考虑企业经营。人力资源管理专员需要提升到战略高度，使之成为企业高层管理人的合作伙伴。

其次，建立有效的 IT 系统以减少行政性事务。有效的 IT 系统能够及时跟踪三个层面的绩效：公司、部门和个人，让高层管理人员可以适时地对平衡计分卡作适当调整以实现既定业绩目标。

最后，制度与程序的保证。平衡计分卡前提之一是企业内部的管理体系是完善健全的，包括财务运作体系、信息平台建设、岗位权责界定、业务流程管理以及人力资源管理的其他环节等，它们要为平衡计分卡的有效实施与推广提供信息与支撑。

2. 实施平衡计分卡时应注意的问题

(1) 切勿照抄照搬其他企业的模式和经验。不同的企业面临着不同的竞争环节，需要不同的战略，进而设定不同的目标。每个企业在运用平衡计分卡时都要结合自己的实际情况建立指标体系。不同企业的平衡计分卡四个方面的目标及其衡量指标皆不同。即使相同的目标也可能采取不同的指标来衡量。另外，不同公司的指标之间的相关性也不同，相同的指标也会因产业不同而导致作用不同。总之，每个企业都应开发具有自身特色的平衡计分卡，如果盲目地模仿或抄袭其他公司的做法，不但无法充分发挥平衡计分卡的长处，反而会影响对企业绩效的正确评价。

(2) 要做好公司的基础管理。我国的企业从 20 世纪 90 年代普遍实施现代企业制度，国内的许多企业计划经济的色彩浓厚，虽然经过了许多年的努力，管理水平还是有待于进一步的提高。国内的企业在实施平衡计分卡时，要先做好自己的基础管理工作，完善企业的管理体系。基础管理包括人力资源管理、战略管理、质量管理、生产管理、成本管理、采购管理、营销管理等。

(3) 正确对待平衡计分卡实施时投入成本与获得效益之间的关系。平衡计分卡的四个方面是彼此相关的。要提高财务方面首先要改善其他三个方面，要改善就要有投入，所以实施平衡计分卡首先出现的就是成本而非效益。更为严重的是，效益的产生往往滞后很多时间，使投入与产出、成本与效益之间有一个时间差，这可能是 6 个月，也可能是 12 个月，或更长的时间，因而往往会出现客户满意度提高了，员工满意度提高了，效率也提高了，可财务指标却下降的情况。关键的问题是实施平衡计分卡时一定要清楚，非财务指标的改善所投入的大量成本，在可以预见的时间内可以从财务指标中收回，不要因为实施了6 个月没有效果就失去了信心，应该把眼光放得更远些。

(4) 平衡计分卡的执行要与奖励制度相结合。公司中每个员工的职责虽然不同，但使用平衡计分卡会使大家清楚企业的战略方向，有助于集策群力，也可以使每个人的工作更具有方向性，从而增强每个人的工作能力和效率。为充分发挥平衡计分卡的效果，需在重点业务部门及个人层次上实施平衡计分卡，使各个层次的注意力集中在各自的工作业绩上。这就需要将平衡计分卡的实施结果与奖励制度挂钩，注意对员工的奖励与惩罚。

需要指出的是，平衡计分卡只是一种管理的工具，不是解决企业问题的"灵丹妙药"，所以不管是用平衡计分卡进行战略管理、人力资源管理，还是进行全面质量管理，首先要进行的是企业必须有完善的战略管理体系、人力资源管理体系以及全面质量管理体系。总之，企业的基础管理水平越高，实施平衡计分卡的效果就越好。

第四节 绩效评价体系设计

绩效评价是通过系统的评价方法来评定和测量组织和员工的工作行为与工作结果，并对工作行为与结果进行考察、分析、评价与传递的过程。绩效评价结果直接用以指导企业薪酬调整、奖金发放及职务升降等重大人事决策，因此，绩效评价体系的有效性将直接影响员工的工作情绪和工作成效。本节主要介绍绩效评价目的、评价原则、评价内容、评价主体、评价方法、评价周期及评价体系设计。

一、绩效评价体系设计的内容

（一）评价目的

绩效评价过程既是企业人力资源发展的评估和发掘过程，也是了解个人发展意愿、制定企业培训计划和为人力资源开发作准备的过程。绩效评价的目的可以概括为三个方面：一是为人力资源管理等部门制定薪酬、奖惩和人事调配等有关人力资源的政策和决策提供依据。二是有利于改进企业人力资源管理工作，企业从定期的工作绩效评价中检查诸如招聘、培训和激励等人力资源管理方面的问题，从中吸取经验教训以便今后改进。三是帮助员工认识自己的潜在能力并在工作实际中充分发挥这种能力。企业将评价结果反馈给员工个人，员工依据回馈信息做自我改进，从而达到改进员工工作和促进员工的培训与发展的目的。

（二）评价原则

国内外企业管理的实践经验表明，在绩效评价中应注意把握以下原则：

1. 公开原则

首先，要公开评价目标、标准和方法；其次，评价的过程要公开，即在绩效评价的每一个环节上都应接受来自人力资源部门以外的人员的参与和监督，防止暗箱操作；最后，评价的结果应该公开，让每一位被评价者了解自己和其他人的业绩信息。

2. 客观公正原则

在制定绩效评价标准时应从客观、公正的角度出发，坚持定量与定性相结合的方法，建立科学适用的绩效指标评价体系。这就要求制定绩效评价标准时多采用可以量化的客观尺度，尽量减少个人主观意愿的影响，要用事实说话，切忌主观武断或有长官意志。

3. 全面原则

要做到科学评价员工绩效是很困难的，因为员工在不同时间、不同场合往往有不同的行为表现。为此，人力资源管理部门在进行绩效评价时，应多方收集信息，建立多层次、多渠道、全方位的评价体系。这一体系应包括上级评价、同级评定、下级评议、专家鉴定、员工自评等。

4. 制度化的原则

由于企业的生产经营活动是连续的过程，员工的工作也是持续不断的行为，所以企业绩效评价工作也必须作为一项长期化、制度化的工作来抓，这样才能发挥出绩效评价的各项功能。此外，经常化、制度化的评价工作有利于调动、保持员工工作的积极性，有利于激发员工改进工作、提高质量的强烈愿望。

（三）评价内容

绩效评价的内容包括三个维度：业绩评价、能力评价和态度评价。

业绩是员工工作行为产生的结果，业绩评价是指对员工职务行为的直接结果（包括完成的数量、质量、成本和效率）进行评价的过程。由于业绩评价指标是外在的、可以把握的，所以业绩易于评价。但是业绩评价侧重于工作结果评价而忽略了对员工行为的评价和引导，所以这种评价方法无法准确度量员工对组织的贡献程度。

不同职位对员工工作能力的要求不同。一般而言，从事复杂工作往往比从事简单工作获得较低的工作业绩，所以评价绩效时还要考虑能力指标从而反映员工的整体绩效。能力通常包括四个组成部分，即常识、专业知识和相关的专业知识；技能、技术和技巧；工作经验；体力。例如，飞行员需要掌握的能力包括常识和驾驶专业知识，相关的气象、通信导航知识、紧急避险和减灾救护知识；单飞前的试飞实践掌握飞行操作的技能与技术；多年随机飞行的工作经验；满足特定的体力和体能要求。相对于业绩评价而言，能力是内在的、难以衡量和比较的，所以能力评价格外困难，常常需要借助于中介指标来测度。

工作能力强不等于工作业绩高，态度在评价中是一个非常重要的因素，只有在具有良好的工作态度的前提下，工作能力才能够通过内外部环境发挥出来，所以工作态度是实现良好工作业绩的必要条件。态度评价涉及的指标包括员工是否努力、认真、热情、守纪等，而且往往采用过程评价方式而不是结果评价方式。

绩效指标确定之后，还需针对不同层级和职位设计相应的指标权重。决定各个评价指标权重的因素主要包括评价的目的、评价对象的特征和企业文化的要求。其中，影响指标权重的最重要的因素是绩效评价的目的，评价对象的特征决定了某个指标对于该对象整体工作绩效的影响程度。最后，企业文化倡导的行为或特征也会反映在绩效评价指标的选择和权重上。

（四）评价主体

评价主体选择的总体原则是评价主体与评价内容匹配，具体表现为：评价主体所评价的内容必须基于他可以掌握的情况；评价主体应该对所评价职位的工作内容（如职责、目的）有一定的了解；评价主体应该有助于实现一定的管理目的（如直接上级评价有助于监督和指导）。

1. 上级评价

员工的直接上司往往熟悉员工工作，有机会观察员工的工作情况，能够比较好地将员工的工作与部门或整个组织的目标联系起来，同时他们也对员工进行奖惩决策。因此，直接上司是最常见的评价者。但是这种评价的一个缺点是如果单纯依赖直接上司的评价结果，那么直接上司的个人偏见、个人之间的冲突和友情关系将可能损害评价结果的客观公正性。为了克服这一缺陷，许多实行直接上司评价的企业都要求直接上司的上司检查和补充评价者的评价结果，这对保证评价结果准确性有很大作用。

2. 同级评价

同事通常与被评价者共同处事且联系密切，他们不仅对被评价者的潜质、工作能力、工作态度和工作业绩了如指掌，还能够观察到员工的直接上司无法观察到的某些方面。另外，由于同事一般不止一人，所以可以对员工进行全方位的评价以避免个人的偏见。但同事在参与考核评价时常受人际关系的影响，所以在绩效管理中同事评价的份额不宜过大。同事评价非常适合于员工发展计划的制定而不适合于人力资源管理决策。同事评价适用于专业人员，如大学、科研单位、医院、企业专业性很强的部门，以及企业中层管理干部。

3. 下级评价

下属人员可以直接了解主管人员的工作作风、工作能力、行为方式以及实际成果，对其一言一行有亲身的感受，而且有独特的观察视角，因此，下级职员的评价有助于主管人员的个人发展。但是当下属顾及上级的反应，特别是下属恐惧上司会报复时，往往不敢真实地反映情况，其评价结果就缺乏客观公正性。

4. 自我评价

员工自我评价能够减少员工在评价过程中的抵触情绪，充分调动其工作的积极性，当工作评价和员工个人工作目标结合在一起时很有意义。但是自我评价的问题是自我宽容，常常与他人的评价结果不一致，因此，自我评价比较适合于个人发展用途，而不适合于人事决策。

5. 外部人员评价

外部人员即被评价人所在部门或小组以外的人员（如专家、客户、供应商等），由于外部人员与公司无个人利益瓜葛，所以他们能较客观公正地参与绩效评价。外部人员评价不仅能减轻评价者的工作负担、节省管理者考核时间，还可以使被评价者更好地为客户和供应商服务。但外部评价者很可能不太了解被评价者的能力、行为和实际工作的情况，使其评价结果的准确性和可靠性大打折扣。在实际评价中，此方法慎用。

在选择了恰当的评价主体之后，为了提高评价效率需要对评价主体进行培训，具体的培训内容通常包括：评价者误区培训、绩效信息搜集方法培训、绩效评价指标培训、绩效标准培训、绩效评价方法培训、绩效反馈培训。评价主体培训可以使评价者认识到绩效评价的意义，统一各个评价者对评价指标和标准的理解，以及熟悉评价方法、内容和程序；避免评价误区和消除偏见与误差；学会绩效反馈和绩效指导。

（五）评价周期

工作绩效评价周期是指员工接受工作业绩评价的时间间隔。员工业绩评价的周期长短应该受到以下几个因素的影响：

1. 绩效评价的目的决定绩效评价的周期

如果绩效评价的目的是为奖金发放提供依据，那么应该根据奖金发放的周期长短来决定员工绩效评价的周期。例如，半年或者每一年分配一次奖金，因此对员工的业绩评价也要间隔半年或一年，在奖金发放之前进行一次。

2. 员工工作的性质决定绩效评价周期

一般而言，工人的评价周期相对管理人员的应当要短，销售职位的绩效评价周期相对后勤职位的应当要短。中高层管理者比基层管理者的评价周期适当延长。对于基层的员工，他们的工作绩效可以在比较短的时间内得到一个好或者不好的评价结果，因此评价周期就可以相对短一些；而对于管理人员和专业技术人员，只有在比较长的时间内才能看到他们的工作成绩，因此对于他们的业绩评价的周期就应该相对长一些。

3. 评价指标性质决定评价周期

性质稳定的指标其评价周期相对要长一些。例如，员工的工作能力比工作态度相对要稳定一些，因此能力指标的评价周期相对态度指标就要长一些。

4. 企业所在行业的特征决定绩效评价周期

在确定评价周期时，应当考虑企业的业务特点。业务特点在很大程度上取决于企业所处的行业，不同行业的生产周期不同，这种生产周期会导致企业以及员工的绩效随之呈周期性变化，因此，评价周期必然受企业绩效周期的影响，即评价周期应与企业绩效周期相符。例如，在生产大型设备的企业或提供项目服务的企业中，绩效改进很难在短期内见效，因此评价周期应当长一些；相反，那些生产和销售日常消费品的企业，业务周期一般比较短。

(六) 评价方法

目前国内外绩效评价方法数不胜数，各种绩效评价方法均各有优点和缺点，应该根据实际情况进行选择。总体看来，绩效评价通常包括主观评价体系和客观评价体系两种类型。其中，绩效评价的主观方法是将员工之间的工作情况进行相互比较，得出对每个员工的相对优劣的评价结果。关于绩效评价方法的相关内容见本章第五节，此处不再赘述。

二、绩效评价误区

(一) 晕轮效应

晕轮效应是指在评价时以员工某一方面的特征为基础而对总体做出评价，结果导致个别特性评价影响整体印象，当评价者对被评价者某一绩效要素评价较高时，就会导致他对此对象的其他绩效要素也评价较高。例如，评价者根据被评价者某一特定方面的绩效表现优异就断定他别的方面一定就好，以偏概全而不作具体分析。

(二) 逻辑错误

逻辑错误是指评价主体使用简单的逻辑推理而不是根据客观情况来对员工进行评价。例如，按照"口头表达能力强，那么公共关系能力就强"这种逻辑，根据员工的口头表达能力来对公共关系能力做出评价。

(三) 近期误差

近期误差也叫近因效应，根据员工的近期表现而对整个绩效评价周期的表现做出相同评价。这种错误是由记忆衰减造成的。例如，评价周期为半年，员工只是在最近几周总提前上班，以前总是迟到，评价主体就根据最近的员工的出勤情况评为"优秀"。

(四) 首因效应

首因效应也叫第一印象误差，是指员工绩效评价初期的表现对其以后绩效评价产生延续性的影响。例如，员工在评价周期开始时非常努力地工作，绩效也非常好，即使他后来的绩效并不怎么好，上级还是根据开始的表现对他在整个评价周期的绩效做出了较高的评价。

(五) 溢出效应

溢出效应这种错误是指根据员工在评价周期以外的表现对评价周期内的表现做出评价。例如，生产线上的工人在评价周期前出了一次事故，在评价周期内他并没有出现问题，但是由于上次事故的影响，上级对他的绩效评价还是比较低。

（六）宽大化倾向

宽大化倾向也叫慈悲倾向，是指评价主体放宽评价的标准，给所有员工的评价结果都比较高。这会导致优秀的员工强烈不满，而低效员工安于现状。

（七）严厉倾向

严厉倾向是指掌握的标准过严，给员工的评价结果比较低，这使得员工加薪和晋升受到影响，很可能面临"歧视员工"的指控。

（八）中心化倾向

中心化倾向是指对员工的评价结果比较趋中，既不过高也不过低。例如，如果评价等级是从第1级到第7级，评价者把大多数员工都集中在第3、第4、第5级上。这种过于集中的评价结果会使绩效评价丧失作用，对于企业提高绩效的作用很小。

（九）像我效应

像我效应是指评价主体将员工和自己进行对比，对于与自己性格相投的人给予较高评价，与自己不同的就给予较低的评价。

三、绩效评价体系的有效性

（一）有效绩效评价体系的标志

有效的绩效评价体系应该同时具备敏感性、可靠性、可接受性、实用性和准确性五个特征。

敏感性指的是工作绩效评价体系具有区分工作效率高的员工和工作效率低的员工的能力。例如，如果工作评价的目的是升迁推荐等人事管理决策，评价体系就需要收集关于员工之间工作情况差别的信息；如果工作评价的目的是促进员工个人的成长发展，评价体系就需要收集员工在不同的阶段自身工作情况差别的信息。

可靠性指的是评价者判定评价的一致性，即不同的评价者对同一个员工所做的评价应该基本相同。

可接受性是指绩效评价体系只有得到管理人员和员工的支持才能推行。因此，绩效考评体系经常需要员工的参与。

实用性指的是评价体系的设计、实施和信息利用都需要花费时间、努力和金钱，组织使用业绩评价体系的收益必须大于其成本。

准确性指的是应该把工作绩效标准与组织目标联系起来，把工作要素和评价内容联系起来，来明确一项工作成败的界限。工作绩效标准是就一项工作的数量和质量要求具体规定员工行为是否可接受的界限。工作分析是描述一项工作的要求和对员工的素质要求，而工作绩效标准是区分工作绩效合格与不合格的标准，实际的工作绩效评价则是具体描述员工工作中的优缺点。因此，业绩评价的准确性要求对工作分析、工作标准和工作绩效评价体系进行周期性的调整和修改。

（二）如何提高绩效评价的有效性

假定绩效评价系统是科学的，可以考虑采取以下措施以提高绩效评价的有效性：①选择恰当的评价主体。评价主体应当对员工在评价指标上的表现最为了解。②评价开始前要对评价主体进行培训，指出这些可能存在的误区，从而使他们在评价过程中能够有意识地避免这些误区。培训是根本方法。③建立完善的绩效目标体系。清晰界定绩效评价指标和绩效评价标准，界定绩效标准时必须遵循具体、明确，可测量，具有挑战性、可实现性的原则。以防止晕轮和误差。④选择合适的评价方法。例如，强制分布法和排序法就可以避免宽大化、严格化和中心化倾向，从而更加科学地管理员工。⑤科学搜集评价中使用的信息资料，防止近因和首因等效应发生。⑥给评价者足够时间和渠道去了解评价对象，防止因缺乏了解和缺乏信心而导致的宽大化倾向和中心化倾向。

第五节　绩效评价的方法

目前国内外绩效评价方法数不胜数，各种绩效评价方法均各有优点和缺点，应该根据实际情况进行选择。总体看来，绩效评价通常包括相对评价体系和绝对评价体系两种类型。其中，相对评价法也称为比较法，包括排序法、配对比较法、强制分布法，是将员工之间的工作情况进行相互比较，得出对每个员工的相对优劣的评价结果；绝对评价法包括量表法、目标管理评价法、关键事件法。

一、相对评价法

（一）排序法

排序法（Ranking Method，RM）是一种简单而最常用的绩效评价方法，是对同一部门内的员工按照工作绩效高低进行排序，排序比较法分为简单排序法和交替排序法。

简单排序法是绩效评价中比较简单易行的一种综合比较方法，要求管理者将本部门所有员工按照绩效成绩从高到低（从最好者到最差者）进行排序。有时为了提高其精确度也可以将工作内容做出适当的分解，分项按照优良的顺序排列作为绩效评价的最后结果。表8-9是采用简单排序法的绩效评价结果。简单排序法是一种主观评价方法，且操作非常简单，其排序结果主要取决于经理对员工的看法。但是排序法仅仅适合于正在起步且人数不多、工种较单一的企业。

表8-9　简单排序法

顺序	等级	员工姓名
1	最好	王＿＿＿＿
2	较好	钱＿＿＿＿
3	一般	赵＿＿＿＿
4	较差	张＿＿＿＿
5	最差	李＿＿＿＿

交替排序法是根据某些工作绩效评价指标将员工绩效最好的和绩效最差的分别进行排序。由于人们容易发现极端问题而不容易发现中间的问题，所以从雇员中挑选出最好的和最差的比绝对地对他们的绩效进行评价要容易很多。交替排序法具体操作方法如下：首先

挑出所有员工中最好的和最差的，将他们作为第一名和最后一名，其次在剩下的员工中再挑出最好的和最差的，分别将其排列在第二名和倒数第二名，以此类推。最后将所有员工按照优劣的先后顺序全部排列完毕。表8-10是采用交替排序法的绩效评价结果。

交替排序法的优点是简单易行且花费时间少，能使评价者在预定的范围内组织评价并将下属进行排序，在确定的范围内可以将排序法的评价结果作为薪资奖金或一般性人事变动的依据。但是由于交替排序法是相对对比性的方法，是在员工之间进行主观比较而不是用员工工作的表现和结果与客观标准相比较，因此该方法不能用于比较不同部门的员工。另外，当员工取得的业绩相近时很难进行排列，也不能使员工得到关于自己优点或缺点的反馈。

表 8-10　交替排序法

顺序	等级	员工姓名
1	最好	王＿＿＿＿
2	较好	钱＿＿＿＿
3	一般	赵＿＿＿＿
3	差	张＿＿＿＿
2	较差	李＿＿＿＿
1	最差	胡＿＿＿＿

（二）配对比较法

配对比较法（Paired Comparison Method，PCM）也叫成对比较法，是评价者根据某一标准将每一名员工与其他员工进行逐一比较，并将每一次比较中的优胜者选出，再根据每一名员工净胜次数的多少进行排序。配对比较法的基本程序如下：首先，根据某种评价要素（如工作质量）将所有参加考评的人员逐一比较，按照从最好到最差的顺序对被评价者进行排序；其次，根据下一个评价要素进行两两比较，得出本要素被评价者的排序；以此类推，经过汇总整理，最后求出被评价者所有评价要素的平均排序数值，得到最终考评的排序结果。表8-11和表8-12分别是配对比较的过程和结果。

表 8-11　配对比较的过程

员工姓名	赵一	钱二	孙三	李四	周五
赵一	—	钱二	孙三	李四	周五
钱二		—	孙三	钱二	周五
孙三			—	孙三	周五
李四				—	周五
周五					—

表 8-12 配对比较的结果

员工姓名	胜出的次数	排名次序
周五	4	1
孙三	3	2
钱二	2	3
李四	1	4
赵一	0	5

配对比较法的优点是简明扼要、一目了然，能够发现每个员工在哪些方面比较出色，哪些方面存在明显的不足和差距。其缺点在于比较标准不是具体的工作行为或工作成果，而是评价主体对员工的整体印象，不仅主观性大，而且对经理要求高。因此，配对比较法适用于评价涉及的人员范围不大、数目不多的情况。如果员工的数目过多，不但费时费力，而且其评价质量也将受到制约和影响。此外，诸如品德、个性等指标的评价不适合采用配对比较法。

（三）强制分布法

强制分布法（Forced Distribution Method，FDM）也称强制分配法或硬性分配法，是将员工绩效分成若干个等级，且每一等级强制规定一个百分比，然后视员工的总体工作绩效将他们分别归类。

强制分布法假定员工的业绩水平遵从正态分布，那么按照正态分布的规律和给定的百分比将被评价的员工强制分配到各个类别中，其中等级类别一般是五类，从最优到最差的具体百分比可根据需要确定，如可能是 10%、20%、40%、20%、10%，也可能是 5%、20%、50%、20%、5% 等。具体的绩效评价等级比例的分配如表 8-13 所示。

表 8-13 绩效评价等级比例的分配

部门绩效评价分数	部门内员工绩效评价分数				
	5	4	3	2	1
5	15	40	不限	不限	不限
4	10	35	不限	不限	不限
3	5	30	65	不限	不限
2	0	20	60	不限	不限
1	0	10	45	20	不限

强制分布法的优点是可以克服评价者因标准变动和宽严不一引发的过分宽容、过分严厉或趋中倾向的弊端。其缺点是如果员工的业绩水平事实上不遵从所设定的分布样式，那么按照评价者的设想对员工进行强制区别容易引起员工不满；强制分配法只能把员工分为有限的几种类别，难以具体比较员工的差别。一般而言，当被评价的员工人数比较多且评价者不止一人时，用强制分布法可能比较有效，因此，强制分布法可用于评价对象较多的评价工作。

二、绝对评价法

(一) 量表法

量表评价法是绩效评价中最为常见的一种方法，是根据设计的等级评价量表来对被评价者进行评价的方法，常见的量表评价法包括图尺度量表法、行为锚定量表法、行为观察量表法。

1. 图尺度量表法

图尺度量表法（GRS）是在量表中列出需要评价的绩效指标，将每个指标的标准区分成不同的等级，每个等级都对应一个分数。在评价时，评价主体根据员工的表现给每个指标选择一个等级，汇总所有等级的分数就可以得出员工的评价结果（见表8-14）。

表8-14　图尺度量表法（GRS）示例

评价要素	评价尺度	权重	得分	评分依据以及评语
专业知识	s　a　b　c　d	30	a	略
计划能力	s　a　b　c　d	15	b	略
沟通能力	s　a　b　c　d	10	a	略
……	……	…	…	……
s：极优 a：优 b：良 c：中 d：差	最终得分 62 最终档次 s a b c d	档次划分		s：80 以上 a：65-79 b：49-64 c：33-48 d：16-32

资料来源：马新建，孙虹，李春生. 人力资源管理理论与方法 ［M］. 上海：格致出版社/上海人民出版社，2011：277.

图尺度量表法的优点是易于开发且成本低，适用于组织中大部分职位评价。其缺点在于基于主观判断使得评价信度和效度较差，而且未说明做什么才能得到好的评价，不能为具体的、易于接受的绩效反馈提供足够的信息，所以无法支持员工改进绩效。

2. 行为锚定量表法

锚定量表法（BARS）是由美国学者史密斯和肯德尔于1963年在美国"全国护士联合会"的资助下研究提出的。行为锚定量表法是图尺度量表法与关键事件法的结合，是用典型的行为描述句作为评价标准来针对每个评价要素划分相应的等级，并用典型的行为描述句与之对应和联系（即所谓锚定）。行为锚定量表法的前提假设是员工的职能性行为将产生有效的工作绩效。表 8-15 从关心学生的角度给出了对宿舍老师评价的行为锚定量表示例。

表 8-15 对宿舍老师评价的行为锚定量表

评价指标：关心学生		
指标定义：积极结识住宿学生，发现他们的需要，真诚地对待他们的需要并做出反应		
评价等级	（1）最好	当学生面有难色时，上前询问是否有问题需要一起商量
	（2）较好	为住宿学生提供一些关于所修课程的学习方法上的建议
	（3）一般	看到住宿学生时上前打招呼
	（4）较差	友好地对待住宿学生并与他们讨论困难，但随后不能跟踪解决困难
	（5）最差	批评住宿学生不能解决自己遇到的困难
评价结果：		

建立行为锚定量表的五个步骤：第一步，获得关键事件。寻找一些代表各个等级绩效水平的关键事件，如利用头脑风暴法谈如何处理客户关系。第二步，初步定义绩效评价指标。这些人将获得的关键事件合并为 5~10 个绩效评价指标，并且给出绩效评价指标的定义。第三步，关键事件重新分配。由另一组熟悉工作内容的人（HR 专家和专业顾问）将列举的关键事件（如处理客户关系）重新排列、分类，归到认为合适的绩效要素中。第四步，关键要素评定。由后一组人评定关键事件的等级，这就确定了每个评价要素的锚定物。第五步，建立最终的行为锚定体系，即工作绩效评价体系。

行为锚定量表法的优点：①对工作绩效的计量更为精确。由于是由那些对工作及其要求最为熟悉的人来编制行为锚定等级体系，因此行为锚定等级评价法比其他评价法能够更精确地对工作绩效进行评价。②工作绩效评价标准更为明确。评价等级尺度附带的关键事件有利于评价者更清楚地理解"非常好"和"一般"等各种绩效等级上的工作绩效到底有什么差别。③具有良好的绩效反馈功能。关键事件可以使评价人更为有效地向被评价人提供反馈，从而有效地指导雇员的行为。④各种工作要素之间有着较强的相互独立性。将众多的关键事件归纳为 5~6 种绩效要素（如"知识和判断力"），使各绩效要素之间的相对独立性很强。比如，在这种评价方法下，一位评价者很少因为某人的"知觉能力"所得到的评价等级高，就将此人的其他所有绩效要素等级都评定为高级。⑤具有良好的可靠性和连续性。不同的评价者对同一个人进行评价时其结果基本上是类似的。

行为锚定量表法的缺点：①使用行为锚定等级评价法需要花大量的时间和精力进行文字描述，比使用其他的工作绩效评价法（如评价尺度表）的成本大。②行为锚定量表法是典型的行为导向型的量表法，要求评价者对正在执行任务的员工进行评价，而不是针对预期的工作目标进行评价。③经验性的描述有时易出现偏差，被评价者的行为可能处于量表的两端。

3. 行为观察量表法

行为观察量表法（Behavioral Observation Scale，BOS）是图尺度量表法和行为导向量表法的结合，在使用行为观察量表时，各个评价项目都给出一系列有关的有效行为，评价者可以根据员工在一定时期内实际表现出某一种行为的频率来评价他的工作绩效。例如，评价"克服变革的阻力"这一绩效维度时，可以使用如下量表（见表8-16）：

表8-16　行为观察量表示例

A. 向下属描述变革的细节						
几乎从不	1	2	3	4	5	常常如此

行为观察量表法的使用步骤：①确定衡量业绩水平的角度，如工作的质量、人际沟通技能、工作的可靠性等；②每个角度都细分为若干个具体的标准并设计一个评价表；③评价者将员工的工作行为同评价标准进行比照，每个衡量角度的所有具体科目的得分构成员工在这一方面的得分；④将员工在所有评价方面的得分累加，就可以得到员工的评价总分。表8-17是根据行为观察评价方法为项目工程师工作可靠性设计的评价细目及分数标准。按照这种评价方法，如果一位项目工程师在5个评价细目上都被评价为"几乎总是"，那么他就可以得到25分，从而在工作可靠性上得到"很好"的评价。

表8-17　项目工程师工作的可靠性量表

1. 有效地管理各种时间						
几乎没有	1	2	3	4	5	几乎总是
2. 能够按时完成项目任务						
几乎没有	1	2	3	4	5	几乎总是
3. 必要时帮助其他员工工作以符合项目的期限要求						
几乎没有	1	2	3	4	5	几乎总是
4. 必要时加班工作						
几乎没有	1	2	3	4	5	几乎总是
5. 预测或试图解决可能阻碍项目按时完成的问题						
几乎没有	1	2	3	4	5	几乎总是
13分及其以下	14~16分		17~19分	20~22分		23~25分
很差	差		满意	好		很好

行为观察量表法的优点：BOS是将图尺度量表法与行为导向量表法结合，可以有效地解决锚定量表法中员工的行为表现可能出现在量表两端的情况；能够将企业发展战略和它所期望的行为结合起来，向员工提供有效的信息反馈，指导员工如何得到高的绩效评分；管理人员可以利用量表中的信息有效地监控员工的行为。其主要优点是设计和实施时所需花费的时间和金钱都比较少，使用简便，员工参与性强，容易被接受。

行为观察量表法的缺点：不同的评价者经常对"几乎没有"和"几乎总是"的理解有差异，结果导致业绩评价的稳定性下降；与其他行为导向型的评价方法相同，在开发行为观察量表时要以工作分析为基础，而且每个职务的评价要单独进行开发，开发成本较高。因此，行为观察量表法只适用于行为比较稳定、不太复杂的工作。

4. 对量表评价法的简要评价

量表评价法的优点：无论被评价者的人数是多还是少，这种方法都适用；评价标准是客观的职位职能标准，因此评价结果更客观准确；定性与定量结合评价更加全面，可以在不同员工之间比较；操作简便易行、快捷、易于量化，避免晕轮效应，也便于横向比较，适用于各类企业。

量表评价法的缺点：量表设计专业性强、难度大、耗时长、成本高，通常需要专家协助设计；列举日常工作中的具体行为，难以涵盖所有工作行为。其主要缺点如下：能够发现一般性问题，但是无法提供具体的改进意见和明确的指导；如果对评价指标的解释不一致，会出现主观误差；容易出现主观偏差和趋中误差，等级宽泛难以把握，打分集中流于形式。

量表评价法的适用范围：评价结果能够直接用于晋升、薪酬等各类人力资源管理决策，但是不能作为唯一的评价形式。

（二）目标管理评价法

目标管理评价法也被称为工作成果评价法，实施这种评价方法的过程非常类似于主管人员与员工签订一个合同，双方规定在某一个具体的时间达到某一个特定的目标，员工的绩效水平就根据这一目标的实现程度来评定。

实施目标管理评价法的关键是制定目标，即分别为组织、组织内的各个部门、各个部门的主管人员以及每一位员工制定具体的工作目标。目标管理方法不是用来衡量员工的工作行为，而是用来衡量每位员工为组织的成功所做的贡献大小。因此，这一目标必须是可以衡量和可以观测的，即目标管理中的目标制定要符合所谓的 SMART 原则。

在目标管理过程中，应该经常进行进度检查直至达到目标。在达到阶段性目标后，已经完成既定任务的员工会集在一起对工作成果进行评价，同时为下一阶段的工作制定目标。目标管理是一整套计划控制系统，同时也是一套完整的管理哲学系统。在理论上，只有每位员工成功才可能有主管人员的成功、各个部门的成功和整个组织的成功，因此，目标管理方法鼓励每一位员工的成功。但是目标管理的前提是个人、部门和组织的目标要协调一致。经验研究表明，这一方法不仅有助于改进工作效率，还能够使公司的管理部门根据迅速变化的竞争环境对员工进行及时的引导。

需要指出的是，目标管理评价法也有一些缺点。首先，这种评价法没有为管理人员提供在员工之间进行相互比较的依据。其次，目标设定的本身是一个非常困难的问题。如果员工在本期完成了设定的目标，那么管理人员就倾向于在下一期提高目标水平。如果员工在本期没有完成目标，那么管理人员在下一期就倾向于将目标设定在原来的目标水平上，从而产生所谓的"棘轮效应"。最后，当市场环境在目标设定后发生意外的变动，将影响到员工目标的完成情况。如果出现的是有利变化，受益者是员工；如果出现的是不利变化，受益者是企业。

（三）关键事件法

关键事件法（Critical Incident Method，CIM）是由美国学者福莱诺格（Flanagan）和伯恩斯（Bens）在 1954 年共同创立的。关键事件是指那些对部门的整体工作绩效产生重大积极或消极影响的事件。关键事件法是由上级主管者记录员工平时工作中的关键事件（包括做得特别好的和做得不好的），然后在预定的时间（通常是半年或一年之后）根据积累的记录由主管者与被测评者讨论相关事件，为测评提供依据。关键事件法的要点是：①观察；②书面记录员工所做的事情；③确认有关工作成败的关键性事实。

关键事件法是对员工评价期间所有关键事件如实记录，通过平时观察、及时书面记录员工有关工作成败的"关键性"事实以进行评价的一种方法。在对每一事件的描述时，其主要内容包括：①导致事件发生的原因和背景；②员工的特别有效或多余的行为；③关键行为的后果；④员工自己能否支配或控制上述后果。表8-18为关键事件法进行工作绩效评价的示例。

表8-18 关键事件法示例

担负的责任	目标	关键事件
安排生产计划	充分利用人员和设备，及时发布各种指令	为工厂建立了新的生产系统；上个月的指令延误率降低了10%；上个月机器利用率提高了20%
监督材料采购和库存控制	在保证原材料充足供应的前提下，使库存成本降到最低	上个月原材料库存成本上升了15%；A部件和B部件订购富余20%；C部件订购短缺30%
监督机器设备的维护保养	不出现因机器故障而导致的停产	为工厂建立了一套新的机器维护和保养系统；由于及时发现机器故障而阻止了机器的损坏

关键事件法的优点：①对关键事件的行为观察客观、准确，为评价者向被评价者解释绩效评价结果提供了一些确切的事实证据；②评价内容是员工一年内的整体表现，而不是最近一段时间的表现，可以发现更深层次的问题；③根据动态记录关键事件可以全面了解被评价者如何消除不良绩效，以及如何改进和提高绩效。

关键事件法的缺点：①对关键事件的观察和记录费时费力，需要花大量时间去搜集那些关键事件，并加以概括和分类；②适合做定性分析而不能做定量分析；③不能具体区分工作行为的重要性程度，很难使用该方法在员工之间进行比较。

需要指出的是，尽管关键事件法在认定员工特殊的良好表现和劣等表现方面是十分有效的，但是在对员工进行比较或在做出与之相关的薪酬、晋升或者培训的决定时，它通常只能作为其他绩效评价方法的补充而可能不会有太明显的用处。如果要应用关键事件法对被评价者进行绩效评价的话，那么在确定绩效目标和计划时，就要将关键事件同绩效目标和计划结合起来。

第六节 评价面谈、反馈与改进

一、评价面谈的目的和原则

绩效评价面谈对员工的发展是十分关键的，评价面谈通常涉及三个基本内容：讨论员工的业绩、帮助员工确定目标、为使员工实现这些目标所采取措施而提出的建议。通过绩效评价面谈实现两个主要目的：一方面是要让员工了解自己的评价结果背后的原因，以此来增加共识、减少误解和猜疑；另一方面是改善员工的绩效以及为员工的发展提供建议。为了提高绩效面谈的有效性，需要把握以下四个方面的原则：

（一）有效的信息反馈应具有针对性

在绩效面谈中，评价者所反馈的信息不应当是针对某个被评价者，而应当针对某一类行为，并且这种行为应当是员工通过自身的努力能够改进和可以克服的。

（二）有效的信息反馈应具有真实性

在绩效面谈中，反馈的信息应该"去伪存真"，是经过核实和证明的。有效的信息反馈不仅要具有真实可靠性，还应明确具体而详细，防止表述过于简单化。

（三）有效的信息反馈应具有及时性

如果能针对被评价者的近期行为提出一些及时的、有意义的信息反馈，将会对他的工作绩效的改进具有较大的裨益。

（四）有效的信息反馈应考虑下属的心理承受能力

上级主管所反馈的信息应强调下属的所说、所做以及是如何做的，而不是去揣摩员工为什么要这样做，其心理动机是什么？如果主观地测度下属的某种行为的动机和意图，就会引起下属的"自我保护意识"的心理反应，对上级主管产生怨恨、怀疑和不信任感，造成上下级之间的隔离和疏远，这种缺乏适应性的信息反馈，对于员工潜能的开发和利用是极为不利的。

二、绩效面谈的准备工作

为了提高和保证绩效面谈的质量和效果，绩效管理者需要在工作绩效评价面前做以下准备：

（一）明确面谈的主题

在绩效面谈之前，评价者必须明确本次面谈的目的、内容和要求，即需要明确本次面谈主要交流和沟通的主题是什么，通过面谈要达到什么样的目的，解决什么样的问题。被评价者应在面谈前的1~2周预先被告知面谈的内容、时间、地点，以及应准备的各种绩效记录和资料。

（二）资料搜集、整理和准备

首先，评价者要对被评价者的工作描述进行研究以了解员工的工作情况，将员工的实际工作绩效与绩效标准加以对比，回顾员工工作记录并对员工原来的工作绩效评价档案进行审查，初步给其一个评价意见。其次，被评价的员工至少提前一周对自己的工作进行审查反思，整理汇总以前工作表现的记录，通过自己的工作描述来分析自己工作中所存在的问题和意见，通过与年初目标的对比进行自我评价并且写出自评报告，然后将总结报告和主要资料及时交给上级主管审阅。最后，主管将自己所掌握的有关资料与下属的自评报告及所提供的资料进行对比，注意与员工自评可能有分歧的地方，以便提高绩效面谈的针对性和有效性。

（三）面谈时间和地点的选择

通常情况下，双方应当找一个对双方来说都比较方便的时间来进行面谈，以便为整个面谈过程留出一段较为充足的时间。面谈地点应当具有相对的安静性，以免面谈被电话或来访者打扰。

三、进行绩效评价面谈的技巧

在进行工作绩效评价面谈时，应当牢记以下几个要点：

（一）谈话要直接而具体

交谈要根据客观的、能够反映员工工作情况的资料来进行。这些资料包括以下几个方面的内容：缺勤、迟到、质量记录、检查报告、残次品或废品率、订货处理、生产率记录、使用或消耗的原料、任务或计划的按时完成情况、成本控制和减少程度、差错率、实际成本与预算成本的对比、顾客投诉、产品退回、订货处理时间、库存水平及其精确度、事故报告等。

（二）不要直接指责员工

例如，不要对员工说："你递交报告的速度太慢了。"相反，你应当试图将员工的实际工作绩效与绩效标准进行对比（如"这些报告正常应当在 10 天内递交上来"）。同样，也不要将员工个人的工作绩效与他人的工作绩效进行对比（如"他比你递交报告的速度要快多了"）。

（三）鼓励员工多说话

应当注意停下来听员工正在说什么。多提一些开放型的问题，如"你认为应当采取何种行动才能改善当前的这种状况呢"；还可以使用一些带有命令性质的话，如"请继续说下去"或"请再告诉我一些更多的事情"等。可以将员工所表述的最后一点作为一个问题提出来，如"你认为自己无法完成这项工作，是吗"。

（四）不要绕弯子

尽管不能直接针对员工个人，但必须确保员工明白自己到底做对了什么又做错了什么。以下做法可能是非常有意义的：给他们举出一些特定的例子，在他们了解如何对工作加以改善以及何时加以改善之前，确信他们对问题已经搞明白，并且你们之间确实已经达成了共识，然后再制订出行动方案。

 本章小结

1. 绩效的属性：多因性，多维性，动态性。

2. 绩效管理（Performance Management，PM）是指组织中的各级管理者用来确保下属员工的工作行为和工作产出与组织的目标保持一致，通过不断改善其工作绩效，最终实现组织战略的手段及过程。

3. 绩效管理系统的制定包含以下过程：绩效计划、绩效监控、绩效评价和绩效总结与反馈。

4. 绩效管理工具与方法：传统的表现性绩效评价法、目标管理法、关键绩效指标法、平衡计分卡法。

 本章习题

1. 谈谈你对绩效、绩效管理、绩效评价的理解。
2. 绩效管理包含哪些主要阶段，各个阶段的工作内容和实施要点是什么？
3. 绩效评价指标有哪些？结合实际谈谈对绩效目标制定应该遵循的 SMART 原则。
4. 常见的绩效评价方法有哪些？各种方法的适用范围和主要特点是什么？
5. 绩效评价中常见的典型错误有哪些？如何避免评价误区？
6. 如何保证绩效评价的有效性？
7. 请结合典型企业展开薪酬调查并且设计绩效评价方案。

第九章　薪酬管理

兔王的胡萝卜政策为何失效？

南山坡住着一群兔子。在蓝眼睛兔王的精心管理下，兔子们过得丰衣足食，其乐融融。可是最近一段时间，外出寻找食物的兔子带回来的食物越来越少。为什么呢？兔王发现，原来一部分兔子在偷懒。

兔王发现，那些偷懒的兔子不仅自己怠工，对其他的兔子也造成了消极的影响。那些不偷懒的兔子也认为，既然干多干少一个样，那还干个什么劲呢？也一个一个跟着偷起懒来。于是，兔王决心要改变这种状况，宣布谁表现好谁就可以得到他特别奖励的胡萝卜。

一只小灰兔得到了兔王奖励的第一根胡萝卜，这件事在整个兔群中激起了轩然大波。兔王没想到反响如此强烈，而且居然是效果适得其反的反响。有几只老兔子前来找他谈话，数落小灰兔的种种不是，质问兔王凭什么奖励小灰兔？兔王说："我认为小灰兔的工作表现不错。如果你们也能积极表现，自然也会得到奖励。"

于是，兔子们发现了获取奖励的秘诀。几乎所有的兔子都认为，只要善于在兔王面前表现自己，就能得到奖励的胡萝卜。那些老实的兔子因为不善于表现，总是吃闷亏。于是，日久天长，在兔群中竟然盛行起一种变脸式（当面一套背后一套）的工作作风。许多兔子都在想方设法地讨兔王的欢心，甚至不惜弄虚作假。兔子们勤劳朴实的优良传统遭到了严重破坏。

为了改革兔子们弄虚作假的弊端，兔王在老兔子们的帮助下，制定了一套有据可依的奖励办法。这个办法规定，兔子们采集回来的食物必须经过验收，然后可以按照完成的数量得到奖励。一时之间，兔子们的工作效率发生变化，食物的库存量大有提高。

兔王没有得意多久，兔子们的工作效率就陷入了每况愈下的困境。兔王感到奇怪，仔细一调查，原来在兔群附近的食物源早已被过度开采，却没有谁愿意主动去寻找新的食物源。有一只长耳朵的大白兔指责他唯数量论，助长了一种短期行为的功利主义思想，不利于培养那些真正有益于兔群长期发展的行为动机。

兔王觉得长耳兔说得很有道理，他开始若有所思。有一天，小灰兔素素没能完成当天的任务，他的好朋友都都主动把自己采集的蘑菇送给他。兔王听说了这件事，对都都助人为乐的品德非常赞赏。过了两天，兔王在仓库门口刚好碰到了都都，一高兴就给了都都双倍的奖励。此例一开，变脸游戏又重新风行起来。大家都变着法子讨好兔王，不会讨好的就找着兔王吵闹，弄得兔王坐卧不宁、烦躁不安。有的说："凭什么我干得多，得到的奖励却比都都少？"有的说："我这一次干得多，得到的却比上一次少，这也太不公平了吧？"

时间一长，情况愈演愈烈，如果没有高额的奖励，谁也不愿意去劳动。可是，如果没有人工作，大家的食物从哪里来呢？兔王万般无奈，宣布凡是愿意为兔群做贡献的志愿者，可以立即领到一大筐胡萝卜。布告一出，报名应征者好不踊跃。兔王心想，重赏之下，果然有勇夫。

谁也没有料到，那些报名的兔子之中居然没有一个如期完成任务。兔王气急败坏，跑去责备他们。他们异口同声地说："这不能怨我呀，兔王。既然胡萝卜已经到手，谁还有心思去干活呢？"

资料来源：http：//wenda. tianya. cn/question/3c306eb486d5f0a0.

第一节　薪酬管理概述

一、薪酬的概念

在人力资源管理中，薪酬是一个界定比较宽泛、内容十分丰富、本身也在不断发展的概念，不同时期以及不同国家的人们对薪酬的认识往往存在着较大的差异，因此延伸出一系列与薪酬相关的概念。学术界和企业界用于描述薪酬的词汇大致经历了从 Wage 到 Salary，再到 Compensation，最后衍变出 Total Reward 的过程。

"工资"（Wage）的概念主要是在 1920 年以前被企业广泛应用，它指的是根据工作量（如工作时间长短）而给付的报酬，当时其主要支付对象是从事体力劳动的蓝领工人，且主要部分是基本工资，我们今天所说的福利只占很小的一部分或者没有。

"薪水"（Salary）这一概念主要是指脑力劳动者即白领阶层的收入，它并不是根据每天工作几小时就给几小时的钱这样最基本的方式发放的，而是企业在每一阶段单位时间（如一个月）后，一次性支付给员工一个相对固定的报酬数额。

薪酬（Compensation）是指员工因雇佣关系的存在而从企业那里获得的所有各种形式的货币收入，其中包括固定薪酬和浮动薪酬两大部分。

报酬（Reward）又称为总体薪酬（Total Compensation），通常是指员工因为为某一个组织工作而获得的所有各种他认为有价值的东西的统称，它是一个广义薪酬的概念。总体薪酬可以区分为经济性薪酬和非经济性薪酬两类。其中，经济性薪酬是指以货币来度量的薪资和福利，主要包括企业提供的工资、奖金、佣金、福利等；非经济性薪酬是指工作本身和工作环境所提供的各种条件，包括成长和发展的机会、工作的趣味性、挑战性工作、参与决策、工作地点的交通便利、组织的政策和管理等。我们通常所说的薪酬主要是经济性薪酬，它是一个狭义的薪酬概念。

二、薪酬的构成

总体薪酬是一个广义薪酬概念，按照总体薪酬的产生过程可以进一步区分为外在薪酬和内在薪酬两种类型。其中，外在薪酬是指员工因受雇用而获得的各种形式的收入，包括薪水、奖金、福利、津贴、股票期权及以各种间接货币形式支付的福利等；内在薪酬是指为员工创造的良好工作环境以及工作本身的内在特征、组织的特征等所带来的非经济性的心理效用，如员工因自己努力工作受到晋升、表扬或受到重视，从而产生的工作荣誉感、成就感、责任感等。图 9-1 给出总体薪酬的构成情况。

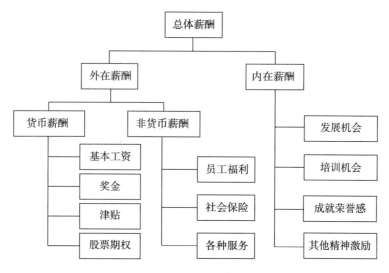

图 9-1　总体薪酬的构成

由于狭义薪酬是总体薪酬的主要组成部分，而我国薪酬一般由工资、奖金和福利构成，所以本书接下来着重分析狭义薪酬中的基本薪酬、可变薪酬和福利和津贴。

（一）基本薪酬

基本薪酬是组织根据员工承担或完成的工作本身（职位薪酬制度）或者员工所具备的技能和能力（技能薪酬制度或能力薪酬制度）而向员工支付的相对稳定的经济性报酬。包括两种类型：①Wage（给蓝领个人支付的小时工资或周工资）；②Salary（给白领的管理或专业技术人员支付的年薪或月薪）。

基本薪酬主要是以员工所在的部门、岗位、职位以及员工个体间的劳动差异为基准，根据员工完成劳动定额的实际劳动消耗而计付的劳动报酬，这一部分又可分为基本工资、岗位工资、技能工资、年功工资、效益工资等部分。在支付能力一定的情况下，企业应该尽量将基本薪酬水平紧密地与竞争性劳动力市场保持一致，以保证组织能够获得高质量的人才。

通常基本薪酬是薪酬体系中相对固定的组成部分，但这并不意味着基本薪酬永远没有变化。基本薪酬变动的依据：①生活费用或通货膨胀程度；②市场上同质劳动力的薪酬；③员工本人的知识、经验、技能变化以及由此引起的绩效变化。

（二）可变薪酬

可变薪酬是薪酬系统中与个人业绩、团队业绩或公司业绩直接挂钩的经济性报酬，也称浮动薪酬。可变薪酬是整个薪酬体系构成中非常重要的组成部分：一方面，可变薪酬具有针对动态环境的变化做出反应的灵活性，尤其是面向较大员工群体实行的可变薪酬能够针对员工和组织所面临的变革和较为复杂的挑战做出灵活反应；另一方面，可变薪酬能够对员工所达成的有利于企业成功的绩效提供灵活奖励，还可以在企业经营不利时有效地控制成本。

可变薪酬的数额不固定且形式多样，按照薪酬发放的对象分为群体可变薪酬和个人可变薪酬。前者包括利润分享、收益分享和成功分享计划；后者包括一次性奖励、经常性工作奖、年终奖、劳动分红、特殊贡献奖等。按照薪酬发放周期的长短可以将可变薪酬划分为短期可变薪酬和长期可变薪酬。其中，短期可变薪酬以非常具体的绩效目标为基础，通常适用于企业的业务人员；长期可变薪酬（长期奖励）将个人（高管和核心专业技术人员）薪酬与企业长期目标（如投资收益、市场份额、净资产收益等）的实现联系起来。在上述各种可变薪酬形式中，最常见也最具有代表性的表现形式包括奖金、红利和股票期权。

奖金也称绩效薪酬或奖励工资，是指对员工超额完成工作部分或工作绩效突出部分所支付的奖励性报酬。其目的在于对员工进行激励，促使其继续提高效率和质量、降低成本等。奖金的发放可以根据个人的工作业绩评定，也可以根据部门和企业的效益来评定。奖金的支付对象是正常工作以外的超额部分，这部分随工作绩效而变动。奖金比起其他报酬形式具有更强的灵活性和针对性，奖金形成的报酬也具有更加明显的差异性，常见的形式包括佣金、超时奖、绩效奖、职务奖、建议奖、特殊贡献奖、节约奖和超利润奖等。

红利也称分红，是指员工分享企业利润的一种报酬形式。一般以投资收益、市场份额、净资产收益等年度目标为依据，是调动员工积极性、提高员工忠诚度的薪酬形式，通常在年终与利润结算和绩效评估结合，通过计算后发放。

股票期权是指组织给予其员工以现在的价格，在未来一定时期购买本组织一定数量股票的一种权利。鼓励员工实现跨年度或多年度的绩效目标，是一种长期的报酬形式，其目的在于留住核心员工。

需要指出的是，可变薪酬不同于企业的绩效加薪。绩效加薪是对员工过去的绩效和优秀表现的一种奖励，绩效加薪与可变薪酬的区别在：首先，绩效加薪百分比根据企业当年业绩和个人绩效评价等级确定，通常无法实现沟通协商；而可变薪酬以及奖金的多少、比例、时间则是事前约定的。其次，绩效加薪具有永久性且会产生累加作用，其实质是基本薪酬的增长；而可变薪酬仅适用于约定的某个绩效周期，其灵活性很强且不会给企业带来成本压力。

（三）福利和津贴

附加薪酬和福利与服务也称为间接薪酬。高薪只是短期内人才资源市场供求关系使然，而福利和津贴则反映了企业对员工的长期承诺，也正是由于这一点，众多在企业里追求长期发展的员工更认同福利和津贴而非单纯的高薪。

1. 福利

福利是企业为了吸引员工或维持人员稳定而支付的作为基本薪酬补充的项目，如失业保险、养老保险、午餐费、带薪假等。福利与服务包括非工作时间付薪、健康和医疗保健、人寿保险以及法定和企业补充医疗保险等。

福利与服务在企业中具有独特的价值。首先，福利减少企业现金支付薪酬以达到避税效果；福利为员工退休以及可能的不测提供保障；福利使员工以较低成本购买所需产品（如健康保险、人寿保险等）。近年来，国外企业流行自助餐式福利计划，通过增加员工的选择权来有效地控制企业的成本投入，赋予体制更大的灵活性，因此这一福利模式很受企业的欢迎。

2. 津贴

津贴也称附加薪酬或者补助，是指对员工在特殊条件或工作环境下所付出的额外的工作量和额外的生活费开支进行的补偿。通常把与工作联系的补偿称为津贴；把与生活相联系的补偿称为补贴。津贴的特点是它只将艰苦或特殊的环境作为衡量的唯一标准，与员工的工作能力和工作业绩无关。因此，津贴具有很强的针对性，当艰苦或特殊的环境消失时，津贴也随即终止。

根据津贴实施的目的不同，可以分为地域性津贴、生活性津贴和劳动性津贴。地域性津贴是指由于员工在艰苦的自然地理环境中花费了更多的生活费用而得到的补偿。例如，林区津贴、艰苦生活津贴、高寒地区津贴等。生活性津贴是指为了保障员工的实际生活水平而得到的补偿。由于员工的收入是货币性工资收入，货币性工资收入会受到物价上涨因素的影响，为了弥补物价上涨造成的员工生活水平下降，就会有肉食补贴、副食补贴等津贴。另外，由于工作使员工家庭生活开支分离而造成的生活费用增加也应有相应的津贴，如出差补贴等。劳动性津贴是指因从事特殊性工作而得到的补偿，如夜班津贴、高温环境工作的高温津贴等。

三、薪酬的基本功能

（一）薪酬的保障功能

员工通过劳动获得薪酬来维持自身的衣食住行等基本生存需要，以保证自身劳动力的再生产。同时，他还必须利用这些薪酬来养育子女和加强自身的培训学习，以实现劳动力的再生产和人力资本的增值。因此，薪酬是保证企业人力资源生产和再生产的基本因素。

（二）薪酬的激励功能

企业通过支付给员工不同的薪酬来评价员工个人的素质、能力、工作态度及其工作效果等。合理的薪酬可以促进员工产生更高的工作绩效，而更高的工作绩效又会为员工带来更高的薪酬。更高的薪酬不仅可以使员工的经济条件得到改善，获得更多的社交机会，而且是对员工工作能力的一种肯定，显示了员工在企业中或社会上相应价值和地位以及作用的提升，并赢得更多的尊重，更是其个人职业生涯成功的一种标志，从而激发其工作的满足感和成就感，使其以更高的热情投入工作。因此，合理的薪酬将会激励员工工作绩效的不断提高，使每个员工都能自觉地为实现企业目标努力工作。

（三）薪酬的调节功能

一方面，企业可以通过薪酬水平的变动和倾斜将企业目标和管理者意图传递给员工，促使员工个人行为与企业期望的行为趋于一致，并引导内部员工合理流动，从而调整企业生产和管理环节上人力资源的数量和质量，实现企业内部各种资源的高效配置。另一方面，企业通过制定有效的薪酬差距水平，可以吸引更多企业急需的人力资源。完备、公正、公平的报酬系统不仅有助于吸引人才，还可以为企业留住人才。

（四）薪酬的增值功能

对企业而言，薪酬实质上是企业用于交换员工劳动的一种成本投入，是对活劳动（劳动要素）的数量和质量的一种投资，与其他资本投资一样是为了带来预期的、大于成本的收益。

四、薪酬管理

薪酬管理是指一个组织针对所有员工所提供的服务来确定他们应当得到的薪酬总额、薪酬结构以及薪酬形式的过程。薪酬管理的主要内容包括：一方面，企业必须就薪酬形式、薪酬体系和薪酬构成、薪酬水平以及薪酬结构、特殊员工群体的薪酬等做出决策；另一方面，还要持续不断地制定薪酬计划、拟定薪酬预算、就薪酬管理类问题与员工沟通，同时对薪酬系统本身的有效性做出评价，而后不断予以完善。薪酬管理与其他人力资源管理职能之间的关系如图9-2所示。

（一）薪酬管理的职能

1. 薪酬管理具有人力资源的有效配置职能

如同一个国家行业的薪酬高低可以起着调节人才流动的作用一样，在一个组织内部，薪酬的高低同样起着调节作用。管理者可以通过合理的薪酬设计和薪酬调整，通过企业内部的招聘和人才选拔过程，使企业的人力资源产生合理的流动，实现企业内部各种资源的有效配置，从而实现企业的经营战略。

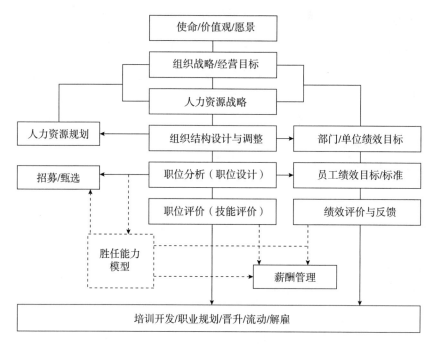

图 9-2　现代人力资源管理体系与薪酬管理

2. 薪酬管理具有协调员工关系的职能

企业系统由多个职能子系统构成，如生产部门、采购部门、营销部门、财务部门等。有效的薪酬管理可以调节部门之间、员工之间、员工与部门之间的关系。通过薪酬水平的变动，化解部门之间、员工之间的矛盾，使企业内部关系更加融洽。

3. 薪酬管理具有调动部门和员工积极性的杠杆职能

有效的薪酬管理还可以成为提高企业效率的杠杆。例如，管理者通过绩效考核评价部门与员工的工作业绩，在薪酬管理中实施有效的任务结果导向型的薪酬体系，不仅可以促进员工的劳动数量和质量的提高，还可以充分调动部门和员工的工作积极性。

4. 薪酬管理具有为股东和投资者带来回报的增值职能

企业要从事生产经营活动，就必须付出代价。薪酬是企业为了实现股东和投资者的投资目的而在劳动力上所支付的成本。雇用劳动力并对劳动力要素进行投资，也是薪酬管理的一大课题。各地劳动力要素的差异很大，劳动力的成本高低不齐。以何种方式取得人力资源？核心员工有多少？外围员工的比例有多大？有长期合同关系的员工有多少？临时员工比例有多大？是人才储备还是人才租赁？这些都关系到人力成本的问题。企业要吸引到优秀的员工，就要付出昂贵的薪酬代价。只有当企业吸引的人才为企业创造出价值，才能为股东带来理想的回报。

（二）薪酬管理中的重要决策

薪酬管理中包含以下四个重要决策，即薪酬体系决策、薪酬水平决策、薪酬结构决策和薪酬管理政策决策。

1. 薪酬体系决策

薪酬体系决策的主要任务是企业确定员工基本薪酬的基础是什么。目前，国际上通行的薪酬体系主要有三种，即职位（或称岗位）薪酬体系、技能薪酬体系以及能力薪酬体系。其中，职位薪酬体系以工作或职位为基础；技能和能力薪酬体系是以员工自身的技能水平以及员工所具备的胜任能力或综合性任职资格为基础。

2. 薪酬水平决策

薪酬水平决策是指确定企业中各职位、各部门以及整个企业的平均薪酬水平。薪酬水平决定了企业薪酬的外部竞争性，薪酬水平决策需要考虑的因素包括同行业或地区竞争对手的薪酬水平；企业支付能力和薪酬战略；社会生活成本指数；集体谈判情况下的工会薪酬政策。

3. 薪酬结构决策

薪酬结构决策是指确定同一组织内部的薪酬等级数量以及不同薪酬等级之间的薪酬差距大小。薪酬结构实际上反映了企业对职位和技能价值的看法，通过职位评价以及外部薪酬市场调查，可以确保薪酬结构的公平性和合理性。

4. 薪酬管理政策决策

薪酬管理政策决策主要涉及企业的薪酬成本与预算控制方式以及企业的薪酬制度、薪酬规定和员工的薪酬水平是否保密等问题，真正经得起公开检验的薪酬决策是更好的薪酬管理的体现。

第二节　薪酬设计

一、薪酬体系

（一）基本薪酬

基本薪酬就是指企业的狭义工资范畴。基本薪酬按计量形式可以划分为计时工资、计件工资；按内容可以分为职位工资、技能或者能力工资、年功工资、结构工资。基本薪酬的高低往往涉及多方面的赋酬因素。

1. 生活费

基本薪酬必须能保证员工基本生活费用，这是确定薪酬的最基本的原则。一般而言，员工大多从单身开始，其家庭人数、消费内容、消费水平等大致可以根据员工的年龄段来把握。

2. 年资

年资是指在本企业承担该职位工作的时间和资历。虽然现代技术条件下，年资因素考虑得越来越少，但为了保持员工队伍的相对稳定，这一因素需要一定程度的体现。

3. 能力

能力包括显在能力和潜在能力，其中，显在能力可以用职位工作的完成情况衡量，通过能力所达成的目标或所实现的效果来反映；潜在能力是指知识、技能的综合掌握程度以及经验的积累程度，它表示可能会干什么、能干到什么程度，人们一般将学历、职称、职务年限作为潜在能力的显示器。薪酬给付应该以激励员工把自身所具备的与职位相关的能力全部发挥出来，变成可见的职位成果为目标，薪酬方案设计应把实际已发挥的能力和潜在的能力都考虑在内。

4. 职位

不同职位的劳动者在从事工作时对企业的影响、承担的责任、付出的代价是不同的。职位越高则权力和责任越重，其工作结果对企业的影响越大，对承担该职位的人应具备的能力和经验的要求越高，即付出的代价大和创造的价值大，为对其劳动进行补偿必须支付高薪酬。

5. 绩效

能力不能完全反映劳动者职位的实际价值和成果，因此还必须对实际绩效较高的劳动者支付较高的薪酬。

（二）基本薪酬体系

薪酬体系又称薪酬制度或工资制度，是依照法律和国家政策规定的有关工资结构、工资水平、工资标准、工资关系、工资支付等的总称。我国企业薪酬制度的具体形式很多，每种薪酬制度都有其特定的适用对象。一般来说，基本薪酬体系包括职位薪酬体系、技能（能力）薪酬体系、绩效薪酬体系和结构性薪酬体系四种类型。

1. 职位薪酬体系

职位薪酬体系的特点是根据员工本人所任的职位确定基本薪酬等级和标准，职位薪酬体系对职位本身的价值作出客观评价，然后根据评价结果赋予承担这一职位的人与该职位价值相当的薪资。职位薪酬体系设计的思路：根据工作的复杂程度、繁重程度、责任大小、精确程度、劳动条件等因素，确定职位（工作或岗位、工种）之间的价值大小和先后顺序，并规定相应的薪酬等级和薪酬标准。

由于职位薪酬体系关注的焦点是职位相对价值的确定，所以其适用范围主要是职位（职务）内容相对固定的各类企业。

2. 技能（能力）薪酬体系

技能（能力）薪酬体系是根据员工本人具有的技能或知识确定基本薪酬等级和标准。其基本思路是通过考核，对员工的能力大小及提高程度进行评估审定，然后再确定薪酬等级和标准或增薪幅度。

技能薪酬体系的基本形式有两种：一是技术等级工资制。按技术复杂程度及劳动熟练程度划分等级并规定相应的工资标准，再以员工所达到的技术水平评定技术等级和标准工资的一种等级工资制度。二是职能工资制。按完成职位工作的能力决定工资，即根据对员工从事本职职位的能力进行评价，并根据评价的结果确定相应的薪资。一般先将企业的职位分成管理岗位、事务岗位、技术岗位，然后决定每个员工的薪资。

技能（能力）薪酬体系关注的焦点在于员工完成职位工作时投入的知识、技术和能力，组织重视员工技能的提高。因此，技能薪酬体系的适用范围是对技能要求高、对员工的劳动熟练程度要求高、职位工作内容不固定的企业，以及产品复杂、员工数量不多、职位工作内容变动频繁的中小企业。例如，机器修理厂、专业分工不细的制造厂。

3. 绩效薪酬体系

绩效薪酬体系是根据员工个人职位业绩而发放薪酬的薪酬制度，它是建立在有效的绩效考评的基础上的，根据员工绩效的高低划分不同的薪酬档次。业绩出色则薪酬级别可以上调若干个档次；业绩不佳则可能停留在原来的档次或下调。

由于绩效薪酬体系关注的焦点是诸如产量、质量、销售额等职位产出，所以适用范围主要是独立性高、个人对职位的控制力较强、个人业绩可以量化、工作内容和完成方式不确定、员工可以自己设定目标的职位。

4. 结构性薪酬体系

结构性薪酬体系是以职位、能力、绩效三者的不同组合为主体形成的薪酬体系，可见结构性薪酬内在地包容了上述薪酬给付的诸因素。结构性薪酬体系的基本思路是每一位员工薪酬的确定，都要综合地考虑对员工需要加以激励的各种因素，不同企业确定员工薪酬的各种因素的权重也应该是有差别的。结构性薪酬体系的一般构成：①岗位（职位、职务）工资；②技能工资；③基础工资；④年龄工资；⑤效益工资。

综上可见，基于职位的薪酬设计是企业根据职位的相对价值给员工支付报酬，该体系突出职位价值并且以职位评价为基础，是现在我国应用最多的一种。基于能力的薪酬设计是企业根据员工能力的高低付酬，该体系中职位执行能力的衡量和评价是决定薪酬水平的关键。能力的薪酬设计是近些年来随着知识型企业的大量出现而兴起的一种薪酬设计方法，常采取宽带薪酬的形式。基于绩效的薪酬设计是根据员工的绩效付酬，该体系中员工的职位绩效是薪酬水平的决定因素，严谨的绩效考核是基础。结构性薪酬体系是以职位、能力、绩效三者的不同组合为主体形成的薪酬体系。由于职位薪酬在薪酬体系设计中的应用最广泛，因此本书主要介绍职位薪酬体系设计。

二、薪酬体系设计

（一）薪酬体系设计的理论基础

1. 工资决定理论

亚当·斯密认为工资是财产所有者与劳动者相分离的情况下，作为劳动者的报酬。因此，工资水平的高低取决于财产所有者即雇主与劳动者的力量对比，即雇主对劳动者的需求与劳动者的供给比例决定工资水平。另外，他认为，造成现实中不同职业和工人之间工资差别的主要原因有两类：一是各种不同职业的劳动者的心理、学习成本、安全程度、责任程度和职业风险五个方面的差异造成了不同性质的职业工资差别；二是政府的工资政策影响了劳动力市场上的供求关系，导致工资差别。亚当·斯密的工资理论为以后的工资政策研究奠定了基础。

2. 最低工资理论

威廉·配第、魁奈和李嘉图等把工资和生活资料的价值联系起来，认为工资具有自然价格和市场价格，自然价格是劳动者能维持生活并延续后代所需生活资料的价格，市场价格是劳动力市场上供求关系确定的实际支付的价格。最低工资理论是政府宏观工资调节和企业微观工资管理的主要理论依据之一。

3. 人力资本理论

西奥多·舒尔茨、加里·贝克尔等认为，人力资本是通过人力资本投资形成的，这些投资包括教育培训支出、卫生保健支出、劳动力国内和国外流动支出，以及获取相关信息的支出等。人力资本投资的目的是为了收益，只有当预期收益的现值不低于投资支出的现值时，政府、企业或个人才愿意投资。人力资本的投资直接影响人力资本的存量。雇员人力资本存量越高，劳动生产率也就越高，因此在劳动力市场上获得的报酬就越高。由于员工接受教育的不同等因素，现实中必然存在员工之间工资的差异和变动。

4. 分享工资理论

马丁·魏茨曼提出了分享工资理论，从分析企业劳动报酬的分配形式入手，认为滞胀产生的根本原因在于报酬分配制度的不合理，提出把传统的固定工资制度改为分享工资制度（如利润分红制、利润提成制等），将工人的工资与雇主的利润联系起来，工人不再拿固定工资而是就双方利润中的分享比例达成协议。这一理论改变了传统的工资分配制度，认为工资不再具有刚性，而是随利润增减而变动。

5. 公平理论

亚当·斯密公平理论认为，每个员工不但关心自己工作所得的绝对报酬，而且更关心自己的相对报酬。他经常会把自己所得到的报酬与付出的劳动之间的比率同他人的比率进行横向比较，也会把自己目前得到的报酬与付出劳动之间的比率同自己过去的比率进行纵向比较。如果他认为自己的这个比率和他人的以及自己过去的比率是相同的，则会产生公平感；如果他认为自己的这个比率低于他人以及自己过去的比率，则会产生不公平感，并且会努力采取行动试图去求得平衡，而由于不公平带来的心理失衡往往导致负面的工作绩效。

（二）薪酬体系设计的原则

薪酬设计的总体原则是建立一套科学合理的薪酬体系，让公司在不增加成本的情况下提高员工对报酬的满意度，调动员工的工作积极性进而促进企业发展。除此之外，企业设计薪酬还必须遵循一系列基本原则，包括战略导向原则、公平原则、经济性原则、合法原则、激励原则、竞争性原则。

1. 战略导向原则

薪酬设计的战略导向原则体现为两个方面：一方面，薪酬设计过程中要时刻关注企业的战略要求，通过薪酬设计反映企业的战略；另一方面，把实现企业战略转化为对员工的期望和要求，再把员工的期望和要求转化为对员工的薪酬激励体现在薪酬设计中。

2. 公平原则

薪酬制度设计和进行薪酬管理时首先要考虑的是员工对薪酬的公平感，而公平感取决于员工所得报酬和他所做出的贡献之比与某一衡量标准相比是高还是低，如果员工认为自己所得到的报酬是公平的，那么自己能够通过改进工作绩效增加报酬。

薪酬管理的公平原则包括外部公平和内部公平。内部公平是指同一企业中不同职位所获得的报酬应与各自的贡献成正比；外部公平是指同一行业或同一地区或同等规模的不同企业中类似职位的报酬应基本相同，企业一般通过市场薪资调查来评价是否符合外部公平原则。如果企业不能满足内部公平，那么员工会通过减少努力、投入或收取回扣、灰色收入等方法来进行弥补；如果企业不能保证外部公平，就难以吸引和留住足够数量的合格员工。

3. 经济性原则

薪酬是构成企业成本的重要组成部分，更高报酬水平一方面可以提高企业在人才市场的竞争性与激励性，另一方面也会提高产品价格进而降低企业产品在市场上的竞争力。因此，企业薪酬管理应该结合行业性质及人力成本构成来决定薪酬政策。例如，在劳动密集型行业中，人力成本在总成本中的比重超过70%，其薪酬水平的微弱提高就可能使企业的负担明显加重；而在技术密集型行业中，人力成本只占总成本的8%～10%，但人力资源的积极性和创造性却对企业的发展起着关键作用，所以对他们就不能过于计较薪酬的高低。

4. 合法原则

合法原则是指薪酬体系的制定必须符合国家的法律和政策，不能制定带有歧视性的薪酬政策。不同国家的政策会有所不同，许多国家以法律的形式规定最低工资水平，还有有关各类职工权益保护方面的法律规定，如童工的使用、同工同酬、最低工资保障、失业、养老、医疗保险等的法规要求。

5. 激励原则

激励原则是指薪酬体系要能最大限度地调动员工工作积极性。激励性的薪酬设计是指企业在确定内部各类、各级职位的报酬水准时要按贡献高低适当拉开差距，通过有差别的激励结构薪酬设计不断激励员工提高业务能力以创造出更佳的业绩，业绩突出的员工获得更多报酬。

6. 竞争性原则

竞争性原则是指企业制定的薪酬水平要足以吸引和留住企业所需的人才。企业薪酬标准的确定应该基于本地区和本行业的薪酬水平调查，如果企业的薪酬水平较低，那么在人才市场的竞争中常常处于不利的地位，导致其无法招到优秀人才，而且企业原有人才也可能会在竞争对手的高额薪酬诱惑下而选择辞职或消极怠工。因此，有条件的企业应采取高于其他企业的薪酬政策，以保证最大限度地吸引和保持最优秀人才为本公司服务。

(三) 薪酬设计的基本流程

薪酬设计是一个复杂的系统工程，它以岗位分析与评价、薪酬调查和绩效考核为基础，包括薪酬调查、薪酬策略、薪酬结构、职位评价、绩效考核、特殊津贴、长期激励、调资政策、评估调整等主要内容。典型的薪酬体系设计过程包括七个步骤，如图9-3所示。

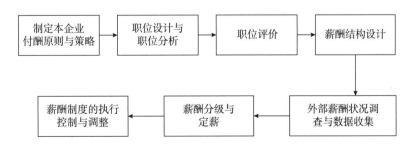

图9-3　薪酬体系设计的基本流程

第一步，制定本企业付酬原则与策略。企业付酬原则与策略是企业文化的体现，主要包括对人性的认识、对职工总体价值的评价、对管理骨干及高级专业人才所起作用的估计等核心价值观，内容涉及诸如薪酬水平、薪资等级差距以及薪资、奖励与福利费用的分配比例等有关薪资分配的政策和策略。

第二步，职位设计与职位分析。职位设计与职位分析是薪酬体系建立的依据，包括工作分析、撰写职位说明书，这一活动将产生企业的组织机构系统图及其中所有工作说明与规格等文件，其操作程序和方法见本书第三章，此处不再赘述。

第三步，职位评价。职位评价是指用具体的数量来精确描述每一职位对本企业的相对价值，它反映了企业对各职位任职者的要求。通过职位评价得到职位等级并且进行工资等级归类，是保证内在公平的关键一步。职位评价确定了每一职位对本企业相对价值的顺序、等级、分数，工作难度和重要性程度越高，对本企业的贡献也越大，这就意味着该职位的相对价值越大。但是职位评价得到的职位价值是理论价值，而不是实际的薪酬额，为了将职位评价的理论价值转换成实际的薪酬额，还需要进行薪酬结构设计。

第四步，薪酬结构设计。薪酬结构是指一个企业的组织机构中各职位的相对价值及其对应的实付薪酬间的关系，这种关系通常以"薪酬结构线"来表示。薪酬结构线是一个企业的薪酬结构的直观表现形式，它清晰显示出企业内各个职务的相对价值与其对应的实付薪酬之间的关系。薪酬结构是二维的曲线，横坐标是通过职务评价得到的相对价值分数，纵坐标为所付薪酬值。因为职位薪酬与职位贡献成正比关系，所以薪酬结构线便会呈直线形式或若干直线段构成的一种折线的形式。

薪酬结构设计的一种用途是开发出企业的薪酬系统，使每一职务的薪酬都对应于它的相对价值。这不仅保证了内在公平性，而且反映了企业的薪酬政策与管理价值观。薪酬结构设计的另一用途是检查已有薪酬制度的合理性并作为改进的依据。

第五步，外部薪酬状况调查与数据收集。外部薪酬状况调查主要是对本地区、本行业，尤其是主要竞争对手的薪酬的调查，目的是通过市场薪酬调查了解市场薪酬水平以保证企业薪酬制度的外在公平性。调查的数据来源及渠道首先是公开的资料，如国家和地区统计部门、劳动人事部门、工会等公开发布的资料，图书馆及档案馆中的统计年鉴等工具书，人才交流市场与有关组织、有关高等学校、研究机构及咨询单位的薪酬调查报告，等等。其次可以通过抽样调查或散发专门问卷等方式获取第一手的资料。另外，还可以通过新招聘的职工和前来应聘的人员了解到外部薪酬状况的一些数据资料。

第六步，薪酬分级和定薪。在职位评价之后，企业根据其确定的薪酬结构曲线将众多类型的职位薪酬归并组合成若干等级，形成一个薪酬等级（或称职级）系列，在此基础上确定企业内每一职位具体的薪酬范围，保证员工个人的公平性。

第七步，薪酬制度的执行、控制与调整。企业薪资制度一经建立，如何投入正常运作并对之实行适当的控制与管理使其发挥应有的功能，这是一个相当复杂的问题也是一项长期的工作，需要根据制度的运行状况和企业运营环境的变化来进行灵活处理。

综上所述，薪酬体系设计需要企业根据劳动的复杂、精确、繁重程度，劳动责任的大小，能力要求的高低和劳动条件的好坏等因素，将各类岗位划分为若干等级，再按等级确定薪酬。需要说明的是，由于市场竞争中各个行业千差万别，而且同一行业内部的企业也有不同特点和形态各异的工作岗位，所以不存在普遍适用于所有企业的薪酬体系，在实际薪酬管理工作中要结合不同企业性质设计符合各自企业特性的薪酬管理体系。

三、薪酬设计的要点

(一) 薪酬水平设计

薪酬水平是指企业支付给不同职位的平均薪酬，企业可以根据公司战略、职位特点、人员类别、支付能力、企业文化等因素决定采取何种薪酬水平。

薪酬水平设计的作用在于：首先，有竞争力的薪酬水平有助于吸引、保留和激励员工。其次，恰当的薪酬水平有助于控制劳动力成本。薪酬水平的高低和企业的总成本支出密切相关，尤其是在一些劳动密集型的行业和以低成本作为竞争手段的企业中。最后，恰当的薪酬水平有助于塑造企业形象。薪酬水平对于企业形象本身的意义也很大，它不仅直接体现了企业在特定劳动力市场上的相应定位，同时也显示了企业的支付能力以及对于人力资源的态度。

1. 薪酬水平的影响因素

薪酬水平的外部影响因素主要有：其一，劳动力市场的供求状况。当劳动力的供给大于需求时，则薪酬降低，否则升高。其二，政府的政策与立法。政府的许多法规政策影响薪酬系统，如最低工资、劳动安全与卫生、员工的退休、养老和保险等方面的规定。其三，当地经济发展状况。一般来说，若当地经济发展较好，薪酬较高；反之会较低。

薪酬水平的内部影响因素主要有：①员工劳动绩效的差别。受员工的学历、工龄、能力、工种等因素的影响，不同员工所创造的劳动绩效并不相同，因而薪酬的水平也应不同。②组织的经济实力。企业在发展期，实力雄厚，因而一般采用高工资、高奖励、高福利的薪酬系统；在初创期，则采用低工资、高奖金、低福利的薪酬系统。③组织的分配方式与结构。④劳资双方的谈判。现代企业有用人自主权，双方可以在用工合同上就薪酬达成协议。⑤生产要素的边际生产率。⑥心理因素。

2. 薪酬水平选择的策略

薪酬水平选择策略包括薪酬领先策略、市场跟随策略、薪酬滞后策略和混合薪酬策略四种策略选择模式。

薪酬领先策略是指企业的薪酬在同行业、同地区处于较高水平。这种策略有利于企业招聘到满足本企业要求的高素质人才，采取这样的薪酬政策要求企业有相当的实力，如微软即采用这种薪酬策略，其员工工资处于行业领先水平。

市场跟随策略是指企业的薪酬水平处于同行业、同地区的中等水平，这可以保证企业能够找到中等水平的人才，同时在一定程度上控制人工成本。大多数企业采取这种薪酬策略。

薪酬滞后策略是指企业的薪酬水平处于同行业、同地区的较低水平，这意味着企业可能找不到较好的人才。一般当企业不景气或者刚起步时采取这种策略。

混合薪酬策略是指企业针对不同的职位采取不同的薪酬政策。例如，对核心职位采取薪酬领先策略；对要求不高、贡献不大的职位采取薪酬滞后策略；对其他职位采取薪酬跟随策略。

3. 薪酬调查

薪酬水平的高低直接决定了企业能否吸引到优秀的人才，缺乏竞争力的薪酬难以在劳动力市场上吸引优秀人才，而过高薪酬又会加大企业成本，因此企业在制定薪酬策略时需要做好薪酬调查工作。

（1）薪酬调查的内容。薪酬调查是一个搜集和判断关于其他雇主支付给员工的薪酬信息的系统性过程。薪酬调查能够提供一个组织在制定相对于竞争对手的薪酬政策以及将这种政策转化为薪资水平和薪资结构时所需要的资料。

薪酬调查包含两个方面：一是通过外部市场的薪酬调查了解市场薪酬水平及动态，尤其是同行业其他企业的薪酬水平，从而检查、分析本企业各岗位薪酬水平的合理性，以保持企业薪酬水平的对外竞争力，做到外部公平；二是通过对企业内部员工的薪酬满意度进行调查以了解员工对企业薪酬管理的评价及期望，了解员工对薪酬分配公平性的看法。

企业薪酬调查需要具体了解的内容：首先，本地区的薪酬水平。由于不同地区生活成本、生产发展水平各不相同，所以各地区薪酬差别可能很大。例如，我国一线城市的薪酬水平普遍高于二、三、四线城市，而且在同一个省份的不同地区薪酬差别也很大。其次，企业所在行业的企业薪酬水平。如果企业是保健食品及药品的生产和销售企业，那么该企业需要调查和掌握该行业所有企业的薪酬状况。再次，相应职位的薪酬水平。正确确定每个职位（特别是高级管理职位和专业技术职位）的薪酬水平是避免人才流失的有效途径。最后，薪酬结构。由于同样数额的薪酬发放形式不同所起的作用差别很大，所以薪酬结构的调查应该是全面的，除了了解基本工资、奖金、津贴外，还要了解股票、佣金、分红、福利等形式的薪酬。

（2）外部薪酬市场调查的程序。首先，确定调查目的。薪酬调查目的一般包括以下几个方面：整体薪酬水平的调整、薪酬差距的调整、薪酬晋升政策的调整、具体岗位薪酬水平的调整等。企业应该根据薪酬调查的目的和用途，确定调查的范围、方式和统计、分析调查数据的方法。其次，确定调查范围。调查者应该明确需要调查的企业（通常在10家以上）、调查的岗位（主要岗位约占企业所有岗位的20%）、调查数据（包括货币性薪酬和非货币性薪酬）、调查的开始时间和截止时间。再次是选择调查方法。企业需要根据调查的目的、调查对象、所需信息选择合适的调查方法。比较简单的调查方法有企业之间相互调查、委托调查、公开信息调查，而调查问卷则是较为复杂的调查方法（见表9-1）。最后，调查数据的统计分析。一是描述性统计分析。为了保证外部薪酬调查数据真实、可靠，企业应该首先进行描述性的统计分析，目的在于总体上把握薪酬水平的平均值、中间值、极端值、各组构成及其分布频率，从而了解市场薪酬的一般水平。二是数据的回归分析。利用一些数据统计软件所提供的回归分析功能来分析两种或多种数据之间的关系，从而找出影响薪酬水平、薪酬结构的主要因素及其影响程度，进而对薪酬水平或者薪酬差距或者薪酬结构的发展趋势进行预测。三是统计图的绘制。通过绘制诸如直线图、柱形图、饼形图等可以更加直观地反映调查数据。

（3）内部薪酬满意度调查。内部薪酬满意度调查可以采用调查表的方式获取相关数据。内部薪酬满意度调查的程序包括：首先，确定调查对象，主要是企业内部所有员工。其次，确定调查方式。由于调查人数较多，所以比较常用的方式是发放调查表。再次，确定调查内容。调查的内容通常包括员工对薪酬福利水平、薪酬福利结构与比例、薪酬福利差距、薪酬福利的决定因素、薪酬福利的调整、薪酬福利的发放方式等方面的满意度。

表 9-1　薪酬调查问卷

一、一般信息

1. 公司名称：_____

2. 联系方式：　　　　第一联系人　　　　　　第二联系人

　　姓名：_____　　　　职位：_____

　　电话：_____　　　　传真：_____

　　通信地址：_____　　　E-mail 地址：_____

3. 行业类型：

□　银行业　　　　　　　□　石油/化工/能源业

□　建筑业　　　　　　　□　医药保健业

□　消费品行业　　　　　□　零售业

□　跨行业集团企业　　　□　电信业

□　高科技行业　　　　　□　交通业

□　保险业　　　　　　　□　贸易

□　制造业　　　　　　　□　房地产业

□　其他行业（请注明）：_____

4. 公司主要股东及其所占份额_____，_____，_____

5. 中国本土员工数量：　　　北京　　　　　　上海　　　　　广东

□　管理层：_____ _____ _____

□　非管理层：

□　操作人员：

	管理人员	非管理人员	操作人员
1. 有保障的奖金 相当于多少个月的基本薪酬	有 没有 ___个月	有 没有 ___个月	有 没有 ___个月
2. 浮动奖金 过去 12 个月支付的浮动奖金 相当于多少个月的基本薪酬	有 没有 ___个月	有 没有 ___个月	有 没有 ___个月
3. 销售佣金 你公司是否有销售类员工 你公司销售人员是否有销售 奖金或佣金 如果年度销售目标完成，则 销售人员可获得的目标佣金 大约是 在过去 12 个月中实际获得的 年度销售佣金为	有 没有 ___个月基本薪酬 ___RMB ___个月基本薪酬 ___RMB ___个月基本薪酬 ___RMB	有 没有 ___个月基本薪酬 ___RMB ___个月基本薪酬 ___RMB ___个月基本薪酬 ___RMB	有 没有 ___个月基本薪酬 ___RMB ___个月基本薪酬 ___RMB ___个月基本薪酬 ___RMB

续表

	管理人员	非管理人员	操作人员
4. 股票期权			
有资格享受股票期权的员工 类型	有 没有 请说明：	有 没有 请说明：	有 没有 请说明：
期权授予频率	一年一次　年　月 一年两次　年　月 无固定模式：　年　月 其他：	一年一次　年　月 一年两次　年　月 无固定模式：　年　月 其他：	一年一次　年　月 一年两次　年　月 无固定模式：　年　月 其他：
期权授予基准	根据职位等级固定 根据基本薪酬百分比确定 完全是随机的	根据职位等级固定 根据基本薪酬百分比确定 完全是随机的	根据职位等级固定 根据基本薪酬百分比确定 完全是随机的
股票期权计划（请提供文本 复件）	提供 不提供	提供 不提供	提供 不提供
a　享受员工类型	＿＿＿%基本年薪	＿＿＿%基本年薪	＿＿＿%基本年薪
b　最高可能数量	股份数量 股份金额	股份数量 股份金额	股份数量 股份金额
c　股票价格或折扣	固定在每股 ＿＿＿%股票价格折扣	固定在每股 ＿＿＿%股票价格折扣	固定在每股 ＿＿＿%股票价格折扣
d　期权年限	＿＿＿年	＿＿＿年	＿＿＿年
e　授予时间表	授予时　　% 授予1年后　　% 授予2年后　　% 授予3年后　　% 授予4年后　　% 授予5年后　　% 授予6年后　　% 授予7年后　　% 授予8年后　　% 授予9年后　　% 授予10年后　%	授予时　　% 授予1年后　　% 授予2年后　　% 授予3年后　　% 授予4年后　　% 授予5年后　　% 授予6年后　　% 授予7年后　　% 授予8年后　　% 授予9年后　　% 授予10年后　%	授予时　　% 授予1年后　　% 授予2年后　　% 授予3年后　　% 授予4年后　　% 授予5年后　　% 授予6年后　　% 授予7年后　　% 授予8年后　　% 授予9年后　　% 授予10年后　%

资料来源：刘昕. 薪酬管理（第5版）[M]. 北京：中国人民大学出版社，2017：146.

（二）薪酬结构设计

薪酬结构指员工薪酬的各构成项目及各自所占的比例，以及不同层级的职位薪酬之间的绝对差异和相对差异。一个合理的组合薪酬结构应该是既有固定薪酬部分（如岗位工资、技能或能力工资等），又有浮动薪酬部分（如效益工资、业绩工资、奖金等）。

1. 薪酬结构的类型

薪酬结构类型主要有以工作为导向的薪酬结构、以能力为导向的薪酬结构、以绩效为导向的薪酬结构和新型薪酬结构等，统称结构工资制。

职位薪酬结构是以工作为导向的薪酬结构（见表9-2），其特点是员工的薪酬主要根据其所担任职位的重要程度、任职要求的高低以及劳动环境对员工的影响来决定，薪酬水平随着职位的变化而变化。因此，职位薪酬结构有利于激发员工的工作热情和责任心。职位薪酬结构的缺点是无法反映同一职位上工作的员工因技术、能力和责任心不同而引起的贡献差别。职位薪酬结构比较适用于各工作之间的责、权、利明确的企业，尤其适合于管理类、科研类的员工，同时也适合于公务员、科研单位、事业单位等部门。

表9-2　职位薪酬结构

价值体现	薪酬结构	占工资总额的比例（%）
年龄与工龄	工龄工资	5
技术与培训水平、职务	职务工资	85
绩效	能力工资	10

技能或能力薪酬结构是以技能或能力为导向的薪酬结构（见表9-3），其特点是员工的薪酬水平主要根据员工所具备的工作能力与潜力来确定。技能或能力导向的薪酬结构的优点是有利于激励员工提高技术、能力；其不足在于忽略了工作绩效及能力的实际发挥程度等因素，企业薪酬成本也比较高，而且只适用于复杂程度高、劳动熟练程度差别大的企业，或者是处在艰难期而急需提高企业核心能力的企业。

表9-3　能力薪酬结构

价值体现	薪酬结构	占工资总额的比例（%）
年龄与工龄	工龄工资	5
技术与培训水平	技术等级工资	85
职务	职务津贴	5
绩效	生产津贴	5

绩效薪酬结构是以绩效为导向的薪酬结构（见表9-4），其特点是员工的薪酬主要根据员工近期的劳动绩效来决定，员工的薪酬随劳动绩效的不同而变化，处于同一职务或者技能等级的员工并不是都能拿到相同数额的劳动薪酬。以绩效为导向的薪酬结构的优点是激励效果好；其缺陷在于员工只重视眼前效益而不重视长期发展，员工没有学习新知识、新技能的动力；只重视自己的绩效而不重视与人合作、交流。因此，这种薪酬结构适用于生产任务饱满、有超额工作的现象、绩效能够自我控制、员工可以通过主观努力改变自己的绩效等类型的企业，如计件工资、销售提成工资、效益工资等都属于这种薪酬结构。

表9-4　绩效薪酬结构

价值体现	薪酬结构	占工资总额的比例（%）
年龄与工龄	工龄工资	5
技术与培训水平	基本工资	15
职务	职务津贴	
绩效	能力工资	80

新型薪酬结构是指为了更好地激励高级管理人员和企业骨干人员，很多企业建立了将短期激励与长期激励相结合的薪酬结构，即在薪酬结构中，除了有固定薪酬部分和效益工资、业绩工资、奖金等短期激励薪酬部分外，还有股票期权、股票增值权、虚拟股票等长期激励薪酬部分。一般的情况是，高级管理人员的薪酬结构中长期激励部分比重较大；而中级管理人员的薪酬结构中长期激励部分比重较小；一般员工基本薪酬的比重很大而奖金比重次之。

2. 薪酬结构的确定

首先，确定不同员工的薪酬构成项目。企业内从事不同性质工作的员工，其薪酬构成项目可以有所不同。例如，对研发人员可以实行能力工资制，薪酬构成项目主要是能力工资；对销售人员可以实行绩效工资制，薪酬构成项目主要是提成工资；生产工人的工资构成项目可能主要是计件工资。同一企业内不同薪酬等级的员工薪酬构成项目也可以有所不同。例如，高级管理人员和企业骨干人员可能除了有基本工资、岗位工资、奖金等工资项目以外，还有职务津贴、股票期权等项目；而低等级的员工可能就没有职务津贴、股票期权等。

其次，确定不同薪酬等级的员工薪酬结构比例。员工从事工作性质不同则员工薪酬结构比例有所不同，如销售人员浮动工资（或奖金）应占较大比重，而管理人员更强调保障因而浮动工资（或奖金）占的比重要小一些。另外，不同薪酬等级员工的薪酬结构比例也应有所不同，如高级管理人员的薪酬结构中浮动工资应占较大比重，而位于企业执行层员工的薪酬结构中浮动工资应占较小比重。

（三）薪酬等级设计

为了反映不同职位之间的薪酬水平差别，企业还应该以职位评价为基础合理确定薪酬等级。在薪酬管理实践中，为了操作简便，企业往往首先根据职位评价得到每个职位的最终点数，然后将职位评价结果接近的职位归并为一个等级，从而划分出若干个岗位等级。

1. 薪酬等级的类型

薪酬等级往往与岗位等级相对应，一般有分层式薪酬等级和宽带式薪酬等级两种类型（见图9-4）。

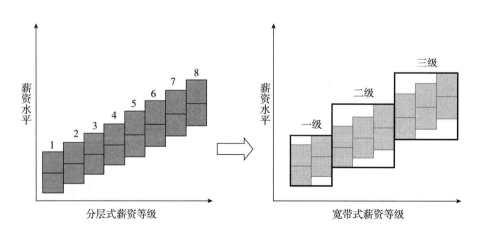

图9-4 分层式与宽带式薪酬等级

（1）分层式薪酬等级。分层式薪酬等级的特点是企业薪酬等级比较多，员工薪酬水平的提高可以是因为个人岗位级别向上发展而提高的，也可以是因为横向工作调整而提高的。为了反映同一岗位级别上的员工在能力上的差别，薪酬管理者往往在同一薪酬等级中划分若干个档次，根据员工个人能力和技术水平的不同归入该薪酬等级的不同档次。当然企业可以根据绩效考核结果逐年调整员工薪酬，但是薪酬变动的范围一般不超过该薪酬等级的上、下限，除非员工的岗位级别发生变动。

由于企业的职位等级一般都是金字塔形，级别越高则可以提供晋升的职位越少。为了弥补由于升迁机会少而给员工薪酬带来的损失，薪酬等级之间的薪酬标准可以重叠。这种等级类型在成熟的传统型企业中常见。

（2）宽带式薪酬等级。宽带工资结构是将传统职位薪酬等级结构中的几个相邻等级合并成一个薪酬等级，从而使每一等级的薪酬范围变得更大的一种薪酬结构设计方法。宽带薪酬这种新型薪酬策略产生的背景是组织的扁平化和大规模的职位轮换。首先，组织的扁平化使组织从原来的众多层级变成少数几个层级，这样的组织为员工提供的晋升机会相对较少，提供的职业生涯通道相对较短。为了适应这样的变化，企业的工资结构也必须由原有的众多的工资等级转变为少数几个工资等级，这样就出现了工资结构的宽带化。其次，现代大型组织越来越需要复合型人才，为了培养具有多种技能和经验的复合型人才，组织必须展开大规模的职位轮换。宽带式薪酬等级能够使企业的工资体系适应职位轮换带来的冲击，即在职位轮换中不需要频繁地改变员工的工资水平，只需要将原来许多处于不同等级的职位合并到同一职位等级。

宽带薪酬的设计主要包括以下几个步骤：①确定工资宽带的数目。根据美国公司的经验，宽带工资一般采用4~8个职位等级，而且职位等级的划分更多地与组织内部的管理层级相联系，如总监、部门经理、主管和专员等。②确定工资宽带的工资水平。宽带薪酬的设计过程中，不同部门的同一级别职位处于同一个工资宽带，但是其承担的职责和任职资格等重要的薪资要素不同使之不可能获得完全相同的工资。因此，需要对不同部门同一级别的工资宽带确定不同的工资水平。例如，财务专员的薪酬宽带要高于行政专员的薪酬宽带。③横向的职位轮换。工资宽带的主要功能是有利于在组织内部展开大规模的横向职位轮换，这种轮换不需要在薪酬体系的不同级别之间进行转换，而往往仍然处于同一工资宽带中。如果组织不进行大规模职位轮换，那么宽带工资就失去了其价值和意义。

宽带工资结构的优点在于适应了组织的扁平化趋势，为员工在不能获得更多的职位升迁机会的前提下提供了更多报酬增长的机会。宽带工资结构的缺点在于更多地依靠管理者的判断来区分员工个人之间的差异，从而决定在同一工资宽带中不同人员应该获得的报酬分别是多少，这样就加大了薪酬决策的主观性，不利于组织内部的薪酬一致性。因此，宽带式薪酬在不成熟的、业务灵活性强的企业中常见。

2. 薪资级差和变动幅度

在划分了薪酬等级之后还要确定不同等级之间薪酬相差的幅度，即薪酬级差。确定薪酬级差主要是要确定企业内最高等级与最低等级的薪酬比例关系，决定企业内员工薪酬拉开差距的大小。薪资级差太小则不能体现薪酬分配的激励性原则，就会影响员工的积极性；薪资级差太大可能会造成员工的不团结，也可能会使薪酬成本超过企业的支付能力。

在确定薪酬级差时要考虑以下因素：首先要考虑职位差异。薪酬级差反映了职位之间的差别，通常高级别岗位（副总经理与部门经理）之间的薪酬级差要大一些，低级别岗位（如主管与普通员工）之间的薪酬级差要小一些。其次要考虑档次之间的差异。在同一薪酬等级中不同档次之间的薪酬差别反映了员工能力之间的差别，高档次之间的薪酬级差大一些，低档次间的薪酬极差小一些。最后要考虑薪酬等级的划分方式。由于分层式薪酬等级较多，所以薪酬级差一般小一些；相反，宽带式薪酬等级较少，所以薪酬级差要大一些。

薪资变动幅度是指在同一个薪酬等级中，最高档次的薪酬水平与最低档次之间的薪酬差距，也可以指中点档次的薪酬水平与最低档次和最高档次之间的薪酬差距。由于分层式薪酬等级较多，所以每等级的薪酬变动幅度一般小一些；而宽带式薪酬等级较少，所以每等级的薪酬变动幅度要大一些。另外，由于高薪酬等级（副总级）的内部劳动差别大于低薪酬等级（如主管级）的劳动差别，所以高薪酬等级的薪酬变动幅度要大于低薪酬等级的薪酬变动幅度。

3. 职位评价

职位评价是确定薪酬等级和设计薪酬制度的关键手段和方法，职位评价是指系统地确定职位之间的相对价值从而为组织建立一个职位等级结构的过程。职位评价是衡量某种工作的价值，根据各种工作中所包含的技能要求、努力程度要求、岗位职责和工作环境来决定各种工作之间的相对价值，为最后构建薪酬结构提供依据。

职位评价假设所有职位上的人都是称职的，而且根据员工承担职位的价值来确定薪酬是公平的；职位评价过程本身要达到的结果只是对职位的相对价值进行排序，而不是绝对的价值判断；职位评价过程中要根据职位本身的职责和任职资格条件来进行评价，而不是过多考虑职位上目前任职者的能力、绩效等状况。

（1）职位评价方法。常见的职位评价方法有排序法、分类法、要素计点法及因素比较法。其中，排序法是评价者对职位说明书进行审查，然后根据它们对于公司的相对价值对它们进行排序；分类法是一种将各种职位放入事先确定好的不同职位或职位等级（类别）之中的职位评价方法；要素计点法是对职位的每一构成要素赋予量化的价值，将这些价值加起来能够对职位的价值进行量化评价；因素比较法是评价者对职位的各个不同方面分别进行决策，试图估计出每一方面的货币价值。在上述职位评价方法中，由于要素计点法比较成熟且在企业广泛使用，所以本节接下来介绍如何运用要素计点法进行职位评价。

（2）基于要素计点法的职位评价。要素计点法的基本思想是选定若干关键性评价要素并且确定各个要素权重，然后对每个要素分成若干不同的等级，给各个要素的各个等级赋予一定的分值（点数），最后根据要素对职位进行评估，计算各个职位的加权总点数进而取得各职位的相对价值。要素计点法的操作步骤如下：

步骤一，选取技能、努力、责任和工作条件等通用的关键报酬要素并加以定义。

步骤二，确定报酬要素的子要素，分解关键报酬要素为子要素就是要明确从哪些更具体的方面（子因素）去进一步考察和反映关键报酬要素。例如，将技能要素分解为工作知识、经验和独创性等子要素。

步骤三，报酬子要素等级定义（见表9-5）。对每一种报酬要素的各种不同程度、水平或层次加以区分和等级界定，从而确保评价人员在应用这些要素时能保持一致。其中，每个报酬要素的等级数量取决于组织内部所有被评价职位在该要素上的差异大小。差异程度越大则等级数量就划分得越多；反之，则划分得相对较少一些。

表9-5　报酬要素等级定义举例：自主性

要素等级	等级定义
1	运用非常具体的公司政策和程序在有限的监督下执行任务和职位安排。工作经常要接受上级管理人员的检查，管理人员会随时应其要求而为其提供帮助
2	根据公司的具体政策和程序执行任务。可能需要根据例外情况作出适应性调整。职位需要接受定期的检查，可随时向管理人员求助
3	在公司总体政策和程序范围内履行职责。协助制定公司政策和程序。在出现例外时，频繁地解释公司政策并且就行为方案提出建议。职位需要阶段性地接受检查。所做出的大多数决策不需要接受审查
4	在公司战略导向范围内制定总体公司政策。就下属所提出的例外问题解决建议进行决策。所负责的公司总体目标达成情况每年接受审查
5	为公司确定战略定位并且为下属实现这一战略而制定范围广泛的目标。确定管理路线，并且对职能单位的总体结果负责

步骤四，确定不同报酬要素在职位评价体系中的权重或相对价值。报酬要素的权重是以百分比的形式表示的，它们代表了不同的报酬要素对于总体职位评价结果的贡献程度或者是所扮演的角色，各报酬要素对企业越重要则权重也越大。

步骤五，确定每一种报酬要素的不同等级所对应的点数（见表9-6）。首先，确定职位评价体系的总点数，总点数大小选择的基本原则是应该能够准确、清晰地反映不同职位之间的价值差异。如果被评价职位数量较多且价值差异比较大，那么使用的总点数就比较大。其次，在确定了报酬要素的总点数后，还必须确定每一种报酬要素在内部不同等级上的点值。

步骤六，运用这些报酬要素来分析和评价每一个职位，然后算得各岗位的总点数。

步骤七，根据点数高低将所有被评价职位进行排序，然后根据划分出来的点值范围确定职位的等级结构。

表9-6　报酬要素等级点数的确定

报酬要素	权重	要素总点数	要素等级	等级点数
知识	20%	200	1	40
			2	80
			3	120
			4	160
			5	200

续表

报酬要素	权重	要素总点数	要素等级	等级点数
技能	5%	50	1	10
			2	20
			3	30
			4	40
			5	50
监督责任	25%	250	1	50
			2	100
			3	150
			4	200
			5	250
决策	25%	250	1	50
			2	100
			3	150
			4	200
			5	250
预算影响	10%	100	1	20
			2	40
			3	60
			4	80
			5	100
沟通	10%	100	1	20
			2	40
			3	60
			4	80
			5	100
工作条件	5%	50	1	10
			2	20
			3	30
			4	40
			5	50
合计	100%	1000	—	1000

资料来源：刘昕. 薪酬与福利管理（第4版）[M]. 北京：中国人民大学出版社，2016：110.

要素计点法的优点在于稳定性强、比较客观、通用性好。要素计点法将关键报酬要素分解为若干个子要素，并对子要素分别确定等级和点数，因而更客观和公平。由于要素计点法抓住了每个职位的付酬要素，即使出现职位的新变动或职位的重新组合，这样的方案仍然适用。要素计点法的缺点是复杂且工作量大，子要素权重的设定和子要素各等级标准的确定难免受主观因素的影响。

第三节　奖励薪酬制度

基本薪酬是针对员工为企业做出一般意义上的贡献所提供的报酬，但为鼓励员工能够为企业做出超乎寻常的贡献时，显然只有当奖励薪酬制度的设计合乎理性，才能发挥应有的激励功能。

一、奖励薪酬的含义

奖励薪酬制度也称绩效奖励计划，指员工的薪酬随着个人、团队或者组织绩效的某些衡量指标发生的变化而变化的一种薪酬设计。由于奖励薪酬是建立在对员工行为及其达成组织目标的程度进行评价的基础之上的，其着眼点不是在过去而是现在和未来，具有大幅度提高绩效的潜在作用，因此，绩效奖励计划有助于强化组织规范，激励员工调整自己的行为，并且有利于组织目标的实现。

一般而言，奖励薪酬由奖金、分红和股票期权三个主要部分组成。其中：

奖金也称绩效薪酬，是指对员工超额完成工作部分或工作绩效突出部分所支付的奖励性报酬，其形式包括佣金、超时奖、绩效奖、职务奖、建议奖、特殊贡献奖、节约奖和超利润奖等。奖金的主要作用：一是激励作用。奖金能增加员工的收入，体现了组织对员工工作结果的认可，因而能够有效激励员工的积极性。二是提高效率。由于奖金计划主要考查员工的工作结果及其对企业的贡献，因此，合理的奖金计划能促使员工注重工作效率，改善绩效水平。三是稳定人才。奖金计划的实行可以使组织中一些能力强、表现良好的员工在增加收入的同时，感到组织对他的认可而有成就感，使他对企业更加忠诚，继续为企业服务，从而稳定企业人才。

红利也称分红，是指员工分享企业利润的一种报酬形式。一般以投资收益、市场份额、净资产收益等年度目标为依据。分红是调动员工积极性、提高员工忠诚度的薪酬形式，通常在年终与利润结算和绩效评估结合，通过计算后发放。

股票期权是指组织给予其员工以现在的价格，在未来一定时期购买本组织一定数量股票的一种权利。鼓励员工实现跨年度或多年度的绩效目标，是一种长期的报酬形式，其目的在于留住核心员工。

二、个体绩效奖励计划

（一）个人绩效奖励计划的内涵

个人绩效奖励计划是指针对员工个人的工作绩效提供奖励的一种报酬计划。企业如果想实施个人绩效奖励计划，就必须具备以下几个方面的条件：其一，从工作角度来看，员工个人的工作任务完成不取决于其他人的绩效；其二，从组织状况来看，企业所处经营环境、所采用的生产方法以及资本—劳动力要素组合必须是相对稳定；其三，企业必须在整体的人力资源管理制度上强调员工个人的专业性，强调员工个人的优良绩效。

个人奖金计划是以员工个人作为计算奖金的单位的一种奖励计划，它直接将个人奖金同绩效挂钩，若员工超额完成或表现超过预先制定的标准，便可以获得奖金或额外的报酬。个人奖金计划包括计件制、佣金制、红利以及绩效工资。

个人绩效奖励计划的优点是针对个人绩效提供报酬的一种激励制度，但企业支付给员工奖励性薪酬不会被自动计入员工的基本薪酬当中。个人绩效奖励计划降低了监督成本。根据结果支付薪酬的报酬系统，再加上完善的绩效衡量系统，会比按工时支付工资能够更好地预测劳动力成本，有利于成本和预算的控制，避免了在生产率很低时也不能调整员工基本薪酬的问题。通常是以实物产出（如所制造的零件数量）为基础的，而不是以主观的绩效评价结果为基础的，因此，操作起来以及在与员工沟通时比较容易。

个人绩效奖励计划的缺点是适用于产出明确的生产工人，对于管理类和技术类员工不太适用，同时也不适用于从事团队工作方式的员工。个人绩效奖励计划在设计和维持可以被员工们所接受的绩效衡量标准等方面具有一种潜在管理难题。个人奖励计划往往会导致员工只去做那些有利于他们获得报酬的事情，而对于其他的事情则倾向于不管不问。个人奖励计划可能不利于员工掌握多种不同的技能，这种奖励计划与要求员工掌握多种技能以及积极地解决问题这一目标可能会不一致。

（二）个人奖励计划的类型

针对奖励对象的职位不同，个人奖励计划的体现形式各异。一线员工的奖酬制度一般体现为以下两种具体的制度：按件计酬制度和按时计酬制度；销售人员的奖酬制度主要表现为以下三种形式：佣金制、固定薪金制、固定薪金+佣金制；管理人员的奖酬制度通常包括收益分享计划和团队奖励。

1. 计件工资计划

计件工资计划主要是针对一线员工的奖酬制度，其基本思路是将员工在职位中因较高效率而节约的人力资源成本全部或部分作为奖酬，以此激励员工在企业人力资源投入的节约方面做出的超乎寻常的努力。对生产工人实行计件奖金制是一种普遍采用的方法，而实践中的计件制工资计划可以细分为直接计件工资计划、差额计件工资计划和标准工时计划。

直接计件工资计划是指薪酬直接根据产出水平而发生变化。其具体操作方法如下：首先确定在一定时间内（比如1小时）应当生产出的标准产出数量，其次根据单位产出数量确定单位时间工资率，最后根据实际产出水平算出实际应得薪酬。显然，在直接计件工资计划下，产出水平高于平均水平者得到的薪酬也较高。这种奖励计划简单明了因而很容易被工人所了解和接受，但是该计划的主要缺点是计件标准的确定存在困难。

差额计件工资计划是一种更具有激励作用的奖励计划，其基本思想是：根据产出水平的高低划分两种不同的工资率，对于产出水平高于某一标准者实行高工资率，而对于产出水平低于标准者则实行低工资率。差额计件工资计划具有很好的激励效果，但是这种方法缺乏最低工资的保障，不能对低技能工人所费工时进行适当补偿。在实践中，差额计件工资计划又可以区分为泰勒差额计件工资计划和莫里克差额计件工资计划两种不同的使用方法，如表9-7所示。

表 9-7　个人奖励计划：差额计件工资

计件工资率标准：每小时 10 个单位产出

标准工资：每小时 5 美元

计件工资率如下：

产出水平	泰勒 计件工资率	泰勒 工资	莫里克 计件工资率	莫里克 工资
每小时 7 个单位	0.5 美元/单位	3.50 美元	0.5 美元/单位	3.50 美元
每小时 8 个单位	0.5 美元/单位	4.00 美元	0.5 美元/单位	4.00 美元
每小时 9 个单位	0.5 美元/单位	4.50 美元	0.6 美元/单位	5.40 美元
每小时 10 个单位	0.5 美元/单位	5.00 美元	0.6 美元/单位	6.00 美元
每小时 11 个单位	0.7 美元/单位	7.70 美元	0.7 美元/单位	7.70 美元
每小时 12 个单位以上	与第 11 个单位同样的计算方法			

标准工时计划是指先确定正常技术水平的工人完成某种工作任务所需要的时间，然后再确定完成这种工作任务的标准工资。标准工时计划不是为整个工作确定标准工作时间，而是要求将工作任务划分为简单的活动，并且确定达到平均技能水平的工人完成每一任务所需要的时间。即使一个人因技术熟练以少于标准时间的时间完成了工作，他或她依然可以获得标准工资率。

2. 佣金制

佣金制广泛应用于对销售人员的奖励计划中，这是因为销售人员的职位具有很大的特殊性，销售目标的达成既是企业整合力量的充分体现，又取决于个人的技术水平和努力程度。佣金制的基本做法是针对销售人员的业绩（如销售额），以一定比例提成的收入作为对销售人员的奖励。

目前佣金制可以分为三种形式：一是单纯佣金制。即销售人员收入完全来自于佣金，佣金等于销售量与佣金率的乘积。二是混合佣金制。对于销售难度比较大的行业，简单的佣金制很难吸引销售人员产生积极性，于是就产生了混合佣金制。在这种制度下，销售人员所拿的佣金只构成其收入的一部分，此外还领取了一定数额的固定工资。三是超额佣金制。对于一些相对较稳定的行业，可以采取这种超额佣金制的形式。在这种形式下，销售人员要保证完成一定的销售额，超额部分按一定的比例给他们提成。

由于佣金制使个人收入与工作绩效直接挂钩，而且绩效具有客观性和可测量性，因此便于管理。但如果过于注重销售额，销售人员就可能忽视一些对组织来说很重要的长期因素，如售后服务和开发有潜力的客户等，从而影响了企业的竞争力和长远发展。

3. 红利计划

红利计划又叫分红制度，它是主要针对管理人员的奖酬制度。红利是指企业在达到一定的绩效水平后对员工的一次性支付，它主要是在年终确定了企业的利润水平后对管理人员进行的一种奖励。受奖人的资格条件可以用以下三种方法确定：一是关键职位。这需要对职位进行逐个评价予以确定（通常是直线职位），这些职位对企业效益的影响是可测算的。二是工资阈值。即通过设定工资水平阈值来确定资格，任何超过这个值的员工都有资格参加红利分配计划。三是工资等级。这是对工资阈值方法的一种改进，它规定所有在某一工资等级以上的员工都具有参与分红计划的资格。

美国高层管理人员红利数额较大，对于年薪在15万美元以上的高层管理人员来说，红利可能多达其年薪的80%；而在同一企业的年薪为8万美元的中层管理人员，其红利可能为年薪的30%；基层管理人员的红利则可能只有其年薪的15%。一个典型的红利计划是：高层管理人员的红利相当于年薪的45%，中层管理人员的红利相当于年薪的25%，基层管理人员的红利相当于年薪的12%。

4. 绩效加薪计划

绩效工资也是一种与绩效紧密相关的报酬增长方式，它根据个人绩效状况决定一定比例的加薪。绩效加薪的幅度与员工在当前报酬中的位置有关。如果所有的绩效表现好的员工都获得同样比例的绩效加薪，那么用不了多久，这些员工的薪酬将升至该职位的薪酬上限，超过了该职位的内在价值。因此，在实践中，对于同一职级中的员工，接近该职位薪酬上限的，所获得的绩效加薪比较小，而处于该职位薪酬范围较低位置的，可能获得较高比例的绩效加薪。

绩效加薪存在着以下四个方面的不足从而影响其激励的效果：其一，绩效加薪常常建立在考核的基础上，员工对报酬与绩效之间的联系的感觉可能不同，不少人觉得这种方法会使绩效考核不那么公平、客观；其二，绩效加薪一般是每年一次，这对于那些需要立即予以肯定的绩效来说激励作用会下降；其三，绩效加薪的工资额分摊至每个月，甚至每周，在总工资额中所占的比重不大，也会降低激励效果；其四，绩效工资预算每年会有所不同，因此，同样的绩效表现可能得到的加薪效果不同，从而使员工产生一种不公平感。

三、群体奖励计划

群体奖励计划通常包括利润分享计划、收益分享计划和成功分享计划。

(一) 利润分享计划

利润分享计划是指所有或者某些特定群体的员工按照一个事先设计好的公式，来分享公司所获得的利润或超额利润的一部分，即公司在一个时期（通常是一年）通过财务结算拿出一定百分比的利润投入该计划中。利润分享计划的形式有两种：一是现金计划，即每隔一定时间把一定比例（通常是20%左右）的利润作为利润分享额发给符合条件的员工。二是延期利润分享计划，即在委托管理的情形下，企业按预定比例把一部分利润存入员工的某一信托账户让员工退休后领取的形式分配给员工。这类计划一方面使员工个人收入所得税的支付要延期到退休后，这样员工可以享受税收优惠；另一方面使员工对企业的利润目标有更高程度的认同感，从而更加关心企业的发展并且努力工作，减少浪费，提高劳动生产率。

在管理层以下的员工群体中，利润分享计划是最经常性被使用的一种奖励计划。早期的利润分享计划是组织中的所有员工按照一个事先设计好的公式，立即分享所创造出的利润的某一百分比。其特点是，员工可以根据组织利润立即拿到现金奖励而不必等到退休时支取，但是必须缴纳税收。这种非豁免性利润分享计划的设计和执行往往比其他浮动薪酬计划要更为容易一些，它不怎么或很少需要员工方面的参与。

现代利润分享计划是将利润分享与退休计划联系在一起。利润分享基数被用于为某一养老金计划注入资金，经营好时注入，差时则停止注入。利润分享的组织范围也由原来的整个组织降低到承担利润和损失责任的下级经营单位。在进行利润分享之前，通常要求能够达到某一最低投资收益率（绩效水平），否则利润分享基金中不会有实实在在的货币。

利润分享计划的缺点：尽管利润分享计划可以从总体上激励员工，但是它在直接推动绩效改善以及改变员工或团队行为方面所起的作用却不大。其原因主要在于组织的成功尤其是利润更多的是取决于企业的高层管理者们在投资方向、竞争战略、产品以及市场等方面所作出的重大决策，员工个人甚至普通员工群体的努力和企业的最终绩效之间的联系是非常模糊的。

【案例】

沃尔玛的利润分享计划

凡是加入公司一年以上，每年工作时数不低于 1000 小时的所有员工，都有权分享公司的一部分利润。公司根据利润情况按员工工资薪金的一定百分比提留，一般为 6%。提留后用于购买公司股票，由于公司股票价位随着业绩的增长而提升，当员工离开公司或是退休时就可以得到一笔数目可观的现金或是公司股票。一位 1972 年加入沃尔玛的货车司机，20 年后的 1992 年离开时得到了 70.7 万美元的利润分享金。

（二）收益分享计划

收益分享计划是在 20 世纪 90 年代逐渐开始流行的一种浮动薪酬计划。收益分享计划是指员工按照一个事先设计好的收益分享公式，根据本工作单位的总体绩效改善情况获得奖金。将一个部门或整个企业在本期生产成本的节约或者人工成本的节约与上期的相同指标进行比较，然后把节约额度的某一个事先确定的比例在这一部门或整个企业中的全体员工之间进行分配。其目的是以薪酬为纽带将员工个人的目标和组织整体的目标联系起来，同时强调组织绩效的改进是员工个人和团队共同努力的结果。

与利润分享不同，收益分享计划不是要分享利润的一个固定百分比，它常常是与生产率、质量改善、成本有效性等方面的既定目标达成联系在一起的（通常是因生产率和质量改善所导致的成本节约），如果这些目标达成，则群体分享实现货币收益的一部分。

与利润分享相比，收益分享计划的优点有两个方面：一是真正自筹资金，以组织过去无法挣取或者节约的钱为基础；二是绩效和结果之间的关系更近，也更为清晰（何种行为或价值观变化能够导致预期的结果）。

收益分享计划的优点：以群体绩效而不是个人绩效为基础；鼓励团队合作；以宏观绩效指标为依据；对绩效的报酬支付得较为及时；建立在群体可以控制的要素基础之上；通常不鼓励团队之间的恶性竞争；促进员工以及整个公司在绩效改善方面形成伙伴关系。

（三）成功分享计划

成功分享计划又被称为目标分享计划，它的主要内容是运用平衡计分卡方法来为某个经营单位制定目标，然后对超越目标的情况进行衡量，并根据衡量结果来对经营单位提供绩效奖励的一种做法。

成功分享计划与收益分享计划的区别：收益分享计划所关注的主要是生产力和质量指标，与直接的利润指标无关；而成功分享计划所涉及的目标则可能包括财务绩效、质量和客户满意度、学习与成长以及流程等经营领域中的各个方面。

成功分享计划与利润分享计划的区别：利润分享计划所关注的是组织目标尤其是财务目标是否达成；而成功分享计划所关注的是员工在团队层次上的表现以及一些更为广泛的绩效结果。只要目标达到了，员工们就会得到货币报酬或非货币报酬。

四、奖励薪酬的新趋势

（一）特殊绩效认可计划

特殊绩效认可计划（Special Recognition Programs）是指一种现金或非现金的绩效认可计划，即在员工远远超出工作要求表现出特别的努力、实现了优秀的业绩或者做出了重大贡献的情况下，组织给予他们的小额一次性奖励，它是一种经常被忽视的变动性报酬战略。特殊绩效认可计划多种多样，既可以是在公司内部通信或者布告栏上提及某个人，也可以是奖励一次度假的机会或者上千元的现金。

绩效认可计划可以在员工或者团队出现超出预期的优秀绩效，但组织利用其他报酬形式却无法提供报偿时向他们提供奖励，这同时也是对虽然是明显超出预期但确实对组织的总体绩效产生了重大影响的那些绩效加以认可的一种方式。

绩效认可计划的激励作用不仅限于被奖励者，它会鼓励所有员工寻找各种机会来为组织做出意想不到的贡献。以奖励显著绩效闻名的企业，无论是否以预定公式的正式形式来认可绩效，都会吸引那些能够在这方面做出贡献的人加入和留在组织中，并且谨慎地承担一些风险以获得这种报酬。

（二）股票期权计划

股票期权（Stock Option）是西方许多大公司最重要的经理人长期激励方式，其基本思想是公司和股票持有人约定在将来某一时期内以一定价格购买一定数量的股权，购股价格一般参照股权的当前价格确定，同时对持有人在购股后出售股票的期限作出规定。股票期权是企业资产所有者对经营者实行的一种长期激励的报酬制度，它赋予公司高级管理人员一个权利，即可在预先规定的时间内以预先约定的价格购买一定数量公司股票。由于股票期权是公司给予被授权者在约定时间内按约定价格和数量购买公司股票的一种权利，所以公司给予的既不是现金报酬也不是股票本身，而是一种权利，持有人到期可以行使也可以放弃这个权利。

股票期权作为一种现代企业激励机制，对于改善公司治理结构，降低代理成本、提升管理效率，增强公司凝聚力和市场竞争力起到非常积极的作用。我国现在还处于股权激励的起步阶段，只有为数不多的企业实行了股票期权。

（三）员工持股计划

员工持股计划（Employee Stock Ownership Plans，ESOP）是指为了吸引、保留和激励公司员工，通过让员工以持有一定比例的企业股票形式来分享利润，使员工对企业未来持续盈利拥有收益权和拥有经营决策的参与权。员工持股计划本质上是一种福利计划，适用于公司所有雇员，由公司根据工资级别或工作年限等因素分配本公司的股票。

由于员工可以享受到企业发展带来的额外收益，因此他们更加关注企业的经营状况，增加了对企业的信任。而对企业来说，这种奖励支付不需现金支付，实际上是一种筹资手段，能使有限的资金投入到再积累中去，有利于企业的发展。通常的运作方式是企业把一部分股票（或者是购买同量股票的现金）交给一个信托委员会，这个数额通常依据雇员个人年报酬总量的一定比例来确定，一般不超过15%。信托委员会把股票存入雇员的个人账户，在雇员退休或不再工作时再发给他们。

第四节　员工福利和津贴制度

高薪只是短期内人才资源市场供求关系使然，而福利和津贴则反映了企业对员工的长期承诺。也正是由于这一点，众多在企业里追求长期发展的员工，更认同福利和津贴而非单纯的高薪。

一、福利和津贴的含义和作用

（一）福利和津贴的含义

福利和津贴是组织整体报酬体系的一部分，企业通过举办福利设置和建立各种补贴以便为员工生活提供方便，减轻员工经济负担。福利从性质上可以划分为强制性福利和非强制性福利两种，而从员工属性上又可分为个人福利和公共福利两种。其中，强制性个人福利指国家法律法规明确规定的各种福利，包括养老保险、失业保险、医疗保险和工伤保险等；非强制性个人福利是各个企业为充分调动员工的积极性而主动设置的一些激励项目，企业向员工提供个人经济福利与员工的层级和职位有关，但大多数员工都可享有其中一项或多项，这些项目包括住房津贴、交通津贴、电话津贴、人寿保险、餐费津贴和各种节假日的过节费等。公共福利是企业为回报员工、激励员工而设置的全体员工都可享受的一些福利项目，通常公共福利包括劳动保护、内部医疗和旅游等。

津贴也称附加薪酬，是指对员工在特殊条件或工作环境下所付出的额外的工作量和额外的生活费开支进行的补偿，津贴的具体形式包括职务津贴、保健性津贴等。

福利和津贴具有不同于基本薪酬的特征：一是基本薪酬往往采取的是货币支付和现期支付的方式，而福利则通常采取实物支付或者延期支付的方式；二是基本薪酬在企业的成本项目中属于可变成本，而福利，无论是实物支付还是延期支付，通常都有类似固定成本的特点，因为福利与员工的工作时间之间并没有直接的关系。

（二）福利和津贴的作用

第一，维持和改善员工的基本生活水平。一方面，企业福利可以满足员工的一些基本生活要求，解决他们的后顾之忧，从而创造一个安全、稳定、舒适的工作和生活环境，有利于员工体力和智力的恢复；另一方面，良好的福利可以使员工得到更多的实惠从而改善员工的生活。

第二，有利于增强员工的凝聚力和归属感。良好的福利会使员工产生由衷的工作满意感，进而激发员工自觉为组织目标而奋斗的动力；同时良好的福利使员工有与组织共荣辱之感，士气必然会高涨；而且良好的福利体现管理层关心员工生活和以人为本的经营思想，可以增强企业的凝聚力和员工对企业的认同感。

第三，有利于吸引和留住优秀人才。员工流动率过高必然会使组织的工作受到一定损失，而良好的福利会使许多可能流动的员工打消流动的念头；同时，组织良好的福利有时比高工资更能吸引优秀员工。

二、福利的形式

福利的形式多种多样，多数企业不会为其员工提供所有形式的福利，而是从中挑选一些适合本企业的福利形式，并且针对不同性质的员工（如正式工、临时工、合同工等）提供不同形式的福利。下面是组织中经常选用的一些福利项目。

（一）公共性福利

公共性福利是指法律规定的一些福利项目。主要有以下几种：

1. 法定保险

法定保险包括养老保险、医疗保险、失业保险、伤残保险和生育保险。保险缴费比率由政府部门根据有关的法律规定确定，不同地区稍有不同。

（1）医疗保险。医疗保险是通过国家立法，按照强制性社会保险的原则由国家、企业和个人三方面按一定比例共同出资建立起的医疗保险基金。医疗保险是公共福利中最主要的一种福利，企业应依法为每一位正式员工购买相应的医疗保险，确保员工患病时能得到一定的经济补偿。当个人在投保范围内接受医疗服务时，由社会医疗保险机构提供一定医疗费用补偿。

（2）失业保险。失业是市场经济发展的必然产物和副产品，员工在非自愿性失业即由非本人原因引起的失业的情况下，在失业后的一段时间内能够获得一定数额的津贴或者补助。为使员工在失业时有一定的经济支持，企业应依法为每一位正式员工购买规定的失业保险。失业保险是一种经济性福利补偿，用以弥补非自愿性失业的员工在失业期间所损失的部分收入，目的是使非自愿性的暂时失去工作的劳动者，通过基本生活保障为其尽快重新就业创造条件。我国的失业保险制度是按照国务院《失业保险条例》执行的，其覆盖范围包括城镇的企业和事业单位。

（3）养老保险。养老保险是员工在达到退休年龄退出劳动领域的情况下应该享有的权利，包括经济、医疗以及社会服务等方面的措施。员工年老将失去劳动能力，因此企业应依法为每一位正式员工购买养老保险。我国现阶段采取的是社会统筹和个人账户相结合的养老保险制度，劳动者在退休以后按月领取一定数额的养老保险金。

（4）伤残保险。伤残保险又称职业伤害险，是对在工作中受伤致残或因从事有损健康的工作患职业病而丧失劳动能力的劳动者，以及对因工伤死亡员工的遗属提供的补偿。工伤保险实行"无过失补偿"原则，即意外事故的发生，无论劳动者是否存在粗心大意或者操作上的失误，均可获得收入补偿。工伤保险费只由企业或者雇主缴纳，员工个人不承担费用。工伤保险的范围包括工伤事故和职业病。

（5）生育保险。生育保险是指通过国家立法筹集基金，对因处于生育子女期间而暂时丧失劳动能力的妇女给予一定补偿的社会保险制度，主要包括经济补偿、医疗服务和生育休假福利等。我国的规定是女职工产假 98 天，其中产前休假 15 天；难产要增加产假 15 天，多胞胎生育的，每多生育一个婴儿，再增加产假 15 天。

2. 法定假期

法定假期包括法定节假日、带薪年休假、其他假期。我国实行每周 40 小时工作制，《劳动法》规定，用人单位应该保证劳动者每周至少休息一天。除《全国年节及纪念日放假办法》规定法定假日包括元旦、春节、清明节、端午节、"五一"劳动节、中秋节和"十一"国庆节带薪休假外，有的企业还规定青年节、妇女节、圣诞节、元宵节等带薪休假。

其他假期包括婚假、产假、探亲假、丧假等。《职工带薪年休假条例》规定，职工连续工作 1 年以上的，享受带薪年假，单位应当保证职工每年有一周至一个月的年休假，职工在年休假期间享受与正常工作期间相同的工资收入。此外，还有的企业设置有偿休假性福利。例如，企业全额或部分资助的旅游假期。又如，脱产培训既是企业对人力资源投资的一种商业行为，又是一种福利，尤其是该培训项目对员工有明显的直接好处时，更显示出福利的特点。

（二）个别福利

个别福利是指组织根据自身的发展需要和员工的需要选择提供的福利项目，主要包括各种津贴，如交通津贴、洗理津贴、服装津贴、节日津贴或事务、住房津贴等；各种补助，如购物补助、子女入托补助、困难补助、教育补助等；各种事务，如班车、免费午餐、旅游或疗养机会、生日礼物、儿童看护、娱乐或体育活动等。企业设置的个别福利中常见的主要有以下几种：

1. 养老金

养老金又称退休金，是指员工为组织工作了一定年限，到了一定年龄后（中国男性为 55~60 岁，女性为 50~55 岁），组织按规章制度及组织效益提供给员工的金钱，可以每月提取，也可以每季度或每年提取。根据各地的生活指数有最低限度，如果组织已为员工购买了养老保险，则养老金可以相应减少。

2. 互助会

互助会指由组织组织、员工自愿参加的一种民间经济互助组织，员工每月储蓄若干金钱，当员工经济发生暂时困难时可以申请借贷以渡过难关。

3. 辞退金

辞退金是指组织由于种种原因辞退员工时，支付给员工一定数额的辞退金，一般来说，辞退金的多少主要根据员工在本组织工作时间长短来决定，聘用合同中应该明确规定。

4. 住房津贴

住房津贴是指组织为了使员工有一个较好的居住环境而提供给员工的一种福利，主要包括以下几种：根据岗位不同每月提供住房公积金；组织购买或建造住房后免费或低价租给或卖给员工居住；为员工的住所提供免费或低价装修；为员工购买住房提供免息或低息贷款；全额或部分报销员工租房费用。

5. 交通费

交通费主要指上下班为员工提供交通方便，主要包括以下几种：组织派专车到员工家接送上下班；组织派专车按一定的路线行驶，上下班员工到一些集中点去等候车子；组织按规定为员工报销上下班交通费；组织每月发放一定数额的交通补助费。

6. 工作午餐

工作午餐是指组织为员工提供的免费或低价的午餐。有的组织虽然不直接提供工作午餐，但提供一定数额的工作午餐补助费。

7. 海外津贴

海外津贴是指一些跨国公司为了鼓励员工到海外去工作而提供的经济补偿。海外津贴的标准一般根据以下条件制定：职务高低、派往国家的类别、派往时间的长短、家属是否可以陪同、工作时期回国度假的机会多少、愿意去该国的人数多少等。

8. 人寿保险

人寿保险是指组织全额资助或部分资助的一种保险，员工一旦死亡后，其家属可以获得相应的经济补偿。

9. 服务性福利

服务性福利包括免费提供计算机或其他学习设施；免费定期体检及防疫注射，职业病免费防护；免费使用文体设施；免费提供法律咨询和心理咨询；免费提供托儿所和托老所；免费提供一定数额的贷款担保。

10. 优惠性福利

优惠性福利包括提供购房低息或无息贷款，廉价出租公房；个人交通工具低息贷款，优惠车、航、机票；部分公费医疗，优惠疗养，折扣价电影、戏票、表演和球赛票等；信用储金、存款户头特惠率、低息贷款等；优惠价提供本企业产品或服务。

11. 特种福利

特种福利包括针对特殊优秀人才设计的高档轿车服务、出差时的星级宾馆饭店住宿；针对有特殊贡献的人才设计的股票期权、股票优惠购买权、高级住宅津贴；针对有特殊困难的员工提供的困难补助、伤残补助、重伤补助等。

三、福利的影响因素

影响组织中员工福利的因素很多，主要有以下几种因素：

（一）高层管理者的经营理念

有的管理者认为员工福利能省则省，有的管理者认为员工福利只要合法就行，有的管理者认为员工福利应该尽可能好，这都反映了他们的经营理念。

（二）政府的政策法规

许多国家和地区的政府都明文规定组织员工应该享受哪些福利。一旦组织不为员工提供相应的福利就算犯法。

（三）工资的控制

由于所得税等原因，一般组织为了控制成本不能提供很高的工资，但可以提供良好的福利。这也是政府所提倡的措施。

（四）医疗费的急剧增加

由于种种原因，近年来世界各地的医疗费都大幅度增加。员工一旦没有相应的福利支持，如果患病，尤其是危重病人，往往会造成生活困难。

（五）竞争性

由于同行业的类似企业都提供了某种福利，迫于竞争的压力，企业不得不为员工提供该种福利，否则会影响员工的积极性。

（六）工会的压力

工会经常会为员工福利问题与企业资方谈判，有时资方为了缓解与劳方的冲突，不得不提供某些福利。

四、福利新趋势：弹性福利计划

弹性福利计划又被称为"自助餐福利计划"，是员工可以从企业所提供的各种福利项目菜单中选择其所需要的一套福利方案。弹性福利计划起源于20世纪70年代，其基本思想是让员工对自己的福利组合计划进行选择，但这种选择会受两个方面的制约：一是企业必须制定总成本约束线；二是每一种福利组合中都必须包括一些非选择项目，如社会保险、工伤保险以及失业保险等法定福利计划。

弹性福利计划可以划分为三种类型，即全部自选（全部福利项目均可自由挑选）、部分自选（有些福利项目可以自选，有些则是规定好的福利项目）以及小范围自选（可选择的福利项目比较有限）。国外企业流行的自助餐式福利计划，由于增加了员工的选择权、有效地控制了企业的成本投入、赋予体制更大的灵活性等优点很受企业的欢迎。

与传统福利相比，自助餐式福利使员工更有自主权，并且具有一定的灵活性。因此，自助餐式福利具有传统福利制度不可比拟的优点：对员工而言，可以根据自己的实际，选择对自己最有利的福利，对员工具有更好的激励作用，也可以改善员工与企业的关系。对企业而言，弹性福利由于通常会在每个福利项目之后标示其金额，从而使员工了解每项福利和成本之间的关系，让员工有所珍惜，并有利于企业管理和控制成本。弹性福利制度有利于吸引优秀人才，并降低员工的离职率。

自助餐式福利也存在缺点：弹性福利的设计要比传统的固定福利设计更复杂，造成承办人员的极大负担，也会增加行政费用；有时员工的福利选择会使成本增加，如选择牙科保险的员工通常都是那些牙齿本来有毛病的人。部分员工在选择福利项目时，未仔细了解该项目，结果选择了不实用的项目，从而造成浪费。

在提供自助餐式福利制度时，企业应遵循以下原则：核心福利由企业支付费用，提供给每位员工。根据员工的薪酬、年资或家庭情况等因素来设定每一个员工的福利限额及范围。制定的员工福利计划比该员工福利计划提供服务范围小而且小于福利限额的，企业向其提供其他福利存款或以现金支付差额；制定的员工福利计划比该员工福利计划提供服务范围大而且费用超出福利限额的，其超出费用由员工自行支付。核心福利应定期评审一次以保持其效用性。非核心福利根据员工的选择，可适当增加新内容列入福利清单中。

五、福利的管理

组织提供的福利反映了组织的目标、战略和文化，福利的有效管理对组织的发展至关重要。有些组织由于不善于管理福利，虽然在福利方面投入了大量金钱，效果却不理想，许多优秀人才纷纷离职，组织效益明显下降。福利的管理涉及以下几个方面：福利的目标、福利的成本核算、福利的沟通、福利的调查、福利的实施。

（一）福利的目标

每个组织的福利目标各不相同，但有些内容是相似的，主要包括：必须符合组织长远目标；满足员工的需求；符合组织的报酬政策；要考虑到员工眼前需要和长远需要；能激励大部分员工；组织能担负得起；符合政府法规政策。

（二）福利的成本核算

这是福利管理中的重要部分，管理者必须花较多的时间与精力投入福利的成本核算。主要涉及以下一些方面：通过销量或利润计算出公司最高的可能支出的福利总费用；与外部福利标准进行比较，尤其是与竞争对手的福利水平进行比较，在保证本企业福利竞争优势的前提下尽量降低福利支出成本；作出主要福利项目的预算；确定每一个员工福利项目的成本；制订相应的福利项目成本计划，尽可能在满足福利目标的前提下降低成本。

（三）福利的沟通

研究表明，并不是福利投入的金额越多员工越满意，员工对福利的满意程度与对工作的满意程度并不总是呈正向关系。为了使福利项目最大限度地满足员工的需要，需要加强福利沟通。

福利沟通可以采用以下方法：用问卷法了解员工对福利的需求；用录像带介绍有关的福利项目；找一些典型的员工面谈，了解某一层次或某一类型员工的福利需求；公布一些福利项目让员工自己挑选；利用各种内部刊物或其他场合介绍有关的福利项目；收集员工对各种福利项目的反馈。

福利沟通的渠道包括：编写福利手册，解释企业提供给员工的各项福利计划；定期向员工公布有关福利的信息，包括福利计划的适用范围和福利水平以及组织提供这些福利的成本；在小规模的员工群体中做福利报告；建立福利问题咨询办公室或咨询热线；建立网络化的福利管理系统，在公司组建的内部局域网上发布福利信息，也可以开辟专门的福利板块，与员工进行有关福利问题的双向交流，从而减少因沟通不畅导致的种种福利纠纷或福利不满。

（四）福利的调查

福利的调查对于福利管理来说十分必要，主要涉及三种调查：①制定福利项目前的调查，主要了解员工对某一福利项目的态度、看法与需求；②员工年度福利调查，主要了解员工在一个财政年度内享受了哪些福利项目，各占比例多少，满意程度如何；③福利反馈调查，主要调查员工对某一福利项目实施的反应如何，是否需要进一步改进，是否要取消。

（五）福利的实施

福利的实施是福利管理最具体的一个方面，在福利实施中应注意根据目标去实施；预算要落实；按照各个福利项目的计划有步骤地实施；有一定的灵活性；防止漏洞产生；定时检查实施情况。

在福利实施的过程中还要随时进行福利监控，主要监控内容如下：①有关福利的法律经常会发生变化，组织需要关注这些法律规定，检查自己是否适合某些法律法规的规定；②员工的需要和偏好也会随员工队伍构成的不断变化以及员工自身职业生涯的发展阶段而处于不断变化之中；③与对外部市场的直接薪酬状况变化类似，对其他企业的福利实践的了解也是企业在劳动力市场上竞争的一种重要手段；④对企业而言，最复杂的问题莫过于由外部组织提供的福利的成本所发生的变化，如由保险公司所提供的保险价格的改变等。

 **本章小结**

1. 薪酬（Compensation）是指员工因雇佣关系的存在而从企业那里获得的所有各种形式的货币收入，其中包括固定薪酬和浮动薪酬两大部分。

2. 可变薪酬是薪酬系统中与个人业绩、团队业绩或公司业绩直接挂钩的经济性报酬，也称浮动薪酬。

3. 薪酬的基本功能：薪酬的保障功能、薪酬的激励功能、薪酬的调节功能、薪酬的增值功能。

4. 薪酬管理中包含以下四个重要决策，即薪酬体系决策、薪酬水平决策、薪酬结构决策和薪酬管理政策决策。

5. 薪酬体系设计的原则：战略导向原则、公平原则、经济性原则、合法原则、激励原则、竞争性原则。

6. 薪酬结构类型主要有以绩效为导向的薪酬结构、以工作为导向的薪酬结构、以能力为导向的薪酬结构和新型薪酬结构等，统称结构工资制。

7. 宽带工资结构是将传统职位薪酬等级结构中的几个相邻等级合并成一个薪酬等级，从而使每一等级的薪酬范围变得更大的一种薪酬结构设计方法。

8. 群体奖励计划通常包括利润分享计划、收益分享计划和成功分享计划。

9. 弹性福利计划又被称为"自助餐福利计划"，是指员工可以从企业所提供的各种福利项目菜单中选择其所需要的一套福利方案。

 本章习题

1. 如何理解薪酬、报酬以及总体薪酬的含义？
2. 薪酬管理包含哪些重要决策？
3. 薪酬体系设计的原则及其基本流程是什么？
4. 薪酬结构设计涉及哪些基本内容？
5. 请结合典型企业运用要素计点法进行职位评价。
6. 福利的功能及其基本形式有哪些？

第十章　劳动关系管理

学习目标

系统学习劳动关系的含义、劳动合同的相关规定及劳动争议的处理程序

学习要求

1. 了解劳动关系的含义及处理原则
2. 掌握劳动合同的相关规定与程序
3. 了解劳动争议的处理程序
4. 理解劳动保护的内容

关键术语

劳动关系；劳动合同；劳动争议；劳动保护

用人单位随意用工需承担法律责任

一、案情简介

申请人闫某自 2012 年 2 月 26 日起在被申请人某设备有限公司工作，工作一个月后被申请人未与申请人订立书面劳动合同。5 月 8 日被单位口头通知解除劳动关系。现本人要求被申请人应向申请人支付未签合同的两倍工资；为申请人缴纳各项社会保险；同时应向申请人支付经济补偿金。

二、查明事实

经仲裁庭审理查明：申请人于 2012 年 2 月 26 日起在被申请人处工作，被申请人未与申请人签订劳动合同，只是口头约定每月工资 1400 元。被申请人未给申请人缴纳社会保险，2012 年 5 月 8 日被申请人口头通知申请人回家。

三、处理结果

根据《劳动合同法》规定，用人单位自用工之日起超过一个月不满一年未与劳动者订立书面劳动合同的，应当向劳动者每月支付两倍的工资。本案中，被申请人 2012 年 2 月 26 日至 5 月 8 日未与申请人签订劳动合同，申请人要求被申请人支付两倍工资的请求予以支持。

根据《劳动合同法》等的规定，用人单位应按照职工本人工资为其缴纳养老保险。本案中，因被申请人未按规定为申请人缴纳养老保险，故申请人要求被申请人为其缴纳工作期间的养老保险的请求予以支持。

根据我国《劳动合同法》的规定，用人单位与劳动者协商一致，可以解除劳动合同，用人单位应按劳动者在本单位工作的年限，每满一年支付一个月工资的标准向劳动者支付经济补偿金。六个月以上不满一年的，按一年计算；不满六个月的，向劳动者支付半个月工资的经济补偿金。本案中，因被申请人未与申请人签订劳动合同，被申请人通知申请人回家是一种终止事实劳动关系的行为，申请人未提出异议，也应遵守上述法律规定。并且申请人在被申请人处工作年限为两个月，终止前申请人一个月工资为 1400 元。故申请人要求被申请人支付经济补偿金的请求予以支持。

资料来源：天津市人力资源和社会保障局官方网站，2013 年 12 月 09 日。

第一节　劳动关系管理

一、劳动关系管理概述

（一）劳动关系的概念

市场经济条件下，人力资源的配置是通过劳动力市场来实现的。现代社会中，劳动的社会形式越来越趋同，使得劳动关系成为经济社会最普遍、最基本的社会关系。因社会制度、历史、文化的差异，在不同的国家或不同的体制下，劳动关系有不同的称谓，如劳资关系、劳工关系、劳使关系、雇佣关系、产业关系等，这些称谓的外延与侧重各有不同，相对而言，劳动关系则是一个最为宽泛和适用性最强的概念。劳动关系与生产关系密切，是生产关系的一部分，也是最重要、最本质的部分。具体来说，劳动关系是指在实现劳动的过程中劳动者与劳动力使用者以及相关的社会组织之间的社会经济关系。

（二）劳动关系的主体

劳动关系主体狭义上讲包括两方，一方是雇员及以工会为主要形式的雇员团体，另一方是雇主及雇主协会。由劳动关系主体双方组成的组织，可称为就业组织，也就是我国通常说的用人单位。从广义上，劳动关系的主体还包括政府（见图 10-1）。

劳动关系中的雇员又称员工、劳动者，是指具有劳动权利和行为能力，由雇主雇用并在其管理下从事劳动以获取工资收入的法定范围内的劳动者。雇员本身不具有基本经营决策权力并从属于这种决策权力。雇员团体指因为共同利益、兴趣或目标而组成的雇员组织，包括工会、雇员协会、职业协会等。其中，工会是雇员团体的最主要形式，其主要目

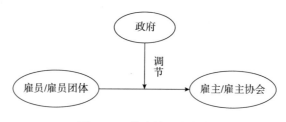

图 10-1　劳动关系的主体

的是代表成员并为其成员争取利益。中国是世界上工会人数最多的国家。

雇主又称"资方"，雇用他人为其工作，并须支付工资或报酬的法人或自然人，其拥有法律赋予的对组织的所有权（产权），在就业组织中有主要经营决策权力。雇主最重要的意义在于，享有对员工的劳动请求权、指示命令权以及决策权（现代社会的企业，尤其是大型企业，管理方群体代表雇主行使管理权利）。雇主组织的主要形式是雇主协会，它们以行业或贸易组织为纽带。

在现代市场经济制度中，狭义上所讲的单纯依据劳动关系双方意志进行行动的事项已不现实，国家意志早已明确而具体地介入劳动关系中了，已然使政府成为了劳动关系中的重要主体。政府的介入使劳动关系的性质发生了变化。当劳动关系受到法律确认、调整和保护时，劳动关系也就不完全取决于雇主与雇员双方的意志，任何一方违反法律规范，都将承担法律责任。在中国，政府作为劳动关系的主体，主要是政府中主管或兼管劳动事务的有关行政部门及机构。

（三）劳动关系的层级与处理原则

如上所述，以劳动关系主体构成为标准，劳动关系分为狭义劳动关系和广义劳动关系。本书采用广义劳动关系的概念。同时，劳动关系可分为个别劳动关系、集体劳动关系和社会劳动关系三个层次（见图 10-2）。

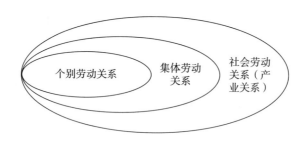

图 10-2　劳动关系的层级结构

资料来源：常凯．劳动关系学［M］．北京：中国劳动社会保障出版社，2005．

在处理劳动关系问题时，应遵循一些基本原则，如兼顾各方利益；发生争议时，以协商为主；以法律为依据来处理劳动关系问题；明确管理责任等。

（四）劳动关系管理

劳动关系管理指的是劳动关系系统各方主体积极行动以调整劳动关系格局或者参与制定调整决策的各种行动的总称。具体来说，雇主和雇主组织可直接管理企业劳动关系格局，如通过企业规章制度的制定，人才的招聘、选拔、聘任、奖励、惩处等方式；雇员

（劳动者）可以通过企业工会、员工持股等渠道参与企业劳动关系的民主管理；政府则通过掌握国家或地区劳动关系的宏观调控权力行使管理权，如制定劳动相关法律法规。

二、雇主对雇员的管理——惩处与奖励

在劳动关系中，最重要的关系便是雇主与雇员之间的关系。雇主与雇员的关系表现为管理方群体与雇员群体之间的关系。雇主或用人单位主要通过企业内部劳动规则对员工进行管理，如惩处或奖励。

（一）企业内部劳动规则

企业内部劳动规则是企业规章制度的组成部分，主要依据国家劳动法律、法规的规定，结合单位的实际，在本单位实施。企业内部劳动规则的制定和实施是企业以规范化、制度化的方法对劳动过程进行组织和管理的行为，是企业以经营权为基础行使用工权的形式和手段。如企业在制定劳动纪律及岗位规范时，劳动纪律中的时间纪律、组织纪律、岗位纪律、安全卫生纪律、协作纪律及品行纪律等以及岗位规范中的岗位职责、上岗标准的规定、生产技术规范等受到企业自身的影响。企业内部劳动规则以企业为制定的主体，以企业公开、正式的行政文件为表现形式，只在本企业范围内适用。制定内部劳动规则是用人单位的单方法律行为，制定程序虽然应当保证劳动者的参与，但是最终由单位行政决定和公布。企业内部劳动规则的基本特点是企业或者说雇主意志的体现。

（二）惩处管理

雇主对雇员的管理方法不外乎两种，惩处或奖励。

惩处是指管理方对严重违反劳动纪律或规章制度的员工采取的惩罚措施。一般情况下，用人单位对劳动者的下列情形进行惩处：工作方面的问题，如擅离工作岗位、工作不力或懈怠疏忽、执行工作畏难规避或推诿等；考勤方面的问题，如迟到、早退、旷工等；品德方面的问题，如制造事端、言行粗暴、盗窃物品等；其他方面的问题，如对同事不法行为隐瞒不报；违反国家法律、法规的问题，如刑事犯罪等行为。

惩处管理大致包括实施惩处的条件、处分的种类、罚款及赔偿经济损失等内容。惩处的目的在于让员工意识到自己的错误，减少违纪事件的发生，从而更好地保障工作的顺利完成。惩处分为正式惩处和非正式惩处。非正式惩处主要指口头责备，如警告等。正式惩处一般可有以下几种：书面批评、记过、降级、降调职务、停职、免职等。降级是指降低受惩罚者的薪酬等级。降调职务是指降低受惩罚者的职务等级。停职指在一段时间内停止受惩罚者的任职，该期间停发薪酬。免职指对严重违反劳动纪律者，可解除劳动关系，追究刑事责任。在实施惩处管理时应注意，对犯了错误的员工应即时处理，以使员工意识到自己的问题；同时，处罚不能过轻或过重，但应达到预警的目的；对同一类问题进行处理时应保持一致性，实行相同的标准；惩处时应注意对员工不同程度的错误的惩处力度应是不同的、渐进的。

（三）奖励管理

奖励是指用人单位为了鼓励员工的正向行为而对其进行正面支持的行为。一般情况下，用人单位对劳动者的下列情形进行奖励：常规工作方面，如爱岗敬业，积极工作，努力完成工作任务，不断提高业务水平和综合素质，在各项工作以及有关竞赛活动中取得优异成绩的等；工作改进与创新方面，如在劳动组织优化、成本节约、经济效益提升、技术

改造、市场营销、员工培训、安全管理等方面有改进、创新、发明，取得重大成果或有显著成绩的等；其他方面的问题，如维护企业利益和荣誉，富有正义感，见义勇为，敢于揭发、制止各种损害企业利益的行为，维护正常的生产秩序、工作秩序、社会治安等方面有显著功绩的等。

奖励管理大致包括实施奖励的条件、种类等内容。奖励的目的在于鼓励、激励优秀员工，从而使他们在今后更加积极地投入到工作中去，同时激励其他员工向其学习，以点带面，形成整体向上的工作氛围，带动企业整体效益的提高。奖励分为精神奖励和物质奖励等。精神奖励包括表扬、通报表扬及各类荣誉称号等。物质奖励则给予一定的经济奖励。精神奖励和物质奖励相结合的包括记功、晋级（提高一个工资档次）、晋职（按照选拔任用工作程序提高一个职级及相关待遇）等。在实施奖励管理时应注意遵循前后一致性与循序渐进性的原则。

（四）注意事项

建立合法有效的规章制度对管理员工来说非常重要。雇主（用人单位）对雇员（劳动者）进行管理时，应注意遵守《中华人民共和国劳动法》《中华人民共和国劳动合同法》等国家法律法规，保证其内容和程序的合法性，同时注意进行公示或告知。对违纪员工处罚应细化、量化，明确惩处标准。同时注意调查和取证，只有在事实和法律依据充分，并有相关证据证明的情况下，才能做出处理决定。凡是违纪处罚，一定要有书面记录，并在员工档案中保存。决定有关职工切身利益和重大事项时，企业应经过职工代表大会或全体职工讨论。用人单位单方解除劳动合同，应事先将理由通知工会。

三、员工参与管理

在现代社会，雇员和工会已普遍获得了参与企业管理的权利。国家通过立法，保障雇员和工会对管理的参与权。员工作为被管理者，在劳动关系的运行中，通过民主参与，使职工的意志渗透到企业管理的行为与过程之中，从而实现劳动者的意志与管理者的意志的协调。员工参与管理的形式各异，以下参与方式可能混合存在于部分企业中。

（一）职工代表大会

职工代表大会是中国职工民主参与管理的基本形式，具有充分的民主性和广泛的代表性。职工代表大会（中小型企业为职工大会）是由企业职工经过民主选举产生的职工代表组成的，代表全体职工实行民主管理权利的机构，依法享有审议企业重大决策，监督行政领导和维护职工合法权益的权力。之所以把职工代表大会作为基本形式，是因为它是直接民主（岗位参与和个人参与）和间接民主（组织参与）最好的结合形式。当前，根据我国相关立法，职工代表大会制度主要在国有企业中实行，非国有企业则实行民主协商制度。

（二）民主协商制度

作为企业职工参与管理的形式，民主协商又称平等协商、共同磋商，是指劳动关系双方就企业生产经营与职工利益的事务平等商讨、沟通，以实现双方的相互理解和合作，并在可能的条件下达成一定协议的活动。民主协商的职工代表经职工选举产生，非国有企业一般实行民主协商制度。

（三）厂务公开制度

厂务公开制度是我国企业特别是在国有企业推行的一种职工民主参与的形式。厂务公开制度有效弥补了职工代表大会的一些不足之处，信息沟通是厂务公开制度的核心所在，其具有三个明显的特点：一是内容更具有广泛性；二是时间上更具有灵活性；三是形式上的多样性。厂务公开主要通过公开栏、专题会议等形式，对一些重大决策、制度管理、经营绩效、人事调整等进行信息公开，职工借此了解企业状况，从而进行评判和监督等参与。

（四）员工建议方案

员工建议方案活动具有涉及范围广、投资少、见效快等优点，在中国企业开展实施已经有数十年的历史，一直受到各类企业的重视。建议方案为雇员提供了参与到提高企业效益的努力中去的一个手段，常见的表达方式有意见箱、意见表格等。

（五）员工持股会

20 世纪 60 年代，路易斯·凯尔索最先在美国提出员工持股计划（ESOP），即企业成立一个专门的员工持股信托基金会，基金会由企业全面担保，贷款认购企业的股票。在中国，员工持股会适用于职工持股的公司制企业。由于员工持股数量相对较少且不均匀，而又人数众多，如果都参加持股会意见很难统一，不利于实现自身利益，因此，在工会组织的指导下，部分企业把持股职工组织起来，建立由工会主持的员工持股会。按照国家有关法规和公司章程，持股会将持股职工的意见和要求集中起来，选派代表参加股东会，行使参与权利。

（六）集体谈判

集体谈判是西方国家劳动关系管理中最重要的制度，也是职工通过其工会组织参与管理的一种有效手段。西方国家大都通过立法形式规定集体谈判的具体内容、机制与做法，并赋予工会作为工人代表与资方进行谈判的资格。在中国，集体谈判以集体协商的形式呈现，由于制度、文化等的不同，我国的集体协商相对更加温和，不似西方国家集体谈判那般激烈。

（七）员工董事、监事制度

多数欧洲国家都有在董事会层次设立职工代表的法律规定。我国的员工董事、监事制度主要是借鉴了西方工业发达国家的惯例性做法，主要是指公司制企业的职工依照法律规定，选举一定数量的职工代表进入董事会、监事会，担任董事、监事，参加企业重大决策的制度。员工董事、监事是相对于所有者而言的职工代表。员工董事、监事制度有层次高、参与管理直接性强等特点，具有其他民主参与管理形式不可替代的作用。

四、第三方劳动关系管理——政府干预

在现代社会劳动关系管理中，无论雇主（用人单位）对雇员（劳动者）的管理还是员工参与管理都是在政策法律法规的基础上进行的，政府扮演着调解雇主与雇员关系的作用。政府干预涉及劳动关系的方方面面。无论是外部规范的制定（如劳动法与劳动政策）还是内部规则的实施（如劳动合同、企业规章制度、集体协商、职工参与）都烙上了政府干预的痕迹。

（一）劳动政策及法律法规等的制定

政府规制是政府介入劳动关系的最主要手段。劳动政策及劳动法律法规和政令等的制定是政府在劳动关系中的主要作用，政府通过劳动政策及劳动法律法规和政令等的制定和实施来干预、调整和规范劳动关系。政府制定并实施的法律法规等，如宪法、法律、劳动行政法规、地方性法规、行政规章、法律解释、政府批准的国际劳工公约和建议书等，均体现了国家意志。中国的劳动立法属于政府推进式的渐进模型，一般先根据政策进行试点，然后将试点成果推向全国（制定行政法规），全国取得成果则进行相应的立法并在实施过程中制定配套规章制度，最后形成法律体系。以下为部分目前涉及劳动关系的法律法规：《中华人民共和国劳动法》《中华人民共和国劳动合同法》《中华人民共和国劳动合同法实施条例》《中华人民共和国劳动争议调解仲裁法》《女职工劳动保护特别规定》《中华人民共和国社会保险法》《集体合同规定》《中华人民共和国就业促进法》《职工带薪休假条例》《中华人民共和国矿山安全法》《中华人民共和国安全生产法》等①。

（二）就业保障体系的建立

作为就业指导者的政府，为全体劳动者建立一套包括职业培训、就业服务和失业保险的就业保障体系非常必要。从市场经济体制初步建立至今，政府的就业保障体系正逐步完善。政府职业培训是政府参与劳动力市场建设的手段，大致分为两种形式：一种是政府组织的职业培训，一种是政府主导依托企业、民办机构进行的职业培训。如今，政府劳动行政部门已有各类职业资格考试，以规范就业进入制度，如会计从业资格考试、证券从业资格考试、司法考试等。就业服务方面，很多大中城市建立了反映当地劳动力市场主要职业和工种工资水平的劳动力市场工资指导价格；政府建立了失业预警检测系统，为有效掌握劳动力供求状况、及时处理失业导致的社会问题起到了良好作用；消除农村劳动力进入城市就业的制度性障碍（如户籍制度），提高城乡劳动者的技术素质与就业竞争能力，从而创造公平的就业环境是政府的职责。在就业保障体系中，为劳动者建立有效的保障体系非常必要，尤其是针对劳动者的失业状况，我国已经颁布了《社会保险法》，以解决劳动者的后顾之忧。

（三）劳动规则的维持、协调与监督检查

劳动规则的维持、协调与监督检查是政府管理劳动关系，保证其管理有效性的重要手段。政府协调劳动关系主要是通过在劳动关系的外部环境（如劳动力市场）与劳动关系运行过程中所起的作用来实现的。劳动政策与劳动法律法规等是政府协调劳动关系的基础，而劳动规则的维持、协调与监督检查则是实现劳动关系协调的保障。政府主要是从外部对劳动合同、企业规章制度、集体协商等的形成机制进行培育和健全，而政府介入劳动关系系统内部直接干预劳动关系则主要是通过劳动监察、劳动争议处理和三方协商机制来实现的。那么政府规制实施情况如何？是否按照劳动政策及法律法规执行？监察和督促便是政府干预劳动关系的一种重要手段。政府在劳动关系运行和劳资自治中起监管的作用。例如，我国政府采取的是对劳动合同进行备案和对企业规章制度进行审查的结果监督方式。《劳动法》第八十五条规定："县级以上各级人民政府劳动行政部门依法对用人单位遵守

---

① 为了简便，在之后涉及这些法律时，描述中将省掉"中华人民共和国"几个字，如《中华人民共和国劳动法》以下简称《劳动法》。

劳动法律、法规的情况进行监督检查，对违反劳动法律、法规的行为有权制止，并责令改正。"第八十七条规定："县级以上各级人民政府有关部门在各自职责范围内，对用人单位遵守劳动法律、法规的情况进行监督。"第八十八条规定："各级工会依法维护劳动者的合法权益，对用人单位遵守劳动法律、法规的情况进行监督。"

第二节　劳动合同管理

一、劳动合同概述

（一）劳动合同的概念

劳动合同也称劳动契约、劳动协议，是劳动者和用人单位之间明确劳动权利义务，规范劳动者和用人单位之间确立、变更和终止劳动权利和义务的协议。劳动合同的意义在于它是确立劳动关系的凭证，是建立劳动关系的法律形式，是维护双方合法权益的法律保障。

（二）劳动合同的分类

劳动合同有两种分类方式，第一种分类法是按照其期限进行的划分；第二种是按照劳动时间进行的划分。

按劳动合同的期限来看，劳动合同可以分为固定期限劳动合同、无固定期限劳动合同和以完成一定工作为期限的劳动合同。固定期限劳动合同是指明确约定合同终止时间的合同。无固定期限劳动合同是指双方当事人约定无确定终止时间的劳动合同。以完成一定工作为期限的劳动合同是指以某项工作的完成为合同期限的劳动合同。

按劳动时间来看，劳动合同可以分为全日制劳动合同和非全日制用工劳动合同。全日制劳动合同是指劳动者与用人单位签订书面劳动合同，以日计酬，在同一用人单位每日工作时间不超过 8 小时、每周不超过 40 小时的用工制度。非全日制用工劳动合同是指以小时计酬为主，劳动者在同一用人单位一般平均每日工作时间不超过 4 小时，每周累计工作时间不超过 24 小时的用工形式。非全日制用工形式中，双方当事人可订立口头协议，劳动者可与一个或一个以上用人单位订立合同；双方不得约定试用期，可随时终止用工，工资不得低于当地最低小时工资标准。非全日制劳动合同形式突破了传统用工模式，适应了单位灵活用工和劳动者自主择业的需要，是促进就业的重要途径。

（三）劳动合同的内容

劳动合同的内容大致分为两大部分：第一部分主要是劳动合同的必备条款，第二部分是劳动合同的约定条款。劳动合同的权利义务主要体现在劳动合同的条款上，约定条款如果不违反法律和行政法规，具有与必备条款同样的约束力。《劳动合同法》第十七条规定了劳动合同的必备条款和约定条款。

必备条款是双方当事人签订劳动合同必须具备的条款，按照《劳动合同法》的规定主要包括：①用人单位的名称、住所和法定代表人或者主要负责人；②劳动者的姓名、住址和居民身份证或其他有效证件号码；③劳动合同期限；④工作内容和工作地点；⑤工作时间和休息休假；⑥劳动报酬；⑦社会保险；⑧劳动保护、劳动条件和职业危害防护；⑨法律、法规规定应当纳入劳动合同的其他事项。

约定条款是在必备条款之外，根据具体情况，经协商可以约定的条款。如：①试用期；②培训，如签订培训协议的条件、约定劳动者的违约责任、对违约金作封顶限制、对违约金支付作封顶限制、用人单位应建立正常的工资调整机制；③保守商业秘密和竞业限制条款；④补充保险和福利待遇；⑤双方认为需要约定的其他内容，如对第二职业的限制。

（四）劳动合同的地位和作用

劳动合同制度在劳动关系管理中地位非常重要，它是我国基本的劳动制度。《劳动法》和《劳动合同法》规定，建立劳动关系应当订立劳动合同。作为市场经济条件下的基本劳动制度，劳动合同具有调整劳动关系的重要作用，是维护用人单位和劳动者合法权益的基本手段；是用人单位人力资源管理的重要手段和工具；也是处理劳动争议的法律依据。

二、劳动合同的订立

（一）劳动合同订立的概念

劳动合同订立是指劳动合同双方当事人就劳动合同的条款经过协商一致，达成协议，并以书面形式明确双方的权利义务的法律行为。订立劳动合同，应当遵循合法、公平、平等、自愿、协商一致、诚实信用的原则。

（二）劳动合同订立的程序

劳动合同的订立遵循一定的程序（见图10-3）。劳动合同订立之前，应先审查劳动者的主体资格，包括劳动者的年龄、学历、资格、工作经历、是否与其他企业存在劳动关系、劳动者身体健康证明等，人力资源部门可要求其在复印件上签字确认，能有效保障用人单位的合法权益。劳动者的主体资格审查合格后，在签订劳动合同前，用人单位还应履行告知义务。《劳动合同法》第八条规定，用人单位应尊重劳动者的知情权，如实告知劳动者工作内容、工作条件、工作地点、职业危害、安全生产状况、劳动报酬，以及劳动者要求了解的其他情况。在协商一致情况下，双方订立劳动合同。合同订立后应及时办理入职手续，发放劳动合同、建立职工名册，并办理用工手续等后续工作。

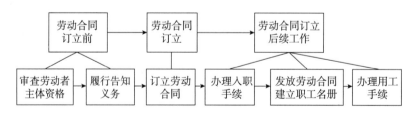

图10-3　劳动合同订立的程序

（三）劳动合同订立的注意事项

1. 劳动关系建立的起点

劳动关系的建立与劳动合同的订立不是等同的。《劳动合同法》第七条规定，劳动关系自用工之日起开始建立，而非劳动合同签订之日起建立。如果用人单位不签订书面劳动合同便构成事实劳动关系，则该规定有利于保障劳动者的权利。由于确定用工时间视为劳动关系的开始，为了保护劳动者的合法权益，《劳动合同法》第七条还规定，企业用工应建立职工名册备查。同时，为了保障用人单位的合法权益，《劳动合同法》第十条规定，用人单位与劳动者在用工之前订立劳动合同的，劳动关系自用工之日起建立。签订劳动合同之日至用工之日之间的时间，用人单位与劳动者尚未建立劳动关系，双方可以依法解除劳动合同并承担双方约定的违约责任，用人单位不用向劳动者支付经济补偿，不用承担其医疗费用等责任。

2. 书面劳动合同订立的法定性

建立劳动关系应当签订书面劳动合同，非全日制用工除外。《劳动合同法》第十条规定，用人单位必须在劳动关系建立后一个月内签订书面劳动合同。《劳动合同法实施条例》第六条规定，超过一个月不满一年不签订劳动合同，用人单位需按《劳动合同法》第二十八条的规定每月向劳动者支付双倍工资。用人单位自用工之日起满一年不与劳动者签订书面劳动合同的，视为用人单位与劳动者已订立无固定期限劳动合同，且需向劳动者支付 11 个月的双倍工资。

3. 试用期和服务期的约定

用人单位与劳动者签订劳动合同可以约定试用期和服务期。关于试用期，《劳动合同法》第十九条规定，劳动合同期限在三个月以上不满一年的，试用期不得超过一个月；一年以上不满三年的，试用期不得超过两个月；三年以上固定期限和无固定期限的，试用期不得超过六个月。同一用人单位与同一劳动者只能约定一次试用期。劳动合同仅约定试用期的，试用期不成立，该期限为劳动合同期限。我国的最低工资标准是由各地根据具体情况确定的。《劳动法》第四十八条规定，最低工资的具体标准由省、自治区、直辖市人民政府规定，报国务院备案。关于试用期的工资，《劳动合同法》及《劳动合同法实施条例》规定，劳动者在试用期的工资不得低于本单位相同岗位最低工资或者劳动合同约定工资的 80%，不得低于用人单位所在地的最低工资标准。关于服务期，《劳动合同法》第二十二条规定，用人单位为劳动者提供专项培训费用，对其进行专业技术培训的，可以与该劳动者订立协议，约定服务期。

4. 竞业限制的约定

竞业限制的人员限于用人单位的高级管理人员、高级技术人员和其他负有保密义务的人员。在劳动关系结束后，要求特定的劳动者在法定时间内继续保守原用人单位的商业秘密及与知识产权相关的保密事项。法律规定，从事同类业务的竞业限制期限不得超过两年，可约定违约金、规定竞业限制的范围、规定用人单位竞业期限内要按月支付经济补偿。

5. 无效劳动合同的规定与确认

订立劳动合同，必须注意程序的合法性、内容的合法性、履行的合法性，防止无效合同的产生。例如，订立劳动合同时，用人单位不得扣押劳动者的证件和收取财物，不得要求劳动者提供担保等。无效劳动合同分为部分无效和全部无效。劳动合同部分无效，不影响其他部分效力。无效合同的情形有：以欺诈、威胁等手段或乘人之危，使对方在违背真实意图的情况下订立的劳动合同；违反法律、法规强制性规定的合同；用人单位免除自身法定责任，排除劳动者权利的。无效劳动合同的确认由法律规定的专门机关进行，其他任何组织和个人都无权进行。《劳动合同法》规定，对劳动合同的无效或部分无效有争议的，由劳动争议仲裁委员会或人民法院确认。

三、劳动合同的履行与变更

(一) 劳动合同的履行

劳动合同的履行是劳动合同制度的核心，劳动合同订立的目的就在于其履行性。《劳动合同法》第二十九条规定，劳动合同一旦建立，应全面履行。劳动合同的履行是指劳动合同双方当事人履行劳动合同规定的义务，实现劳动过程的法律行为。《劳动合同法》第三十三条规定，当用人单位名称、法定代理人变更时，不影响劳动合同的履行。《劳动合同法》第三十四条规定，用人单位合并或分立，劳动合同由继承其权利义务的用人单位继续履行。《劳动合同法实施条例》第十四条规定，劳动合同履行地与公司注册地不一致的，劳动者的有关事项按照劳动合同履行地的有关规定执行；用人单位注册地有关标准高于劳动合同所在地有关标准且用人单位与劳动者约定按用人单位注册地有关标准执行的，按其约定执行。

(二) 劳动合同的变更

劳动合同的变更是指在劳动合同履行过程中，经双方协商一致，对合同条款，如工作内容、地点、工资福利等进行的修改或补充。

1. 劳动合同变更的情形

劳动合同变更的情形包括：①订立劳动合同时所依据的法律、法规、规章发生变化的；②订立劳动合同时所依据的客观情况发生重大变化的；③用人单位名称、法定代表人变更，不影响合同履行；④单位分立、合并应变更劳动合同。

2. 劳动合同变更的程序

劳动合同变更的程序应合法。①当事人一方要求变更劳动合同内容的，应以书面形式将变更的内容递交另一方，提出变更理由和要求，约定答复期限，与另一方进行协商；②在双方协商一致的基础上，书面记载变更的内容，并经由用人单位和劳动者双方签字或盖章，发生法律效力；③变更后的劳动合同文本由用人单位和劳动者各执一份。

四、劳动合同的解除、终止

(一) 劳动合同的解除与例外

劳动合同的解除是指劳动合同在期限届满之前，双方或单方提前终止劳动合同效力的法律行为。劳动合同的解除大致包括用人单位辞退劳动者的情况、劳动者离职的情况及经济裁员等方面。

1. 辞退管理——用人单位单方解除合同的情况

人力资源部门在劳动合同的解除管理中，常遇到的是如何对不合格的劳动者进行辞退的问题，此种情况也即用人单位单方解除劳动合同的情况。从《劳动合同法》的规定看，用人单位单方解除劳动合同的情况大致可以分为两种：一是劳动者有过失，用人单位解除合同的情况；二是劳动者无过失，用人单位可解除合同的情况。

劳动者有过失，用人单位可解除合同大致分为（《劳动合同法》第三十九条）：①在试用期间被证明不符合录用条件的；②严重违反劳动纪律或者用人单位规章制度的；③严重失职，营私舞弊，对用人单位利益造成重大损害的；④劳动者同时与其他用人单位建立劳动关系，对本单位造成严重影响，拒不改正的；⑤以采用欺诈、胁迫的手段乘人之危，致使合同无效的；⑥被依法追究刑事责任的。用人单位在劳动者有以上情形解除劳动合同时，需提前 30 天（试用期内提前 3 天）通知劳动者，无须支付经济补偿即可解除劳动合同。

劳动者无过失，用人单位可解除合同的情形大致包括（《劳动合同法》第四十条）：①劳动者患病或者非因工负伤，医疗期满后不能从事原工作，也不能从事另行安排的工作；②劳动者不能胜任工作，经过培训或者调整工作岗位，仍不能胜任工作的；③劳动合同订立时所依据的客观情况发生重大变化，致使原劳动合同无法履行，经当事人协商不能就变更劳动合同达成协议的。此种情形下，用人单位需提前 30 天以书面的形式通知劳动者，同时支付额外的经济补偿金。

在辞退管理中，人力资源部门应特别注意，应确实掌握解除的证据，尤其是员工过失辞退的证据；同时，还应及时征求工会意见，将解除劳动合同通知书文本交员工签收。

2. 离职管理——劳动者单方解除劳动合同的情况

在劳动合同的解除中，除了用人单位辞退劳动者的情形外，更常见的是劳动者离职的情况。劳动者的离职大致可分为一般离职的情况、试用期内离职的情况以及由于用人单位违法等而造成的劳动者离职的情况。

关于劳动者一般情况的离职，《劳动合同法》第三十七条规定，需要提前 30 天以书面的形式通知用人单位即可解除劳动合同。关于劳动者在试用期内的离职，可提前 3 天通知用人单位即可解除劳动合同。当然，如果用人单位出现违法，劳动者可以解除与用人单位的劳动合同，在非常情况下，劳动者解除劳动合同无须提前通知。人力资源部门应认真学习国家的法律法规，特别是《劳动法》《劳动合同法》《社会保险法》等重要的法律法规，避免陷入违法的境地。

用人单位违法的情况大致包括（《劳动合同法》第三十八条）：①未按照劳动合同约定支付劳动报酬或者提供劳动条件的；②未及时足额支付劳动报酬的；③未依法为劳动者缴纳社会保险费的；④用人单位的规章制度违反法律、法规规定，损害劳动者权益的；⑤用人单位以采用欺诈、胁迫的手段乘人之危，致使合同无效的；⑥法律、法规规定的其他情形。

3. 裁员管理——经济性裁员

经济性裁员是指用人单位在遭遇经济上的困难时，通过裁减人员以达到摆脱困境的目的。我国《劳动合同法》第四十一条规定，需要裁员 20 人以上或裁减不足 20 人但占企业总数 10%以上的，用人单位应提前 30 天向工会或全体职工说明情况，并听取工会或职工意见后，将裁减方案经向劳动行政部门报告，方可裁员。

裁员时应当优先留用下列人员：①与本单位订立较长期限的固定期限劳动合同的；②与本单位订立无固定期限劳动合同的；③家庭无其他就业人员，有需要抚养的老人或者未成年人的。用人单位依照规定裁减人员，在 6 个月内重新招用人员时，应当通知被裁减的人员，并在同等条件下优先招用被裁减的人员。

4. 例外——用人单位不得解除劳动合同的情况

人力资源管理者还应注意，《劳动合同法》第四十二条规定，在下列情形下，用人单位不得解除与劳动者的劳动关系。这些情形大致包括：①接触职业病危害作业离岗前未作健康检查，或疑似职业病病人在诊或医学观察期内的；②患职业病或因工负伤，被确认（部分）丧失劳动能力的；③劳动者患病或者负伤，在规定的医疗期内的；④女职工在孕期、产期、哺乳期内的；⑤在本单位连续工作满 15 年，且距法定退休年龄不足 5 年的；⑥法律、行政法规规定的其他情形。

（二）劳动合同的终止与限制

1. 劳动合同终止的规定

劳动合同期满或双方当事主体资格消失，合同规定的权利义务即行消灭。劳动合同终止的情况大致包括（《劳动合同法》第四十四条）：①劳动合同期满，用人单位与劳动者不再续签劳动合同；②劳动者达到退休年龄，开始享受基本养老保险待遇的；③劳动者死亡或被法院宣告死亡或失踪的；④用人单位被依法宣告破产的；⑤用人单位被依法宣告破产或吊销营业执照、责令关闭、撤销或提前解散的；⑥法律、行政法规规定的其他情形。

2. 劳动合同终止的限制

对于一些特殊的劳动者，为保护其权益，又对劳动合同终止做了限制性的规定。当下列情形出现时，即使劳动合同期满也不能立即终止劳动合同，而应续延至相应情形消失。其中包括：①从事接触职业病危害作业的劳动者未进行离职前职业健康检查，或疑似职业病病人在诊断或者医学观察期间的；②在本单位患职业病或因工负伤并被确认丧失或部分丧失劳动能力的，应按工伤保险有关规定执行；③劳动者在患病或非因工负伤，在规定的医疗期内的；④女职工在孕期、产期、哺乳期的；⑤劳动者在本单位连续工作满 15 年，且距离退休年龄不足 5 年的；等等。

（三）劳动合同解除与终止的程序

《劳动合同法》第四十三条规定，用人单位单方解除劳动合同的，应征求工会意见，并提前 30 日以书面形式通知劳动者；给予劳动者一定的经济补偿，经济补偿是用人单位解除和终止劳动合同而给劳动者的一次性经济补偿金；应依法为劳动者办理档案转移手续。《劳动合同法》第五十条规定，用人单位应当在解除或终止劳动合同时出具解除或者终止劳动合同的证明，并在 15 日内为劳动者办理档案和社会保险转移手续（见图 10-4）。

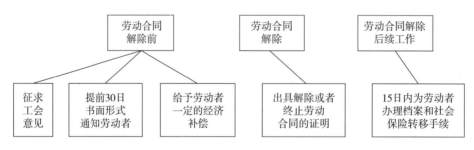

图 10-4　劳动合同解除与终止的程序

五、集体合同的订立、履行、变更与终结

（一）集体合同概述

1. 集体合同的概念与特征

集体合同又称集体协议，是个人劳动合同的对称。《集体合同规定》中明确规定，集体合同是指用人单位与本单位职工根据法律法规、规章的规定，就劳动报酬、工作时间、休息休假、劳动安全卫生、职业培训、保险福利等事项，通过集体协商签订的书面

协议。

集体合同具有以下特征：①集体合同是整体性地协调企业内部劳动关系的协议，目的特定，内容广泛；②集体合同是工会或劳动者代表职工一方与企业之间签订的，用人单位或用人单位团体一方违背义务负相应法律责任，工会一方违背义务一般不承担法律责任和经济责任，只承担道义和政治责任；③集体合同必须是书面形式签订的，口头形式的集体合同不具有法律效力。合同文本需提交政府劳动行政部门审核通过才生效。

2. 集体合同与劳动合同的联系与区别

集体合同与劳动合同的联系：集体合同和劳动合同是劳动契约的两种形式，集体合同是在劳动合同的基础上产生和发展的，是对劳动合同的法律补充。

集体合同与劳动合同的区别：①主体不同。集体合同的主体是企业与工会组织或由劳动者按照合法程序推举的代表；而劳动合同的主体则是企业与劳动者个人。②内容不同。集体合同是关于企业一般劳动条件标准等的约定，可涉及集体劳动关系的各方面，也可以只涉及劳动关系的某一方面；劳动合同则是劳动者个人的劳动条件标准等约定，内容更细致具体，针对性和可操作性更强。③效力不同。集体合同的效力高于劳动合同，《劳动合同法》第五十四条规定，依法订立的集体合同对用人单位和劳动者具有约束力。当劳动合同与集体合同发生冲突时，优先适用集体合同。《劳动合同法》第五十五条规定，用人单位与劳动者订立的劳动合同中劳动报酬和劳动条件等标准不得低于集体合同规定的标准。

3. 集体合同的形式与内容

集体合同的形式可以分为主件和附件。主件是综合性集体合同，其内容涵盖劳动关系的各个方面；附件是专项集体合同，是就劳动关系某一特定方面的事项签订的专项协议（我国现阶段的法定集体合同的附件主要是工资协议）。

集体合同的内容大致分为法定条款和约定条款两大类。法定条款属于依法必备的条款；约定条款则是双方可协商约定的条款。法定条款包括劳动报酬（如最低工资水平、工资形式及支付时间、加班工资及津贴、补贴、奖金、工资增长办法等）、工作时间（如每日工作时间、加班限制及特殊工种工作时间等）、休息休假（如年休假制度等）、保险福利（如依法参加保险种类、补充保险种类及福利设施等）、劳动安全卫生（如安全卫生责任制度及特殊保护等）、合同期限（一般为 1~3 年）及双方需要约定的其他条款（如变更、解除、终止集体合同的协商程序等）。约定条款并非法律要求必备的条款，只要本身不违法，又符合双方当事人意愿，就可以作为集体合同的条款。约定条款一经写入合同，具有与法定条款同等的法律效力。

（二）集体合同的订立

集体合同的订立遵循一定的程序。简单来说，在订立集体合同前，应首先确定协商主体，并进行协商，形成集体合同草案并报劳动行政部门审查；草案获批后，如无异议后生效，集体合同订立完成；用人单位随即应将集体合同向全体职工公布。

具体来说：①集体合同协商代表的确定。我国法律规定，职工一方代表由本单位工会选派，未建立工会的，由本单位职工民主推荐，并经本单位半数以上职工同意。协商双方的代表人数应当对等，每方至少 3 人，并各确定 1 名首席代表。②协商要求的提出。集体协商任何一方均可就签订集体合同等相关事宜，以书面形式向对方提出进行集体协商的要求，另一方应当在收到集体协商要求之日起 20 日内以书面形式予以回应，无正当理由不得拒绝进行集体协商。③协商前的准备。包括确定协商代表，拟订协商方案，预约协商内容、日期、地点。④召开协商会议。会议由双方首席代表轮流主持：宣布议程和会议纪律；一方首席代表提出协商具体内容和要求，另一方首席代表作出回应；协商双方就商谈事项发表各自意见，开展充分讨论；双方首席代表归纳意见。⑤达成一致的，应当形成集体合同草案或专项集体合同草案，由双方首席代表签字。⑥经双方代表协商一致的集体合同草案或专项集体合同草案应当提交职工代表大会或者全体职工讨论。应当有 2/3 以上职工代表或者职工出席，且须经全体职工代表半数以上或者全体职工半数以上同意，集体合同草案或专项集体合同草案方获通过，再由集体协商双方首席代表签字。⑦由企业一方将签字的集体合同文本及说明材料一式三份，在集体合同签订后的 7 日内报送当地劳动行政部门审查。⑧审查合格后，如无异议，15 日后集体合同生效。⑨用人单位以适当的形式予以公布（见图 10-5）。

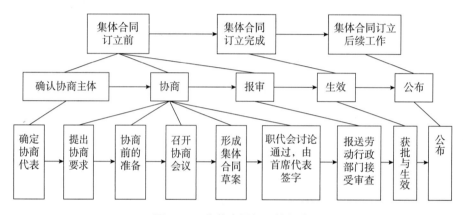

图 10-5　集体合同订立的程序

集体合同的订立应遵守国家的法律法规、规章及其他规定，应建立在相互尊重、平等协商、诚实守信、公平合作的基础上，兼顾双方的合法权益，不得采取过激行为。同时需要注意的是，集体合同可分为基层集体合同、行业集体合同、地区集体合同及全国性集体合同等，我国集体合同体制以基层集体合同为主导体制，也就是集体合同主要由基层工会组织与企业签订。

（三）集体合同的履行、变更和终结

集体合同的履行是集体合同制度实现的基本形式。集体合同生效后，当事人双方按照合同约定的各项内容，全面地完成各自承担的义务，使合同的权利义务得以全部实现，即集体合同的履行。

集体合同的变更指订立集体合同所依据的主客观情况发生变化，当事人对尚未履行或尚未完全履行的集体合同进行修改和补充的法律行为。变更的情形包括：①用人单位被兼并、解散、破产，导致集体合同无法履行的；②因不可抗力致集体合同无法履行或部分无法履行的；③集体合同约定的变更或解除条件出现的；④法律法规规定的其他情形。签订集体合同一方就合同变更提出商谈时，另一方应当给予答复，并在 7 日内进行协商；协商一致对原集体合同进行修改后，应在 7 日内报送劳动行政部门审查。

集体合同的终结，又称集体合同关系结束，是指合同期限届满、合同目的已经实现或依法解除合同等而使合同法律效力消失。

第三节　劳动争议管理

一、劳动争议管理概述

（一）劳动争议的概念

劳动争议也称劳动纠纷，是指劳动关系双方当事人之间因劳动权利和劳动义务的认定与实现所发生的纠纷。从劳动争议的概念可以看出，只有存在劳动关系的企业和劳动者或其团体才有可能成为劳动争议的当事人。劳动争议的标的是劳动权利和劳动义务，而劳动权利和劳动义务是依据劳动法律、法规以及劳动合同、集体合同等确定的。

劳动争议可表现为一般劳动关系纠纷的形式，有时还会以消极怠工、罢工、示威、请愿等形式出现，涉及面广，影响范围大，甚至超越事发地区，有的甚至造成国际性影响。

（二）劳动争议的分类

劳动争议大致有两种分类方法，按照争议主体进行的划分和按照争议性质进行的划分。

按照劳动争议主体可以划分为个别争议、集体争议和团体争议。个别争议指职工一方当事人人数为 2 人以下，有共同争议理由的争议；集体争议指职工一方当事人人数为 3 人以上，有共同争议理由的争议；团体争议指工会与用人单位因签订或履行集体合同发生的争议。

按照劳动争议的性质可以划分为权利争议（既定权利争议）和利益争议。

（三）劳动争议的内容

《劳动争议调解仲裁法》规定，我国劳动争议的范围及内容一般包括：①因确认劳动关系发生的争议；②因订立、履行、变更、解除劳动合同或者聘用合同发生的争议；③因除名、辞退等处分职工和职工辞职、离职发生的争议；④因劳动报酬、工作时间、休息休假、社会保险、福利、培训以及劳动保护发生的争议；⑤按规定应当依照法律处理的其他劳动争议。

（四）劳动争议处理的原则

1. 调解为主、及时处理原则

劳动争议的调解贯穿于劳动争议处理的各个程序，劳动争议各个处理程序都必须坚持先行调解；及时处理强调各道处理程序的时间限制，受理、调解、仲裁、判决、结案都应在法律法规规定的时限内完成，及时保护当事人合法权益，防止矛盾激化。

2. 查清事实、依法处理原则

劳动争议处理机构处理劳动争议的所有活动和决定都要以事实为根据，以法律为准绳，做到合法。

3. 法律面前一律平等原则

劳动争议处理机构在处理劳动争议时必须保证争议双方当事人处于平等的法律地位，具有平等的权利义务，不得偏袒任何一方。

（五）劳动争议处理办法及处理程序

1. 劳动争议处理办法

劳动争议处理办法可分为一般调整办法和紧急调整办法。劳动争议一般调整办法大致分为协商、调解、仲裁及审判。紧急调整办法针对公众的日常生活不可或缺或对国民经济产生重大影响的劳动争议案件，如医疗、银行、铁路、广播等行业。紧急调整是指优先和迅速处理，政府必要时可强制仲裁，即停止或限制影响公共利益和国民生活的争议行为。

2. 劳动争议处理的一般程序

劳动争议处理的程序大致可以分为四个步骤：①根据我国劳动立法的有关规定，当发生劳动争议时，争议双方应协商解决；②不愿协商或协商不成，当事人可以申请企业劳动争议调解委员会调解；③调解不成或不愿调解，当事人申请劳动争议仲裁机构仲裁；④当事人一方或双方不服仲裁裁定，则申诉到人民法院，由人民法院进行审判。

二、劳动争议调解管理

（一）劳动争议调解的概念

在人力资源管理中，劳动争议调解主要是指企业内部的调解，是企业调解委员会对企业与劳动者之间的劳动争议进行调解，目的在于达成协议，消除纷争。

（二）劳动争议调解机构的构成

劳动争议调解委员会是进行调解工作的机构。企业劳动争议调解委员会主要由三部分组成：①职工代表，由职工代表大会或职工大会推举产生；②用人单位代表，由用人单位法定代表人指定；③工会代表，由用人单位工会委员会指定。

需要注意的是，调解委员会无论是哪一方代表，都应当由具有一定法律知识、政策水平和实际工作能力，为人正派、公正，联系群众的人员担任。委员人数由职工代表大会提出，并与法人协商确定，但用人单位代表人数不得超过委员总数的1/3。没有工会的，由职工代表和用人单位代表协商确定。委员会主任由工会代表担任。

（三）劳动争议调解的原则

1. 自愿原则

自愿是指申请调解自愿、调解过程自愿及履行协议自愿。当事人自行决定是否向调解委员会申请调解，任何一方不得强迫；只有劳动争议双方当事人都同意调解，调解委员会才能受理。调解过程中，调解人员不能采取任何强制或命令的手段，强迫当事人接受调解意见。调解协议内容必须是当事人真实、一致的意思表达，不得勉强。调解协议达成后，当事人自愿履行，一方或双方都不履行或反悔的，则为调解不成；调解委员会不得强迫当事人履行。

2. 尊重当事人申请仲裁和诉讼权利的原则

企业劳动争议调解委员会对劳动争议的调解并不是劳动争议仲裁或诉讼的必要条件。在调解委员会调解劳动争议的任何阶段，劳动争议双方当事人都有依法提请仲裁和诉讼的权利。具体是指：劳动争议发生后，解决劳动争议的方式由当事人自由选择调解或仲裁，调解委员会不得阻止；调解过程中，当事人都可提出申请仲裁的请求，调解委员会不得干涉；劳动争议经调解委员会调解达成协议，当事人反悔，不愿履行该协议的，仍享有提请仲裁的权利，对此，调解委员会不得阻拦和干预。

（四）劳动争议调解的程序与时效

劳动争议调解的程序大致分为三个步骤：

1. 申请和受理

劳动争议发生后，当事人双方都可以口头或书面的形式向调解委员会提出申请，并填写《劳动争议调解申请书》。调解委员会在征询对方当事人的意见后，进行审查并做出受理或不予受理的决定。

2. 调查和调解

调解委员会主任或调解员主持调解会议。在查明事实、分清是非的基础上，依照法律、法规及依法制定的企业规章制度和劳动合同，公正调解。在调查和调解时应制作相应的笔录。

3. 制作调解协议书或调解意见书

企业劳动争议调解委员会的调节有两种结果：一种是调解成功的情况，另一种则是调解不成的情况。调解成功的制作调解协议书，写明争议双方当事人姓名、单位、法定代表人、职务、争议事项、调解结果及其他应说明的事项，由当事人、调解委员会主任签名或盖章，并加盖调解委员会印章；调解不成的制作调解意见书。

调解委员会调解劳动争议的期限为 30 日，即调解委员会应当自当事人申请调解之日起的 30 日内结束，到期未结束的，视为调解不成。

（五）劳动争议调解的效力

劳动争议调解的效力，正如在劳动争议调解的原则中指出的那样，劳动争议调解是在自愿的基础上，双方当事人可在调解之前、调解过程中或调解之后自由选择劳动争议仲裁方式，甚至劳动争议双方达成协议后，仍有提起劳动争议仲裁的权利。从以上的描述可知，劳动争议调解的效力远远低于劳动争议仲裁和劳动争议诉讼的法律地位，效力是有限的。

三、劳动争议仲裁管理

（一）劳动争议仲裁的概念

劳动争议仲裁是指劳动争议仲裁委员会对用人单位与劳动者之间发生的劳动争议，在查明事实、明确是非、分清责任的基础上，依法做出裁决的活动。劳动争议具有仲裁前置的特点，当事人如要向人民法院起诉就必须先向劳动争议仲裁委员会申请仲裁，人民法院不受理未经仲裁的劳动争议案件。

（二）劳动争议仲裁机构的构成

劳动争议仲裁机构的构成主要包括劳动争议仲裁委员会、仲裁委员会办事机构以及仲裁庭。劳动争议仲裁委员会是国家授权、依法独立处理劳动争议案件的专门机构，是劳动行政范畴内的特殊执法机构。劳动行政主管部门的劳动争议处理机构是劳动争议仲裁委员会的办事机构。我国劳动争议仲裁委员会由下列人员组成：①劳动行政部门的代表；②同级工会的代表；③用人单位方面的代表。同时，仲裁委员会的组成人员必须是单数，主任由劳动行政主管部门的负责人担任。

（三）劳动争议案件的仲裁管辖

我国劳动争议案件的管辖可以分为地域管辖和级别管辖两种。我国劳动争议仲裁委员会在处理劳动争议时实行属地管辖原则。双方不在同一个仲裁委员会管辖地区的，由劳动者工资关系所在地的仲裁委员会处理。级别管辖指上下级仲裁委员会之间，受理劳动争议案件的分工和权限。划分级别管辖的主要依据是案件的性质、重大与复杂程度，在劳动争议仲裁实践中还依据企业的类型。

（四）劳动争议仲裁的原则

1. 一次裁决原则

劳动争议仲裁实行一次裁决制度。一次裁决即终局裁决，当事人不服仲裁裁决，只能向法院提起诉讼，不能向上一级仲裁委员会申请复议或要求重新处理。

2. 合议原则

仲裁庭裁决劳动争议，实行少数服从多数原则，以保证仲裁裁决的公正性。

3. 强制原则

劳动争议当事人申请仲裁不需要双方当事人达成一致，只要劳动争议当事人一方提出仲裁申请即能引起劳动争议仲裁程序的开始，仲裁委员会即可受理；仲裁庭对劳动争议调解不成时，可直接行使裁决权，无须当事人同意；对发生法律效力的仲裁裁定，一方当事人不履行，另一方当事人可申请人民法院强制执行。

4. 回避原则

仲裁委员会委员、仲裁人员及其相关工作人员与劳动争议有利害关系的、与当事人有亲属关系的以及其他可能影响公正裁决的人员应当回避。

5. 区分举证责任原则

按照劳动关系的特点，反映平等主体关系间的争议事项遵循"谁主张谁举证"的原则；反映隶属关系的争议事项实行"谁决定谁举证"的原则。

（五）劳动争议仲裁程序与时效

1. 申请和受理

劳动争议发生后，当事人申请仲裁，应依法向仲裁委员会提交仲裁申诉书，并按照被诉人数提交副本。申诉书应当载明：①员工当事人的姓名、职业、住址和工作单位；②用人单位的名称、地址，法定代表人的姓名、职务；③仲裁请求及事实和理由；证据，证人的姓名、住址。经审查符合受理条件的案件，根据《劳动争议调解仲裁法》的规定，劳动争议仲裁委员会收到仲裁申请 5 日内，认为符合受理条件的，应当受理，并通知申请人；认为不符合受理条件的，应当书面通知申请人不予受理，并说明理由。劳动争议仲裁委员会受理仲裁申请后，应在 5 日内将仲裁申请书副本送达被申请人。被申请人收到仲裁申请书副本后，应当在 10 日内向劳动争议仲裁委员会提交答辩书。劳动争议委员会收到答辩书后，应在 5 日内将答辩书副本送达申请人。被申请人未提交答辩书的，不影响仲裁程序的进行。

2. 案件仲裁准备

案件仲裁的准备包括：组成仲裁庭或指定仲裁员、审阅案件材料、进行必要的调查取证、送达开庭通知及庭审前进行调解。仲裁庭在仲裁委员会领导下处理劳动争议案件，实行一案一庭制。仲裁庭由一名首席仲裁员、两名仲裁员组成。仲裁庭应当于开庭的5日前，将开庭时间、地点的书面通知送达当事人。当事人有正当理由的，可以在开庭3日前请求延期开庭。

3. 开庭审理和裁决

开庭审理和裁决应按照以下步骤进行：开庭审理、申诉人和被诉人答辩、当庭再行调解、休庭合议并做出裁决、复庭并宣布仲裁裁决。当事人接到书面通知，没有正当理由拒不到庭或者未经仲裁庭同意中途退庭的，对申诉人按照撤诉处理，对被诉人可以缺席裁决。劳动争议当事人原则上应当亲自参加劳动争议仲裁活动。具有法人资格的用人单位由其法定代表人参加仲裁活动，依法成立的不具有法人资格的用人单位由其主要负责人参加仲裁活动。当事人可以委托1~2名律师或其他公民代理参加仲裁活动。委托他人参加仲裁活动，必须向仲裁委员会提交有委托人签名或盖章的授权委托书，委托书应当明确委托事项和权限。代理人的权限如果变更或者解除，当事人或者法定代理人应当书面告知仲裁委员会，并由仲裁委员会告知对方当事人。

4. 仲裁文书的送达

仲裁庭在作出裁决前，应当先行调解。调解达成协议的，仲裁庭应当制作调解书。调解书应当注明仲裁要求和当事人协议的结果。调解书由仲裁员签名，加盖劳动争议仲裁委员会印章，送达双方当事人。调解书经双方当事人签收后，发生法律效力。调解不成或者调解书送达前，一方当事人反悔的，仲裁庭应当及时作出裁决。仲裁调解书一经送达当事人且当事人不反悔的，即发生法律效力；仲裁裁决书自双方当事人收到之日起的15日内不向人民法院起诉的，即发生法律效力。仲裁文书的送达方式为：直接送达、留置送达、委托送达、邮寄送达、公告送达。

5. 结案期限

根据《劳动争议调解仲裁法》的规定，劳动争议应当自劳动争议仲裁委员会受理仲裁申请之日起45日内结束。案情复杂需要延期的，经仲裁委员会批准可以适当延期，但延期不得超过15日。

根据《劳动争议调解仲裁法》的规定，劳动争议的时效期间为一年。仲裁时效从当事人知道或应当知道其权利被侵害之日起计算。当事人应在得知自己权益受到侵害之日起一年内，以书面形式向仲裁委员会申请仲裁。如期限届满，则丧失请求保护其权利的申诉权。

四、劳动争议诉讼管理

（一）劳动争议诉讼的概念

劳动争议诉讼是指劳动争议当事人不服劳动争议仲裁委员会的裁决，在规定的期限内向人民法院起诉，人民法院依照民事诉讼程序，依法对劳动争议案件进行审理的活动。劳动争议诉讼是处理劳动争议的最终程序，它通过司法程序保证了劳动争议的最终彻底解决。

（二）劳动争议诉讼案件的种类

根据《劳动争议调解仲裁法》的规定，劳动争议诉讼的种类具体包括：对被撤销的仲裁委员会裁决的起诉（收到仲裁裁决 15 日内可向人民法院提起诉讼）、仲裁委员会不予受理的劳动争议、仲裁委员会逾期未做出仲裁裁决的劳动争议。例如：用人单位对劳动者做出的开除、除名、辞退等处理，或因其他原因解除劳动合同确有错误的，人民法院可以依法判决予以撤销；对于追索劳动报酬、养老金、医疗费以及工伤保险待遇、经济补偿金、培训费及其他相关费用等案件，给付数额不当的，人民法院可以予以变更。

（三）劳动争议案件的诉讼管辖

劳动争议案件由用人单位所在地或者劳动合同履行地的基层人民法院管辖。劳动履行地不明确的，由用人单位所在地的基层人民法院管辖。通常，劳动争议当事人不服仲裁裁决可向仲裁委员会所在地的人民法院提起诉讼。如果有涉外因素或者案件复杂、影响范围广的案件，也可由中级人民法院或高级人民法院作为第一法院进行审理。

（四）劳动争议诉讼程序与时效

我国《劳动法》规定，劳动争议当事人对仲裁裁决不服的，自收到仲裁裁决书之日起15 日内，可向人民法院提起诉讼。人民法院受理劳动争议案件后，当事人增加诉讼请求的，如该诉讼请求与讼争的劳动争议具有不可分性，应当合并审理；如属独立的劳动争议，应当告知当事人向劳动仲裁委员会申请仲裁。

人民法院审理劳动争议案件，对以下情形视为"劳动争议发生之日"：①在劳动关系存续期间产生的支付工资争议，用人单位能够证明已经书面通知劳动者拒付工资的，书面通知送达之日为劳动争议发生之日；用人单位不能证明的，劳动者主张权利之日为劳动争议发生之日。②因解除或终止劳动关系产生的争议，用人单位不能证明劳动者收到解除或终止劳动关系书面通知时间的，劳动者主张权利之日为劳动争议发生之日。③劳动关系解除或终止后产生的支付工资、经济补偿金、福利待遇等争议，劳动者能证明用人单位承诺支付的时间为解除或终止劳动关系后的具体日期的，用人单位承诺支付之日为劳动争议发生之日；劳动者不能证明的，解除或终止劳动关系之日为劳动争议发生之日。

五、集体劳动争议管理

（一）集体劳动争议的含义

集体劳动争议是指有共同理由，劳动者一方当事人在 3 人以上的劳动争议为集体劳动争议。劳动者一方当事人在 30 人以上的集体劳动争议，根据国家劳动法律法规的规定适用劳动争议处理的特别程序。

（二）集体劳动争议的处理

按照《集体合同规定》，集体争议具体分为"因集体协商发生的争议"和"因履行集体合同发生的争议"两类。前者通过行政调解程序解决，后者则主要依据个别劳动争议的处理程序解决，即协商、仲裁和诉讼。

1. 因集体协商发生的争议处理

《集体合同规定》规定，集体协商过程中发生争议，双方当事人不能协商解决的，当事人一方或双方可以书面向劳动行政部门提出协商处理申请；未提出申请的，劳动行政部门认为有必要时可进行协调处理。劳动行政部门应当组织同级工会和企业组织等三方面的人员，共同协调处理集体协商争议。

协调程序如下：①受理协调处理申请，调查了解争议情况；②研究制定协商处理争议的方案；③对争议进行协调处理；④制作《协调处理协议书》。

协调处理集体协商争议应当自受理协调处理申请之日起 30 日内结束协调处理工作。期满未结束的，可适当延长协调期限，但延长期限不得超过 15 日。

2. 因履行集体合同发生的争议处理

因履行集体合同发生的争议处理，是指在履行集体合同过程中当事人双方就如何将协议条款付诸实现所发生的争议，通常是由于解释协议条款有分歧或违约所致。

处理程序如下：①当事人协商解决不成的，可以依法向劳动争议仲裁委员会申请仲裁，仲裁委员会应自收到申诉书之日起 3 日内做出受理或不予受理的决定；②仲裁委员会应在做出受理决定的同时，组成特别仲裁庭；③仲裁庭应先行调解，调解不成的应及时裁决，并制作裁决书送达当事人或用布告形式公布；④仲裁委员会对受理的争议及其处理结果，应及时向当地政府汇报；⑤对仲裁裁决不服的可在法定期限内向人民法院提起诉讼。

在仲裁期限方面，仲裁庭处理争议，应当自组成仲裁庭之日起 15 日内结束；案件复杂需要延期的，经报仲裁委员会批准可适当延期，但延长的期限不得超过 15 日。

第四节　劳动保护

劳动保护是指为了保障劳动者在生产过程中的安全与健康，从法律、制度、组织管理、教育培训、技术设备等方面所采取的一系列综合措施。根据《劳动法》的有关规定，劳动保护主要包括三个方面内容：劳动安全卫生保护；工作时间和休息休假；就业保护，特别是女职工和未成年工的特殊保护。

一、劳动安全卫生保护

针对劳动过程中的不安全和不卫生的因素，《劳动法》规定了劳动者有获得劳动安全卫生保护的权利，以保障劳动者在劳动过程中的安全和健康。

（一）劳动安全卫生生产制度

在我国，《劳动法》《劳动合同法》对劳动安全做了专门规定。此外，还有一系列与《劳动法》相配套的劳动安全卫生法规和安全卫生的国家标准，如《矿山安全法》《安全生产法》等。劳动安全卫生生产相关制度的主要内容大致包括四个方面：劳动安全卫生管理法规、劳动安全技术规程、劳动卫生规程及伤亡事故报告与处理。

1. 劳动安全卫生管理法规

劳动安全卫生管理法规的制定是为了保障劳动者在劳动过程中的安全和健康。用人单位应根据国家有关规定，结合本单位实际制定有关劳动安全卫生管理的制度。大致包括：企业管理者、职能部门、技术人员和职工的安全生产责任制（如单位主要负责人对安全生产工作的全面负责，相应的安全生产规章制度和操作流程，有效措施，督促检查，安全事故应急救援预案）；安全技术措施计划制度（规定的安全生产技术资金投入、后果承担等）；安全生产教育制度（如从业人员的安全生产培训等）；安全生产检查制度（如规定对发现违规操作等安全隐患时的处理）；安全卫生监察制度；伤亡事故报告和处理制度。

2. 劳动安全技术规程

劳动安全技术规程的制定是为了防止和消除生产过程中的伤亡事故，保障劳动者生命安全和减轻繁重体力劳动强度，维护生产设备安全运行。主要包括：技术措施（如各种安全技术措施的规程）和组织措施（如管理机构的设置、人员的培训与配置、工作制度等）。

3. 劳动卫生规程

劳动卫生规程是为了防止有毒有害物质的危害和防止职业病发生所采取的各种防护措施的规章制度。职业危害主要有：生产过程中的危害；生产管理中的危害；生产场所中的危害。

4. 伤亡事故报告与处理

伤亡事故报告与处理是对劳动者在劳动过程中发生的伤亡事故进行统计、报告、调查、分析和处理的制度。伤亡事故的种类可分为轻伤、重伤、死亡事故、重大伤亡事故和特大伤亡事故。伤亡事故报告和调查应逐级上报和必须进行调查，查明原因、过程，确定事故责任者。伤亡事故由发生事故的企业及其主管部门负责处理。

对于企业出现以下情形时，将采取处分措施：①对于因忽视安全生产、违章指挥、玩忽职守或者发现事故隐患、危险情况而不采取有效措施，以致造成伤亡事故的，由企业主管部门或企业按照国家有关规定，对企业负责人或直接责任人给予行政处分。②在伤亡事故发生之后隐瞒不报、谎报、故意延迟不报、故意破坏事故现场，或者无正当理由拒绝接受调查或拒绝提供有关情况和资料的，由有关部门按照国家有关规定，对有关单位负责人和直接责任人给予行政处分；构成犯罪的由司法机关依法追究刑事责任。③在调查、处理伤亡事故中玩忽职守、徇私舞弊或者打击报复的，由其所在单位按照国家有关规定给予行政处分；构成犯罪的，由司法机关追究刑事责任。

伤亡事故处理工作应当在 90 天内结案，特殊情况不得超过 180 天。伤亡事故处理结案后，应当公开宣布处理结果。

（二）劳动安全卫生防护制度

劳动安全卫生防护制度主要包括劳动者健康检查制度及个人劳动安全卫生防护用品管理制度等。

1. 劳动者健康检查制度

健康检查制度包括以下两类：①员工招聘健康检查。企业对拟招聘人员进行体检，一般岗位为常规体检，岗位对员工的健康有特定需要者应进行特定体检，以便决定是否招聘或从事某项特定工作岗位的需要。②企业员工的定期体检，发现疾病及时治疗以及预防职业病的发生。

2. 个人劳动安全卫生防护用品管理制度

个人劳动安全卫生防护用品管理制度分为两类：①国家关于个人劳动安全卫生防护用品的国家标准和行业标准的制定，生产特种个人劳动安全卫生防护用品的企业生产许可证颁发、质量检验检测的规定；②企业内部有关个人劳动安全卫生防护用品的购置、发放、检查、修理、保存、使用的规定，包括个人劳动安全卫生防护用品发放制度、检查修理制度、相关教育培训制度等。其目的是保证防护用品充分发挥对操作人员及有关人员的劳动保护作用。

二、工作时间和休息休假

（一）工作时间

1. 工作时间的概念

工作时间是指法律规定的劳动者在工作场所为履行劳动义务而消耗的时间，即劳动者每天工作的时数或每周工作的天数。需要注意的是，工作时间既包括劳动者实际完成工作的时间，也包括劳动者从事生产或工作所必需的准备和结束时间、从事连续性有害健康工作的间歇时间、工艺中断时间、女职工哺乳未满一周岁婴儿的哺乳时间及因公外出等法律规定限度内消耗的其他时间。

2. 工作时间的种类

工作时间大致包括：标准工作时间、计件工作时间、综合计算工作时间、不定时工作时间、弹性工作时间、缩短工作日等。

标准工作时间是指由国家法律规定的，在一般情况下劳动者从事工作或劳动的时间。我国标准的工作时间为每天工作 8 小时，每周工作 40 小时，即每周工作 5 天，休息 2 天，法定假日不工作。标准工作时间是其他工作时间制度的基准。

计件工作时间是指以劳动者完成一定劳动定额为标准的工作时间，是标准工作时间的转化形式。

综合计算工作时间指用人单位根据生产和工作特点，分别采取以周、月、季、年等为周期综合计算劳动者工作时间的一种工时形式。实行综合计算工时工作制，应履行审批手续。需要注意的是，以一定周期计算，其平均计算的工时长度应与法定标准工作时间基本相同，超过的部分，则视为延长工作时间。在社会公休日，如周六、周日工作的，视为正常工作日工作，而法定节假日工作的应按延长工作时间处理。主要适用于交通、铁路、航空、渔业、邮电等需要连续作业行业的职工或受季节和自然条件限制的地质勘探、建筑、制盐、旅游等行业的员工及其他适合条件的员工。

不定时工作时间是指每日没有固定工作时间限制的工时制度，主要适用于因工作性质和工作职责限制不能实行标准工作时间的劳动者。实行不定时工作制，应履行审批手续。经批准实行不定时工作制的职工，不受《劳动法》规定的延长工作时间和月延长工作时间标准的限制。这些人员主要包括：①企业中的高级管理人员、外勤人员、推销人员、部分值班人员及其他无法按照标准工作时间衡量的职工；②长途运输人员、出租汽车司机、铁路、港口、仓库的部分装卸人员；③工作性质特殊需机动作业的员工。

弹性工作时间是指在标准工作时间的基础上，每周的总工作时间不变，每天的工作时间在保证核心时间的前提下可以调节。

缩短工作日是指法律规定的少于标准工作日时数的工作日。在我国，缩短工作日主要适用于：①从事有毒有害、矿山井下、特别繁重体力劳动的劳动者；②夜班工作、哺乳期工作的女职工；③其他可以实行缩短工作时间的职工，如未成年工、怀孕 7 个月以上工作的女职工等。

（二）延长工作时间

1. 延长工作时间的概念

延长工作时间也称加班加点，是指劳动者的工作时数超过法律规定的标准工作时间。在这里，加班是指劳动者在法定节日或公休假日从事劳动；加点是指劳动者在标准工作日以外继续从事劳动。

2. 延长工作时间的条件和限制

一般条件：我国《劳动法》第四十一条规定：①符合法定条件，即必须是生产经营需要，必须与工会协商，必须与劳动者协商，征得劳动者同意，不得强迫劳动。②不得超过法定时数，即每日不得超过 1 小时，如因特殊原因确实需要加班的，在保障劳动者身心健康的情况下，每天不超过 3 个小时，但每月不得超过 36 小时。

特殊条件：①发生自然灾害、事故或者其他原因，威胁劳动者生命健康和财产安全，需要紧急处理的；②生产设备、交通运输线路、公共设施发生故障，影响生产和公众利益，必须及时抢修的；③法律、行政法规规定的其他情形。用人单位延长工作时间不受《劳动法》第四十一条的限制。

3. 延长工作时间的工资支付

根据法律法规规定，用人单位依法安排劳动者在法定工作日标准工作时间外延长工作时间的，按照不低于劳动合同规定的劳动者本人小时工资标准的 150% 支付劳动者工资；用人单位依法安排劳动者在休息日工作又不能安排补休的，按照不低于劳动合同规定的劳动者本人日或小时工资标准的 200% 支付工资；用人单位依法安排劳动者在法定节假日工作的，按照不低于劳动合同规定的劳动者本人日或小时工资标准的 300% 支付劳动者工资。

（三）休息休假

1. 休息休假的概念

休息休假是指劳动者在国家规定的法定工作时间以外自行支配的时间。休息休假是政府法律保障劳动者休息权利的体现。

2. 休息休假的种类

根据法律法规规定，我国劳动者的休息时间主要包括六个方面：工作日内的间歇时间、两个工作日之间的休息时间、公休假日、法定休假日、年休假和探亲假。

工作日内的间歇时间指一个工作日内给予劳动者休息和用餐的时间。

两个工作日之间的休息时间指一个工作日结束后至下一个工作日开始前的休息时间。

公休假日是指工作满一个工作周之后的休息时间，我国劳动者的公休假日为两天，一般安排在周六和周日。

法定休假日是国家法律统一规定的用于开展庆祝、纪念活动的休息时间。我国法律规定全体劳动者的法定休假日为 11 天，包括新年 1 天、春节 3 天、清明节 1 天、劳动节 1 天、端午节 1 天、中秋节 1 天，国庆节 3 天。

年休假指劳动者工作满一定期限后，每年享有的保留工作带薪休假。我国《劳动法》第四十五条规定，劳动者连续工作一年以上的享受带薪休假。我国 2008 年 1 月 1 日实施的《职工带薪年休假条例》对年休假作了具体规定。例如，累计工作已满 1 年不满 10 年的，年休假 5 天；已满 10 年不满 20 年的，年休假 10 天；已满 20 年的，年休假 15 天。具体折算办法：（当年度在本单位剩余日历天数÷365 天）×职工本人全年应当享受的年休假天数。应注意的是年休假不得冲抵法定节假日。不能享受当年年休假的情况：休假天数多于年休假天数的；请事假病假累计20天以上且单位按照规定不扣工资的；累计工作满1年不满10年的职工，请病假累计2个月以上的；累计工作满10年不到20年的职工，请病假累计3个月以上的；累计工作满20年以上的职工，请病假累计超过4个月以上的。年休假期间享受正常工作时间期间相同的工资收入；不安排休假的，支付300%的工资。

探亲假指劳动者享有的探望与自己分居两地的配偶和父母的休息时间。如规定，探望配偶的，每年一次假期30天；未婚职工探望父母的，每年一次假期20天，两年一次的假期45天；已婚职工探望父母的，每四年给假一次，假期20天。

三、就业保护

（一）一般就业保护

一般就业保护主要包括禁止歧视、禁止强迫劳动及禁止使用童工几个方面。《就业促进法》明确规定，妇女与男子享有同等的就业权利；各民族劳动者享有同等的就业权利，用人单位招用人员，应依法对少数民族劳动者适当照顾；国家保障残疾人的就业权利，用人单位招用人员，不得歧视残疾人；用人单位不得以是传染病病原携带为由拒绝招用；农村劳动者进城就业享有与城镇劳动者平等的劳动权利，不得设置歧视性限制。《劳动合同法》第三十八条规定，有以下情形的，劳动者可以立即解除劳动合同，无须事先告知用人单位：①用人单位以暴力、威胁或非法限制人身自由的手段强迫劳动者劳动的；②违章指挥或强令冒险作业危及劳动者人身安全的，侮辱、体罚、殴打、非法搜身或拘留劳动者的；劳动条件恶劣、环境污染严重，给劳动者身心健康造成严重损害的。禁止使用童工方面，我国《劳动法》规定，最低就业年龄是16周岁。

（二）女职工保护

女职工保护主要包括就业权利的保护、禁忌从事的劳动及四期保护。

1. 就业保护

我国的法律法规规定，凡适合妇女的工作，不得以性别为由拒绝录用或提高对妇女的录用标准。不得以结婚、怀孕、生育、哺乳等为由辞退女职工或单方面解除劳动合同。男女同工同酬。用人单位不得因女职工怀孕、生育、哺乳而降低其基本工资。女职工在生育期间，享受法律规定的产假和医疗待遇，产假期间应由所在用人单位按法律规定支付工资。

2. 禁忌从事的劳动

我国《劳动法》第五十九条明确规定，禁止安排女职工从事矿下井下、国家规定的第四级体力劳动强度的劳动和其他禁忌从事的劳动。《女职工劳动保护特别规定》明确规定，禁止安排女职工从事矿山井下作业，体力劳动强度分级标准中规定的第四级体力劳动强度的作业，每小时负重6次以上、每次负重超过20公斤的作业，或者间断负重、每次负重超过25公斤的作业。

3. 四期保护

针对女职工生理机能的变化，劳动法律、法规对女职工经期、孕期、产期和哺乳期规定了特殊保护。①经期保护。不得安排女职工在经期从事高处、低温、冷水作业和国家规定的第三级体力劳动强度的劳动。②孕期保护。不得安排女职工在怀孕期间从事国家规定的第三级体力劳动强度的劳动和孕期禁忌从事的劳动。怀孕 7 个月以上的女职工，不得安排其延长工作时间和夜班劳动。③产期保护。现行的国家产假规定是 2012 年国务院常务会议通过的《女职工劳动保护特别规定》，其调整了女职工禁忌从事的劳动范围，将女职工生育享受的产假由 90 天延长至 98 天。女职工生育或者流产的，其工资或者生育津贴以及生育、流产的医疗费用，所在单位已经参加生育保险的，由生育保险基金支付；未参加生育保险的，由用人单位支付。④哺乳期保护。不得安排女职工在哺乳未满一周岁的婴儿期间从事国家规定的第三级、第四级体力劳动强度的劳动和哺乳期禁忌从事的其他劳动，不得安排其延长工作时间或者夜班劳动。用人单位应当在每天的劳动时间内为哺乳期女职工安排 1 小时哺乳时间。

（三）未成年工保护

未成年工是指年满 16 周岁未满 18 周岁的劳动者。我国《劳动法》对未成年工的特殊保护进行了规定。

第一，最低就业年龄的规定。如禁止招用未满 16 周岁的未成年人，文艺、体育部门需招未满 16 周岁的未成年人的，必须严格按照法律法规办理。

第二，禁止未成年工从事有害健康的工作。如矿下井下作业，有毒有害及国家规定的第四级体力劳动强度的劳动和其他禁忌从事的劳动。

第三，定期体检。用人单位应当定期对未成年工进行体检。

第四，实行登记制度。用人单位招用未成年工，除符合一般用工要求外，还须向所在地的县级以上劳动行政部门办理登记。

 本章小结

1. 劳动关系是指在实现劳动的过程中劳动者与劳动力使用者以及相关的社会组织之间的社会经济关系。

2. 劳动关系管理指的是劳动关系系统各方主体积极行动以调整劳动关系格局或者参与制定调整决策的各种行动的总称。

3. 员工参与管理方式：职工代表大会，民主协商制度，厂务公开制度，员工建议方案，员工持股会，集体谈判，员工董事、监事制度。

4. 关于试用期，《劳动合同法》第十九条规定，劳动合同期限在三个月以上不满一年的，试用期不得超过一个月；一年以上不满三年的，试用期不得超过两个月；三年以上固定期限和无固定期限的，试用期不得超过六个月。

5. 根据法律法规规定，用人单位依法安排劳动者在法定工作日标准工作时间外延长工作时间的，按照不低于劳动合同规定的劳动者本人小时工资标准的 150% 支付劳动者工资；用人单位依法安排劳动者在休息日工作又不能安排补休的，按照不低于劳动合同规定的劳动者本人日或小时工资标准的 200% 支付工资；用人单位依法安排劳动者在法定节假日工作的，按照不低于劳动合同规定的劳动者本人日或小时工资标准的 300% 支付劳动者工资。

1. 劳动关系的内涵及主体包括几个方面？
2. 劳动合同的内容包括哪些？签订劳动合同时应注意哪些问题？
3. 简述集体合同与劳动合同的不同之处。集体合同签订的程序有哪些？
3. 试述劳动法律规定的解除劳动合同的条件和程序。
4. 试比较劳动争议调解、劳动争议仲裁及劳动争议诉讼的效力。
5. 试述劳动争议仲裁制度的程序及主要内容。
6. 如果你是人力资源主管，你应该如何预防劳动争议的发生？
7. 工作时间的种类有哪些？
8. 试述我国休息休假的相关规定。
9. 女职工劳动保护的主要内容有哪些？

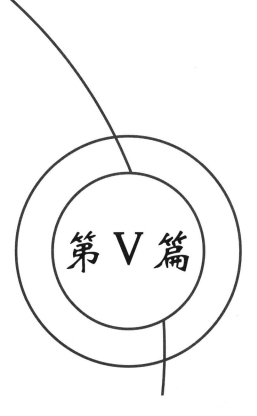

第Ⅴ篇

人力资源管理发展趋势

第十一章 人力资源管理外包

**学习目标**

系统学习人力资源外包的概念、活动类型以及人力资源外包的实施流程

**学习要求**

1. 理解人力资源外包的概念
2. 理解人力资源外包的活动类型以及动因
3. 掌握人力资源外包的实施流程
4. 了解人力资源外包过程中的风险及预防

**关键术语**

人力资源外包；服务外包；承包商；外包风险

丰立公司的人事外包

丰立公司外包制图部门人事管理以求缩减薪水开支，这是该部门第一次外包人力资源管理，没有具体的行动框架，因此也没有发展详细的操作计划和人力资源管理计划。改革涉及28名专业技术人员，他们的技能和知识对于公司运作非常重要，市场上也炙手可热。

制图部门选择了金领人力资源管理公司作为合作伙伴，并且和其他要害部门商讨了如何发展一个合适的人力资源战略以达到大幅度削减人事开支的目的。具体操作情况如下：

制图部门总监王某，非常希望能够保持本部门的创造力，因为他觉得自己的部门有点像艺术部门，手下是一批技术精湛的"艺术家"。但是他也知道为此部门所费不菲。以前他和员工进行过薪酬谈判，但都失败了，因为自己也知道这个部门对他们的依赖太强。王某决定通过这次外包降低工资水平，因此他很渴望这次改革提供的离职计划能够

足够吸引他们离开岗位，而让外包公司引进新鲜血液。其他要害部门则更关心工作的延续性，他们希望外包的金领公司能够自由雇用离职后的老员工，当然是在新的薪酬条件下。

因此，在制图部门、其他部门和员工代表之间展开了激烈的拉锯谈判。最后达成的结果是给予了这 28 名员工非常宽厚的选择条件，包括：①自愿离职（员工得到了丰厚的离职金，详细的财务咨询，并且得到保证，这样的离职并不限制金领公司重新雇用他们作为丰立的员工）；②薪酬谈判，以使某些员工可以继续留在公司保证工作的延续；③换岗。

所有上述选择都提供给了全部员工，并且同时进行而非逐一开展，员工也没有被隔绝与其他员工的信息沟通。结果全部员工都选择自愿离职，在得到离职金后，他们的绝大部分又被金领公司雇用回了丰立公司。王某非常恼火，事实证明他的改革完全失败，制图部门不仅支付了大批离职费用，他们中的大多数也重新回到了公司。

资料来源：李宗红，朱洙. 人才选聘——人力资源管理的行为艺术［M］. 北京：中国纺织出版社，2002：18.

第一节　人力资源外包概述

一、人力资源管理外包的内涵

（一）关于服务外包

外包（Outsourcing）在英文中是 Outside Resource Using 的缩写，直译为"外部资源利用"，是指企业在充分发挥自身核心竞争优势的基础上，整合、利用企业外部的专业化资源，从而达到降低成本、提高生产效率、增加资金运用效率和增强企业对环境的迅速应变能力的一种业务运作方式。

服务外包企业将价值链中原本由自身提供的具有基础性的、共性的、非核心的业务和某些业务流程剥离出来后，外包给企业外部专业服务提供商来完成。服务外包中涉及的服务性工作（包括业务和业务流程）可以通过计算机操作完成，并采用现代通信手段进行交付。服务外包经历了从境内服务外包到近岸服务外包、离岸服务外包的发展过程。如果服务外包的发包方和接包方来自同一个国家，外包工作在境内完成，则称为境内服务外包或国内外包；如果发包方和接包方来自相邻的两个国家，则为近岸服务外包；如果发包方和接包方来自不同国家，从发包方的角度讲，即离岸服务外包，从第三方的角度或世界的角度来看，则称为国际服务外包。

（二）人力资源外包

人力资源外包是服务外包的一种形式。人力资源外包指的是企业将原本由自身提供的具有基础性、共性的、非核心的人力资源活动或流程剥离出来，外包给专业的人力资源服务商完成，使管理者能够集中精力致力于战略性的人力资源管理活动中，从而达到提升管理绩效的目的。服务商将签订合约管理某项特定人力资源活动，提供预定的服务并收取既定的服务费用。

可以有效地实行外包的人力资源活动具有以下三个特征：首先，它的确是可以由雇员完成的工作，但也可以由外部服务商提供服务，且由外部服务商提供服务其成本可能更低。其次，可以与可信的第三方服务商协商签订合同，限定服务水准及协定费用等契约条款。最后，合同期限可定为最低 1~3 年，最高 5 年，并且要约定如果任何一方对此安排感到不满意，都可以提前终止合同。

二、人力资源外包的原因

人力资源外包活动是服务于企业整体人力资源发展战略的，往往是多种诱因驱动的结果。

（一）降低成本

这通常是企业人力资源外包的初衷和最重要的原因。很多企业发现，与由本企业雇用职员、在企业内部处理这些受到严格规范控制的人事事务相比，利用外部服务商进行人员招聘和录用、处理薪资事务、管理福利计划或落实培训计划要更为有效和便宜。企业一直在寻找降低总务与管理（G&A）成本的途径，人力资源职能外包便是这种途径之一。通过外包，企业还能解决由临时解雇和企业重组所引起的问题。

（二）服务质量的要求

很多企业求助于外包的另一个原因是它们没有技术或者它们的技术过时，如果不外包，它们就必须投入大量资金更新计算机和软件。而很多服务商已经对技术进行了很大投资，能够将其成本分摊给很多客户，在将服务外包给服务商时，企业要付的成本将根据合同来确定。专业的人力资源服务公司可以提供水平更高的专业技术人员，具有更加丰富的经验，提供更多增值服务。

当然，调查中也出现了一些具体的其他原因（见表 11-1）。

表 11-1 影响外包决策的因素

外包原因	符合目标的雇主比例		
	符合目标	不符合目标	还不确定
改进成本效益	82	5	13
降低管理成本	75	8	17
利用技术进步/专门知识	82	7	11
改进客户服务	70	19	11
人力资源职能聚焦于战略/规划	66	15	19
使企业聚焦于核心业务	63	21	16
降低日常管理费用	82	9	9
提供更多服务	47	38	15
职员不够	69	27	4

外包原因	符合目标的雇主比例		
	符合目标	不符合目标	还不确定
提高参与者的满意度	54	27	19
缩短对参与者要求的响应时间	59	29	12
控制法律风险	53	39	8
提高适应特殊需要的灵活度	51	38	11
提高准确性	49	41	10
使管理成本更明确	45	44	11
执行全面质量管理	17	71	12

三、人力资源外包的活动类型

人力资源管理外包已经渗透到企业内部的所有人力资源管理活动，包括人力资源规划、制度设计与创新、流程整合、员工满意度调查、薪资调查及方案设计、培训工作、劳动仲裁、员工关系、企业文化设计等方方面面。

人力资源外包大体可以分为三种类型：①人力资源事务性业务外包，也称为购进型人力资源管理外包，是指购进人力资源管理的专业人员服务来满足企业自身对人力资源事务型业务管理的需求。这是一种最普遍的人力资源管理外包形式。②战略相关性业务外包，也称为引进型人力资源管理外包，是指引进外包商的专业队伍，协助企业进行业务流程设计、人才招聘保留计划的制订、专业化的职业技能培训等工作。相对于第一种外包形式，该种形式的风险性较大。③完全型人力资源管理外包，是指企业将所有人力资源管理方面的业务全部外包，由外包服务商管理企业的人力资源。人才租赁属于此种外包形式，这种外包方式风险性巨大。

具体来说，人力资源外包的基本项目包括以下 10 项：①代办企业员工录用、调档、解聘手续；②代为计发企业员工工资、福利、津贴与纳税；③代办企业社会养老保险开户与变更手续、年检手续、外来人员综合保险；④代办招聘、派遣企业岗位所需的专门人才；⑤代办专业人才引进与居住证、就业证手续；⑥代理户口挂靠及档案委托管理相关人事手续；⑦代理设计薪酬方案、保险方案、津贴方案、培训方案和制度设计等；⑧提供人事劳动法规政策咨询、调解劳动争议等；⑨代理调查员工满意度、调查行业薪资水平、拟定岗位责任描述；⑩代理设计人力资源建设与发展规划。

目前，人力资源外包项目已经拓展到了员工招聘、培训、薪酬管理、津贴福利筹划等多个领域，但是，企业将人力资源活动全部外包仍然是高风险的，并不被管理实践认可。国内外包市场也出现了一些新型的外包模式，比如："灵活派遣"（Flexible Staffing）是由派遣公司承担全方位的法定雇主责任，在派遣人数确定、派遣周期、派遣人才的筛选方面都非常灵活的一种用工形式；"招聘流程外包"（RPO）是用人单位将全部或部分招聘、甄选工作委托给第三方的专业人力资源服务机构，专业机构利用自己在人才资源、评价工具和流程管理方面的优势来完成招聘工作的一种方式。

四、人力资源外包在中国的发展历程及现状

（一）人力资源外包的萌芽期

从 20 世纪 80 年代初期到 80 年代末，大约十年期间，是中国人力资源外包行业的萌芽期。1979 年 11 月，在北京成立了中国人力资源外包行业的第一家企业——FESCO，即现在的北京外企人力资源服务有限公司。1980 年国务院出台了《关于管理外国企业常驻代表机构的暂行规定》，强制性规定外国企业常驻代表机构应当委托政府指定的外事服务单位办理中方工作人员聘用手续。现今中国人力资源外包服务领域的行业巨头 FESCO 和上海外服便是起步于此阶段的外事服务单位。

（二）人力资源外包的起步期

从 20 世纪 90 年代初至 90 年代末，是中国人力资源外包行业的起步期。此阶段，"提供中方雇员"继续着它的发展；另伴随着改革开放的步伐，民营企业和外资企业相继出现，人才也开始小范围流动，各地人才交流中心和职业介绍中心开始为民营企业和外资企业提供基于人事档案的劳动用工手续的服务，人事事务外包开始起步。

由于外资企业进入和先进西方人力资源管理理念的引进，我国部分企业从人事管理概念转入人力资源管理的概念，特别一些发展快速的高科技企业投入了大量资金和精力打造自己的人力资源管理体系，此过程造就了一批人力资源管理实践专家，这些人利用自己的专业知识和实践经验纷纷成立了人力资源管理顾问公司，开始推动中国人力资源管理职能外包市场。从华为走出来的中华英才网总裁张建国便是这一过程的典型例子。可喜的是，在这一阶段中后期，由于国有企业改革、职工下岗，出于下岗职工就业的需要，真正市场运作的人力资源派遣开始应运而生。

（三）人力资源外包的发展期

从 21 世纪起，中国人力资源外包行业进入了一个发展期。人力资源管理职能外包先行一步，不但向规范化、专业性发展，还出现了市场细分，如专业招聘网站、薪酬数据咨询顾问、人才测评机构等专业服务商大量出现。众多跨国企业在华业务的发展、分支机构和人数的增多，纷纷开始由其在华总部牵头，将其人事事务统一外包出去，如 IBM、Microsoft、GE、西门子、西安杨森等。人力资源派遣在这之前完成了初步探索，各个专业人力资源派遣机构崭露头角，官方和民间开始有组织地对人力资源派遣进行经验总结和理论研究，各个地方相继出台了一些相关法规，行业协会的成立也开始提上议程。

（四）人力资源外包的规范、主导期

这个时期大体开始于以云计算为代表的先进移动互联网技术的大发展时期，人力资源外包活动进入了所谓的"3.0 云服务"时代，推崇以云计算为基础的按需服务模式，兼顾流程外包的标准化及企业外包需求的个性化。企业可提出更多定制化的、细分的需求，要求供应商能够提供具有高度整合能力的服务和资源与之对接。为迎合新加入劳动力大军的90 后员工，手机招聘、微招聘、互动招聘、预约式招聘等新产品、新渠道在近几年层出不穷，招聘外包成为不少企业的首选。

第二节 人力资源管理外包的基础理论

人力资源管理外包的产生不仅有现实的成本与质量原因的驱动，还有理论上的依据。从现有的研究来看，理论解释主要来自于经济学、管理学和社会学三个学科领域，接下来将介绍这三个领域的几个代表性理论。

一、交易成本理论

交易费用理论是由英国经济学家罗纳德·科斯（Ronald Harry Coase）首先提出的。科斯认为，市场和企业是资源配置的两种可相互替代的手段。在市场上，资源的配置是由非人格化的价格来调节的，而在企业内，相同的工作则由层级关系中的权威来完成，二者之间的选择由市场交易的成本和企业内部的成本的均衡点决定。信息不对称、有限理性、机会主义和交易不确定性等是产生交易费用的原因。20世纪70年代，诺贝尔经济学奖获得者奥利弗·伊顿·威廉姆森（Oliver Eaton Williamson）沿袭了科斯的观点，并在交易成本的基础上对该理论作了进一步的发展。他对交易费用进行了进一步细分，并认为，交易费用的存在取决于三个因素：有限理性、机会主义以及资产专用性。随着规模的扩大，企业为组织更多的交易使成本增量上升。在企业内组织这些交易的成本有可能超过在市场上或其他企业进行这项交易的成本。根据交易由企业内部完成和外部完成所产生成本的不同，可以把交易成本分为内部交易成本和外部交易成本。如果一项交易的外部交易成本大于内部交易成本，则企业应该通过兼并、合资等方式，以企业代替市场来节省资源，使交易成本更低；但是如果其内部交易成本大于外部交易成本，则企业应该选择外包方式，用市场来代替企业使交易成本更低。

人力资源外包的发包方与承包方通常都很注重长期合作，通过签订合约，发包方将服务交给外部伙伴，只需支付较低的成本就可以充分利用承包方的资产、人力资源等专用性资产。通过建立长期的合作伙伴关系，双方建立稳定、互惠的战略同盟关系，还能避免交易中的盲目性，减少搜寻信息、讨价还价的成本，有效地节约交易过程中的监督执行成本，并且有利于提高双方对不确定性环境的应变能力，降低由此带来的交易风险。

二、委托—代理理论

委托—代理理论是契约理论最重要的发展之一。它是20世纪六七十年代经济学家深入研究企业内部信息不对称和激励问题时提出的理论。委托—代理关系是随着生产力大发展和规模化大生产的出现而产生的，委托—代理理论的中心任务是研究在利益相冲突和信息不对称的环境下，委托人如何设计最优契约来激励代理人。当代著名经济学家Alchain和Demesets在1972年合著的《生产、信息费用和经济组织》著名论文中写道，现代经济组织的产出是由不同所有者完成的，企业要取得令人满意的成效，就需要把某些任务授权给专业化的公司来解决冲突问题。为了规避因信息不对称以及利益冲突所带来的效率低的风险，设计适当的委托—代理程序和协调与激励机制就变得非常重要。艾森哈特

（Kathleen M. Eisenhardt）教授认为，在代理关系的选择中，是选择行为契约（如层级干预、内包）还是结构契约（如市场干预、外包）取决于代理费用。在其随后的研究中，又探讨了代理费用及其构成要素与外包合同之间的关系，外包关系越是不确定、需要规避的风险越高、事先界定代理人行为的程度越低、结果的可测度性越差和关系越长，则代理费用就越高。

事实上，所有的人力资源外包业务都是基于合同的，人力资源外包就是在产品/服务的供需双方之间建立起最有效的合同安排。

三、企业核心竞争力理论

核心竞争力理论最早是由布罗哈德和哈默（Prahalad and Hamel）在1990年5~6月的《哈佛商业评论》发表的《企业的核心竞争力》一文中提出的。该理论认为：企业具有各种各样的能力，也有一定的专长，但不同的能力与专长的重要性是不一样的，企业核心竞争力是企业所特有的，能够经得起时间考验，具有延展性，并且是竞争对手难以模仿的技术或能力，它是企业多方面技能和运行机制的有机结合，是企业在长期经营环境中形成的竞争合力，是企业增强竞争力、获取竞争优势的关键，其本质是企业特有的知识和资源，也是企业竞争力中最基本的能使整个企业持续发展和获得稳定超额利润的核心能力。

根据核心竞争力理论，企业资源被划分为三个层次：核心资源、外包资源、市场资源。核心资源是支持和发展企业核心能力、培育企业核心业务和核心产品的资源平台或技术平台；市场资源是通过市场购买的质优价廉的标准产品或资源，对企业产品或服务的独特品质没有大的影响作用；外包资源与企业核心业务过程的关联程度比市场资源要强，它为企业提供特定属性的产品或服务，影响核心产品的质量和绩效。核心能力实际上是企业的一种平衡能力，是在环境快速变化的反应能力和维持稳定的能力之间保持平衡的能力，是在不同的业务单位之间一体化与分散化之间的平衡能力。核心竞争能力不是一种产品，也不是可以用来生产的资源，不能把它作为商品进行交易，它也不是一成不变的。

外包行业的迅速崛起应该归功于"核心竞争力"这个概念的普及。外包作为企业优化配置内部资源、整合利用外部资源的重要手段，成为20世纪90年代以来企业培育核心竞争能力、实施"归核化"战略的重要措施之一。由于任何企业所拥有的资源都是有限的，它不可能在所有的业务领域都获得竞争优势。在快速多变的市场竞争中，单个企业依靠自己的资源进行自我调整的速度很难赶上市场变化的速度，因而企业必须将有限的资源集中在核心业务上强化自身的核心能力，而将自身不具备核心能力的业务以合同的形式（外包）或非合同的形式（战略联盟或合作）交由外部组织承担。通过与外部组织共享信息、共担风险、共享收益，整合供应链各参与方的核心能力，从而以供应链的核心竞争力赢得、扩大竞争优势。这样外包就成了企业利用外部资源获得互补的核心能力，强化自身竞争地位的一种战略选择。实施服务外包不仅可以为客户提供更加及时、优质的专业化服务，也可以为企业内部的核心业务争取更多的资源，实现企业内部资源合理、有效地配置。

四、社会交换理论

社会交换理论是一种以人类学、经济学、心理学为理论基础发展起来的社会学理论，用来描述由心理学和经济学衍生出来的个体行为和行为动机的普通心理学命题，以及由人类学的互惠性原则派生出的相互性命题。社会交换理论的奠基者 George C. Homans 认为，社会交换是双边的交换关系，由自愿的交换组成，为了共同的利益，在两个或两个以上个体之间进行资源的交换。社会交换的要素包括：信任、约定、冲突和机会主义等。

在社会交换理论看来，供需网络之间的社会联系能够对企业产生相互作用和影响，随着关系的发展，相互之间通过建立起相互信任、共同的企业文化环境等可以激励双方消除自利性或机会主义行为，降低交易费用，并有助于建立长期的合作关系而实现双赢。

同样，约定在社会交换行为中也非常重要。约定体现了交换双方的信念，即长期持续的关系，并不断延续这种关系，这样双方就可以从长期的稳定关系中获益。

另外，在社会交换中还存在其他一些重要因素，如公平性、冲突和机会主义等。公平性指双方为了使收益最大化和损失最小化，要共享收益、共担风险。相反，冲突则是指双方存在不协调。事实上，冲突也是双方关系中一种非常重要的、不可避免的要素。机会主义是与信任相对的，这也是在社会交换中固然存在的。但是如果双方建立起诚实、信任的关系，就可以降低各种不确定性，减少机会主义行为。因此，在外包关系中，企业和外包服务商之间应该有更高的相互信任、公平和约定感。只有双方相互信任，双方才能共享收益、共担风险，为构筑双赢的关系而努力工作，最终达到维持长期关系的目的。总之，相互信任、共同约定、共享收益、共担风险，并因此营造出相互匹配的企业文化，是建立成功外包合作关系的重要基础。

由于实施外包的企业，在资源、技术、运作管理等方面与外包服务商之间存在一定的差距，因此，企业将自己的劣势部分交给了外包服务商。在开始的合作中，双方是以合同或市场机制等来约束对方的行为。但是，随着社会交换过程的进展，双方会逐步建立以"诚信"为基础的关系，从此走向互惠互利的合作关系，因此，双方在做出行动选择时，不仅会考虑到自身利益，还会为对方设想，顾及对方的利益，有时还可能以满足对方的要求来达到自己的目的。在这种情况下，不仅拟实施外包的企业找到了合适的外包服务商，而且外包服务商也得到了一定的收益。双方诚信的合作态度，不仅使外包服务商得到了良好的声誉，而且企业也通过外包解决了自己的不足之处，并且双方的合作关系越来越密切，沟通渠道越来越畅通，这样双方就会建立互惠互利、共享信息、共担风险、共享收益的长期合作关系。这时，双方之间关系的优势可能已经超过了利益优势。因此，利用社会交换理论，企业可以更好地来处理外包产生的关系。因为企业可以和其他外包服务商进行对比，来考察该外包服务商的服务质量、水平、价格等最终来确定是否选择该外包服务商或者建立长期合作关系，在这种情况下，外包服务商为了能获得业务或长期业务，就会努力地提高自己的服务质量，和企业进行有效的沟通，尽力缩小和其他外包服务商之间的差距，最终来扩大自己的影响力。

第三节　人力资源管理外包决策

组成外包决策流程的六个步骤如下：做出承诺、确定事件和任务、选择供应商、签署合约、交付、管理与改进。

一、做出承诺

在公司最开始决定外包的时候，负责人要对具体某个领域外包出去做出决策，并且提出最佳的外包方案。在该阶段的早期，要组建团队并确定核心成员，形成宏观观念，清楚地说明目标，以诚实的态度来看待不同的选择，并且坦率地讨论各自的期望，以及要将可能因变化会导致的不同结果预设出来。

在这些信息的基础上，团队成员会制定出一项外包策略。他们概括出一份项目计划，其中包括时间表并提出详细的计划方案。这些是基础性的工作，有可能使大家在一开始就对外包有共同的认识。

在这一步骤中，至关重要的几个方面在于：揭露所有隐形的过程、消除如果发生重大变化可能引起的恐惧、明确要遵循的流程以及所及的结果。如果没有采取这一步，项目启动时经常就会伴随着隐形不被人知的流程、对失败的担心以及不得不多次进行"有指导的"重组，最后它们会陷入重重困难而以失败告终。

下面介绍了在做出承诺这一步中的具体行动，如果组织能够同时采取这些行动的话，就可以为项目取得成功奠定至关重要的基础性工作。

（一）介绍企划案

企划案的内容主要涉及为什么认为外包是一种可供选择的管理方式？公司的现状怎样？哪些战略方向正在影响对未来做出的决定？需要产生什么变化？为什么？讨论是企划案的开始，所有讨论将会集中在新的服务、更低的成本、对职员人数的调整或不断增强的竞争优势。

（二）组建团队，认清期望和担忧

对团队成员的选择应该属于在最开始的承诺阶段的工作。许多经理建议团队的成员应该包括来自高级管理层的领导，以及做人力资源相关工作的人。通过这种方式，在任何关键时刻，都可以根据需要扩大团队成员的人数。

（三）制订一份项目计划书，确定决策时间点

制订一份项目计划书是保障之前所做的承诺真实可见。团队会按照所做的计划行事，为整个过程准备一个框架，包括从决策部分一直到实施部分。该框架包括一个时间表、整个流程的主要步骤以及流程中的决策时间点。计划中还必须包含至关重要的工作内容，即团队的定期交流（见表11-2、表11-3）。

表 11-2　项目规划表

任务	重大事件/决策时间点	个人的职责	交流计划	完成的日期
作出承诺				
挑选活动				
选择供应商				
签署合约				
转变				
管理/改进				

表 11-3　外包计划管理项目时间表

日期	活动
8 月 1 日	确定可能的服务商
8 月 10 日	起草 RFP 并与外包委员会一起审议
9 月 1 日	完成 RFP 并提交给选出的服务商
10 月 1 日	收到服务商的回复
10 月 10 日	为深入分析比较服务商的答复而建立矩阵
10 月 12 日	委员会审议服务商的答复并完成分析比较
10 月 25 日	最后选定 3 家服务商，并邀请它们来做演示讲解
11 月 10 日	最后 1 家服务商做演示讲解
11 月 20 日	做出确定服务商的决定
12 月 1 日	服务商提出合同文本
12 月 10 日	本企业的顾问审核合同条款，定稿
12 月 15 日	外包前期工作准备完毕

（四）设定项目的整体目标

在团队成员制定外包的宏图这一过程中，他们必须设立并清楚地表明目标。设定目标是一个反复的过程。一旦设立之后，需要定期地对早期的目标进行审查和修正。

二、确定事件和任务

在这一步，要做的事情是把在方案阶段列出的工作具体化。挑选活动的工作包括确定要外包出的职能或任务、分析各种可供选择的外包模式，并对于哪些是最有可能会被外包出去的活动做出一个初步的选择。在这一步骤中，团队要清楚对于一个事件或任务来说所有外包模式中的各个方面的具体内容，包括公司内部的、合同上的以及决策层面的。

为此，团队成员需要进行以下工作：了解在公司的战略性需求和方向这一方面该组织扮演的角色；列出职能和任务，并确认核心能力（该组织拥有独特能力或强势的那些方面）；确认潜在的来源；审查可供选择的来源方式的优缺点；挑选要外包出去的活动或职能（建议列出那些可以由其他可选择的方式来提供的活动或职能）；确认改进机会；制定基线衡量标准。

既对公司的关键性战略有影响又属于部门的核心能力的活动极有可能继续由内部来提供，要外包出去的会是那些既没有战略性意义也不属于核心能力的。在挑选出潜在的外包活动之后，可以通过列表工具来比较不同的供给来源的优劣势，最终确定出需要外包的活动（见表 11-4）。

表 11-4　可供选择的供给方式的优缺点

	优势	劣势	公司的角色	成本
外包				
内部提供				
承包				

三、选择供应商

供应商的选择一般遵循四步原则，即定标准、选范围、析能力、做决策。

第一步，定标准。企业外包团队需要根据实际情况制定出自己选择供应商的标准。一般需要遵循两个原则，即公平和综合加权评估。通常可以借助一些工具表格来帮助评判供应商（见表11-5）。

第二步，选范围。圈定选择供应商的范围，选出几家潜在的供应商。最好是请你所熟悉的或过去曾经成功合作过的服务商提出计划书。如果你从未与服务商合作过，你可以与其他一些最近正在做人力资源职能外包的人力资源专业人员聊聊，以获取他们的服务商的名单。无论你决定与哪一家服务商洽谈，你都得在查询至少三个证明人之后再采取进一步行动。一种有效的做法是联系至少3~4家服务商，以便充分了解它们的价钱以及能够提供的每一类服务。

表 11-5 供应商综合评估表

标准	权重	供应商 1	供应商 2	供应商 3
成本				
质量				
能力				
稳定性				
经验				
共享的价值观				
文化的相容性				
其他				

第三步，析能力。在已经定义且确定了合作商的标准并将各项标准进行了优先级排序之后，团队就可以得到一份潜在服务提供商的名单，然后团队就能够收集到其需要的信息以对潜在供应商进行评估。你不必要求供应商提供太多的计划书，因为那样你得花很多时间去审阅所有这些资料。

第四步，做决策。为了利用列有各项标准的列表以及含有潜在供应商的名单，团队需要建立一种分析机制，能够将一家供应商与其他供应商进行比较。

四、签署合约

这一阶段的最终目标是通过协商制定出一份文件，有了这份文件，双方中的任何一方以后基本不需要咨询任何事宜，因为在签署合约的过程中，双方已经将彼此的需求、意图以及合作过程中的预期发生等很多方面都达成了共识。此时，外包团队能起到极其重要的作用的另一个方面。有些高级人力资源管理人员很擅长谈判，而另一些则不然。从你的外包团队中找出最佳谈判代表并且要让此人主持谈判；或者在此人的帮助和支持下由你主持谈判。要采用最适合自己组织的方法进行谈判，但在没有专家参与的情况下最好不要与服务商进行谈判。而且如果没有内部律师的话，在签署外包合同之前，需要请外部律师仔细审阅合同。

这种合同的重要内容之一是费用构成。必须仔细检查和审查合同的时间长度，在合同执行过程中是否有什么费用增加。如果有，在何时增加、增加多少，最重要的是，将如何决定这些增加。另外，还要弄清隐含的费用。大多数由服务商起草的合同都包含隐含成本，其合计可达数千美元。揭开隐含成本的最佳方式是找出可能导致成本上升或下降的因素。

五、交付

在确定了供应商并在合约中列出了所有需要知悉的细节后，就是制订出一份交付计划，以便项目可以逐渐开始并按照时间表交付。这份计划应该包含能衡量定期进展的里程碑事件。在此阶段，需要完成以下四项内容：制订交付计划、人员策略、信任策略以及决策时间点。

第一，制订交付阶段的项目计划，包括变化发生的顺序、每个阶段需要的时间以及重要的参与方、重大事件和衡量标准、角色职责。

第二，人员策略。一旦概括出了新的外包结构并确定了各自的职责，合适的经理就需要制订出一份长期的工作计划。在这份新的计划下需要完成哪些任务呢？他们需要掌握哪些技巧和才能呢？一旦有了对工作及其要求的大体描述，通常会牵涉外包服务供应商与客户公司的新职位的要求，接下来的一步就是找到最能胜任这些职位的人。

第三，信任策略。在企业内部以及企业与承包商之间建立相互的信任关系。

第四，确定决策时间点。对照交付计划及决策标准，确定需要做出决策的时间点。

六、管理和改进

在外包中进行长期的管理十分关键，但是往往会被忽视。人们很容易认为一旦将活动外包出去，公司就不用再管它了，只需期待这台"机器"自己运转，这种观点是致命的。外包是一种合作关系，并且它要求有一个正式的结构，包括负责这层合作关系的经理。经理的人数可以是一位或多位，根据外包出去的规模和范围来定。经理要对外包的各个方面负责，可以是全职或兼职的。重点在于：必须要有负责的人来监管这项工作。对于双方的项目经理来说，必须要掌握一个很重要的工具，即监督与管理体制，会熟练地执行与每一个项目的目标相对应的措施。

外包合同应当确定所期望的特定绩效标准和服务水准。这种标准应详细说明需要提供什么服务、由谁提供、在何处提供以及谁作为提供者代表；还要确定企业将如何监控和评价每个人力资源职能领域的服务质量。监控服务的方式之一是建立一种双方都同意的定期报告制度，可以确定对不合格绩效的处罚手段。要尽可能确保简便地实施这种监控手段，因为企业对服务商在数据跟踪和起草报告方面所花费的时间是付了钱的。反馈和评估制度也是非常必要的，将有助于了解过程和结果是否与最初设定的目标一致，对信息的分析是做出改进的前提。

第四节　人力资源管理外包的风险及防范

一、人力资源外包的风险

（一）外包服务商选择风险

外包服务商选择的风险主要来自以下三个方面：

第一，单纯依靠外包目的选择承接方。企业需要综合信誉、经验、成本、质量等多种因素选择外包服务商，如果单纯依靠成本因素做出决策，企业则可能选择错误的合作伙伴。

第二，信息不对称造成实质上的"逆向选择"。如果信息不对称，企业无法全面获取服务商的经营资质、服务业绩、社会声誉、发展状况、成本结构等与自己利益息息相关的信息，以致签署外包协议之前未能周密调研筛选合适的服务机构，造成逆向选择结果。

第三，道德风险潜存。外包协议签订后也会发生服务商未尽力执行受托项目的道德风险。

（二）文化差异风险

文化差异不可轻视。企业文化的形成是一个长期过程，企业文化一旦形成将难以改变。人力资源外包在一定程度上是企业与服务商之间的合作行为，合作过程必然产生不同文化的交叉与碰撞。若人才服务承接机构在提供服务过程中不能很好地适应企业文化，则会造成服务质量与效率的下降，引起发包方企业与员工的不满。对于离岸的人力资源外包项目的服务商来说，由于当地政治、经济、文化、习俗、理念上的差异，他们常常"水土不服"，甚至无功而返。

（三）经营安全风险

这类风险主要来自以下两个方面：一方面，发包方的信息被泄露。发包方在接受承包商服务过程中，配合对方搜集相关信息资料及必要的企业经营状况为应尽职责。例如，培训外包规划必然涉及企业文化建设、团队建设、产品技术创新、企业经营理念、竞争对手态势，以及根据调查得出的市场需求、发展趋势等一系列与保密和特色有关的内容。这些信息一旦泄露将给企业带来不堪设想的后果。另一方面，法律、法规不健全性风险。法律、法规的不健全性造成对人力资源管理外包行业的运作规范不够，一旦服务商倒闭，则企业合法权益难以受到保护。种种不确定因素和随时可能发生的意外均会带给企业经营安全风险。

（四）员工接受度风险

改革面临员工情绪挑战。对发包企业及员工而言，人力资源外包是一种变革。员工以往适应的管理流程、岗位职责、利益分配及个人职业发展定位都会受到不同程度的冲击，难免产生各种顾虑和猜疑。疑虑蔓延必然对员工的信任归属感和工作情绪产生不同程度的影响，导致新一轮矛盾的产生甚至内部冲突，造成企业效率下降。由于人力资源"派遣用工"方式涉及员工的身份，因此尤其要注意事前沟通，不仅要得到高层支持和认同，还要多与用人部门及当事人沟通协调。

（五）内外部平衡风险

由于外包是利用外部人才承担企业的内部人才管理职能，外包过程中企业支付给外部服务商的费用标准、对外部承接商信任度的高低都会影响企业内部员工积极性的发挥。偶有疏忽就会挫伤工作热情，后果不容忽视。

二、人力资源外包风险的防范

（一）在企业生命周期指导下进行外包选择

企业按发展阶段可分为创业期、发展期、稳定期、衰退期，不同阶段风险不同，着重处理的业务也有很大差异。

创业期：企业规模小，业务不多，前景不明晰，企业文化尚未形成，此时正是管理者与员工建立良好关系，为企业发展共同奋斗的时期。同时，企业资金有限，不能对外包商有效评估，对外包风险认识不足，不宜外包。

发展期：企业规模扩大，业务增多，人力资源需求增加，这时考虑自身实际情况选择部分业务外包，如招聘员工、社会保障代理等，有助于将更多精力放在核心业务上以促进企业发展。

稳定期：企业发展趋于稳定，规模和业务平稳增加，人力资源管理工作战略性越来越强。此时企业需要得到先进的人力资源管理服务，将人力资源行政事务外包可节约成本与精力，提升企业管理能力，为企业获得更多利润。

衰退期：由于技术落后缺乏创新，市场占有率不断下降，竞争力减弱，人力资源活动应由本企业完成，拉近企业与员工关系，使员工考虑到企业文化等因素增加忠诚度。

（二）加强员工培训

引入外包可能使员工不适应，因此，引入外包前，应对员工开展人力资源外包相关培训，让员工理解外包意义，使其从内心接受外包，如企业可设置宣传栏或以小资料的形式发给员工自行学习，同时聘请专业咨询师为员工开展外包知识培训。外包过程中，应积极跟踪员工满意度，加强沟通，发现问题及时处理，避免人才流失。外包结束后，向员工征集意见，提高员工参与度，为下次外包业务顺利进行打好基础。

（三）选择专业外包商

选择外包商时不能只考虑成本最优而忽略外包商能力，好的做法是选择成本与效益双重最优的外包商。首先，企业应做好外包商背景调查，选择专业化、信誉高的外包商，做好成本与效益比分析。其次，了解外包商文化理念。最后，与外包商进行文化沟通，使文化融合与企业发展一致。唯有如此，才能真正选出最适合的外包商。

（四）熟悉相关法规

我国尚无一项保护人力资源外包业务的法规，主要依据法律有《劳动法》《民法通则》《技术合同法》《反不正当竞争法》等，企业应及时建立商业秘密管理体系，将本企业核心技术和关键信息加密，纳入法律保护范围。与外包商签订保密合同，并在协议中明确企业秘密范围及相互间的权利与义务，同时对外包商中熟悉商业秘密的人员离职等作出规定，避免离职人员导致信息泄露时外包商推卸责任。为更好完成此项措施，人力资源部应在签订合约时由本公司律师顾问对合约内容进行审核。

（五）加强对外包商的监督

人力资源外包后并不意味着人力资源部可以放手不管。人力资源部作为外包活动最重要的部门，应对外包商行为全程监督。监督的意义在于：定期对外包商的工作评估，了解外包商任务完成情况，衡量与既定目标发展方向是否一致；对员工在外包过程中提出的合理建议与外包商沟通，同时对外包商遇到的问题给予解答帮助；为避免机密信息泄露，人力资源部应与各部门协作建立文件管理和信息安全保障机制；了解外包商运营状况，防止外包商破产、解散等造成企业损失并做好预警措施。

第五节　人力资源外包的挑战与未来

一、人力资源外包的关系管理难题

任何外包安排都存在问题。当人们最初讨论将某一人力资源职能外包出去时，一些讨论常常集中在"如果我们实行外包，就会摆脱我们的所有问题"这个想法上。这个想法并不对。在外包的时候，你可能还会遇到同样的问题，但是你会与外部服务商共同努力去解决它们。有许多重大的问题会在任何外包合作关系中出现。以下是八个重大的管理挑战：

（一）建立关系

外包的最重要要素是关系，任何将某项人力资源职能外包给服务商的人都会告诉你，确保成功的手段就是从一开始就创建一种积极的合作关系。他们还会告诉你，不断的互动沟通是巩固合作关系的融合剂。从根本上说，这种合作关系就是服务商的代表与公司的人力资源工作人员之间的关系，因为他们将每天在一起共事。这些人应当进行办公室互访（如果可能的话），应当尽一切努力去创建一种合适的标准以及双方对话的环境。

（二）确定角色与职员

事先决定各方的职责应当是什么，谁将做什么以及什么时候做。开始这个过程的最佳时间是在你汇总实施时。

（三）配置货源

双方（服务商代表与雇主的人力资源工作人员）必须制定时间表，以便按期完成外包职能任务。在这一过程中将投入大量的时间和金钱，双方都必须保证以最有效的方式使用自己的时间（最昂贵的资源之一）和各自组织的金钱。对外包服务商来说，一个昂贵的要素是它们大都对技术进行了投资。这正是雇主首次做出外包决策的主要原因之一。大多数福利管理服务商对技术投资了数百万美元。例如，某雇主可能选择将福利管理外包，为的是避免对语音应答系统技术进行巨大投资。

（四）与雇员沟通以消除其对变革的任何抵制

决定外包任何人力资源职能的时候，人力资源雇员都会感到这种变革的威胁，这些雇员可能会失去他们的工作。如有可能，与服务商进行的合同谈判应当包括你公司中受外包影响的雇员。这通常是容易达成协议的，因为服务商可能需要有经验的人员。在达成雇员调动协议的时候，要立即让你的雇员知道并且让服务商为他们提供雇用承诺。如果服务商将不雇用企业即将失去工作的雇员，必须马上通报这一情况。但是，在企业公布失去工作人员名单之前，应当为将解雇的雇员支付其应得到的福利。企业可以提供一笔尽可能优惠的离职金和一定范围的医疗福利，这是给予必须被解雇的雇员最常见的福利。

（五）实施变革并确定时间表

人力资源职能外包的执行过程是很耗费时间的，因此预先制订计划很重要。双方小组中的每个人都必须准确地知道他们的职责是什么，每个人都必须实质性参与这个过程。还有一个重要的问题是，组织中的其他人员，包括会计、法律、信息系统、现场人员等也要理解企业为何将这个特殊的人力资源职能外包出去，外包项目将如何进行，这对他们会产生什么影响。如果外包的是福利管理职能，企业必须让所有雇员及其家属知道这种新的合作将如何进行，并准确地告诉他们必须如何与服务商配合。

公司中的每个人都要知道这次变革的时间表。执行过程会持续多长时间？在此期间他们必须对自己的福利做些什么（如果有什么事情要做的话）？从内部工作人员管理到由外部服务商管理需要多长时间进行转换？如果服务商有语音应答系统的话，该系统如何工作？对雇员以及留下来的人力资源工作人员是否进行培训？

（六）解决冲突和问题

要做好准备，事前尽可能多地确定问题并让指定人员迅速做出反应。如果预料有很多问题，企业可能要开一条临时热线供雇员反映问题，在工作时间热线电话实行人工服务。

（七）全程关注和支持外包合作关系

建立和保持一种积极、成功的合作关系需要关系中的各方投入时间和精力才行，这对于外包合作关系尤其重要。

（八）监控服务商的工作绩效

一种常见的误解认为，靠外包服务企业就可以完全不为所外包的职能付出时间和精力了。而事实却是，企业仍然必须在合同履行的自始至终投入时间和精力去进行关系管理。如果在合作之初企业确定了工作绩效指标的话，企业就可以据此建立外包职能的监控标准。

二、人力资源外包不是万能的

有时候外包没有效果。这可能有许多原因，比如服务没有达到标准，成本太高，或者与服务商关系破裂。这类情况发生的时候，公司可能将外包出去的职能重新交由公司内部完成，或者可能去寻找另一家服务商。根据美国管理协会（AMA）的调查，在619个回答者中，有20%的人至少撤回了一项曾经外包的人力资源职能。但这并不必然说明第三方管理者或其他服务商已经不灵了。当公司撤回某些被认为是非战略性职能的同时，它们继续将许多人力资源及其他被视为企业管理方面的职能外包出去。如今公司比以往任何时候更关注其总务与管理成本。

那么企业是否可以外包所有人力资源职能？这样做的效果并非总是好的，尽管有些专家认为这正是更多公司在未来要做的。企业在将所有人力资源职能全都外包出去时，可能发现，企业已经失去了在过程中不断与雇员互动的能力，而企业永远需要在公司内部进行雇员关系管理以及其他某些行政管理，以保证公司平稳运行。

三、外包的复杂化将催生更多外包顾问的出现

很少有公司本身内部有人力资源专家，而这种专家对于有效处理外包项目又是必需

的。某些人力资源高级主管经历了从内部管理到外部管理所有或部分人力资源职能的变化，他们发现具有特定外包职能专业知识的外部专家的帮助极其有用。

高级人力资源经理需要外部专业帮助的一个原因是，他们认识到税收法规在不断修改，劳动法、反歧视法令以及职业健康与安全法也在不断修订，医疗、人寿保险、退休及养老金计划方面也有数不尽的变更，甚至最勤勉的高级人力资源经理也感到难以适应各种影响人力资源职能的法规变化的现状。

四、人力资源外包已经成为世界的趋势

外包已经成了一个世界性的大趋势。通过创新和以战略为基础的外部合作关系实现企业扩张式的自我改造，从根本上改变着企业的经营方式。今天，外包在企业重构的过程中得到了有效利用，成为企业成长的强有力手段。同时，一些比较小的、处于发展中的公司，正在通过外包借助大公司的许多能力，用于自身的发展，而不必直接花钱、花时间去获得和管理每种必要的新资源。

人力资源外包在进行，这个观念在发展，正如哈佛商学院的迈克尔·比尔（Michael Bell）教授所说的那样："专业技术和卓越来自专门化。"专业技术和革新正是今天老练的客户要购买的东西，但是，在未来要保持各个职能领域高水平的专业技术和卓越是"昂贵"的事，这就是外包之所以成为战略经营工具箱中的常备工具的原因。

 **本章小结**

1. 人力资源外包是服务外包的一种形式。人力资源外包指的是企业将原本由自身提供的具有基础性、共性的、非核心的人力资源活动或流程剥离出来，外包给专业的人力资源服务商完成，使管理者能够集中精力致力于战略性的人力资源管理活动中，从而达到提升管理绩效的目的。

2. 人力资源管理外包决策的六个步骤：承诺、确定事件和任务、选择供应商、签署合约、交付、管理与改进。

3. 人力资源外包的风险：外包服务商选择风险、文化差异风险、经营安全风险、员工接受度风险、内外部平衡风险。

 **本章习题**

1. 什么是人力资源外包？
2. 人力资源外包的原因是什么？
3. 人力资源外包有哪些操作流程？
4. 人力资源外包过程中的风险有哪些？

第十二章 跨文化人力资源管理

 学习目标

系统学习跨文化人力资源管理的含义、特征及有效手段

 学习要求

1. 了解跨文化人力资源管理的含义及特征
2. 认识跨文化人力资源管理的主要冲突
3. 运用所学的知识，选择适合本国国情的跨文化管理策略
4. 掌握跨文化人力资源管理的有效手段

关键术语

跨文化人力资源管理；跨文化人力资源管理的冲突

 导入案例

广东标致为何失败

广州标致是由广州汽车制造厂、法国标致汽车公司、中国国际信托投资公司、国际金融公司和法国巴黎国民银行合资经营的汽车生产企业。广州标致成立于1985年，总投资额8.5亿法郎，注册资本为3.25亿法郎。广州标致员工共2000余人，由广州汽车制造厂和法国标致汽车公司共同管理。截至1997年8月，广州标致累计亏损10.5亿元人民币，实际年产量最高时才达2.1万辆，未能达到国家产业政策所规定的年产15万辆的标准。同时，中法双方在一些重大问题上存在分歧，合作无法继续。具体如下：

法国标致的主要经营目标是通过建立合资企业在短期内获得高额利润。在这样的经营思想指导下，法方人员的决策带有明显的短期行为色彩，工作重点就放在向中国出口技术、设备、零配件上，旨在短期内获利。中方的主要经营目标则是通过建立合资企业，带动汽车工业、整个地区的工业发展，所以推进国产化进程是工作的重点。合资双方在指导思想和目标期望上的差异，导致双方在决策行为、工作重点、工作方式上出现分歧。

广州标致采用了法国标致的组织机构设置方式，管理组织采用直线职能制，实行层级管理，强调专业化分工和协作，同时采用了法国标致的全套规章制度。法国标致的规章制度是总结了它在全球 20 多个国家建立合资企业的经验而制定的，有一定的科学性和合理性。法国人工作严谨，要求员工丝毫不差地遵守各项规章制度，100% 达到标准。但中方员工由于长期在一种缺乏就业竞争的环境下工作和生活，对规章制度的执行不够严格，而且受人员素质及机器设备先进性的影响，有些工作难以完全达到有关标准。

1997 年 9 月，中法签订协议，广州汽车工业集团与法国标致汽车公司宣布终止合作。

资料来源：司华. 人力资源管理实践案例分析 [M]. 北京：北京大学出版社，2012.

随着现代信息技术的高速发展和经济全球化进程的加快，以及 WTO 模式影响的不断深入，越来越多的企业跨出国门，变成跨文化企业。这些企业在管理上要面对诸多文化上的差异，给人力资源管理提出了新的挑战，尤其是跨文化的人力资源管理，已经成为影响企业生存和发展的一个关键性因素。

第一节　跨文化人力资源管理的含义及特征

一、跨文化人力资源管理的含义

《辞海》中将文化解释为"人类社会历史实践中所创造的物质和精神财富的总和"。"在管理中我们通常把文化看成是某一个组织、群体从实物到服装，从工作方式到信息技术，从礼仪到大众传播手段，从工业节奏到常规习俗等一切人们创造的不同形态特征所构成的复合体。"文化具有传递性、变迁性和移动性，这些性质导致文化交遇。当两种或更多的文化交遇时，文化就跨越了不同的价值观、宗教、信仰、精神、原则、沟通模式和规章典范等，呈现一种独特的文化现象和状态，这种现象和状态即为跨文化。它包括三个层次的差异，即双方母国或民族文化差异、双方母公司自身特有的文化差异和员工个体文化差异。正是这些差异造成了人力资源管理上的困境。

跨文化人力资源管理就是跨文化的、国际化的企业为了保持竞争优势，在人员选择与任用、工作分析、绩效考评和薪酬管理、劳资管理等方面，根据文化差异的特点进行合理控制和管理，在交叉文化的背景下，通过相互适应、调整、整合而塑造出本组织企业文化，以提高人力资源配置与适用效率和效益的管理活动。跨文化人力资源管理是相对于单一文化人力资源管理提出的，它又被称为国际人力资源管理，或者全球化人力资源管理。这是经济全球化所带来的人力资源全球化的必然结果。

二、跨文化人力资源管理的特征

跨文化人力资源管理作为一门研究多元文化企业管理的一般规律的学科，较之于其他学科，有其自身的特征。

（一）复杂性

跨文化人力资源管理在以往管理的基础上增加了新的文化维度，扩大了管理的范围和难度，把管理的复杂性提到一个新的高度。以往管理考虑的是二重人格，即个人人格和组织人格，在跨文化人力资源管理中，除了个人人格和组织人格以外，还需考虑国家人格（民族人格）。以往的管理是在同质或大致同质文化背景下的管理，而跨文化人力资源管理则是在两种或两种以上不同质文化背景下的管理，大型的国际企业往往在全球几十个国家都设有分公司或子公司，这就意味着这些企业要在几十种不同的文化背景下整合公司的职员。

（二）特殊性

管理是围绕各项管理职能如计划、组织、控制、领导等展开的，管理的内容十分广泛，包括生产、营销、人事、财务等许多方面，而跨文化人力资源管理主要研究国际企业对来自不同文化环境中的人的管理。

（三）共同性

跨文化不能按照某一个国家的管理文化进行管理，它是一种最大限度追求人类共同性的管理，或者说尽量按照国际惯例形式的管理。

（四）协商性

跨文化人力资源管理在没有国际惯例参照的情况下，只能采取协商的方式，用"求同存异"的原则解决管理中的冲突，任何一方不能把自己的意愿强加给另一方。

第二节 跨文化人力资源管理的发展

跨文化人力资源管理并不是一个新的事物，它起源于古老的国际商贸往来。早在古代，古埃及人、腓尼基人、古希腊人就开始了海外贸易，并懂得了如何与不同文化背景下的人们做生意。到了文艺复兴时期，丹麦人、英国人以及其他一些欧洲国家的商人更是建立起了世界范围的商业企业集团。当他们与自己文化环境以外的人们进行贸易时，他们就会对与他们不同文化背景下产生的语言、信仰以及习惯保持敏感以避免发生冲突并顺利实现交易。这些事实上就是在从事跨文化的经营与管理活动。不过这时候的跨文化人力资源管理活动完全取决于从事贸易活动的商人们的个人经验，有关文化及文化差异与相似的研究也仅仅是人类学家的事，公司与企业还很少注意对文化及其差异的研究。跨文化人力资源管理，也还没有成为一门独立的科学。

跨文化人力资源管理真正作为一门科学，是在20世纪70年代后期的美国逐步形成和发展起来的。它研究的是在跨文化条件下如何克服异质文化的冲突，进行卓有成效的管理，其目的在于如何在不同形态的文化氛围中设计出切实可行的组织结构和管理机制，最合理地配置企业资源，特别是最大限度地挖掘和利用企业人力资源的潜力和价值，从而最大化地提高企业的综合效益。

兴起这一研究的直接原因是"二战"后美国跨国公司进行跨国经营时的屡屡受挫。美国管理学界一直认为是他们将管理理论进行了系统化的整理和总结，是他们最先提出了科学管理的思想，也是他们最先将这一思想应用于管理实践并实现了劳动生产率的大幅提高，因此他们的管理理论和管理实践毫无疑问应该是普遍适用的。然而，"二战"后美国跨国公司跨国经营的实践却使这种看法受到了有力的挑战。实践证明，美国的跨国公司在跨国经营过程中照搬照抄美国本土的管理理论与方法到其他国家很难取得成功，而许多案例也证明对异国文化差异的迟钝以及缺乏文化背景知识是导致美国跨国公司在新文化环境中失败的主要原因，因此，美国人也不得不去研究别国的管理经验，从文化差异的角度来探讨失败的原因，从而产生了跨文化人力资源管理这个新的研究领域。

除此以外，日本在20世纪60年代末和70年代初企业管理的成功也是导致跨文化人力资源管理研究兴起的重要原因。在这一时期，日本的跨国公司和合资企业的管理日益明显显示出相对美国和欧洲公司的优越性，在这种情况下，美国也明显感觉到了日本的压力，产生了研究和学习日本的要求。美国人对日本的研究大体上有两种方式：一种是专门介绍日本从中总结出好的东西；另一种是联系美国来研究日本，进行对比。经过研究，美国人发现美日管理的根本差异并不在于表面的一些具体做法，而在于对管理因素的认识有所不同。例如，美国过分强调诸如技术、设备、方法、规章、组织机构、财务分析这些硬的因素，而日本则比较注重诸如目标、宗旨、信念、人和价值准则等这些软的因素；美国人偏重于从经济学的角度去考虑管理问题，而日本人则更偏重于从社会学的角度去对待管理问题；美国人在管理中注重的是科学因素，而日本人在管理中更注意的是哲学因素；等等。

研究结果清楚地表明，日本人并没有仿造美国的管理系统进行管理，而是建立了更适合于其民族文化和环境的管理系统。这个系统远比美国已有的管理系统成功。这一研究结果的发现使人们对文化以及不同文化下管理行为的研究变得更加风行。

第三节　跨文化人力资源管理的冲突

跨文化人力资源管理与单一文化人力资源管理有很大的不同，它要考虑更多、更复杂的因素，因此跨文化人力资源管理是跨文化企业内最容易产生跨文化冲突的环节。有资料表明，"跨国企业的失败率高达30%~40%"，这就要求我们必须注意跨文化企业中跨文化人力资源管理的冲突。

首先是跨文化人力资源管理的价值观冲突。科学的研究结果表明，文化决定价值观，价值观影响着人们对模式、手段和行为目标的选择，并形成一定的偏好。管理人员的价值观影响着企业的组织行为，包括组织中的评价、选择、奖罚制度、上下级关系、群体的行为、组织成员的交往、领导以及冲突。著名学者霍夫斯塔德也以价值观为标准探究了多元文化，说明了人力资源管理不可避免地带上地域文化的特点，员工参与的强弱与权力距离有很大关系，绩效考核中个人和团队评估所占的不同比例反映了个人主义和集体主义的侧重不同，女性管理者的晋升机会也与男性主义和女性主义有关。因此，跨文化企业中的文化差异必然导致人们在跨文化人力资源管理中价值观的冲突。

中外企业在管理中就存在着很大的价值观差异，在对待工作和成就的态度上，中国企业由于缺少灵活的激励机制，员工缺乏主动性，不太可能期望通过努力工作得到物质上的极大满足；而西方企业中的员工却能够从自身的努力工作中得到更多物质满足和乐趣。在对待物质利益的态度上，中国企业常认为企业的最高目标不能单单归结为求利，而应有特定的社会目标；而西方企业却以追求最高经济利益为根本目的。在对人的评价上，中方管理者选择领导时往往注重资历和德行；而外方管理者选择领导时却注重能力。

其次是跨文化人力资源管理的信任度冲突。由于人们之间本能的信任度不同，形成的关系文化模式也不同。对跨文化人力资源管理颇有研究的米尔德·赫尔先生在研究了世界各国文化后，提出了高度关系和低度关系文化模式。他将高度关系文化定义为先建立起信赖，在相互信任的基础上达成协议。这是以良好关系为基础的文化。低度关系文化是喜欢立即进入工作程序，以法律契约来达成协议的文化。

通过上述理论，我们对比东西方的企业可以发现，以中国为代表的东方文化国家都有相当强烈的高度关系文化现象。他们倾向于先建立起社会信赖，建立个人关系和信誉，在相互信任的基础上达成共识，签订协议，用缓慢的速度与保守的方式进行协调。而以德国和美国为代表的西方国家，人们倾向于立即办正事，以专业技术能力和表现来评价个人，以法律契约来达成协议，以尽可能有效的方式来协商。

最后是跨文化人力资源管理的显型文化冲突。所谓显型文化冲突，是指来自行为者双方的象征符号系统之间的差异，也就是通常所说的语言、神态、手势、面部表情、举止等表达方式所含意义的不同。这是跨文化企业中最常见和最公开化的文化冲突。如果在人力资源管理中不注意这些细小的差异，很容易造成各种误会，影响到企业的正常发展。因此，可以认为许多跨国企业失败或者效益不好，很可能就是合资各方的母国文化和个体文化符号冲突造成的。

总的说来，在跨文化企业中，这些价值观、信任度和显型文化的冲突，对于人力资源的管理提出了诸多新的挑战。在管理中只有认识文化差异、尊重多元文化，才能提高跨文化人力资源管理的能力。如果跨文化人力资源管理者不能正确理解上述冲突，往往会影响跨文化经营企业的管理者与东道国员工的和谐关系，影响企业内部上下级的沟通与协作，造成管理危机。如果他们能够正确面对这些文化冲突，就会对来自不同文化背景的员工采取理性的态度，员工也会更好的相互理解，从而减少了彼此间的误会和矛盾，相互协作把工作搞好。

第四节　企业跨文化人力资源管理的策略选择

企业跨文化人力资源管理的策略选择包括以下形式：

一、本土化策略

本土化策略即根据"思维全球化和行动当地化"的原则来进行跨文化的管理。全球化经营企业在国外需要雇用相当一部分当地员工，因为当地员工熟悉当地的风俗习惯、市场动态及其政府的各项法规，并且与当地的消费者容易达成共识。雇用当地员工不仅可以节省部分开支，而且更有利于其在当地拓展市场、站稳脚跟。

二、文化相容策略

根据不同文化相容的程度可分为以下两种策略：一是文化的平行相容策略。这是文化相容的最高形式，习惯上称之为"文化互补"。即在国外的子公司中不以母国的文化作为主体文化，这样母国文化和东道国文化之间虽然存在着巨大的文化差异，但却并不互相排斥，反而互为补充，同时运行于公司的操作中，可以充分发挥跨文化的优势。二是隐去两者主体文化的和平相容策略。即管理者在经营活动中刻意模糊文化差异，隐去两者文化中最容易导致冲突的主体文化，保存两者文化中比较平淡和微不足道的部分，使不同文化背景的人均可在同一企业中和睦共处，即使发生意见分歧，也容易通过双方的努力得到妥协和协调。

三、文化创新策略

文化创新策略是将母公司的企业文化与国外分公司当地的文化进行有效的整合，通过各种渠道促进不同的文化相互了解、适应、融合，从而在母公司文化和当地文化的基础之上构建一种新型的企业文化，以这种新型文化作为国外分公司的管理基础。这种新型文化既保留着母公司企业文化的特点，又与当地的文化环境相适应，既不同于母公司的企业文化，又不同于当地的文化，而是两种文化的有机结合。这样不仅使全球化经营企业能适应不同国家的文化环境，还能大大增强竞争优势。

四、文化规避策略

当母国的文化与东道国的文化之间存在着巨大的不同，母国的文化虽然在整个公司的运作中占主体地位，但不能忽视或冷落东道国文化的存在。由母公司派到子公司的管理人员，就应特别注意在双方文化的重大不同之处进行规避，不要在这些"敏感地带"造成彼此文化的冲突。特别在宗教势力强大的国家，更要特别注意尊重当地的信仰。

五、文化渗透策略

文化渗透是个需要长时间观察和培育的过程。跨国公司派往东道国工作的管理人员，基于其母国文化和东道国文化的巨大不同，并不要试图在短时间内迫使当地员工服从母国的人力资源管理模式，而是凭借母国强大的经济实力所形成的文化优势，对于公司的当地员工进行逐步的文化渗透，使母国文化在不知不觉中深入人心，使东道国员工逐渐适应这种母国文化并慢慢地成为该文化的执行者和维护者。

六、借助第三方文化策略

跨国公司在其他的国家和地区进行全球化经营时，由于母国文化和东道国文化之间存在着巨大的不同，而跨国公司又无法在短时间内完全适应由这种巨大的"文化差异"而形成的完全不同于母国的东道国的经营环境，这时跨国公司所采用的管理策略通常是借助比较中性的，与母国的文化已达成一定程度共识的第三方文化对设在东道国的子公司进行控制管理。用这种策略可以避免母国文化与东道国文化发生直接的冲突。例如，欧洲的跨国公司想要在加拿大等美洲地区设立子公司，就可以先把子公司的海外总部设在思想和管理比较国际化的美国，然后通过在美国的总部对在美洲的所有子公司实行统一的管理；而美国的跨国公司想在南美洲设立子公司，就可以先把子公司的海外总部设在与国际思想和经济模式较为接近的巴西，然后通过巴西的子公司总部对南美洲其他的子公司实行统一的管理。这种借助第三国文化对母国管理人员所不了解的东道国子公司进行管理的策略可以避免资金和时间的无谓浪费，使子公司在东道国的经营活动迅速有效地取得成果。

七、占领式策略

这是一种比较偏激的跨文化人力资源管理策略，是全球营销企业在进行国外直接投资时，直接将母公司的企业文化强行注入国外的分公司，对国外分公司的当地文化进行消灭，国外分公司只保留母公司的企业文化。这种方式一般适用于强弱文化对比悬殊，并且当地消费者能对母公司的文化完全接受的情况，但从实际情况来看，这种模式采用得非常少。

总之，全球化经营企业在进行跨文化人力资源管理时，应在充分了解本企业文化和国外文化的基础上，选择自己的跨文化人力资源管理模式，使不同的文化得以最佳结合，从而形成自己的核心竞争力。

第五节　跨文化人力资源管理的有效手段

对子公司的员工尤其是管理人员进行跨文化培训是解决文化差异，搞好跨文化人力资源管理最基本、最有效的手段。跨文化培训的主要方法就是对全体员工，尤其是非本地员工进行文化敏感性训练。将具有不同文化背景的员工集中在一起进行专门的培训，打破他们心中的文化障碍和角色束缚，增强他们对不同文化环境的反应和适应能力。

文化敏感性训练可采用多种方式，主要包括：

一、文化教育

请专家以授课的方式介绍东道国文化的内涵与特征，指导员工阅读有关东道国文化的书籍和资料，为他们在新的文化环境中工作和生活提供思想准备。

二、环境模拟

通过各种手段从不同侧面模拟东道国的文化环境。将在不同文化环境中工作和生活可能遇到的情况和困难展现在员工面前，让员工学会处理这些情况和困难的方法，并有意识地按东道国文化的特点思考和行动，提高自己的适应能力。

三、跨文化研究

通过学术研究和文化交流的形式，组织员工探讨东道国文化的精髓及其对管理人员的思维过程、管理风格和决策方式的影响。这种培训方式可以促使员工积极探讨东道国文化，提高他们诊断和处理不同文化交融中疑难问题的能力。

四、语言培训

语言是文化的一个非常重要的组成部分，语言交流与沟通是提高对不同文化适应能力的一条最有效的途径。语言培训不仅可使员工掌握语言知识，还能使他们熟悉东道国文化中特有的表达和交流方式，如手势、符号、礼节和习俗等。另外，组织各种社交活动，让员工与来自东道国的人员有更多接触和交流的机会。

第六节　跨文化人力资源管理的展望

随着时代的进步，我们已经走进了 21 世纪，这是个知识的时代、信息的时代，也是个全球一体化的时代。在这个时代，人力资源管理将会是一个复杂的管理课题，跨文化人力资源管理尤其复杂。由于跨文化差异，旧的问题还没解决，新的问题又会不断出现。跨文化人力资源管理的实质就是要尽量减少和消除跨文化引起的冲突，给问题寻找解决方案，并予以实施。

在全球化的大背景下，伴随着中国本土企业的发展和壮大，国际化的企业人力资源管理将是未来中国企业必定要面临的问题，而协调的跨文化人力资源管理将从根本上改变原来的单一文化管理。当前构建跨文化人力资源管理的机制便能积极地配合企业的全球化战略，使企业能够在激烈的国际竞争中获胜。

 本章小结

1. 跨文化人力资源管理就是跨文化的、国际化的企业为了保持竞争优势，在人员选择与任用、工作分析、绩效考评和薪酬管理、劳资管理等方面，根据文化差异的特点进行合理控制和管理，在交叉文化的背景下，通过相互适应、调整、整合而塑造出本组织企业文化，以提高人力资源配置与适用效率和效益的管理活动。

2. 跨文化人力资源管理的特征：复杂性、特殊性、共同性、协商性。

3. 跨文化人力资源管理的策略选择形式：本土化策略、文化相容策略、文化创新策略、文化规避策略、文化渗透策略、借助第三方文化策略、占领式策略。

4. 文化敏感性训练的方式：文化教育、环境模拟、跨文化研究、语言培训。

 本章习题

1. 谈谈你对跨文化人力资源管理的理解。
2. 跨文化人力资源管理的主要特征有哪些？
3. 谈谈跨文化人力资源管理的冲突。
4. 结合实际，谈谈企业跨文化人力资源管理的策略主要有什么？
5. 跨文化人力资源管理的有效手段是什么？

参 考 文 献

［1］加里·德斯勒. 人力资源管理（第 12 版）［M］. 北京：中国人民大学出版社，2012.

［2］刘昕. 人力资源管理［M］. 北京：中国人民大学出版社，2012.

［3］［美］伊万切维奇. 人力资源管理（原书第 11 版）［M］. 赵曙明，程德俊译. 北京：机械工业出版社，2011.

［4］［美］克雷曼. 人力资源管理：获取竞争优势的工具［M］. 吴培冠译. 北京：. 机械工业出版社，2009.

［5］赵继新，郑强国. 人力资源管理——基本理论，操作实务，精选案例［M］. 北京：北京交通大学出版社，2011.

［6］张小兵. 人力资源管理［M］. 北京：机械工业出版社，2010.

［7］葛玉辉. 人力资源管理（第三版）［M］. 北京：清华大学出版社，2012.

［8］孙健敏. 人力资源管理［M］. 北京：科学出版社，2009.

［9］李冰，李维刚. 人力资源管理［M］. 北京：清华大学出版社，2009.

［10］秦志华. 人力资源管理（第三版）［M］. 北京：中国人民大学出版社，2010.

［11］杨浩. 人力资源管理［M］. 上海：上海财经大学出版社有限公司，2011.

［12］冯光明，徐宁. 人力资源管理［M］. 北京：北京理工大学出版社，2010.

［13］林忠，金延平. 人力资源管理［M］. 大连：东北财经大学出版社，2009.

［14］杨蓉. 人力资源管理（第三版）［M］. 大连：东北财经大学出版社，2010.

［15］［美］斯内尔，伯兰德. 人力资源管理（第 15 版）［M］. 魏海燕，吴迅捷译. 大连：东北财经大学出版社，2010.

［16］陈树文. 人力资源管理［M］. 北京：清华大学出版社. 2010.

［17］张爱卿，钱振波. 人力资源管理：理论与实践（第 2 版）［M］. 北京：清华大学出版社，2008.

［18］林莉，王岩. 人力资源管理（普通高校"十二五"规划教材管理学系列）［M］. 北京：清华大学出版社，2012.

［19］赵光洁，张健东. 人力资源管理［M］. 大连：大连理工大学出版社，2011.

［20］刘泽双. 人力资源管理［M］. 大连：东北财经大学出版社，2009.

［21］劳埃德·拜厄斯和莱斯利·鲁. 人力资源管理［M］. 李业昆等译. 北京：人民邮电出版社，2008.

［22］加里·德斯勒. 人力资源管理［M］. 刘昕等译. 北京：中国人民大学出版社，1999。

［23］韦恩·蒙迪，M. 诺埃，R. 普雷梅克斯. 人力资源管理［M］. 葛新权等译. 北

京：经济科学出版社，2003。

［24］弗雷德·鲁森斯. 组织行为学［M］. 王垒等译. 北京：人民邮电出版社，2009.

［25］加雷斯·琼斯，珍妮弗·乔治. 当代管理学［M］. 郑风田等译. 北京：人民邮电出版社，2005.

［26］储节旺，人力资源管理［M］. 北京：清华大学出版社，2009.

［27］颜爱民，方勤敏. 人力资源管理（第2版）［M］. 北京：北京大学出版社，2007.

［28］张一驰. 人力资源管理教程［M］. 北京：北京大学出版社，1999。

［29］郑晓明. 人力资源管理导论［M］. 北京：机械工业出版社，2005.

［30］姚玉群. 人力资源管理［M］. 北京：中国人民大学出版社，2005.

［31］葛玉辉. 人力资源管理［M］. 北京：清华大学出版社，2006.

［32］安鸿章. 工作岗位的分析技术与应用［M］. 天津：南开大学出版社，2001.

［33］董克用. 人力资源管理概论［M］. 北京：中国人民大学出版社，2003.

［34］彭剑锋. 人力资源管理概论［M］. 上海：复旦大学出版社，2006.

［35］斯蒂芬·P. 罗宾斯. 管理学［M］. 北京：中国人民大学出版社，1996.

［36］马新建，孙虹，李春生. 人力资源管理理论与方法［M］. 上海：上海人民出版社，2011.

［37］张德. 人力资源管理与开发［M］. 北京：清华大学出版社，2001.

［38］斯蒂芬·P. 罗宾斯. 组织行为学精要［M］. 北京：电子工业出版社，2002.

［39］张德. 人力资源管理［M］. 北京：企业管理出版社，2002.

［40］朱筠笙. 跨文化管理：碰撞中的协同［M］. 广州：广东经济出版社，2000.

［41］袁凌. 组织行为学［M］. 长沙：湖南科学技术出版社，1997.

［42］赵西萍等. 组织与人力资源管理［M］. 西安：西安交通大学出版社，1999.

［43］斯蒂芬·P. 罗宾斯. 组织行为学［M］. 北京：中国人民大学出版社，1997.

［44］张军旗. WTO监督机制的法律与实践［M］. 北京：人民法院出版社，2002.

［45］梅尔·西尔伯曼. 咨询师的工具箱［M］. 北京：机械工业出版社，2002.

［46］雷蒙德·A. 诺伊. 雇员培训与开发［M］. 北京：中国人民大学出版社，2001.

［47］刘伟，刘国宁. 中国总经理工作手册［M］. 北京：中国言实出版社，2003.

［48］涂台良. 现代人力资源管理手册［M］. 北京：清华大学出版社，2000.

［49］胡君辰，郑绍濂. 人力资源开发与管理（第二版）［M］. 上海：复旦大学出版社，1999.

［50］谢晋宇. 雇员流动管理［M］. 天津：南开大学出版社，2001.

［51］谌新民，熊烨. 员工招聘方略［M］. 广州：广东经济出版社，2002.

［52］徐升，王建新. 人力测评［M］. 北京：企业管理出版社，2000.

［53］刘昕. 薪酬管理（第三版）［M］. 北京：中国人民大学出版社，2011.

［54］刘爱军. 薪酬管理［M］. 北京：机械工业出版社，2008.

［55］张文贤. 人力资源会计研究［M］. 北京：中国财政经济出版社，2002.

［56］雅各布·明塞尔. 人力资本研究［M］. 张凤林等译. 北京：中国经济出版社，2001.

［57］焦斌龙. 中国企业家人力资本：形成、定价与配置［M］. 北京：经济科学出版社，2000.

［58］方振邦. 绩效管理（第二版）［M］. 北京：中国人民大学出版社，2011.

［59］廖泉文. 招聘与录用（第二版）［M］，北京：中国人民大学出版社，2010.

［60］谌新民，唐东方. 人力资源规划［M］，广州：广东经济出版社，2002.

［61］［美］库克. 人力资源外包策略［M］. 吴文芳译. 北京：中国人民大学出版社，2003.

［62］魏秀敏. 服务外包教程［M］. 北京：中国商务出版社，2011.

［63］程延园. 劳动关系［M］. 北京：中国人民大学出版社，2011.

［64］常凯. 劳动关系学［M］. 北京：中国劳动社会保障出版社，2005.

［65］刘素华. 劳动关系管理［M］. 杭州：浙江大学出版社，2012.

［66］尚珂著. 劳动关系管理［M］. 北京：中国发展出版社，2011.

［67］李剑锋 劳动关系管理［M］. 北京：对外经贸大学出版社，2003.

［68］郭庆松. 企业劳动关系管理［M］. 天津：南开大学出版社，2001.

［69］于桂兰，于楠. 劳动关系管理［M］. 北京：北京交通大学出版社，2011.

［70］中华人民共和国人力资源和社会保障部. 中华人民共和国劳动合同法［EB/OL］. http：//www. mohrss. gov. cn/syrlzyhshbzb/zcfg/flfg/fl/201605/t20160509 – 239643. html.

［71］中华人民共和国人力资源和社会保障部. 中华人民共和国劳动法［EB/OL］. http：//www. mohrss. gov. cn/SYrlzyhshbzb/zcfg/flfg/fl/201601/t20160119_ 232110. html.

［72］中华人民共和国人力资源和社会保障部. 中华人民共和国劳动争议调解仲裁法［EB/OL］. http：//www. mohrss. gov. cn/SYrlzyhshbzb/zcfg/flfg/fl/201601/t20160119 _ 232061. html.

［73］中华人民共和国人力资源和社会保障部. 中华人民共和国社会保险法［EB/OL］. http：//www. mohrss. gov. cn/SYrlzyhshbzb/zcfg/flfg/fl/201601/t20160111 _ 231408. html.

［74］中华人民共和国中央人民政府. 集体合同规定［EB/OL］. http：//www. gov. cn/gongbao/content/2004/content_ 62937. htm.

［75］中华人民共和国中央人民政府. 中华人民共和国矿山安全法［EB/OL］. http：//www. gov. cn/banshi/2005–08/05/content_ 20702. htm.

［76］中华人民共和国中央人民政府. 中华人民共和国安全生产法［EB/OL］. http：//www. gov. cn/banshi/2005–08/05/content_ 20700_ 3. htm.

［77］中华人民共和国中央人民政府. 职工带薪年休假条例［EB/OL］. http：//www. gov. cn/zwgk/2007–12/16/content_ 835228. htm.

［78］中华人民共和国中央人民政府. 中华人民共和国就业促进法［EB/OL］. http：//www. mohrss. gov. cn/SYrlzyhshbzb/zcfg/flfg/fl/201601/t20160119_ 232078. html.

［79］中华人民共和国中央人民政府. 女职工劳动保护特别规定［EB/OL］. http：//www. gov. cn/zwgk/2012–05/07/content_ 2131567. htm.

［80］中华人民共和国中央人民政府. 中华人民共和国劳动合同法实施条例［EB/

OL]. http：//www. gov. cn/zwgk/2008-09/19/content_ 1099470. htm.

　　[81] 天津市人力资源和社会保障局. 用人单位随意用工需承担法律责任 ［EB/OL］. http：//hrss. tj. gov. cn/ecdomain/framework/tj/gnnknhmjegifbbodkjajlpafcampibii/innplgdke-gifbbodkjajlpafcampibii. do？ isfloat ＝ 1&fileid ＝ 20131209155729750&moduleIDPage ＝ innplg dkegifbbodkjajlpafcampibii&siteIDPage＝tj&pageID＝gnnknhmjegifbbodkjajlpafcampibii.